D1346867

Eisteddfod
GENEDLAETHOL CYMRU

SIR FYNWY A'R CYFFINIAU
2016

CYFANSODDIADAU

a

BEIRNIADAETHAU

Golygydd:

W. GWYN LEWIS

Cyhoeddir gan Lys yr Eisteddfod

ISBN 978-0-9954987-0-9

Argraffwyd gan Wasg Gomer,
Llandysul, Ceredigion SA44 4JL

CYNGOR YR EISTEDDFOD GENEDLAETHOL 2016

Cymrodyr
Aled Lloyd Davies
R. Alun Evans
John Gwilym Jones
Alwyn Roberts
D. Hugh Thomas

SWYDDOGION Y LLYS
Llywydd
Garry Nicholas

Is-Lywyddion
Geraint Llifon (Archdderwydd)
Frank Olding (Cadeirydd Pwyllgor Gwaith 2016)
Derec Llwyd Morgan (Cadeirydd Pwyllgor Gwaith 2017)

Cadeirydd y Cyngor
Eifion Lloyd Jones

Is-Gadeirydd y Cyngor
Richard Morris Jones

Cyfreithwyr Mygedol
Philip George
Emyr Lewis

Trysorydd
Eric Davies

Cofiadur yr Orsedd
Penri Tanad

Ysgrifennydd
Geraint R. Jones, Gwern Eithin, Glan Beuno, Bontnewydd, Caernarfon, Gwynedd

Prif Weithredwr
Elfed Roberts, 40 Parc Tŷ Glas, Llanisien, Caerdydd, CF14 5DU (0845 4090 300)

Trefnydd
Elen Huws Elis

Dirprwy Drefnydd
Alwyn M. Roberts

v

RHAGAIR

Braint a phleser o'r mwyaf i mi, fel Golygydd newydd, yw cyflwyno i'ch sylw gyfrol *Cyfansoddiadau a Beirniadaethau Eisteddfod Genedlaethol Sir Fynwy a'r Cyffiniau, 2016.*

Hoffwn ddiolch i Gyngor yr Eisteddfod – ac yn arbennig i Elfed Roberts, y Prif Weithredwr – am y gwahoddiad caredig i ymgymryd â'r olygyddiaeth ac am ddangos cymaint o ffydd ac ymddiriedaeth ynof. Rhaid i mi gyfaddef ar y cychwyn fel hyn mai gyda 'pharchedig ofn' y cytunais i dderbyn y swydd – a hynny am o leiaf ddau brif reswm:

- yn gyntaf, oherwydd y cyfrifoldeb affwysol sy'n gysylltiedig â golygu cyfrol ag iddi broffil mor amlwg a chylchrediad mor eang o ddarllenwyr yn y byd cyhoeddi eisteddfodol (gyda sawl eisteddfodwr yn 'cydymdeimlo' â mi wedi iddynt ddeall fy mod am ymgymryd â'r fath dasg!);

- yn ail, oherwydd fy mod yn llwyr sylweddoli pa mor anrhydeddus yw'r olyniaeth yr wyf ynddi wrth ddilyn golygyddiaeth drylwyr a threiddgar fy rhagflaenydd, J. Elwyn Hughes, am dros ddeng mlynedd ar hugain, a'r modd cydwybodol y bu iddo warchod y safonau golygyddol uchaf posibl. Ni allaf ond addo y ceisiaf wneud fy ngorau i efelychu'r un ymroddiad diwyro ag a amlygwyd gan Elwyn yn gyson ar hyd y blynyddoedd.

'Wythnos gwas newydd' yw hi yn fy hanes i fel Golygydd ac fe fydd darllenwyr selocaf y gyfrol wedi sylwi bod yr Eisteddfod wedi manteisio ar newydd-deb y 'gwas' i gyflwyno rhai newidiadau eleni:

- gwerthfawrogwyd cydweithrediad parod Sion Ilar (Cyngor Llyfrau Cymru) i sicrhau dyluniad newydd i'r gyfrol;

- penderfynwyd newid rhywfaint ar drefn draddodiadol y gyfrol trwy osod y cyfansoddiad buddugol o flaen y feirniadaeth ym mhob cystadleuaeth (lle bo'n berthnasol) er mwyn rhoi'r lle blaenaf i'r gwaith arobryn bob tro.

Rhaid llongyfarch is-bwyllgorau testunau Eisteddfod Genedlaethol Sir Fynwy a'r Cyffiniau am lwyddo i ddenu cynifer o gystadleuwyr llwyddiannus eleni: un gystadleuaeth yn unig a fethodd ddenu'r un ymgeisydd a dim ond mewn dwy gystadleuaeth yr ataliwyd y wobr. Gosodwyd 46 o gystadlaethau yn y gwahanol adrannau a gynrychiolir yn y gyfrol hon (Barddoniaeth, Rhyddiaith, Drama, Dysgwyr, Cerddoriaeth, Dawns, a Gwyddoniaeth a Thechnoleg), gyda chynifer â 540 o gystadleuwyr wedi mentro anfon eu cynigion i mewn ar y gwahanol destunau gosod. Y mae yma 26 o gyfansoddiadau arobryn, ynghyd â 53 beirniadaeth; am resymau ymarferol, ni fu'n bosibl cynnwys pob gwaith buddugol yn y gyfrol oherwydd natur a maint y gwaith.

Gan gymryd yr ystadegau uchod i ystyriaeth, nid ar chwarae bach, felly, y mae cael y cyfan ynghyd mewn amser byr er mwyn sicrhau bod y gyfrol yn gweld golau dydd erbyn pnawn Gwener yr Eisteddfod: mae'n golygu llawer iawn o gydweithredu rhwng nifer o unigolion. Diolchaf yn ddiffuant i bawb am eu hynawsedd a'u parodrwydd i gydymffurfio â gofynion y Golygydd newydd eleni – yn feirniaid, enillwyr, a staff sefydlog yr Eisteddfod. Bu'n bleser cydweithio ag Elen Huws Elis (Trefnydd yr Eisteddfod) a Lois Jones (Swyddog Gweinyddol: Cystadlaethau) a gariodd ben trymaf y baich o gysylltu â'r beirniaid (ac â rhai buddugwyr) i sicrhau bod yr hyn sydd rhwng cloriau'r gyfrol mor gywir â phosibl. Meirion Wynn Jones, beirniad cystadleuaeth yr emyn-dôn, a gysododd y dôn fuddugol eleni, a diolchwn iddo am ei gymwynas. Mynegaf fy ngwerthfawrogiad llwyraf o'r cydweithio rhwydd â staff Gwasg Gomer – yn arbennig felly Gari Lloyd, y cysodydd, am ei broffesiynoldeb a'i effeithlonrwydd. Os digwydd bod unrhyw gamgymeriad wedi llithro i mewn i'r gyfrol yn ddiarwybod, yna fi – a neb arall – sy'n gyfrifol am hynny.

Pwrpas cyfrol y *Cyfansoddiadau a Beirniadaethau* bob blwyddyn yw dyrchafu a dathlu ein celfyddyd greadigol Gymreig. Fe'ch gwahoddaf yn garedig, felly, i bori drwy'r tudalennau fel bod modd i chi gael mwynhad, boddhad – ac, o bosibl, ysbrydoliaeth – wrth werthfawrogi cynhaeaf arobryn Eisteddfod Genedlaethol Sir Fynwy a'r Cyffiniau, 2016.

W. Gwyn Lewis

CYNNWYS

(Nodir rhif y gystadleuaeth yn ôl y *Rhestr Testunau* ar ochr chwith y dudalen)

*   *   *

ADRAN LLENYDDIAETH

BARDDONIAETH

151. Ysgoloriaeth Emyr Feddyg.
Er Cof am Dr Emyr Wyn Jones, Cymrawd yr Eisteddfod.
Sefydlwyd yr Ysgoloriaeth hon i hyfforddi llenor neu fardd
na chyhoeddwyd cyfrol o'i (g)waith eisoes. Dyfernir yr
Ysgoloriaeth yn flynyddol i'r cystadleuydd mwyaf addawol.

ADRAN DYSGWYR

Cyfansoddi i Ddysgwyr

ADRAN CERDDORIAETH

Adran Llenyddiaeth

BARDDONIAETH

FFINIAU

Gwŷr a aeth *Catterick Barracks*

Dynesu â'r radio'n isel a'r gaer
i'w gweld ar y gorwel
dan weiren o gynnen gêl
yn bigog hyd ei bogel.

Mor finiog yw arfogaeth tawelwch
rheng teulu. Â hiraeth
yn nhrofeydd eu nerfau, aeth
y lôn yn lôn gelyniaeth.

Danfon, â'r ddau ar donfedd wahanol,
ei unig etifedd;
gyrru'i fab i gwr ei fedd
a'r gyrru'n ddidrugaredd.

Ceisio darbwyllo'n ddi-ball, a phledio,
cystwyo nes deall;
gyrru, gyrru fel y gall
un gair roi cynnig arall.

Herio, dannod hyd anair. Daw'r bennod
a'i rhu i ben â deuair,
ond mae *scud* ym mhwysau gair
a'i gawod flêr yn gywair.

Nawr mae'n ŵr, mynna'n heriol filwra
fel arwr i'w bobol;
y mab sy'n fomiau o'i ôl
a'r ffrae waedrudd mor ffrwydrol.

A thad diymadferth yw i'w rwystro
rhag cofrestru i'r distryw;
rhag llw i farw neu fyw,
rhag y gad. Rheg wag ydyw.

Ar y lôn un rîl o luniau a wêl
    ar orwel eu geiriau.
Yng ngwaed oer y ddadl rhwng dau,
    oer yw gwaed y rhwygiadau.

Ond bu gwres yn eu hanes nhw'n gariad
    ac oeri wnaeth hwnnw.
Oera'r llun ers tyngu'r llw,
llun aelwyd a'r lle'n ulw.

Â'r mab wedi mynd i'r fyddin

Fe wêl ar sgrin yn crino
drefi rhacs, di-rif o ro.
Dan haul ergydion o hyd
y gorwedd plant mewn gweryd.
Blodau dan rwbel ydynt,
petalau ar gau'n y gwynt
yn dusw o gnawd iasoer
a chri rhieni mor oer.

Fe wêl ar sgrin ddiflino
resi trist yn aros tro.
Nhw y dynion diwyneb
a dienw, nhw sy'n neb.
Di-air yw ffoaduriaid,
di-air o hyd ydyw'r 'haid'.
Uwch bwyd, medd siwtiau llwydion:
'Ynys anghenus yw hon ...'

Meistri creulon yw'r tonnau a'r ewyn
    yn dynn ei gadwynau,
    a'r heli'n cloi'r hualau
    oer o ddŵr nad yw'n rhyddhau.

Y môr yn codi muriau, a gwyntoedd
    drwy gyntedd yn rhwystrau,
    ond arafed eu rhwyfau,
    ymhob rhwyf mae grym parhau.

Nid rhith yw mynwent traethau, ton ar don
 a dyr yn llawn angau
  â'r gwymon yn y tonnau
  yn rhaffu broc y cyrff brau.

Y tir yn codi tyrau a chlwydi
  â chaledwch geiriau;
  mesur a phennu'r ffiniau,
  yna'r lôn drwy'r clo'n culhau.

Ffrydio yn llif amddifad,
ffrwd o blant yn blant heb wlad
dan ofal byd o falais;
ffrwd o blant yn blant heb lais.

Un ag un yn ymgynnull yn nhir neb,
  treulio'r nos ym mhebyll
  y gors a bryntni'r gwersyll,
  gweld un llygedyn drwy'r gwyll ...

Pan oedd yntau'n fachgen

Dau gadno'n cilio i'r coed
o fin y dre'n ysgafn droed
i'r wlad, i faes cad eu coedwig,
draw i'r wig i gadw'r oed.

Dim ond plant yn triwanta
yn eu deilfyd a'u helfa
ffôl, arferol drwy fieri,
yn cosi, drwy'r drain casa'.

Yn nythu, clywson' hwythau,
yng nghewynwaith canghennau,
dôn a'i hengord o newyngan
gan bâr egwan y brigau.

Ond mynnu cad am ennyd
a wnaeth un yn y funud,
a mynnu difa a wna'r naill
a'i gyfaill o'i go' hefyd.

Aeth coron frau y fronfraith
i lawr dan ddwrn malurwaith.
Trodd, gwingodd mewn cyfyng-gyngor
o ofni dwylo'r fandalwaith.

Torrwyd côd y gwybod gwell,
oeri byd, mynd yn rhy bell,
chwerwi'r dydd a wna'r chwarae Duw
i gyw a'i angau'n gawell.

Dau archelyn, drwy'r chwalu,
a welwyd wedi'r malu.
Yr oedd dwrn un mor ddi-droi'n-ôl,
diferol fu'r difaru.

Draw, draw yn San Steffan

Ymhell bell o Gymru a'i chymoedd llawn llymru,
yn boeth mewn senedd-dy yn chwysu'n llawn chwant
am fwgyn a llymaid o win fesul gwydraid
fel haid diaconiaid y cwynant.

Mae'n hannwyl wleidyddion dan bwysau yr awron
rhwng amryw faterion i bleidleisio'n las.
Neu ai coch oedd lliwiau y cyfiawn bleidleisiau?
Mae prisiau ar ddoniau'n y ddinas ...

Mae pleidlais, sy'n waraidd, am elyn llechwraidd
a'i ddulliau anwaraidd, barbaraidd; a bom
yw'r ateb i'w dewi a'i ddifa o ddifri,
mae'n biti ei bod-hi heb atom:

y bom a ollyngir, mor hawdd y gwaredir
â thipyn cyfandir mewn nadir yn awr.
'Prysured y bomio, aed â'r heddwch rhagddo,
ninnau'n gwylio, dan hwrio, ein horiawr;

fe dry y munudau a'u tician fel bomiau,
eiliadau fel oriau'n recordiau a'u cân
yn troi'n yr un rhychau; O! Dewch â'r pleidleisiau!
oes pall ar y dadlau?!'
                          Pob bendith i ffonau,
i rywrai mae 'na *Wi-Fi*'n San Steffan ...

Man gwyn, man draw

Gwelant ar sgrin ddiffiniau
wlad sy'n glyd, suo'n eu gwlâu
mae'i phlant: ni chlywant uwchlaw
sŵn bomio'n dystion distaw.
Y wlad sydd heb fwledi
a gwlad ddiogel yw hi.
Y dre'n aur, yn Dir na n-Óg
a dwylo o groeso gwresog
yn estyn ma's dan y môr
rhag tonnau angau'n angor.

Uwch caeau'r Hendre

Y mae'n Glamai ond nid mwyn golomen
a ddaw heibio'n fflio'n wyn ei phluen.
Hebog llygadog sy'n hel llygoden,
'deryn a chwennych y drin a'i chynnen
a gwaed o'i big i'w aden; troi'n ddi-hoe
a chonfoi ei sioe uwch henfaes awen.

Tyfu milwyr
(Ramadi, Mai 2015)

Daeth i'w thŷ naw dyn, un dydd,
a'u gynnau'n hau had newydd,
yno i ffermio â'u ffydd.

Fe welant fab sy'n filwr,
yntau nid yw eto'n ŵr
a heddiw nid yw'n lladdwr.

Cais un ddyfrhau casineb.
Dwyn y wên dan ei wyneb.
Dweud wna nad yw dad yn neb ...

Duw yw'r tad a fwyda'r tŷ.
Ni all y plant, drwy'r dallu,
godi'u llygaid o'u llwgu.

Â llanciau i gaeau'r gad.
Heb hers mae meibion Persia
dan lwch yr un staen o wlad.

Heb gynhaeaf ers cynaeafau, heb
    yr haul na'r gwanwynau;
yn y cof mae cae i'w hau
i fam mewn cae o fomiau.

E-bost gatre

Annwyl Dad, wy' nôl o daith
dreino cyn mynd ar unwaith
sha Iraq. Wy'n gweld ishe'r iaith
weithiau. Wy'n gallu saethu
yn siarp, fi yw'r gore sy'.
Fe yrra' i neges fory.

Wrth bori drwy Twitter
(13/11/15)

Rhed ei fys ar hyd ffrwd fyw
a diwaelod yw'r dilyw.
Lawr fesul rhif, islaw'r rhyd
o waedu, drwy'r dywedyd,

mae pob ffynnon yn cronni.
Daw un llyn o waed yn lli
i gnoi tir, argae'n torri

yn ias oer yw'r ddinas hon;
ceulad yw ei thorcalon.

Mynwent yw ei phalmentydd
a llif eigion llifogydd
o lan racs sy'n cilio'n rhudd.

Rhed *Seine* o grio. Dwysáu'n
ail don, yn alwad enwau.
Wedi'r bwledi, blodau'n

dusw yw'r meirw ym Mharis,
meirw a'u henw ar ris.

O'r Orsaf Ofod

Gwêl eisiau'r moroedd gleision a gwêl dir
yn hancesi hir sy'n llawn cysuron.
Mi wêl euro'i hymylon gan fflamau,
gorwel a'i grychau'n gyrliog o wreichion.
Ar echel mae'i hentrychion ymylol
yn dawdd anwesol rhwng dydd a noson.
Un bêl dan grib awelon yn treiglo,
grawn yn rholio, gronyn ar orwelion
yw'r bêl sydd dan raib olion gŵr a gwraig;
ai dŵr ar graig yw ein daear gron?

Yazidi

Dial sy'n eu credoau, ffieiddio
  a'u ffydd yn eu beddau
    yn gred nad yw'n trugarhau,
    yn Fohamed o fomiau.

Tyr eu rhyfel trwy bentrefi a thras
  a'i thai rhemp sy'n llosgi;
    ar ffo rhag fflamau'i chyrff hi,
    ffoi o'r nos a'i ffwrneisi.

Dim ond un goelcerth nerthol a welant
  yn olion o'u gwaddol,
    a'r wawr ar herw ar ôl
    y diniwed, annuwiol.

Llu o wŷr wedi eu lladd a'u gadael
  yn gwaedu heb angladd;
    a rhaib y gwŷr heb eu gwadd
    yn troi'n wae hwnt i'r neuadd.

O anwirfodd, daw hen arfau dynion
   a dwyn y trysorau,
   rhegir gwaedd oer gwragedd iau
   yn eu cist o goncwestau ...

         ... Swatia'n rhy agos ati, â'i ana'l
            yn ewinedd arni;
            a'i chynnal wna'i hana'l hi
            drwy oes waed yr *Yazidi*.

Dros blant ein plant ...

Yn Nhrem-y-cwm, nawr mae cad
i'w hennill eto'n anad
y cyfan. Eco hafau
y pyllau aur sy'n pellhau,
pob enfys felys a fu
a sŵn pêl, nawr sy'n pylu.
Mae plentyndod yn codi'n
des o gae'r Waun, dwys o grin
yw glaswellt dyddiau glasoed;
nid yw'r wên yn cadw'r oed.

I osgoi rheg, diffodda'r sgrin
a'i rhith, â tua'r eithin
a'r bana'l, mae ar binnau'n
fyr ei wynt a'i gam yn frau.
Mi wêl haul fel Malala,
haul cry', a'i anadlu a wna.
Dealla hyn: nid â llef
dialedd y lleddfir dolef.
O hyd, oni ddaw yn haf
newydd, ni ddaw yn aeaf.

Am ennyd ar y mynydd
saif fan hyn ar derfyn dydd.
Wyneba'r byd yn nebun,
gwybod bod ei fab ei hun

yn rheibio tai. Trwy'r byd hyll
mae gynnau yn ymgynnull.
Plant ein glôb sy'n bwydo bedd,
rhodd y ddaear ddiddiwedd.
Saif dros fyd o wres a fu,
ond y nos sy'n dynesu ...

Tad Diymadferth?

BEIRNIADAETH TUDUR DYLAN JONES

Daeth naw ymgais ar gyfer y gystadleuaeth hon eleni. Yn anffodus, nid
oedd dau o'r ymgeiswyr wedi llwyddo i gadw at un o ofynion pwysicaf y
gystadleuaeth, sef bod y gwaith mewn cynghanedd gyflawn: *Pen y don* a
Caradoc.

Pen y don: Cerddi am dristwch ac anobaith sydd gan *Pen y don* sy'n dangos
arwyddion gafaelgar, ond er bod yma rai llinellau cywir, prin ydyn nhw.
Mae yma fardd a all greu darluniau, ond un nad yw eto wedi meistroli'r
gynghanedd.

Caradoc: Caradoc Evans, sef awdur y gyfrol *My People*, yw testun *Caradoc*.
Mae wedi crisialu gwewyr y cyfnod yn effeithiol ar adegau. Mae gan hwn
fwy o linellau cywir, ond mae'r acen a chyfatebiaeth gytseiniol yn peri
tramgwydd yn rhy aml.

Carys: Mae mwy o afael eto gan *Carys* ar y gynghanedd, er bod yma rai
gwallau. Cerddi crefyddol eu naws sydd ganddi, ond ceir y teimlad fod y
gynghanedd yn arwain y dweud yn rhy aml, er enghraifft 'Âi [*sic*] pur yw'r
nard pêr o'r nen – yn offrwm/ effro, amlwg croten?' Hefyd, mae gormod o
ddibyniaeth ar y gynghanedd lusg mewn ambell gerdd, er enghraifft 'Ffin y
Credu'. Serch hynny, mae rhai cwpledi gorffenedig ac addawol: 'A'r Saboth
ar ei drothwy/ daeth Iesu i'w helpu hwy.'

Llio Angharad: Mae agoriad y dilyniant hwn yn addawol iawn: 'Yn bererin
dros gyffiniau – i gwr/ Y Gaer, gerddech chwithau/ drwy'r giât sydd i fod ar
gau?' Cawn adlais o 'Gaerllion-ar-Wysg', T. Llew Jones yn yr agoriad hwn.
Mae yma linellau a syniadau trawiadol ganddi, er enghraifft wrth ddisgrifio

cartref, 'daear oll rhwng pedair wal', a chwpled hyfryd, 'yn iach a hardd ymysg chwyn,/ mae haul y blodau melyn.' Hoffwn fod wedi cael mwy o ganu tebyg ganddi. Serch hynny, roedd gormod o ganu ansoddeiriol, er enghraifft:

> Ofer f'ai lluniaidd forderydd yr ardd
> lle ceir ias ein bröydd
> yn hudol gymysg ddedwydd,
> lle'n fwyn holl swyn pob lliw sydd.

Pe bai *Llio Angharad* yn fwy hunanfeirniadol, byddai'n codi i dir llawer uwch. Mae cwpled clo'r bardd yn brawf perffaith: 'o eang hesb anghysbell'. Mae'r gyfatebiaeth 4/3 yn anghywir yma, ac yn rhy ansoddeiriol, ond mae'r llinell nesaf yn wych, 'o fywyd gwag i fyd gwell'.

O hyn ymlaen, down yn nes at olwg y Gadair, ac mae gafael y pum ymgais sy'n dilyn yn arddangos crefft, gafael ar y gynghanedd a chanu sy'n gafael yn amlach na pheidio.

Broc Môr: Cerddi am un sy'n dioddef o alcoholiaeth sydd ganddo. Arddull storïol sydd i'r gwaith, ac mae hyn yn gryfder ac yn wendid yr un pryd. Tra bod yma symud cyflym a chyffrous, hoffwn fwy o awgrymu a dyfnder ar adegau. Mae dewis o eiriau weithiau'n dangos brys, er enghraifft 'hi'r daith hynod ar hyd ei wythiennau'. Gair llanw yw 'hynod' yma, ond mae llu o enghreifftiau lle mae'r bardd yn ein cyffroi â'i ddawn: 'Daw at gwrbyn, derfyn dydd,/ i gôl unig y lonydd/ a'r cafn lle cuddia'r cyfnos/ holl ellyllon neon nos.' Mae gan hwn hefyd ddwy linell sy'n dilyn ei gilydd sy'n rhoi darlun o ddawn a brys. Disgrifiad gwych yw 'ei lôn gefn fileinig o', ond mae'r llinell 'rydd wadd i flys ei phraidd hi' yn swnio'n glogyrnaidd braidd, ac mae peth dryswch rhwng yr 'o' a'r 'hi'. Mae llu o enghreifftiau o ganu llachar ganddo, er enghraifft disgrifiad o'r alcoholig yn gaeth i anhunedd, ac i'w dristwch ei hun: 'rhwym o hyd i'w oriau mân/ tywyllach na'r tu allan'. Os oes angen un llinell i brofi bod yma fardd o bwys, fe'i cawn lle mae'r bardd yn cyfeirio at y rhai sy'n cynnig lloches a chymorth ymarferol i'r digartref a'r alcoholig: y rhai a 'droes dosturi'n festri fach'.

Brynglas: Dilyniant o gerddi atgofus am ei orffennol sydd gan y bardd hwn. Cawn ymdeimlad o ddidwylledd yma lle mae'r cymeriad yn anelu 'at orwel unig tu hwnt i'r lonydd'. Mae'r bardd hwn ar ei orau pan fo'n awgrymu'n gynnil, er enghraifft plentyn ar lan y môr yn adeiladu cestyll a rhoi baner ar eu pennau: 'troi a wnaeth/ y dreigiau yn diriogaeth'. Mae yma awgrym o hawlio tir ac eto ymdeimlad o ddiymadferthedd wrth sylweddoli mai cestyll o dywod ydyn nhw.

Wrth ganolbwyntio mwy ar y diriaethol llwydda i greu darluniau cofiadwy. Gwych yw'r cyfeiriad at y 'siglen yn troi tudalennau'. Un o'r cerddi mwyaf ingol yw 'Mynwent Blaen-plwyf' lle mae'n gorffen gyda'r darlun trist o'r bardd yn troi am adre wedi gorfod ffarwelio ag un a fu'n gyd-ddisgybl: 'af i yn hen o'r fan hyn.' Mae'r gynghanedd yn gadarn iawn ganddo, ac wrth iddo ddangos fflachiadau o'r teimladau sydd yn ei galon, gall ennyn ein cydymdeimlad; er enghraifft, yn y gerdd 'Eleven Plus', lle yr arferid rhannu ffrindiau ysgolion cynradd, cawn y cwpled 'mae gwaddol y didoli/ a rhan o'i fin arnaf i.' Cefais flas yng nghwmni'r bardd hwn.

Mared: Dyma storïwraig y gystadleuaeth. Darlun o chwalu priodas a gawn yma, ac aiff y bardd â ni nôl a mlaen yn hanes perthynas dau. Mae yma gynganeddu gloyw a rhwydd ganddi:

> Llond o weddill ein dyddiau – ydyw'r haul
> hyd yr heli'n berlau,
> ac yno heneiddio'n iau
> yn ei wên a wnawn ninnau.

Ond fel y gwelwn yn nes ymlaen, twyll yw'r goleuni hwn, ac mae'n fwy o ddyhead nag o realiti. Cawn ddarlun o fywyd priodasol yn cychwyn, a phâr yn treulio'u mis mêl yn San' Antoni: 'dau a'u gwenau digeiniog/ am droi'n un am Dir na n-Óg.' Yn y gerdd nesaf down yn ôl i'r presennol, a deall fod y berthynas wedi dod i ben.

Ynghanol yr ysgrifennu gafaelgar, mae rhai darnau rhyddieithol, er enghraifft 'onid dyna odineb?', ac nid wyf yn siwr o addasrwydd y ddelwedd 'rhin doniau drama'r hen donnau dramor.' Ond prin iawn yw'r gwendidau. Mae'r cyfle i ddyfynnu llinellau trawiadol yn llawer mwy. 'Fe'm maeddaist yn fy maddau' yw teimladau'r wraig tuag at ei chymar. Mae hi'n dyheu am gael un cyfle arall i wneud i'r berthynas weithio: 'prynu'r tŷ, prynu'r tywydd,/ llond bwthyn o derfyn dydd'.

Mae yna ailadrodd englynion a llinellau rhwng y gerdd gyntaf a'r olaf. Ni chefais fy argyhoeddi fod yr ailadrodd hwn wedi gweithio'n llwyr. Serch hynny, y teimlad a gefais wrth ddarllen y cerddi hyn yw fod yma fardd cadarn iawn ei chynganeddu, a bardd telynegol sy'n llwyddo i'n diddanu a'n rhwydo i mewn i'r stori.

Mae dau fardd ar ôl, sef *Siac* a *Tad Diymadferth?* I ni fel beirniaid, rhwng y ddau hyn yr oedd yr ymgiprys mwyaf am y Gadair eleni.

Siac: Mae'n amheus gen i a fu cynganeddwr mwy rhugl na hwn ers blynyddoedd. Y teimlad a gawn oedd y gallai hwn fod yn dweud unrhyw beth mewn cerdd dafod. Mae'n agor ei gerdd gyntaf wrth gynganeddu'r hyn a wêl ar yr hysbysfyrddau mewn maes awyr: 'TERMINAL 5/ ARRIVALS'! Cawn ddarlun ohono yn dod trwy'r camau diogelwch, yn mynd trwy'r 'sganars', ac yn ailbocedu ei ffôn a'i basport. Mae enwau gwahanol leoliadau ar yr hysbysfwrdd unwaith eto, gyda'r enw olaf, Mumbai, sef ei gyrchfan. Yna mae'n gwisgo clustffonau, ac yn gwrando ar gerddoriaeth, tra'n dechrau dilorni agwedd gul y rhai y mae'n eu clywed yn dweud 'gwell Cymro/ Cymro nad yw'n cymryd/ awyren i ben draw'r byd'. Mae'n cyrraedd yr awyren ac yn cael ei ddenu gan y stiwardes. Mae'n ei gyffelybu'i hun i Daliesin, Dafydd Nanmor a Dafydd ap Gwilym, am ei fod ef hefyd, fel hwythau, yn teithio i farddoni ar ôl cael ei noddi i wneud hynny. Yna poena beth pe bai peiriannau'r awyren yn sydyn yn torri, a'i fod ef yn plymio i lawr i'w farwolaeth. Mae'n gweld eironi yn y ffaith ei fod 'ar fwrdd y wennol, yn brifardd unig' yn ' ... r[h]oi'i ffydd/ yn yr adenydd llydan, Prydeinig'.

Mae'r bardd bellach wedi cyrraedd Mumbai, ac aiff am dro o amgylch y ddinas honno: 'ymunaf yn ddiamynedd/ â'r hen ddawns hwyr yn y ddinas hon.' Mae'n cyrraedd Gŵyl Ddiwylliannol, ac yn ei weld ei hun heb lawer yn gyffredin gyda'r artistiaid eraill. Ond mae llais yn ei ddenu, llais un o'r beirdd lleol, ac yn ei hudo i weld y Mumbai go iawn. Cawn glywed am y *dokhma*, sef tŵr ar gyfer gwaredu cyrff y meirw, a chawn glywed am gerflun o Edward y Seithfed sydd wedi cael ei symud i'r sw o'r ffordd gan y trigolion ôl-drefedigaethol. Yma, cawn y bardd yn dod at hanfod ei ddilyniant, sef bod pobl India wedi gallu dewis beth i'w wneud â'r symbol gweledol hwn o Brydeindod: 'ninnau ddewiswn ble'n dda i'w osod.' Mae yma awgrym cynnil y dylen ni fel Cymry fod yn gwneud yr un peth. Mae'r gerdd olaf yn dod â ni'n ôl at y maes awyr: 'GO TO GATE 1/ GUTO'R GLYN/ (GATE 2 i'r glêr!)'

Does dim dwywaith nad yw'r bardd hwn yn gwbl rugl ei gynganeddu. Mae hefyd wedi dangos fod ganddo'r gallu i greu cerddi sy'n ein swyno a'n rhyfeddu. Mae'n feistr ar y llinellau byrion a hirion fel ei gilydd, ac mae'r cyfan yn ymddangosiadol ddiymdrech. Meddyliwch am ddisgrifiad fel hyn o brysurdeb Mumbai:

> Cyrn y ceir yn cyweirio, nos a dydd
> alaw dragywydd llond gwlad ar giwio
> wrth dramwy fel drwy driog i ben taith,
> sisial llafurwaith *rickshaws* llafarog
> drwyn am drwyn ar hyd y dre ddisymud
> yn fwyn daranllyd wrth fynd i'r unlle.

Mae'n agor gyda'r ddelwedd 'cyweirio'. Yna parheir â'r ddelwedd gydag 'alaw', a'r llinell o gynghanedd sain yn arafu wrth i ni glywed y gyffelybiaeth 'fel drwy driog'. Os ydych chi eisiau clywed sŵn *rickshaws*, dywedwch y bedwaredd linell yn uchel wrthych chi'ch hun, a gallaf ddychmygu yr ewch chi'n syth i stryd ym Mumbai, a chlywed clecian y cerbydau trwy gyfrwng patrymau cytseiniaid medrus y bardd.

Ond nid bardd y sŵn yn unig yw hwn. Gall lunio trosiadau cynnil a gafaelgar: 'minnau'n sgubo'r bore/ i gell wag y llygaid', a beth am hwn i ddisgrifio gwres y lle: 'Mae'n fatsien benwen o boeth'?

Serch yr holl ragoriaethau, ac nid oes lle i'w rhestru i gyd, yr hyn sy'n amharu ar y dilyniant hwn yw fod y bardd wedi rhagymadroddi cymaint cyn dod at neges y cerddi. Er enghraifft, dim ond hanner ffordd drwy'r dilyniant y mae'n cyrraedd Mumbai. Treuliodd gymaint o amser yn beirniadu'r Cymry cul, ond heb fod yn rhoi rheswm digonol am gynnwys y feirniadaeth honno. Mae'r dilyniant yn cloi gyda'r bardd yn ''madael/ yn drwm/ o hyder'. Ond ni chefais ddigon o argraff fod y bardd yn ddihyder ar y ffordd draw i gyferbynnu gyda hyn. Er ei fod wedi gweld cyfle i ni'r Cymry newid, a oedd y profiad yn India wedi newid y bardd ddigon fel person?

Tad Diymadferth?: Cyfres o gerddi gan dad a gawn gan y cystadleuydd hwn, tad sy'n hebrwng ei fab i ymuno â'r fyddin. Mae'r tad yn erbyn i'w fab ymuno. O deitl y gerdd gyntaf, 'Gwŷr a aeth *Catterick Barracks*', gallwn synhwyro'r tensiwn rhwng y ddau. Mae'r gerdd yn gyforiog o ystyr ac is-haenau. Mae'r 'radio'n isel', a'r 'ddau ar donfedd wahanol' i'w gilydd. Mae'n gerdd deimladwy a phwerus: 'gyrru'i fab i gwr ei fedd/ a'r gyrru'n ddidrugaredd.' Mae'n cyflwyno un o themâu'r dilyniant, sef y cyferbyniad rhwng gwres ac oerfel. Wedi'r cyfeiriad at Gatraeth yn y teitl, cawn awgrym cynnil o Ganu Heledd erbyn y diwedd: 'Oera'r llun ers tyngu'r llw,/ llun aelwyd a'r lle'n ulw.'

Yn yr ail gerdd, gwelwn y tad yn edrych ar y teledu ac yn gweld effaith rhyfel:

> Blodau dan rwbel ydynt,
> petalau ar gau'n y gwynt
> yn dusw o gnawd iasoer
> a chri rhieni mor oer.

Un o effeithiau trist rhyfel yw'r ffoaduriaid sy'n ffoi oddi wrth y perygl eithaf, a chyflwyna'r bardd lun ingol o'r traeth gyda chyrff meirw'r rhai a geisiodd groesi'r môr yn ofer: 'â'r gwymon yn y tonnau/ yn rhaffu broc y cyrff brau'.

Cofia'r tad yn ôl i'w orffennol pan aeth ef a chyfaill i'r goedwig, ond dyma'r chwarae'n troi'n chwerw, a nythod adar yn cael eu malu: 'Torrwyd côd y gwybod gwell', ac o'r eiliad honno, gwyddai'r tad nad oedd am ddilyn ffordd trais.

Cawn gerdd wedyn ar fesur y tri thrawiad. Mae'n fesur sy'n fwy llac yn gynganeddol, ond mae'n fesur cwbl addas wrth iddo ddychanu'r gwleidyddion sy'n pleidleisio dros fynd i ryfel. Mae'n odli '-au' ac '-ai' yn ddeheuol ar ddiwedd y gerdd, ac mae'r gynghanedd sain estynedig iawn yn y clo yn gwthio ffiniau gofynion y gystadleuaeth. Gellir maddau hyn i'r bardd wrth iddo fynd i hwyl yn ysbryd dychanol y gerdd.

Un o rinweddau'r dilyniant yw fod y cerddi wedi cael eu hysgrifennu o safbwyntiau gwahanol: safbwynt y tad, y mab, ceiswyr lloches a hyd yn oed o safbwynt rhywun yn y gofod. Does dim angen egluro i ddilynwyr hanes Cadeirio yn yr Eisteddfod arwyddocâd yr Hendre, ond datblygiad diweddar yw mai ar dir sy'n ffinio â fferm yr Hendre y mae'r drôns, neu'r adar angau, yn cael eu hedfan i ymarfer ar gyfer lladd. Yn y gerdd drawiadol, 'Uwch caeau'r Hendre', mae 'O anfon Glamai dy fwyn golomen' yn 'Cynhaeaf', Dic Jones yn magu arwyddocâd dyfnach eto gan y bardd hwn: 'Y mae'n Glamai ond nid mwyn golomen/ a ddaw heibio ...' Hebog sydd yno bellach 'a gwaed o'i big i'w aden'.

Cawn gerdd hefyd o safbwynt mam un sy'n cael ei orfodi i fynd i ryfel gan rai dienw: ond 'yntau nid yw eto'n ŵr', sy'n ddarlun trist o sut mae plant yn cael eu gorfodi i gymryd rhan yn ffolineb oedolion. Roedd y gerdd 'Yazidi' wedi achosi cryn benbleth, yn arbennig o weld y llinell agoriadol: 'Dial sy'n eu credoau ...' gan mai pobl sydd wedi cael eu herlid yw'r Yazidi. Ond o ystyried mai o safbwynt y rhai sy'n ymosod ar yr Yazidi yr ysgrifennwyd y gerdd, mae'r ystyr yn gliriach.

Down yn ôl at safbwynt y tad yn y gerdd olaf. Mae'n ei gweld hi'n anodd torri cylch dieflig rhyfel. Cawn gwpled sy'n ein hannog i geisio datrys problemau â chariad yn hytrach na chasineb: 'Dealla hyn: nid â llef/ dialedd y lleddfir dolef.' Hoffwn glywed dadansoddiad y bardd o'r cwpled am yr haf a'r gaeaf, ond yn sicr mae'r diweddglo'n bwerus ac yn gadael y darllenydd â gwaith meddwl i'w wneud. Nid yw'n gorffen lle mae'r haul yn tywynnu a lle mae popeth yn hapus unwaith eto: 'y nos sy'n dynesu' gan y bardd hwn. Yr oerfel unwaith eto yn lle'r gwres. Mae'r llinell 'plant ein glôb sy'n bwydo bedd' yn gyfoethog ac amlhaenog. Gallai olygu mai ein plant ni sy'n cael eu magu i ladd pobl eraill sy'n bwydo beddau'r byd, neu yn hytrach mai plant yw'r rhai diniwed sy'n dioddef fwyaf mewn rhyfel. Mae'r marc cwestiwn ar ddiwedd ei ffugenw'n awgrymu fod y bardd yn herio'r tad, a'i annog i beidio â theimlo'n ddiymadferth, ond, yn hytrach, ei annog i weithredu.

A beth am y dyfarniad? Gall *Mared*, *Brynglas* a *Broc Môr* fod yn gwbl dawel eu bod wedi llunio cerddi cofiadwy, a rhai sydd wedi creu argraff. Mae gan *Siac* a *Tad Diymadferth?* rinweddau pellach sy'n eu codi i dir uwch eto, a rhinweddau sy'n golygu fod y ddau, yn fy marn i, yn gwbl deilwng o'r Gadair. *Siac,* yn bendant, yw cynganeddwr rhwyddaf y gystadleuaeth. Pan fydd gan *Siac* dân yn ei fol a cherdd yn ei galon, pan fydd yn dod o hyd i rywbeth ym mêr ei esgyrn a fydd, yng ngeiriau T. Llew Jones, 'eisiau dod mas', yna ni fydd neb i guro'r bardd hwn. Bydd yn eistedd yn y Gadair, nid yn 'brifardd unig', ond yn Brifardd â'r torfeydd yn ei gyfarch. Ond bydd raid iddo aros ychydig eto. Mae *Tad Diymadferth?* wedi cyflwyno cerddi sy'n rhoi llwyfan i rai o ofnau dyfnaf unrhyw riant. Mae ganddo linellau a chwpledi a cherddi cyfain sy'n llwyddo i wneud i'r darllenydd aros a rhyfeddu. Mae yma ysgafnder a dwyster, a'r cyfanwaith yn gyfraniad pwysig i'n traddodiad heddwch ni yma yng Nghymru. Wedi pwyso a mesur, cyfanwaith grymus *Tad Diymadferth?* sy'n dod i'r brig.

Mae'r Gadair eleni yn cael ei rhoi gan deulu'r diweddar Dic Jones i ddathlu hanner can mlynedd ers ei gadeirio am ei awdl 'Cynhaeaf' yn Aberafan. Byddai Dic uwch pawb arall wrth ei fodd fod yma Gadeirio yn 2016, a chadeirio bardd sydd wedi llunio dilyniant sy'n dweud rhywbeth pwysig amdanom ni fel pobl. Byddai wrth ei fodd hefyd yn gwybod fod y tri beirniad yn unfryd fod y dilyniant hwn yn dod i'r brig, ac yn bwysicach na dim, ei fod yn gwbl deilwng o Gadair Eisteddfod Genedlaethol Sir Fynwy a'r Cyffiniau. Cadeirier *Tad Diymadferth?* yn ddigwestiwn.

BEIRNIADAETH CATHRYN A. CHARNELL-WHITE

Anrhydedd anghyffredin oedd cael bod yn un o feirniaid cystadleuaeth Cadair Eisteddfod Genedlaethol Sir Fynwy a'r Cyffiniau; nid yn unig oherwydd bod yr Eisteddfod yn cael ei chynnal eleni mewn lle sy'n agos i gartref, ond oherwydd fy mod yn ystod oriau gwaith yn treulio llawer iawn o amser yng nghwmni beirdd y ddeunawfed ganrif a fu'n gweithio mor ddygn i ddiogelu traddodiad y canu caeth ac i adfywio'r Eisteddfod. Mae'r naw cyfres a ddaeth i law eleni yn dystion hyglyw i barhad cerdd dafod yn ddiwylliant byw yn nwylo beirdd sy'n ymateb i'r byd o'u cwmpas ag amrywiaeth gyfoethog; a hynny, diolch i'r trothwy geiriau tyn, yn gynilach o lawer nag ambell un o'u rhagflaenwyr yn y ddeunawfed ganrif.

Pen y don: Mae'r ffin rhwng y tir a'r môr yn ddelwedd estynedig yn y gyfres hon, ond mae ffiniau daearyddol, ffiniau amser, ynghyd â ffiniau'r byd hwn a'r byd nesaf, hefyd yn cael sylw gan y bardd. Yn gyffredinol, fe'i cefais yn anodd dilyn arddull haniaethol y cerddi, gan nad yw hi wastad yn eglur pwy sy'n llefaru. Er nad yw'r gerdd ar gynghanedd gyflawn, i'm tyb i, ail gerdd y gyfres, sy'n marwnadu Mam-gu ac yn creu darlun teimladwy o'r gwaith llaw a adawyd ar ei hanner, yw cerdd orau *Pen y don*:

> Erys mwy ei gweill a'i gwau
> mewn encil, sedd eu hangau,
> ar hanner tasg ei sgwariau.

Caradoc: Ymateb llenyddol i honiadau'r gyfrol *My People* (1915) a wna cerddi *Caradoc*. Er nad yw'r gyfres hon ar gynghanedd gyflawn, eir i'r afael â rhai o'r themâu pwysfawr a wyntyllwyd gan Caradoc Evans ac a oedd yn anodd eu stumogi gan ei gyd-Gymry. Mae'r gyfres yn ymwneud fwyaf ag agweddau at drais, marwolaeth a chrefydd, ac mae hi'n nodedig am ei hymgais i geisio deall chwerwder Caradoc Evans a'i natur ddialgar:

> Y dasg oedd deall y dyn
> Yn egino ei gynllun:
> I godi llef, gwawdio llu,
> A'i fadredd yn aeddfedu. ('Ymosodiad')

Byddai ymadroddi llai haniaethol ac osgoi geirfa hynafol (er enghraifft 'baidd', 'gofar', 'edlym', 'brithwas') yn hwyluso rhediad cerddi unigol y gyfres a hefyd yn hwyluso gwaith y darllenydd.

Carys: Ceir gan *Carys* gyfres o gerddi crefyddol dwys sy'n ymwneud â'r ffin rhwng credu ac anghredu, bywyd ac angau, yn ogystal â'r byd hwn a'r byd a ddaw. Mae nifer o deitlau'r cerddi unigol yn fachog, ond mae'r traethu haniaethol yn golygu nad yw hi wastad yn rhwydd dilyn rhediad y cerddi. Fodd bynnag, ceir cyffyrddiadau crefftus, megis cadwyno englynion cerdd olaf ond un y gyfres, ynghyd â llinellau trawiadol: 'Un llais sydd yn rhoi lles iawn/ I gyfaill sydd yn gyfiawn' ('Ffin gallu gweld'). Marwolaeth a'r ffin rhwng y byd hwn a'r byd a ddaw sy'n cynnal y gyfres ac yn cydio'r cyfan mae'r 'Duw sydd wastad yn Dad' ('Ffin rhwng Iddewon a Rhufeiniaid').

Llio Angharad: Mae teitlau bachog ac ymadroddi hyfryd cerddi *Llio Angharad* yn tynnu'r darllenydd i mewn ac, er bod cerddi unigol yn sefyll ar eu traed eu hunain ('Civis Romanus Sum', 'Yr Eden fach', 'Tŷ ni', 'Llain galed M4', 'Crebachu'), byddai sicrhau mwy o gydlyniant i'r cerddi yn golygu eu bod hefyd yn argyhoeddi fel cyfres. Fodd bynnag, mae yma lais cadarn sy'n gallu bod yn ffraeth ac yn grafog: 'Heb lol rhoddi punt mewn blwch/ I dalu am dawelwch' meddir am gapelwyr da yn cyfrannu at achos da ('Angel Pen Ffordd'). Mae nifer o gerddi'r gyfres yn ymwneud â hanes lleol sir Fynwy, bro'r Eisteddfod, yn enwedig 'Crebachu', sy'n defnyddio arwyddion gweladwy yr iaith mewn enwau lleoedd i dalu teyrnged i dreftadaeth ieithyddol yr ardal: 'Di-glywed ond gweledig/ Yno'n drwch hen enwau drig' ('Crebachu').

Broc Môr: Mae'r gyfres hon gan *Broc Môr* yn adrodd stori ynghylch anobaith mewn *vignettes* trawiadol. Mae'r bardd yn amlygu thema'r gystadleuaeth, sef 'ffiniau', yn nheitlau'r cerddi unigol – 'Rhwng galw ac ateb', 'Rhwng sobor a di-hid', 'Rhwng ychydig a dim' ac ati – ond gellid bod wedi cryfhau'r thema yn y cerddi eu hunain hefyd. Mae prif gymeriad y canu yn parhau'n annelwig, braidd, drwy'r gyfres ar ei hyd; serch hynny, un o gryfderau'r gyfres yw'r ymadroddi trawiadol sydd ar waith: 'B&B diwyneb yw/ Ei fyd. Nid cartref ydyw' ('Rhwng gwely a brecwast') a 'Suddodd i fyd heb swyddi'n ŵr di-waith/ Mewn dŵr dwfn ... ' ('Rhwng nawdd a hunan-barch'). Mae strwythur cylchol medrus y gyfres hon yn hynod effeithiol a gwneir defnydd cynnil hefyd o'r môr fel delwedd estynedig, argoelus ei naws.

Brynglas: *Vignettes* byw ynghylch aeddfedu, cymathu profiadau newydd a deall y byd sydd yn y gyfres hon, a'r rheini fynychaf yn atgofion plentyndod. Rhagor na hynny, maent yn atgofion ynghylch profiadau sy'n diffinio dyn: deffro cenedlaetholdeb, ystyr ffiniau daearyddol y cwm i'r unigolyn, galar am Ernest, ac ymwybyddiaeth o ffiniau cymdeithasol. Mae *Brynglas* yn llwyddo i gyfleu meddylfryd plentyn yn effeithiol – gyda synnwyr trannoeth, wrth gwrs. Mae dwy o gerddi'r gyfres yn haeddu sylw arbennig, sef 'Landsker' a'r deyrnged barchus i gartref plentyndod y bardd, 'Llun':

> ... af yno bob un funud
> i'r lle sy'n gartre' i gyd,
> i'r wal wen sydd gerllaw'r lôn
> a'r waliau fu'n orwelion. ('Llun')

Mared: Anffyddlondeb yw thema'r gyfres afaelgar hon, a hynny yn y person cyntaf o bersbectif Mared, y wraig a frifwyd gan ei gŵr. Llwyddir i gynnal y thema o gerdd i gerdd heb feichio'r cerddi – heb sôn am y darllenydd – â siom a dicter Mared. Yn wir, mae strwythur cylchol y gyfres yn gweithio'n effeithiol i danlinellu ymrwymiad y wraig i'r briodas a'i dymuniad i ailgynnau'r fflam trwy ddychwelyd i San' Antoni, lleoliad eu mis mêl: 'Sŵn tonnau San' Antoni,/ rhythm y nos, ein rhythmau ni' ('Mae oes a mwy mewn mis mêl'). Er y gellid tynhau mewn ambell fan, ac, efallai, roi mwy o sylwedd i'r gŵr a fu'n achos loes ei wraig, mae'r dweud yn rhwydd ac yn gynnil: 'Un 'sorri' heb llawn sarhad;/ hwren o ymddiheuriad' ('Mi wyddwn lond fy maddau').

Siac: Bardd yn adrodd hynt cwrs clera cyfoes a geir gan *Siac*. Mae'r gyfres yn agor a chau mewn maes awyr gyda'r bardd o Gymro yn croesi ffiniau trwy deithio i ŵyl lenyddol ym Mumbai, India. Gwelir yma sut y mae teithio yn chwalu ffiniau daearyddol a diwylliannol, a hefyd yn brofiad sy'n lefelu pobl trwy eu hansefydlogi dros dro. Felly hefyd y profiad o fod yng nghanol beirdd byd yr ŵyl lenyddol (Cerddi 4 a 5). Mae'r daith ar ei hyd, felly, yn brofiad trawsnewidiol i'r bardd ac i'w farddoniaeth: wedi'r cyfan, nid oes awen, meddir, 'heb fenter' (Cerdd 1). Clywir llais y ddinas ei hun hefyd (Cerddi 6 a 7) yn mynegi'r caswir am amgylchiadau'r ddinas a'i hetifeddiaeth ymerodrol. Gan fod Cymru ac India unwaith yn rhan o'r Ymerodraeth Brydeinig fondigrybwyll, mae'r gerdd hefyd yn cynnig cyfle i *Siac* archwilio etifeddiaeth Prydeindod a'r cyflwr ôl-drefedigaethol. Mae ymadael â Chymru dros dro yn gorfodi'r bardd i weld ei wlad ei hun mewn goleuni newydd, a chrynhoir hyder ôl-drefedigaethol dinas Mumbai yn y weithred symbolaidd o symud cerflun o Edward VII, Tywysog Cymru, i sw lle mae'r adar yn talu gwrogaeth iddo yn eu ffordd eu hunain:

> Er na all clwydi di-rif na phiod
> wared o India yr hen Brydeindod,
> heddiw'n y ddinas ddihenydd hynod,
> ninnau ddewiswn ble'n dda i'w osod;

ac i'w nawdd hi fe gawn ddod – fel i'r sw –
yn deulu berw, yn genedl barod. (Cerdd 7)

Yn y gerdd hon (Cerdd 7) ac yn y gerdd flaenorol (Cerdd 6) y gwelir *Siac* ar ei orau fel bardd. Ond er gwaethaf difrifoldeb y cywair wrth fyfyrio ar ymwneud India â'r Ymerodraeth Brydeinig a'r patrwm hyderus a gynigia i Gymru'r dyfodol, manteisir hefyd ar yr eironi ei fod yn dibynnu ar awyren Brydeinig i'w gludo'n ddiogel i ben ei daith: 'un Cymro'n gwibio i'r gig, gan roi'i ffydd/ yn yr adenydd llydan, Prydeinig' (Cerdd 3).

Er bod y gyfres ar ei hyd yn cymryd amser i fagu momentwm, o ran crefft *Siac* yw'r cynganeddwr mwyaf hyderus, a'r un mwyaf mentrus hefyd, i'm tyb i, fel y gwelir mewn llinellau macaronig Cymraeg/ Saesneg a Chymraeg/ Bengali. Rhagor na hynny, mae diwyg y cerddi'n fodern ac yn edrych yn drawiadol ar y ddalen wrth i *Siac* rannu llinellau er mwyn pwyslais ac effaith berfformiadol:

> fy ngalw
> GO TO GATE 1
> GUTO'R GLYN
>
> (GATE 2 i'r glêr!)
>
> ... af i'w ddal,
> waeth fe ddaeth hi'n amser
> 'madael yn drwm
>
> o hyder. (Cerdd 8)

Mae'r fath fformatio yn fwy dieithr i'r llygad nag i'r glust, a thrwy gyflwyno cerddi sydd weithiau'n edrych fel *vers libre*, mae cynganeddwr mwyaf rhugl y gystadleuaeth fel petai'n ceisio ymestyn ffiniau'r gynghanedd a gwyrdroi'r syniad o gaethder cynganeddol.

Tad Diymadferth?: Ceir yn y gyfres hon dad yn cefnogi penderfyniad ei unig fab i groesi'r ffin rhwng plentyndod ac oedran gŵr trwy ymuno â'r fyddin. Mae cerddi'r gyfres yn traethu brwydr fewnol y tad â dewis ei fab, ac yn archwilio effeithiau'r penderfyniad ar ddeinameg eu perthynas. Defnyddir geirfa filwrol i gyfleu'n gynnil y tyndra rhyngddynt, 'y mab sy'n fomiau o'i ôl' yn y gerdd agoriadol ('Gwŷr a aeth *Catterick Barracks*'), ac mae oerni (sydd hefyd yn gallu golygu creulondeb) yn atseinio'n gynnil drwy'r gyfres ar ei hyd. Olrheinir troeon meddwl y tad sy'n wirioneddol ddiymadferth yn wyneb gyrfa filwrol ei fab a'r ffaith fod ei fab ei hun yn gyfrannog o greulondeb rhyfel; creulondeb sy'n ymrithio o'i flaen yn barhaus ar y teledu a'r cyfryngau cymdeithasol. Y delweddau hyn sy'n rhoi siâp i'r gyfres: cyfyng-gyngor ffoaduriaid sy'n peryglu eu bywydau er mwyn dianc rhag rhyfel; siniciaeth gwleidyddion sy'n pleidio rhyfel; ceiswyr lloches; ymarfer drôns ger Aber-porth; brwydro yn enw crefydd yn Ramadi; y gyflafan ym Mharis fis Tachwedd 2015; trais yn erbyn hil yr Yazidi yn Irac.

Er y gellid yn hawdd syrthio i foesoli ar bynciau o'r fath, nid yw *Tad Diymadferth?* yn pregethu, fel y tystia cynildeb dweud y gerdd 'Tyfu milwyr (Ramadi, Mai 2015)'. Cerdd yw hon sy'n traethu am y modd y defnyddir crefydd i gyfiawnhau rhyfel, a'r gerdd 'Yazidi' sy'n darlunio trais ar ferch ifanc o hil yr Yazidi, yn ogystal â thrais ar yr hil gyfan: '... â'i ana'l/ yn ewinedd arni' ('Yazidi'). At hynny, camp *Tad Diymadferth?* yw llunio cymeriad tri dimensiwn argyhoeddiadol: cawn fod atgasedd y tad tuag at drais yn deillio o brofiad ffurfiannol pan wyliodd ffrind iddo'n dryllio nyth aderyn ynghyd â'r adar mân ('Pan oedd yntau'n fachgen'). Mae dadrithiad y bachgen yn achosi rhwyg rhyngddo a'i ffrind, ond yng nghyd-destun unoliaeth y gyfres, mae'r olygfa hon yn ddrych i berthynas y tad a'r mab hefyd. Er bod y tad yn ymrafael â phenderfyniad ei fab i ymuno â'r fyddin, mae cymeriad y mab, mewn gwirionedd, yn ymylol i'r gyfres. Serch hynny, pan yw'r mab yn ailymddangos yn 'E-bost gatre', llwyddir i gyfleu ei ansicrwydd naïf wrth iddo berfformio gwroldeb, iddo'i hun, efallai, yn ogystal ag i'w dad.

I'm tyb i, dwy gyfres o gerddi sy'n ymgiprys am Gadair y Fenni eleni, a'r ddwy yn wahanol iawn i'w gilydd o ran arddull, naws a chywair. Er gwaethaf llais unigolyddol *Siac* a'i ddawn i adrodd stori, cadeirier *Tad Diymadferth?* am daflunio côr o leisiau yn ei straeon amlhaenog.

Fel un sydd wedi mopio ar bopeth sy'n ymwneud â'r gynghanedd ers degawdau bellach, braint a phleser o'r mwyaf oedd cael pori drwy gerddi cystadleuaeth y Gadair eleni. Braf iawn hefyd oedd deall fy mod i a'm cydfeirniaid yn hynod o debyg ein barn am y cerddi ac i hynny wneud y gwaith o'u tafoli'n llawer iawn haws.

Rwy'n gosod y naw cynnig a ddaeth i law mewn tri dosbarth ac yn gorfod diystyru dwy gerdd yn syth bin gan nad ydynt yn cydymffurfio â gofynion y gystadleuaeth: *Pen y don* a *Caradoc*. Cyflwynodd *Pen y don* gasgliad hir o gerddi heb yr un gynghanedd ar eu cyfyl. Nid wyf am drafod cynnwys na safon y cerddi gan mai yma i drafod 'dilyniant o gerddi *ar gynghanedd gyflawn*' yr wyf. Hyd y gwelaf i, nid oes ond saith llinell o gynghanedd yn y dilyniant i gyd. Mae llawer o'r rheini'n ddamweiniol ar wahân i'r orau ohonynt:'Ta ta i Abertawe'. Oherwydd y diffyg cerdd dafod yn ei waith, mae'n rhaid dweud 'ta ta' hefyd wrth ymgais *Pen y don*.

Casgliad o gerddi yn croniclo hanes Caradoc Evans a'i gyfrol ddadleuol, *My People*, a gyhoeddwyd yn 1915, sydd gan *Caradoc*. Mae mwy o ymgais yma i gynganeddu na'r hyn a gafwyd gan *Pen y don* ond mae gan *Caradoc* gryn waith o'i flaen os yw am berffeithio'i grefft. Braidd yn hynafol yw'r ieithwedd ar adegau ('gofar', 'edlym'); hynny'n bennaf, rwy'n credu, er mwyn bodloni'r gynghanedd. Ond o dro i dro ceir llinellau go dda fel 'Epiliaid y capeli', 'Proffwyd yn hwylio priffordd' ac 'a neb yn ei hateb hi'. Ond ni ellir dianc rhag y ffaith bod gwallau cynganeddol ym mhob cwpled bron, sy'n golygu bod y gwaith yn cynnwys mwy o gamgymeriadau na fel arall ac felly'n syrthio y tu allan i ofynion y gystadleuaeth.

Dosbarth 3

Dau sydd gen i yn y Trydydd Dosbarth, *Carys* a *Llio Angharad* gyda chryn wahaniaeth yn eu safleoedd.

Carys: Cafwyd pymtheg o gerddi gan *Carys* a phob un â theitl yn cynnwys y gair 'ffin': 'Ffiniau'r Eryr', 'Arweinydd y Ffiniau', 'Ffydd ar y ffin', 'Ffin gallu gweld' ac yn y blaen. Cefais y teimlad mai nifer o gerddi wedi eu dwyn ynghyd gyda theitlau newydd 'testunol' sydd yma yn hytrach na chasgliad o gerddi penodol ar y testun 'Ffiniau'. Traethu am y ffiniau a ddaw i ran y ddynoliaeth sydd yma'n y bôn: bywyd a marwolaeth, cyfoeth a thlodi, ffydd a diffyg ffydd gydag un ddelwedd gyson sef y cyswllt rhwng y byd hwn a'r byd nesaf. Mae naws grefyddol iawn i'r cerddi ond mae'r defnydd cyson o brif lythyren i ddynodi Duw braidd yn llethol. Mae gormod hefyd o'r gair 'ffin' sydd, gan gynnwys y teitlau, yn ymddangos bron i bump ar hugain o weithiau. Ond ar ei gorau mae *Carys* yn gallu llunio llinellau tipyn mwy cofiadwy, fel yr englyn milwr hwn o 'Ffin rhwng Iddewon a Rhufeiniaid':

> Ffarwél i'r storm o gelwydd
> Wrth orffen dolen y dydd
> I ffin o hyfrydwch ffydd.

Llio Angharad: Yn wahanol iawn i'r beirdd uchod, mae casgliad *Llio Angharad* yn mynd â ni i gyfeiriadau difyrrach a mwy amrywiol eu naws ac yn codi'r bardd i frig y Trydydd Dosbarth. Mae ganddo'i lais unigryw ei hun ac yn trafod y byd a'i bethau'n ehangach na'r beirdd a drafodwyd yn barod, er enghraifft agor drysau a chroesi ffiniau drwy ddefnyddio technoleg newydd ('hael/ Dechnoleg heb furiau/ yw'r gam lle bu pyrth ar gau'). Ond, eto i gyd, awgryma yn ei englyn unigol 'Rownd a Rownd' mai'r un drefn sydd i'n bywydau i gyd:

> I weled diwedd dedwydd a llawen
>   Un llywaeth ac ufudd
>   Yw'n gorchwyl – disgwyl bob dydd ...
> Hen arfer, ond ni dderfydd.

Felly hefyd yn englyn agoriadol y gerdd 'Clawdd Terfyn':

> Daw diwedd ar ein doeau – i'r byw
>   Daw'r bedd yn ddifaddau
>   A'r gro du – ein maeddu mae
> O'n bedydd drwy'n bywydau.

Prin yw'r gwallau cynganeddol a gellid yn hawdd iawn trwsio yr ychydig sydd. Mae'r englyn a'r casgliad yn gyffredinol yn codi'r cwestiwn a yw englyn yn gerdd ar ei phen ei hun gan fod un ar ddeg o englynion unigol yma. O ganlyniad, pytiog braidd yw'r casgliad. Ond maddau i'r bardd y mae dyn wrth ddarllen englyn fel hwn, sy'n gweld y Gymraeg yn rhannau o'r de yn debyg i flodyn ar ochr priffordd brysur yr M4:

> Yn wyrthiol rhwng sbwriel gwrthun – a mwg,
>   Mewn man diamddiffyn
>   Yn iach a hardd ymysg chwyn
> Mae haul a blodau melyn.

Oni bai am ambell ddarn tywyll, er enghraifft diweddglo'r gerdd 'Pen set' a'r ffaith mai'r gynghanedd ar adegau sy'n arwain y dweud yn hytrach na llais y bardd ei hun, fe fyddai *Llio Angharad* wedi cael bod yng nghwmni beirdd yr Ail Ddosbarth.

Dosbarth 2
Yn eistedd ar fainc hir yn yr Ail Ddosbarth mae *Broc Môr*, *Brynglas* a *Mared*.

Broc Môr: Hanes dyn digartref sydd ar fin dod â'i fywyd i ben sydd gan *Broc Môr* mewn casgliad o gerddi ag iddynt isdeitlau effeithiol iawn sy'n adrodd cyfnodau ym mywyd diweddar y creadur, er enghraifft 'Rhwng sobor a di-hid', 'Rhwng ychydig a dim', a 'Rhwng stryd a seintwar'. Mae'r casgliad yn cychwyn gyda'r dyn yn cael mymryn o solas drwy siarad ar y ffôn â rhywun o elusen y Samariaid ac yntau'n barod i'w daflu ei hun i'r môr. Ac yna, mewn llinellau gwirioneddol dda, cawn ei hynt a'i helynt yn meddwi ar y stryd: 'Stori rhad ei seidrau rhad/ yw'r llais ym mhob arllwysiad.' O dro i dro cawn awgrym efallai mai cywilydd mawr am rywbeth ('yn llanw'r colli wyneb') yw'r rheswm ei fod wedi cyrraedd y gwaelod ar ôl bod yn byw yn gyfforddus iawn un adeg:

> Ni fynnai ef (o gofio'n ôl
> un waith, ym moethau'r gorffennol),
> weld ei hun yn casglu dôl.

Mae llawer iawn o gryfderau yng nghasgliad *Broc Môr* ond beth am y gwendidau sydd wedi ei gadw rhag cael y siawns o eistedd mewn cadair, neu wrth ochr cadair, yn y Dosbarth Cyntaf? Mewn eisteddfodau lleol dros y blynyddoedd rwyf wedi darllen nifer fawr o gerddi am fyd anodd pobl ddigartref, y trallod, y poen a'r anobaith. Y gamp yw creu barddoniaeth ysgytwol a gafaelgar a gwneud i'r darllenydd feddwl mwy am y testun dan sylw gyda llais nas clywyd o'r blaen. Ni chafwyd hynny. Yn ogystal, mae natur ryddieithol i rai o'r cerddi ac nid oes gan *Broc Môr* afael gwbl gadarn ar y gynghanedd eto, sydd wedi ei lesteirio braidd.

Brynglas: Ar yr un fainc â *Broc Môr* mae *Brynglas*. Mae hwn yn gynganeddwr medrus ac yn ddarluniwr da sy'n gwybod yn iawn pa bryd i ddefnyddio englyn, englyn milwr, toddaid a chywydd i gyflwyno'i genadwri. Dywedodd y bardd Saesneg, C. Day Lewis, am feirdd, 'We do not write in order to be understood; we write in order to understand.' Hynny yw, mae bardd ar ei orau pan fo'n ysgrifennu i geisio cael trefn ar ei feddyliau, ei brofiadau a'i olwg ar y byd. Dyna sydd yng nghasgliad *Brynglas*, ymgais i'w ddeall ei hun yn well drwy edrych yn ôl ar ei blentyndod a'i lencyndod. Mae'n pwyso a mesur ei Gymreictod pan oedd yn fachgen ar draeth yn y gerdd 'Landsker' ac yna'n trafod aeddfedu yn y gerdd 'Mynwent Blaen-plwyf' pan fo'n ymweld â cherrig beddi nifer o blant yr ardal, o'r un fferm o bosib:

> Rhes o ddisgyblion llonydd,
> a galar Ffer Soar sydd
> yn rhy ifanc i grefydd.

A

> Naw oed yw'r holl eiliadau.

Ac yna

> Eilwaith af o'r cornelyn,
> o'r fynwent a bedd plentyn,
> af i yn hen o fan hyn.

Tua therfyn y casgliad mae'n 60 oed ac yn edrych ar hen lun o'i fam a'i dad y tu allan i'r bwthyn lle treuliodd ei fywyd cynnar, 'Yma'n gelf mae meini gwyn/ ac achau a hen gychwyn' a digon hawdd fyddai i'r sawl sy'n darllen y feirniadaeth hon feddwl mai hen gerddi sentimental, hiraethus sydd yma; ond i'r gwrthwyneb. O'u darllen yn eu cyfanrwydd, mae gan *Brynglas* lais newydd, golwg wahanol ar bethau a bu'n chwa o awyr iach drwy'r gystadleuaeth. Mae'r cerddi yn rhy unigryw i fod yn bethau wedi eu hysgrifennu i blesio beirniaid. Profiadau byw, go iawn sydd yma a'r rheini wedi eu hadrodd yn effeithiol iawn.

Ben arall y fainc i *Broc Môr* a *Brynglas* – ac yn nes o lawer at ddrws y Dosbarth Cyntaf – mae *Mared*.

Mared: Er bod cerddi *Mared* yn cychwyn yn afieithus iawn, siom a dicter sydd drwyddynt yn dilyn anffyddloneb ei gŵr. Mared, y ferch sy'n glaf o gariad, sy'n siarad ac yn ei llais hi fe gawn hanes y ddau'n gariadon ifanc yn crwydro strydoedd dinas fawr fyrlymus yn Sbaen – Barcelona, dybiwn i. Mewn cywyddau ac englynion hynod o grefftus cawn hanes y mis mêl hyfryd cyn y siom a'r brifo. Yn null yr hen feirdd mae'n gofyn beth ddigwyddodd i'r cariad mawr a fu rhyngddynt:

> Mae'r heglu'n chwim o'r eglwys?
> Mae'r ddau a'u caru mor ddwys?

Sŵn tonnau San' Antoni,
Sŵn trai'r dŵr, sŵn llanw'r lli?

Gan adleisio galar mawr Lewys Glyn Cothi yn ei gywydd enwog, 'Marwnad Siôn y Glyn', mae'n crynhoi'n odidog ei theimladau tuag at ei gŵr:

Fy nghannwyll a'm twyll drwy'r tŷ,
fy nghelwydd, fy nghywely,
fy hers yn drwm o bersawr,
fy nagrau a'm nwydau nawr,
f'un dyn, fy ngelyn, fy ngwas,
fy mharêd, fy mhriodas,
fy ngair mud, fy ngramadeg,
fy nghariad i, fy ngwawr deg.

Rwy'n teimlo ar adegau bod angen mwy o gynildeb, chwynnu ble bynnag mae ailddweud a pheidio â meddwi ar gynganeddu geiriau iaith arall sydd yn creu dim ond gwaith rhyddieithol iawn:

Pa fore mewn siop *farra?* – Cacenni
    i'n cinio; *paella*
i'r hwyr, ac wrth donnau'r haf
sŵn graean a *sangria.*

Dosbarth 1

Rŵan ta, y Dosbarth Cyntaf lle mae dau fardd gwahanol, dau grefftwr a dau â meddylfryd gwahanol iawn.

Siac: Dyma gynganeddwr gorau'r gystadleuaeth. Bardd cymharol ifanc, bardd craff iawn sydd yma a hwnnw'n adrodd ei hanes yn ymweld â gŵyl lenyddol yn India. Mae'n honni ei fod yn fardd cyffredin, yn glerwr swil yn gadael ('fi yw'r un nas geilw'r/ corn gwlad â'i ganiad o gwr/ y pafiliwn') ond yn dychwelyd yn fardd hyderus, fel Guto'r Glyn arall. Yr hyn sy'n newid ei agwedd at y byd, yn enwedig o safbwynt ei Gymreictod, yw gweld cerflun o Dywysog Cymru, Edward VII ar gefn ceffyl du a godwyd gan ddyn busnes o Loegr yng nghanol Mumbai yn ystod y bedwaredd ganrif ar bymtheg. Yn 1965, israddiwyd statws y cerflun drwy ei symud i ganol sw ac yno ymysg y mwncïod y mae hyd heddiw. Mae'r newid yn y parch tuag at y cerflun o Edward a'r lleihad ym mhresenoldeb Prydeindod ym Mumbai wedi ysbrydoli *Siac* i edrych eto ar Gymru. Mae'n honni nad oes dianc rhag Prydeindod (mae hyd yn oed yn teithio mewn awyren British Airways) ond mae modd i Gymru a Chymry fod yn annibynnol, serch hynny. Ond dyna'r oll, yn fy marn i, sydd gan y bardd i'w ddweud.

O gychwyn ei gerdd i'r diwedd, mewn llinellau gwirioneddol dda a chlyfar, mae'n ein tywys ar hyd y daith awyren i ben draw'r byd ac yn ôl ond ni chawn ond hanner tudalen ohono'n dweud ei ddweud o ddifri. Pam hynny, wn i ddim – brys efallai – oherwydd mae *Siac* yn fardd penigamp pan yw ar ei orau ac yn chwip o gynganeddwr. Ond mae ganddo lawer o linellau sy'n dibynnu ar yr iaith fain i gael effaith: 'yn *rocio* heibio i mewn i'r *cabin*', '*playlist* y mis drwy fy mhen', 'yn *hipster*/ â'i Appstore' ac yna'n cynganeddu'r hyn a welai ar barwydydd y maes awyr:

        TERMINAL 5
        ARRIVALS
        STATUS
        DEPARTURES

        ... mae'r pyls
        yn bywiocáu ym mob cyw

        BOARDING
        JAKARTA   JEDDA
        BEIJING   SEOUL
        COPENHAGEN   CHENNAI
        OSLO   BILBAO
        MUMBAI

Clyfar iawn a mentrus – ond yn bell o fod yn farddoniaeth. Ar ben hynny, mae *Siac* wedi cynnwys nodyn i'r beirniaid yn egluro bod ei gasgliad yn fyrrach na 250 llinell o'u hysgrifennu fel cynganeddion unigol yn hytrach na'r ffordd y'u cyflwynwyd, fel uchod. Fel y maent ar y papur, mae'r llinellau sy'n dibynnu ar y Saesneg ac enwau llefydd yn agos i 7% o'r gwaith i gyd.

Mae rhyw dueddiad diflas yn y blynyddoedd diwethaf i alw awdl sy'n cynnwys llawer o eiriau Saesneg yn 'gerdd fodern' ac yn un sy'n 'torri tir newydd'. Ond os yw rhywun ar Radio Cymru yn siarad felly mae'n cael ei lambastio! Pam, felly, caniatáu hynny mewn awdl gadeiriol? Fel hyn rwy'n ei gweld hi: os am greu hanes, torri tir newydd ac ennill gydag arddeliad nid cynganeddu termau technolegol Saesneg ac enwau llefydd yw'r ffordd ymlaen.

Heb os nac oni bai mae'r Gadair o fewn gafael *Siac* ond nid eleni gyda'r gerdd hon. Oherwydd ôl brys yma ac acw, diffyg sylwedd cyson drwy'r gerdd a gorddefnydd o eiriau benthyg nad ydynt yn wironeddol ychwanegu at y dweud, fe fydd yn rhaid i *Siac* aros eto am ei gyfle. Rydym yn sôn fan hyn am Gadair yr Eisteddfod Genedlaethol: nid ar chwarae bach mae cystadlu i'w hennill ac yn sicr nid ar chwarae bach mae cadeirio.

Tad Diymadferth?: Dyma ddilyniant am ddyn sydd wedi gorfod dod i delerau â'i fab yn ymuno â'r fyddin a hynny'n groes i'w ewyllys. O'r cychwyn cyntaf mae'r cerddi'n gafael o safbwynt mynegiant a chrefft. Dyma ddau englyn o 'Gwŷr a aeth *Catterick Barracks*' yn sôn am y daith hir i ogledd Lloegr ac anesmwythder ac oerni rhwng tad a mab yn llenwi'r car:

> Danfon, â'r ddau ar donfedd wahanol,
>   ei unig etifedd;
>   gyrru'i fab i gwr ei fedd
>   a'r gyrru'n ddidrugaredd.

> Ceisio darbwyllo'n ddi-ball, a phledio,
>   cystwyo nes deall;
>   gyrru, gyrru fel y gall
>   un gair roi cynnig arall.

Ond ofer yw'r ymbilio: 'rhag llw i farw neu fyw,/ rhag y gad. Rheg wag ydyw.' Nid wyf am fynd i ddyfynnu'n helaeth, er mor hawdd fyddai hynny; mae hen ddigon o bethau cofiadwy iawn yma i'w rhannu.

Heddychwr yw'r tad yn dilyn profiad a gafodd yntau pan oedd yn blentyn wrth fynd i hel nythod adar. Mae ei fêt gorau yn chwalu un nyth yn siwrwd ac mae hynny'n chwalu'r berthynas rhyngddynt:

> Torrwyd côd y gwybod gwell,
> oeri byd, mynd yn rhy bell,
> chwerwi'r dydd a wna'r chwarae Duw
> i gyw a'i angau'n gawell.

Mae'r digwyddiad yn dal yn fyw yng nghof y tad ac yn adleisio'i deimladau wrth fynd â'i fab i'w dranc posib.

Er mai traethu am ei gasineb tuag at ryfel y mae *Tad Diymadferth?* nid oes elfen bregethwrol i'r gwaith fel sydd i'w gael yn aml mewn cerddi yn trin y pwnc hwn. Nid yw wedi canu am faes y gad ond mae wedi mynd ar ôl y pethau bychain, fel pori drwy Twitter i gyfleu ei neges ('Rhed ei fys ar hyd ffrwd fyw/ a diwaelod yw'r dilyw') ac edrych ar wleiddyddion yn San Steffan yn mynd drwy eu pethau yn y gerdd 'Draw, draw yn San Steffan' (ar fesur y tri thrawiad, gyda llaw).

Ac yna, y gerdd delynegol 'E-bost gatre' yn ei chyfanrwydd. Mae neges e-bost gan y mab yn cyrraedd a honno'n oer, cwta ac yn awgrymu efallai ei fod yn edifarhau ond eto'n ceisio argyhoeddi ei dad bod ymuno â'r lluoedd arfog wedi bod yn werth y drafferth ac y dylai ei rieni fod yn falch ohono:

> Annwyl Dad, wy' nôl o daith
> dreino cyn mynd ar unwaith
> sha Iraq. Wy'n gweld ishe'r iaith
> weithiau. Wy'n gallu saethu
> yn siarp, fi yw'r gore sy'.
> Fe yrra' i neges fory.

Mae gen i dri mab ac ar ôl bod yng nghwmni *Tad Diymadferth?* rwyf wedi meddwl mwy a phoeni sut y buaswn i'n ymateb i'r newydd bod un ohonynt am fynd yn filwr. Wrth edrych arno'i hun mae cerddi'r bardd hwn wedi gwneud i minnau edrych ar fy sefyllfa innau yn ogystal. Dyna mae'r farddoniaeth orau yn ei gyflawni, sef mynd yn bellach na dim ond profiad personol yr awdur. Am hynny, am roi mwy na dim ond barddoniaeth gynganeddol ac am gynnal ei safon drwy'r cyfan, rwyf o'r farn bod *Tad Diymadferth?* yn llwyr deilwng o'r Gadair a'r anrhydedd a ddaw yn ei sgil.

LLWYBRAU

Troi nôl

Gad i ni fynd
yn ôl at yr hanner ffordd.
Neu'r tri chwarter, 'falle.
Nôl yn bellach na'r fan lle roedd y llwybr gwyrdd
yn dirwyn yn sidanaidd dan ein traed.
A'r waliau carreg yn dal i'n cynnal.

Tu hwnt i'r cnapyn tir
lle roedd cwgn llyfn o olion traed y blynyddoedd
yn dechrau datod,
a chwalu'n rhigolau glân rhwng twmpathau'r llwyni drain.
Eu brigau'n mwfflo sŵn y croeswyntoedd
a'u cafflo'n rhwymau blêr o'n cwmpas.
Mil o dafodau chwim clebar-main yn chwipio'n bochau
a ninnau'n tacio'n araf, fesul cam,
draw at ymyl bratiog o graig.
Ein hwynebau'n cysgodi'n ddieithr dan gantel y cymylau,
yn troi rhag y gwynt, ac oddi wrth ein gilydd,
a'n hysgwyddau duon cadw-draw yn hwntio'n serth drwy'r awyr hallt.

Dilyn llinell gam o 'sgyrion deri cymalog;
eu gewynnau tyn yn duo dan fflachiadau'r cen.
Rhesiad ohonynt,
yn byseddu'r brethyn niwl
ac yn ei lapio'n dynn o gylch 'sgerbwd o ffens
a'i bwytho drwy rwyllau coch ei ffenestri brau.

A chyrraedd dibyn lle roedd drycinod llwydwyn
yn codi o'r ewyn ffyrnig,
ac yn llafnu'r aer drwy'r byddardod swnllyd.
Seiat o fulfrain gwarsyth,

ffroenuchel o stond, yng nghanol lli;
yn gwmpawd o blu ar ben craig.
Eu hadenydd duon yn cwafran i bob cyfeiriad
ond y cyfeiriad hwnnw, yn ôl i'r fan
cyn y sychodd sgwrs yn halen ar ein gwefusau.

Taith y Pasg

Roedd yno'n gwmni o gylch ein bwrdd,
ond eto'n bell.
Yn bachu yn nhameidiau a thrywydd sgwrs,
am eiliadau,
cyn eu colli wedyn i'r llif tywyll a bwythai'r gwythiennau
yn fap cain o ddieithrwch drwy'r tiroedd hen,
cyn eu chwalu'n yfflon yn erbyn y torlannau.

Ond mynnai'n gadarn –
er ein hanghrediniaeth,
fod 'na eiriau, yn rhywle, wedi eu naddu ar un o'r meini
yn y lle hwn.
Rhywle ar hyd y canllath o lwybr
rhwng y bwrdd te Pasg a'r hewl hir.

Ac wrth hastu i symud, yn araf drwy feinwynt diwedd p'nawn,
fe arhosodd, a throi at gowled o garreg dan gaenen o fwsogl
â chwyn yn casglu o gylch ei sodlau.
Plannodd ei ffon ar ei gwar
a rhannu gwên gynta'r prynhawn.
'Hon yw hi.'

Y dydd hwnnw roedd rhwymyn geiriau'n gafael yn dynnach yn y cof
na chwlwm 'nabod.
A'r ydfrain piglawn, prysur
yn gwybod hynny, rywsut,
ac yn ein gwatwar bob cam nôl i'r car.

Y traeth ym mhen draw'r byd

Yma eto eleni.
Flwyddyn yn hŷn. A blwydd yn llai
o'r gwaddol gwanwynau sy'n weddill yn y cwdyn cefn.
Camu drwy'r bwlch yn y clawdd,
â'i gerrig yn rhesi cyfarwydd o stampiau cardiau post
a 'sgwennwyd yn nychymyg pob haf o'r llecyn hwn.

Ein traed yn cwteru'r canllath ola' o lwybr drwy'r cae,
cyn camu at feingefn o ro
sy'n gwahanu'r cyrs a'r cefnfor.

Ac i lawr at ddalen o draeth
dros y llethr o gerrig llwydion
sy'n clecian a sigo dan ein pwysau.
Ac i'r fan lle daw weithiau hen gantrefi o'r dwfn i'n cyffroi.
Eu trysorau oerwlyb yn codi o'r gwaelodion pell-yn-ôl
gan addo eiliadau o hud cynoesol,
cyn chwalu'n siom o friwsion sych yn llygad yr haul.

A down yma i gyfarch llanw heddiw, a llanw 'stalwm,
sy'n dal i shwfflan yn ddof at ein traed
a'n hebrwng ar hyd y traeth,
â'i swigod mân yn lapian yn sgleiniog, dawel wrth ein gwadnau.
Troi ym mhen draw'r bae a gweld, fel pob tro arall,
ei fod yn dal i'n dilyn, yn slei y tro hwn,
gan dywallt ffrwcs pob 'fory, a malurion holl stormydd ddoe
dros olion ein traed,
a llyfnu'n dydd yn gynfas glân
mewn eiliadau.

Cydio mewn carreg lefn
â gwythïen wen yn ei chylchu'n berffaith,
a'i gollwng yn gron i boced cof.

Mae'n amser mynd.

Y Teithiwr

Do'n i ddim yma pan benderfynodd e alw.
Ddim yn union chwaith.
Rhythu mas own i,
rhag rhythu mewn.
Sleifiodd yn dawel, fel amrant yn llithro i gornel llygad,
yn chwilio am yr hollt bach lleia'.
Y gwalch dig'wilydd.

Mewn rhyw eiliad llwyd, lliprwth
twmblodd mewn yn fratiog, rhacsiog jibidêrs,
i hawlio'r corneli tywyll a chordeddu drwy bob twll clo.

O ble doist ti'r hudlewyn blêr fflit-fflat, sy'n llechu rownd pob tro,
yn watshiad drwy'r munudau hir,
a chysgodion dy anadl yn dilyn pob symudiad o gwmpas cilfachau fy
meddwl?
Y shiboleth ewn, yn clepian-cau pob drws a ffenest
ac yn fy nadu rhag crwydro
pan fydda i'n clywed sŵn clicied, am eiliad, yn codi'n betrus
ac yn fy nghymell i 'ddrychyd mewn.

Y strim-stramiwr twyllodrus, fy ngwarchodwr maglyd.
Ofynnes i ddim am dy gwmni ar y daith hon.

Crwydro'r Prom

Fin nos, â heddiw'n ceulo
o gylch godrau llechog Craig-glais,
mae'r fwyalchen unig, ben-foreuol
yn canu'r gân olaf o'r llwyn,
a'r fagddu'n cilio.

Ei sŵn yn diferu'n nodau dulas
drwy'r awyr fain,
ac yn glynu'n sownd at ein cefnau
wrth gylchu gewin o draeth.

Uwch ein pennau
mae haid o ddrudwns diwedd-gaeaf yn gogri'r manlaw
drwy fil o dyllau hedegog yn y cymylau llwydion
a'u tywallt i'r düwch tu draw.

Ac mae fory'n ddiwrnod newydd.

Gaeaf yn Ninas Mawddwy

Rhagfyr dan oer ddrws,
a lôn hir yn gwau'n sgleiniog
drwy Ddinas Mawddwy.
Swae'r nentydd yn cario dros y caeau llwydion,
yn dambar gwyllt wedi'r storm.
Yn powndio dros dalcenni'r creigiau,
a 'sbydu eu straeon drwy'r brwyn,
cyn arllwys perfeddion y mynyddoedd hyn
yn farianau o raean mân drwy foliau'r cloddiau,
a llifo'n ddof wedyn i lawr at ddyfroedd Cerist.

Aros i sawru'r nos unig,
a dilyn llinyn o lwybr ar hyd Craig y Bwlch.
Y copaon yn loergan, llonydd
a'r cywion eira'n llieiniau gwynion disglair
â'u llond o sêr cynta'r hwyr.

Ar y canfed cam, heliodd ei draed dan amdo'r hwyr
heb i mi sylwi – nes clywed dwndwr ei bawennau ar hyd asennau'r graig
o gylch felodrôm Cwm Maesglase,
a gweld cysgodion Arthan yn syflyd a swmpo o'i gwmpas
wrth iddo garlamu dan fargod y Gribin a Chraig Portas
a ffoi i gyfeiriad Cynllwyd, draw at ddolydd Maes Meillion,
a dal i fynd wedyn tua Chynwyd ac at lannau Ceidiog,
heb edrych nôl.

Carreg Lefn

Diolch yn fawr i Is-banel Llên yr Eisteddfod am y gwahoddiad i fod yn un o feirniaid y Goron eleni.

Cefais bleser o ddarllen y 33 ymgais a ddaeth i law ac, yn arbennig efallai am fy mod yn beirniadu am y tro cyntaf, teimlais y cyfrifoldeb yn drwm hefyd. Nid camp hawdd yw cyflwyno cannoedd o linellau o farddoniaeth erbyn dyddiad penodol, ac anos byth ar adegau, hyd yn oed gyda mur amddiffynnol ffugenw, yw rhyddhau eich cerddi i gael eu beirniadu. Diolch o galon i'r cystadleuwyr, un ac oll, am eu gwaith ac am eu ffydd ynof.

Gofynnwyd am gasgliad o gerddi ar y thema 'Llwybrau'. Fel y gellid disgwyl, roedd rhai yn fwy testunol na'i gilydd, ond roedd hwn yn destun a oedd yn cynnig cryn dipyn o ryddid, o drafod llwybrau hollol ddiriaethol i ddeongliadau llawer mwy haniaethol. Rhennais y casgliadau yn dri dosbarth, ond wrth reswm tenau yw'r ffiniau rhyngddynt ac ychydig o fwlch sydd rhwng y goreuon mewn un dosbarth a'r gweiniaid yn y nesaf. Oni nodaf yn wahanol, nid oes unrhyw arwyddocâd i'r drefn y maent yn cael eu trafod o fewn y dosbarthiadau.

Dosbarth 3

Y Gymru go iawn: Disgrifiadau o wahanol anifeiliaid mewn sw a geir yma, ac fe ellir, pe mynnir – ac fel yr awgryma'r ffugenw – weld cysylltiad â chyflwr ein gwlad. Hoffais yr hiwmor ynghyd â'r sylwi ar bethau hollol benodol ynglŷn â'r anifeiliaid. Yn anffodus, methais â gweld cysylltiad â 'llwybrau' ond, a bod yn deg, roedd hynny'n wir am sawl ymgais arall hefyd.

Delws: Un gerdd yw hon yn hytrach na chasgliad, ac yn anffodus mae gwallau iaith yn rhwystro'r bardd rhag cyfleu yn union yr hyn sydd yn ei feddwl. Ond pethau y mae'n bosib eu cywiro yw gwallau a gall iaith ddod yn fwy rhywiog a hyblyg o'i hymarfer; bydd yn ddifyr gweld gwaith *Delws* yn y dyfodol.

Bugail: Gwahanol liwiau'r enfys yw teitlau'r cerddi yn y casgliad hwn. Fe wnaeth yr olaf, 'Porffor' – sy'n sôn am robot creu celfyddyd – i mi chwerthin. Braf yw cael ychydig o hiwmor mewn cerdd er bod iddi hefyd neges ddifrifol.

Ffawydden: Cefais flas ar rai o'r cerddi hyn, er enghraifft 'Darganfod' a 'Rownd a rownd yr ardd ...' lle mae'r gêm sy'n cael ei chwarae efo plant yn ein harwain at y bedd a'r fam-gu sy'n 'ffaelu gweld y blodau!' Efallai bod bai arna i ond roeddwn yn teimlo fy mod yn gorfod pendroni'n rhy galed ynghylch beth yn union yr oedd y bardd am ei ddweud gyda rhai o'r cerddi eraill. Gydag unrhyw ddarn hir mae cadw cysondeb yn anodd; gyda chasgliad mae'n anos fyth.

George: Mae yma rai delweddau cofiadwy, megis 'Olion brwnt dy fysedd/ Ar dudalennau hanes/ Diwylliedig dy wlad/ Yn maeddu nodau/ Mozart a Beethoven.' Ond yn anffodus, ar adegau eraill mae diffyg gafael gadarn ar yr iaith yn gallu peri penbleth i'r darllenydd.

Llwyni: Casgliad o gerddi am ffoaduriaid a'u taith o Syria i Gymru a geir gan *Llwyni* ac mae yna wir angen i feirdd ddefnyddio'u doniau fel hyn i ennyn cydymdeimlad a dealltwriaeth o'r sefyllfa. Mae'n amlwg ei fod yn teimlo i'r byw am eu ffawd, ond efallai bod ei awydd i esbonio'r sefyllfa – sefyllfa sydd wir angen sylw – yn gwrthryfela yn erbyn ei awydd a'i ymdrechion i greu cerddi da.

Carpe Diem: Yn amlwg mae yna brofiadau cryfion y tu ôl i'r cerddi hyn, a chaiff y darllenydd rannu'r profiad o golli nain ac o golli plentyn ond hefyd y profiad o ddysgu iaith: 'Tanio'r synapsys,/ creu llwybrau niwral newydd./ Datgloi drysau.' Gall y defnydd o linellau byrion iawn fod yn effeithiol, ond teimlaf ei fod yn cael ei orddefnyddio yma.

Awyr Iach: Wrth ddarllen trwy domen o gerddi, mae'n braf cael ychydig o hiwmor ysgafn gan fardd sydd â'r gallu i chwerthin ar ei ben ei hun ac ar ein pennau ni'r Cymry. Ar ddiwedd cerdd am lwybrau plentyndod dywed: 'Ond dyna ddigon o'r cywair Cymreig marwnadol!/ Mae pob un yn cychwyn ar daith ryfeddol', ac mae yna hiwmor yn y gerdd 'Dilyn Trywydd' hefyd. Llai derbyniol gen i oedd ei ymgais i greu patrymau odli gwahanol nad oedd cweit yn taro deuddeg.

Y Graig Lwyd: Teimlaf mai pryddest wedi'i rhannu, heb hyd yn oed roi teitlau i'r cerddi unigol, sydd yma, yn hytrach na'r casgliad y gofynnwyd amdano. Dechreua ar lwybrau diriaethol ei blentyndod cyn dilyn llwybrau ar y We o un lle i'r llall, yn chwilio am wyliau, crwydro Facebook ac ymchwilio i salwch; ac yn y diwedd mae'n mynd allan eto i'r llwybrau go iawn. Syniad da iawn na lwyddwyd i wireddu ei botensial y tro hwn.

Dosbarth 2

Wo Ai Ni: Mae'r ddelwedd o'r brain sy'n nythu yn y gwallt yn un drawiadol a'r modd y mae'r cerddi wedi'u cyflwyno, gyda chlawr â llun brân ar y casgliad, yn dangos gofal a balchder y bardd yn ei waith. I mi y prif wendid oedd nad oedd yr holl gasgliad, er gwaethaf llinellau da iawn, yn dweud llawer mwy na'r dyfyniad Conffiwsaidd sydd ar y clawr: 'Does dim modd atal adar tristwch rhag dilyn eu llwybrau uwch dy ben. Ond gelli eu rhwystro rhag glanio a nythu yn dy wallt.'

Dyrnaid o Siprys: Mae llawer iawn o gerddi *Dyrnaid o Siprys* mewn mydr ac odl a braf gweld hynny yng nghanol y môr o *vers libre*. Llais amaethwr yn edrych yn ôl ar ei fywyd yw llawer ohonynt ac mae yna ymadroddion da, gafaelgar a fydd yn aros yn y cof, megis 'A'm tin ar y bwndel blynyddoedd'.

Abel: Dyma fardd â'r gallu i weld stori sydd â phosibilrwydd creu cerdd effeithiol ohoni, megis y llun o'r ddau blentyn sydd wedi ysbrydoli y gerdd 'I Ebargofiant' a'r stori a adroddir yn 'Llwybrau'n Croesi'. Ond mae yma hefyd, yn anffodus, ddiffyg cysondeb a cherddi llai llwyddiannus.

Gwladys: Llwybrau llythrennol sydd yma, llawer ohonynt ar yr arfordir a'r disgrifiadau yn rhoi darlun i ni o'r profiad o'u cerdded. Teimlais fy mod yn cael fy nhywys gan un sydd yn adnabod y mannau y mae'n canu amdanynt. Mwynheais ddysgu am y felin wlân sydd o dan dwyni Niwbwrch ac mae'r casgliad hwn wedi fy nhemtio i fynd i grwydro yr haf hwn i sawl un o'r mannau a enwir.

Glas Serennog: Roedd y gerdd gyntaf â'r llinellau 'Deithiwr,/ nid o dan dy wadnau/ y mae dy lwybrau,/ ond yng ngalaeth/ dy ymennydd' wedi f'arwain i gredu y byddai gweddill y casgliad yn fwy uchelgeisiol o ran syniadaeth. Yr hyn a geir yw cerddi derbyniol iawn, er efallai ychydig yn ddi-fflach, am sefyllfaoedd a digwyddiadau cyfoes megis 9/11 a saethu Malala Yousafzai.

Marco Polo: Fy nodiadau bras cyntaf am y rhain oedd 'lot dw i ddim yn ddallt ond maen nhw'n dda'. A'r un yw fy marn o'u hailddarllen. Efallai bod bai arna i nad wyf yn fodlon mwynhau gallu'r bardd i greu delwedd a sŵn a derbyn nad oedd rhaid i mi 'ddallt'. Ac eto rwy'n sicr bod yna straeon a negeseuon o bwys sydd fymryn lleiaf y tu hwnt i'm cyrraedd.

Lapis Lazuli: Casgliad o gerddi ecffrastig yw'r rhain a cheir nodyn ar y dechrau yn dweud bod posib gweld y lluniau ar y We. Mae llawer ohonynt yn lluniau adnabyddus ond er hynny roedd yn werth mynd i edrych arnynt wrth ddarllen y cerddi. Mae sawl un o'r cerddi yn cynnwys llais y bardd bob yn ail â llais un o'r rhai sydd yn y llun ac mae hynny, i mi o leia, yn ategu'r ffaith ein bod ni i gyd yn dehongli llun yn ein ffordd ein hunain.

Crwydryn: Llwybrau'r iaith Gymraeg a geir yma, a hi sy'n siarad. Fel hyn y dechreua'r gerdd gyntaf: 'Ymlwybrais i Lundain/ dan iau, llaeth Aberteifi'n/ tasgu i bobman.' Yn anorfod, mae'r cerddi yn llawn cyfeiriadaeth ac ar brydiau gall hynny ymddangos yn ddim byd ond rhestrau moel. Ar adegau eraill, megis yn y gerdd 'Dail Newydd', mae'r dweud yn fwy cynnil ac yn effeithiol. A diolch am roi troednodyn yn esbonio 'Tipyn o bob' a cherddi Marianne Moore; roedd y beirniad hwn, o leiaf, yn falch ohono.

Deryn Bach: Mae llawer o'r cerddi hyn wedi eu gosod ar y dudalen fel eu bod, o bell, yn edrych fel rhyddiaith. Mae yna hefyd gerddi *vers libre* mwy confensiynol eu diwyg a'r geiriau ar ddechrau'r gerdd olaf, 'Sêr', wedi'u gosod i greu siâp: siâp wyneb, neu wyneb cath, efallai? Mae gan *Deryn Bach* y gallu i sylwi ar y manion a sylweddoli eu bod yn bwysig. Enghraifft o hyn yw'r gerdd 'Gwaith' sy'n disgrifio lladd malwod; hoffais y disgrifiad ohonynt yn cael 'eu crasu gan fy haul a'u gwasgaru'n gols siâp *croissants* dros fy mhatio'.

Cae Helyg: Dyma fardd arall sydd â'r gallu – ac mae'n bwysig sylweddoli nad yw'n allu sy'n perthyn i bawb – i adnabod sefyllfa neu ddigwyddiad a all esgor ar gerdd. Digwyddiadau bychain yn ymwneud â theulu a chydnabod yw sail sawl un o'r cerddi: er enghraifft, gosod blwch nythu gyda'i nai, cael siwt ar ôl ei ddiweddar ewyrth neu y ffaith fod y bardd er gwaethaf, neu oherwydd, ei ofn o waed wedi magu dau feddyg. Rwy'n hoff iawn o linell olaf y gerdd honno: 'Edrychant arnaf drwy lygad hollt y fuwch.' Yn anffodus, mae'r mynegiant mewn mannau eraill yn gallu bod yn or-ryddieithol.

Carn Pica: Cerddi am alar yw'r rhain ac am y profiad o deimlo'r galar hwnnw mewn gwahanol fannau, megis Tŷ Tredegar, Castell Rhaglan a Chapel y Ffin. Mewn un gerdd mae'n gresynu nad oes yna ganllawiau tebyg i'r rhai ym myd gwaith ar gyfer galar: 'Caet adfyfyrio ar y broses alaru/ a mapio'r cyfan yn erbyn matrics/ o grio, gwylltio, methu dal gafael mewn dim.' Cefais flas ar y casgliad, fel cerddi unigol ac fel cyfanwaith.

Lili: Braf gweld cynifer o gerddi mewn mydr ac odl yn y casgliad hwn, ac fe gefais i fwy o bleser o'r rheini ar y cyfan na'r cerddi *vers libre*. Rwy'n arbennig o hoff o'r filanél, 'Ar gopa'r hanner cant', ac o linellau agoriadol syml y soned, 'Pan na fydd yn fy mhen': 'Pan na fydd yn fy mhen ond cae caeedig,/ Rhyw bedair chwedl bob dydd rhyw bedair gwaith.' Trueni bod diwedd y soned hon braidd yn ystrydebol, yn glynu'n rhy agos at stori wir, efallai.

Y *Gragen Wen*: Braf oedd cael ymgais sydd yn ddiamau yn gasgliad ac yn ddiamau ar y testun. Braf hefyd cael bardd sydd yn gwybod beth y mae am ei ddweud – a hynny'n syml a di-lol mewn Cymraeg cywir, naturiol fel nad oes angen crafu pen uwch y cerddi. Mae yna linellau sy'n gafael: 'tyfodd croen dros gerrig mân/ a rhisgl dros ein plentyndod', ond efallai mai ei symlrwydd sydd hefyd yn ei gadw yn yr Ail Ddosbarth.

Mihangel: Llwybrau priodas a geir gan *Mihangel* gyda disgrifiadau annwyl ac effeithiol o'r daith honno. Agorir gyda cherdd am yr albwm lluniau, ac yna arweinir ni yn gronolegol o'r cyfarfyddiad yn 'Aberystwyth 1971' at y gŵr gweddw ar lwybr y fynwent. Anaml y byddaf yn sicr bod cerddi'n deillio o brofiad personol, ond rwy'n eitha sicr bod y rhain, ac os felly, diolch am gael cydgerdded â'r ddau ohonoch.

Osian: Casgliad o gerddi am *dementia* mam y bardd a geir gan *Osian*, pwnc sydd, yn haeddiannol, yn denu mwy o sylw y dyddiau hyn. Llwydda'r bardd i gyfleu'r tristwch, y penbleth a'r rhwystredigaeth. Yn arddull, os nad yng nghynnwys, y gerdd 'Pwy?' gwelwn, yn ysgafn, ysgafn, yr hiwmor sydd ei angen ar adegau i ddygymod â'r cyflwr:

> Y mae 'na ddyn bach rhyfedd
> yn crwydro a chael sbri
> rhwng y rhigolau troellog
> sydd yn d'ymennydd di.

Ac yn y gerdd olaf cawn onestrwydd yr ofn mai dyna sydd yn wynebu'r bardd yntau.

Dof at y goreuon yn yr Ail Ddosbarth rŵan.

Morwr: Gyrrodd y cerddi hyn fi at Google a hynny yn ei dro yn arwain at yr awydd i fynd i ddarllen llyfrau Joseph Conrad. Byddai'n braf dod yn ôl at y casgliad wedi i mi fy nhrwytho fy hun yn ei waith, ac rwy'n siŵr y byddwn yn gweld ac yn deall llawer mwy. Pwnc difyr yw i ba raddau y dylid dibynnu ar wybodaeth bosib y darllenydd wrth ysgrifennu cerddi. Am y tro rhaid i mi fodloni'n unig ar fwynhau gallu diamheuol *Morwr* i drin geiriau a chreu delweddau, ac ymddiheuraf am hyn.

Fforestydd Brain: Mae sawl darn o'r cerddi hyn yn glynu yn y cof: 'plant yn rhy brysur/ yn cicio treigladau i'r gwrych' a'r bardd yn y gerdd 'Tai gwydr' sydd â charreg ond yn '... rhy gachgïaidd/ i'w thaflu'. Teimlaf fod rhai o'r cerddi yn deillio o fyfyrdodau a syniadau – gyda'r darnau diriaethol yno fel enghraifft o'r syniad, yn hytrach na bod profiad diriaethol yn arwain y bardd at syniad. Efallai mai dyna pam nad yw rhai o'r cerddi hyn yn apelio ataf gymaint ag y dylent. Ac os dyna'r rheswm, rwy'n fodlon cyfaddef mai chwaeth bersonol yn unig yw hynny. Rhywbeth sydd yn apelio yw'r dychan sydd i'w weld, er enghraifft yn y gerdd 'Loncian'.

Siwsi-Riwth: Llwybrau'r arfordir a geir yma a disgrifiadau ohonynt gan un sy'n gyfarwydd â hwy ac o'r bywyd gwyllt a welir wrth eu cerdded. A thu ôl i hynny, yn yr hyn sydd i bob pwrpas yn ddilyniant o gerddi, ceir adlais o stori'r *selkie*, o'r morlo'n diosg ei groen ac yn dod i'r lan ar ffurf dynol, ond yna'n dychwelyd i'r môr gan adael y traethydd a'u plentyn. Mi wnes i fwynhau darllen y cerddi hyn yn arw.

Nant Hawen: Dyma gerddi wedi'u hysgrifennu yn llais gwraig sydd yn fam i blant ifanc ac yn fardd. Ysgrifenna am ei chot Talwrn sy'n

> ... drewi o siarad siwgwr,
> ac yn ei phoced mae briwsion nerfau
> a *serviette* o ddwrn,
> tocynnau raffl tamp a phapur
> ac arno sgribls rhyw linell ar y pryd.

Mae 'Y Dyn Doeth' yn gerdd arall sy'n aros yn y cof. Mwynheais honno a sawl un arall yn arw ac mae *Nant Hawen* yn agos iawn at frig yr Ail Ddosbarth. Diffyg cysondeb yn y casgliad sy'n ei gadw o'r Dosbarth Cyntaf.

Cathryn: Petai pob cerdd mor effeithiol â 'Brain' byddai *Cathryn* yn agos iawn at y Goron gen i. Ynddi esbonia sut y mae wedi gwneud cam â brain gan arfer credu mai 'negeswyr yr Angau' oeddynt er yr adeg iddi eu gweld ar ddiwrnod angladd, ond bellach dealla

> taw amsugno
> ein galar
> yn eich plu
> a wnaethoch,
> fel nad anghofiwn,

fel y gallwn bara i gerdded
o ddydd i ddydd, â chithau'n ddu
gan barch i bawb aeth heibio.

Syniad rhyfeddol, cysurlon wedi'i fynegi'n gelfydd. Mae yna gerddi da eraill hefyd, ond diffyg cysondeb sydd yn cadw *Cathryn*, fel *Nant Hawen*, o'r Dosbarth Cyntaf eleni.

Dosbarth 1

mae o yma: Mae gwaith *mae o yma* yn hwylio'n agos iawn at y ffin anweledig honno nad yw'n bod rhwng barddoniaeth a rhyddiaith. Ac eto, o'u darllen yn uchel, cefais fy swyno. Mae yna fanylder yn y disgrifiadau a'r gallu i sylwi ar yr annisgwyl, ac er mor rhyddieithol ydynt ar adegau mae yma sicrwydd wrth ymdrin â sŵn a rhythm, a hyn i gyd yn arwain darllenydd i'r tir neb hwnnw rhwng deall a pheidio â deall popeth yn hollol glir. Ceir amrywiaeth o bynciau: ymweliad â charchar, yr *anam cara*, yr enaid hoff cytûn sy'n 'gwybod am y bocsus bach yn y cwpwrdd dresel', gwerthwr *Big Issue*, a phobl capel, sy'n cael eu disgrifio fel hyn: 'Tu mewn mae eu sgriffiadau nhw/ ac o dan yr wyneb mae ôl y cydiad/ a phwythau wedi rhedeg.' Oherwydd y mentro i fod yn wahanol a'r rhywbeth annisgrifiadwy hwnnw sy'n mynnu glynu yn y cof, mae *mae o yma* yn ei wthio'i hun i'r Dosbarth Cyntaf.

Thesews: Milwr yn dychwelyd adref i Gymru o Helmand sydd gan *Thesews* ac mae wedi creu disgrifiadau byw o'i brofiadau. Ond mae yma lawer mwy na disgrifiadau; mae yma hefyd ymgais lwyddiannus, yn rhannol trwy sôn hefyd am chwedl Thesews a'r Minotawrws, i ddweud rhywbeth o bwys ac i wneud i'r darllenydd feddwl. Daw hynny'n fwyfwy amlwg wrth ailddarllen. Mae'r ddelwedd ar y diwedd ohono'n arwain y tarw, yn cydgerdded â'r tarw, allan o 'labyrinth ein poen' yn drawiadol. Ond nid casgliad mohonynt, dilyniant efallai, os nad pryddest. A dyna pam y bu i mi am hir eu gadael ar frig yr Ail Ddosbarth. Penderfynais beidio â bod mor bedantig.

Glyder: Mae'n werth dyfynnu llinellau cyntaf cerdd gyntaf *Glyder*: 'Ddechreua i fel hyn:/ fi ydi'r ferch y taflodd yr haul ei bupur drosti/ a thaenu machlud mynyddoedd Wiclo yn ei gwallt.' A dyna ni wedi'n denu i mewn yn syth i stori'r bardd, ac yn poeni am yr hyn sy'n mynd i ddigwydd i'r ferch gwallt coch â'r brychni haul. Colli ei brawd mawr mewn damwain y mae hi a cherddi am effaith hynny a geir. Mae'r golled yn rhan o bopeth. Pan yw'n chwilio am fedd Jack Black ym mynwent Ynyscynhaearn (a gwn o brofiad ei fod yn fedd anodd cael hyd iddo), mae'n '... sylweddoli,/ waeth imi heb,/ ddo i ddim o hyd iddo yntau chwaith'. Mae'r golled yna hefyd wrth sgwrsio â'r plentyn bach 'sy'n sglefrio'r enfys a thyllu am drysor,/ sy'n chwalu'r ffin rhwng ddoe a heddiw' ac sy'n defnyddio'r presennol wrth sgwrsio am y brawd a fu farw. Ond does dim gormodiaith nac ymdrybaeddu mewn emosiynau; yn hytrach, mewn sawl cerdd, mae hi bron fel petai hi un cam oddi wrth ei galar ei hun ac yn rhoi disgrifiad i ni o'r pethau diriaethol a oedd yn digwydd. A hynny sy'n gadael i ninnau rannu'r profiad a theimlo drosti. Mi fyddwn i wedi bod yn fodlon coroni *Glyder*.

Carreg Lefn: Mae yna rai pobl yr ydych chi'n gwirioni efo nhw yr eiliad rydych chi'n eu cyfarfod; mae yna eraill y dowch i'w deall a'u caru dros gyfnod o amser. Perthyn i'r ail griw yr oedd gwaith *Carreg Lefn* i mi. Ac nid beirniadaeth mo hynny. Fy ymateb cyntaf oedd fy mod wrth fy modd efo'r disgrifiadau ond yn ansicr beth yr oedd ef neu hi yn ceisio'i ddweud. Sylw gan un o fy nghydfeirniaid i'r perwyl nad oedd y bardd, efallai, am ddweud unrhyw beth amgenach na 'tyrd efo fi, dyma'r hyn welis i' wnaeth fy ngalluogi, bron fel gwthio swits, i ymlacio ac i ymddiried yn y bardd. Roeddwn yn gwneud hynny yn yr un modd ag y mae'r bardd yntau'n ymddiried yn ei waith ac yn ymddiried yn ei ddarllenydd i wneud yr hyn a fynno o'i gerddi. Nid eu bod yn gerddi tywyll. Mae'r disgrifiadau yn gelfydd ac yn wreiddiol ac yn glir. Gwelwn y pethau a welodd ef neu hi: y gŵr â *dementia* yn mynnu cael hyd i garreg y cred bod ysgrifen arni; y traeth y cerddodd y bardd ar ei hyd y llynedd; y profiad o grwydro'r prom rywbryd rhwng nos a dydd. Dyma'i ddisgrifiad o gerdded y prom: 'Uwch ein pennau/ mae haid o ddrudwns diwedd-gaeaf yn gogri'r manlaw/ drwy fil o dyllau hedegog yn y cymylau llwydion/ a'u tywallt i'r düwch tu draw.'

Arwydd o gasgliad da, o gasgliad cyson ei safon, yw bod fy ffefryn yn newid o un darlleniad i'r llall a fy mod yn ei chael yn anodd penderfynu pa linellau i'w dyfynnu i brofi cystal yw fy ffefryn cyfredol. Ond nid oes rhaid i mi boeni: caiff pawb ddarllen y cyfan gan ei bod yn bleser cyd-weld gyda fy nghydfeirniaid mai *Carreg Lefn* sydd yn llwyr haeddu Coron Eisteddfod Genedlaethol Sir Fynwy a'r Cyffiniau.

Yng nghystadleuaeth y Goron eleni, gofynnwyd am gasgliad o gerddi heb fod mewn cynghanedd gyflawn ar y testun 'Llwybrau'. Ceir peth anhawster i'r beirniaid, fel i'r beirdd hwyrach, o osod testun penodol fel 'Llwybrau' a chael y gofyniad mai am gasgliad y disgwylir. Canlyniad hynny yw gorfod derbyn mai cerddi amlgyfeiriol a gafwyd ond eu bod, wrth gwrs, yn dilyn trywydd dilys 'Llwybrau'.

Cafwyd cerddi unigol gwirioneddol afaelgar mewn mwy nag un o'r casgliadau, ond, o reidrwydd, nid oedd pob cerdd yn haeddu ei lle ynddynt. Ni ddylai hynny ychwaith lesteirio cerddi eraill mewn casgliad rhag treiddio trwodd i anian a chlust y darllenydd. A dyna'r man cychwyn, onide, sef ein bod wrth ddarllen y cerddi hyn yn dawel, yn medru eu 'clywed' – o ran sain a rhythm, amseriad a seibio – gan dderbyn prif nodau'r cerddi yn union fel pe baem yn gwrando ar gerddorfa lawn. Gall cerddi da roi'r wefr honno nes cyflymu'r galon a cholli curiad, ar dro, hefyd.

Wrth feddwl am 'lwybrau' daw cerdd Edward Thomas am lwybrau neu heolydd i'r meddwl: 'roads go on/ while we forget and are/ forgotten like a star ...' Fy ymgais wrth ddarllen y cerddi oedd gweld pa gerddi a arhosai yn y cof, yn fyw, yn ffres nes methu â'u gollwng o'm gafael. Y profiad dirdynnol, y ddelwedd syfrdan, y cynhyrfiad annisgwyl: dyma rai o'r pethau a arhosodd yn fy meddwl am amser hir. Yn dawel, rywsut, mynnodd rhai casgliadau ddychwelyd ataf, nes fy ngorfodi i'w darllen drachefn.

Ond gwell eu gosod mewn trefn, er mor fympwyol ar adegau yw pennu dosbarthiadau a da o beth yw hi nad yw ein rhestrau fel beirniaid yr un fath, ar wahân i'r sawl sydd wedi cyrraedd y brig. Ond gan y gofynnwyd am ddosbarthiadau, cydweithredaf. Teg dweud i mi fwynhau pob casgliad – rhai, wrth reswm, yn fwy na'i gilydd.

Dosbarth 3

Delws: Os nad wyf yn camgymryd, dywedwn mai dysgwr yw. Yn naturiol, felly, mae diffyg gafael gadarn ar yr iaith ond eto llwyddodd i greu ambell linell fel 'Tydi [*sic*] amser byth yn ffrind i neb.' Dyma gerdd sy'n rhy fer i'w hystyried a heb fod yn gasgliad chwaith – ond dalier ati ar bob cyfrif.

Llwyni: Canu didwyll a ymgodymodd â thestunau anodd dros ben sef 'Gadael Syria' a sawl llinell ddwys yn tycio – ond yn eu plith, 'Nid hiliol yw

Enillwyr Prif Wobrau
Eisteddfod Genedlaethol Cymru
Sir Fynwy a'r Cyffiniau, 2016

Dyma gyfle i ddod i adnabod
enillwyr gwobrau mawr
yr Eisteddfod

Eleni, mae'n hanner canrif ers i Dic Jones ennill y Gadair yn Eisteddfod Aberafan am ei awdl 'Cynhaeaf', ac i nodi'r achlysur, cyflwynir y Gadair eleni gan ei deulu er cof am y bardd. Rhoddir y wobr ariannol er cof am Islwyn Jones, Gwenfô, Caerdydd. Un a fu'n ymweld yn aml â'r Hendre, cartref Dic Jones, oedd Emyr Garnon James, a'r crefftwr hwn, sydd hefyd yn bennaeth Adran Dylunio a Thechnoleg Ysgol Uwchradd Aberteifi, a ddewiswyd gan y teulu i gynllunio a chreu Cadair Eisteddfod Sir Fynwy a'r Cyffiniau eleni. Meddai Emyr, 'Roeddwn i'n arfer galw yn Yr Hendre a gweld Cadair Aberafan yn y gornel, a feddylies i erioed y byddwn i'n cael fy newis i greu cadair ar gyfer yr Eisteddfod, a honno er cof am Dic ei hun. Mae wedi bod yn anrhydedd ac yn bleser creu'r Gadair hon, a diolch i'r teulu am y cyfle. Wrth gychwyn ar y gwaith ac wrth feddwl am Dic a siarad gyda'r teulu, roedd un peth yn bendant - cadair ddi-ffws fyddai Cadair Eisteddfod 2016 - a'r pren fyddai'r prif atyniad. Dychwelais i'r Hendre i weld Cadair 1966. Roedd hi'n gadair gyfoes iawn ar y pryd a hithau hefyd yn ddi-ffws, gyda'r pren yn drawiadol a hardd. Dewisais weithio gyda phren Ffrengig du, a chreu cynllun syml gyda llinellau syth, cynllun y byddai Dic ei hun wedi'i werthfawrogi, gobeithio. Mae gweithio gyda'r pren wedi bod yn brofiad arbennig, ac rwyf wedi dysgu sut i gastio efydd i mewn i'r pren er mwyn creu'r ysgrifen a'r Nod Cyfrin, profiad newydd i mi, ac efallai y bydd ambell ddisgybl yn defnyddio'r broses hon mewn prosiectau dros y blynyddoedd nesaf.'

ANEIRIN KARADOG
ENILLYDD Y GADAIR

Mae Aneirin Karadog yn astudio am radd Doethur mewn ysgrifennu creadigol Cymraeg yn Academi Hywel Teifi, Prifysgol Abertawe. Mae hefyd yn gweithio fel bardd a darlledwr llawrydd. Fe'i ganed yn Llanrwst, ond treuliodd ei flynyddoedd cynnar ym Mhontardawe cyn i'r teulu symud i ardal Pontypridd lle cafodd ei addysg uwchradd yn Ysgol Gyfun Gymraeg Rhydfelen. Aeth ymlaen wedyn i raddio mewn Ffrangeg a Sbaeneg yn Y Coleg Newydd, Rhydychen. Taniwyd ei ddiddordeb mewn ieithoedd yn gynnar gan iddo gael ei fagu ar aelwyd amlieithog lle roedd ef a'i frawd yn siarad Cymraeg, Llydaweg a Ffrangeg. Mae Aneirin wedi ennill amryw o wobrau am farddoni, gan gynnwys Ysgoloriaeth Emyr Feddyg yn Eisteddfod Genedlaethol Casnewydd 2004, Cadair Eisteddfod yr Urdd Caerdydd yn 2005, a chystadleuaeth y delyneg yn Eisteddfod Genedlaethol Wrecsam a'r Fro 2011. Fe enillodd ei gyfrol gyntaf o farddoniaeth, *O Annwn i Geltia* (Cyhoeddiadau Barddas), y categori barddoniaeth yng Ngwobr Llyfr y Flwyddyn 2013 ac mae newydd gyhoeddi cyfrol newydd o gerddi, *Bylchau* (Cyhoeddiadau Barddas). Mae Aneirin yn talyrna gyda thîm Tir Iarll a thîm ymryson yr Eisteddfod Genedlaethol, Y Deheubarth. Mae'n hynod o falch o fod wedi cael treulio dwy flynedd yn crwydro'r wlad fel Bardd Plant Cymru 2013-2015 a chyhoeddodd ei gyfrol gyntaf o gerddi i blant y llynedd, sef *Agor Llenni'r Llygaid* (Gomer). Bu'n wyneb cyfarwydd am bron i ddegawd ar raglenni teledu dyddiol *Wedi 7* a *Heno*, ac ar raglenni *Sam ar y Sgrin* ac *Y Barf*. Bu hefyd yn rapiwr gyda'r grwpiau Hip-hop, Y Diwygiad, Genod Droog a'r Datgyfodiad. Mae'n byw bellach ym Mhontyberem gyda'i wraig, Laura, a'i ferch, Sisial, ac mae brawd neu chwaer fach i Sisial ar y ffordd. Mae'r dilyniant o gerddi ar gyfer y Gadair yn adwaith i ddau beth: bod yn dad i ferch bedair oed a darpar dad i fabi newydd, a'r flwyddyn gythryblus rydyn ni wedi ei phrofi yn fyd-eang o ran rhyfela a therfysgaeth; ac o weld rhethreg gwleidyddion yn mynd yn fwy eithafol, daw teimlad o fod yn ddiymadferth yn wyneb y grymoedd hyn. Arweinia hyn oll at boeni am y math o fyd y bydd ein plant yn ei etifeddu gennym.

Rhoddir y Goron eleni gan Gymreigyddion Y Fenni, a chomisiynwyd yr artist lleol, Deborah Edwards, i ymgymryd â'r dasg o gynllunio a chreu y Goron. Cyflwynir y wobr ariannol gan Alun Griffiths (Contractors) Ltd. Ardal Sir Fynwy sydd wedi ysbrydoli'r cynllun ar gyfer y Goron, gyda'r artist yn awyddus i ddathlu'r tirlun hardd, y tirnodau pensaernïol hynod a threftadaeth ddiwylliannol y sir. Mae'r Goron yn cynnwys nifer o ffenestri, gyda'r amlinelliad wedi'i gymryd o un o ffenestri Abaty Tyndyrn. Ceir golygfa wahanol o'r sir ym mhob ffenest, ac mae'r rhain yn cynnwys cestyll Y Fenni, Rhaglan, Cil-y-Coed a Chas-gwent, yn ogystal â neuadd farchnad enwog Y Fenni, Pont Hafren a melin wynt Llancaeo. Mae Arglwyddes Llanofer, un a fu mor weithgar dros yr iaith a'n diwylliant, wedi'i chynrychioli yn y Goron hefyd, ynghyd â bryniau a mynyddoedd Ysgyryd Fawr, Blorens a Phen-y-fâl, a nifer o elfennau eraill sy'n rhan bwysig o fywyd a hanes bro'r Eisteddfod. Mae gan bob 'ffenest' ddwy haen, y gyntaf yn ddalen solet, gyda'r manylion wedi'u rhwyllo â llaw, gan ddefnyddio llif rwyllo. Mae'r ail haen wedi'i chreu o linluniau wedi'u ffurfio mewn darn sgwâr o weiren arian. Gwehyddwyd y gwaith tecstil gan Wehyddion Llaw Sioni Rhys yn eu stiwdio ym Mhandy, gan ddefnyddio gwehyddiad lleol traddodiadol.

ELINOR GWYNN
ENILLYDD Y GORON

Magwyd Elinor Gwynn yng Nghaerdydd a Chaerfyrddin. Gwyddoniaeth, byd natur, a chrwydro yn yr awyr agored oedd ei diddordebau mawr, ac aeth ymlaen i astudio Swoleg a Botaneg ac yna arbenigo a chymhwyso ymhellach mewn Cyfraith Amgylcheddol. Mae hi wedi dilyn gyrfa yn y maes amgylcheddol ac wedi gweithio mewn sawl rhan o Gymru yn gofalu am dirweddau, cynefinoedd, a bywyd gwyllt: ymhlith yr ardaloedd hyn mae arfordir sir Benfro, Canolbarth a Gororau Cymru, Eryri a Phen Llŷn. Mae hi hefyd wedi gweithio ar brosiectau treftadaeth dros y ffin yn Lloegr a'r Alban. Mae hi wrth ei bodd yn rhannu ei diddordeb mewn tirwedd, amgylchedd a threftadaeth gyda phobl eraill ac yn  mwynhau'r holl drafod difyr am y maes gyda chyfeillion a chydweithwyr. Mae ganddi ddiddordeb mawr yn y berthynas rhwng iaith a thirwedd; ar hyn o bryd, mae hi'n gweithio ar brosiect treftadaeth iaith i'r Ymddiriedolaeth Genedlaethol yng Nghymru, ac yn gobeithio dechrau cyn hir ar waith a fydd yn edrych ar y cysylltiad rhwng iaith ac ecoleg ar hyd arfordir y gorllewin.

GUTO DAFYDD
ENILLYDD GWOBR GOFFA DANIEL OWEN

Mae Guto Dafydd yn byw ym Mhwllheli gyda'i wraig Lisa a'u plant, Casi Mallt a Nedw Lludd. Yn enedigol o Drefor, aeth i Ysgol yr Eifl, Trefor, Ysgol Glan y Môr, Pwllheli, a Choleg Meirion-Dwyfor cyn graddio yn y Gymraeg o Brifysgol Bangor. Ar ôl bwrw'i brentisiaeth mewn eisteddfodau lleol, enillodd Goron Eisteddfod yr Urdd yn 2013 a Choron yr Eisteddfod Genedlaethol yn 2014. Mae wedi cyhoeddi cyfrol o farddoniaeth, *Ni Bia'r Awyr* (Cyhoeddiadau Barddas), nofel dditectif i bobl ifanc, *Jac* (Y Lolfa), a nofel i oedolion, sef *Stad* (Y Lolfa). Wrth ei waith bob dydd, mae'n gweithio i Gomisiynydd y Gymraeg fel Swyddog Cydymffurfio. Yn ei amser hamdden, mae'n drysorydd Eisteddfod Gadeiriol Y Ffôr ac yn aelod o bwyllgor gwaith Barddas. Cymer ran yn aml mewn digwyddiadau llenyddol o bob math. Mae wedi ymddangos ar y teledu a'r radio sawl tro i drafod llenyddiaeth, ac mae'n ymrysonwr ac yn dalyrnwr brwd. Mae'n un o'r tîm creadigol sydd wrthi'n creu cyngerdd agoriadol Eisteddfod Genedlaethol Ynys Môn 2017, a fydd yn seiliedig ar hanes Hedd Wyn. Yn ystod hydref 2015, bu'n rhaid iddo gael cwrs o radiotherapi ar ffibromatosis ymosodol ar wal y frest. Y cyfnod o chwe wythnos a dreuliodd ym Manceinion ar gyfer y driniaeth honno yw'r sail ar gyfer y nofel *Ymbelydredd*.

EURIG SALISBURY
ENILLYDD Y FEDAL RYDDIAITH

Cafodd Eurig Salisbury ei eni yng Nghaerdydd yn 1983 a'i fagu ym mhentref Llangynog yn Sir Gâr. Bu'n ddisgybl yn Ysgol y Dderwen ac yn Ysgol Gyfun Bro Myrddin, Caerfyrddin. Aeth yn fyfyriwr i Brifysgol Aberystwyth, lle enillodd radd BA mewn Cymraeg ac Astudiaethau Ffilm a Theledu yn 2004, a gradd MPhil ar ganu cynnar Guto'r Glyn yn Adran y Gymraeg yn 2006. Ar ôl cyfnod yn gweithio fel cyfieithydd i Lywodraeth Cynulliad Cymru, fe'i penodwyd yn Gymrawd Ymchwil yng Nghanolfan Uwchefrydiau Cymreig a Cheltaidd Prifysgol Cymru, Aberystwyth, lle cyfrannodd at dri phrosiect arloesol ar farddoniaeth yr Oesoedd Canol: Cyfres Beirdd yr Uchelwyr, Prosiect Guto'r Glyn

(www.gutorglyn.net) a phrosiect Cwlt y Seintiau yng Nghymru (www.seintiaucymru.ac.uk). Yn 2015, fe'i penodwyd yn Ddarlithydd mewn Ysgrifennu Creadigol yn Adran y Gymraeg ac Astudiaethau Celtaidd ym Mhrifysgol Aberystwyth. Enillodd Eurig y Gadair yn Eisteddfod yr Urdd Sir Ddinbych 2006. Cyhoeddodd ei gyfrol gyntaf o farddoniaeth, *Llyfr Glas Eurig* (Cyhoeddiadau Barddas), yn 2008, a chyfrol o gerddi i blant, *Sgrwtsh!* (Gomer), yn 2011. Mae'n aelod o dîm llwyddiannus y Glêr ar raglen *Talwrn y Beirdd* BBC Radio Cymru, ac o dîm Sir Gâr yn Ymryson y Beirdd. Cafodd gyfle i ymweld ag India yn 2010-12 fel rhan o Gadwyn Awduron India-Cymru, gan ddychwelyd yno yn 2014 gyda phrosiect Walking Cities. Eurig oedd Bardd Plant Cymru 2011-13. Fel un o Gymrodyr Gŵyl y Gelli 2012-13, cymerodd ran mewn gwyliau llenyddol ym Mangladesh, Cenia, Colombia, Iwerddon a Hwngari, yn ogystal â'r Gelli Gandryll. Ef yw Golygydd Cymraeg cylchgrawn *Poetry Wales*. Mae'n byw yn Aberystwyth gyda'i wraig, Rhiannon, a'u mab, Llew. Mae'n frawd i Leila a Garmon, ac yn fab i Eurwen a Vaughan. Mae ganddo gysylltiadau teuluol â Dyffryn Ceiriog ar ochr ei fam, ac â Phrestatyn ar ochr ei dad, dau le sy'n agos iawn at ei galon.

HEFIN ROBINSON
ENILLYDD Y FEDAL DDRAMA

Yn wreiddiol o Gaerfyrddin, derbyniodd Hefin Robinson ei addysg gynnar yn Ysgol y Dderwen ac Ysgol Bro Myrddin, cyn mynd ymlaen i astudio Drama ym Mhrifysgol Aberystwyth, lle cafodd brofiadau dihafal o weithio ym myd y theatr - diolch i diwtoriaid a chyfarwyddwyr gwybodus a brwd. Ar ôl graddio, gweithiodd fel actor mewn amryw o brosiectau theatr-mewn-addysg cyn symud i Stratford-upon-Avon i weithio gyda'r Royal Shakespeare Company, lle cafodd y cyfle gwerthfawr o wylio meistri wrth eu gwaith mewn sefydliad creadigol byd-enwog. Wedi hyn, treuliodd amser yn Llundain er mwyn dilyn astudiaethau pellach yng ngwaith Shakespeare yn LAMDA. Ers dychwelyd i Gymru, mae wedi gweithio i gwmnïau amrywiol yn cynnwys yr Ymddiriedolaeth Genedlaethol a BBC Worldwide. Erbyn hyn mae'n byw yng Nghaerdydd ac yn gweithio i Ganolfan Mileniwm Cymru ochr yn ochr â pharhau â'i waith ysgrifennu a theatr. Mae ei ddiddordebau eraill yn cynnwys cyfansoddi a chanu'r piano, arlunio, ymgolli ym myd natur, darllen, ffilm, mynychu'r theatr - a *pizza!* Yng nghystadleuaeth y Fedal Ddrama, mae'n achos o dri chynnig i Gymro i Hefin: daeth yn drydydd ddwy flynedd yn ôl ac yn ail y llynedd. Hoffai gydnabod cefnogaeth ffrindiau, addysgwyr a chydweithwyr dros y blynyddoedd sydd wedi ei annog a'i helpu ar hyd y ffordd – yn arbennig felly ei deulu sydd yno bob amser, bob dydd, yn ystod pob chwerthiniad a phob deigryn

GARETH OLUBUNMI HUGHES
ENILLYDD TLWS Y CERDDOR

Yn enedigol o Gaerdydd, mae Gareth Olubunmi Hughes yn gyn-ddisgybl o Ysgol Bro Eirwg ac Ysgol Gyfun Gymraeg Glantaf. Yn bianydd ac yn gyfansoddwr, enillodd radd BMus gydag anrhydedd dosbarth cyntaf yn King's College, Llundain yn 2000, cyn cwblhau MPhil mewn Cerddoriaeth Electroacwstig ym Mhrifysgol Birmingham yn 2003. Dros y flwyddyn ddiwethaf cwblhaodd y camau olaf ar gyfer doethuriaeth mewn Cyfansoddi Cyfoes ym Mhrifysgol Caerdydd, o dan arolygaeth y gyfansoddwraig Americanaidd, Dr Arlene Sierra, pan berfformiwyd ei waith gan amryw o gerddorion proffesiynol: Cerddorfa Genedlaethol Gymreig y BBC, Rarescale, Exaudi, Pedwarawd Llinynnol y Carducci, Lontano, y delynores Catrin Finch a'r ffliwtydd Fiona Slominska. Dyma'r ail dro iddo ennill Tlws y Cerddor ar ôl ei lwyddiant ym Mro Morgannwg yn 2012 gyda *Cwyn y Gwynt*, sonata i ffliwt a thelyn wedi ei hysbrydoli gan gerdd adnabyddus John Morris-Jones. Yn ogystal fe enillodd wobr am gyfansoddi darn i ffliwt alto a phiano ym Meifod y llynedd, ail wobr yn yr unawd piano yng Nglyn Ebwy yn 2010, gwobr am gyfansoddi gwaith i gerddorfa yng Nghasnewydd yn 2004 a thrydedd wobr yn yr unawd piano ym Meifod yn 2003. Mae'n ymddiddori mewn chwedloniaeth Geltaidd (yn enwedig *Pedair Cainc y Mabinogi*, chwedloniaeth Arthuraidd a cherddi Taliesin) ac mae ganddo syniad i greu opera siambr newydd gyfoes, yn cyfuno lleisiau ac offerynnau, ynghyd â synau a phrosesau electronig.

gobeithio'n ddyfal/ nad i'n Cymru fregus deuant!' Ceisiodd ddweud mai ffoaduriaid llwm fuom ni i gyd fel Cymry. Mae'r Gymraeg yn afrwydd a heb fod yn canu.

George: Tybiaf unwaith eto mai dysgwr neu un heb fod â gafael lwyr ar deithi'r iaith sydd yma. Ond y mae yma ymgais dda at gerddi sy'n ceisio cyfleu'r neges o gam-drin ac o gymhlethdod perthynas – ond nid yw'n glir i mi, oherwydd ansicrwydd yr arddull, ai dychan neu duchan sydd yma?

Glas Serennog: Cafwyd syniad da yma am deitl ('Niwron Lwybrau') ac aeth â ni i sawl man: o 9/11 i Greenham, ac ymosodiad ar Malala Yousafzai, a sawl man arall. Cyffredin yw'r dweud: braidd yn ddidactig. Ond mae yma ganu diffuant.

Dosbarth 2
Nid ydynt yn nhrefn teilyngdod hyd at y chwe chasgliad olaf.

Bugail: Er bod dawn bardd yma, bu oedi ar liwiau fel prif thema yn drech nag ef neu hi. Mae diweddglo ambell gerdd yn tanseilio'i grym. Ond, dyma gasgliad arbrofol – gyda'r gorau yn y gystadleuaeth – a luniwyd ar ddalen fel 'robot'; difyr dros ben.

Carpe Diem: Mae cyfuniad rhyfedd yma o gerddi byr iawn (nid bod hynny'n wendid); pe byddent yn rhai cyfoethog, gellid cyfiawnhau eu gwobrwyo. Ond mae'r arddull braidd yn dameidiog, yn wir, yn uneiriog yn aml iawn; efallai y gweddai hynny i ambell gerdd sy'n hawlio gwynder y ddalen wen, megis 'Myfyrio' neu 'Gwag' neu 'Y Groesffordd'. Daw'r cliw yn 'Dysgu'r Iaith', efallai? Os hynny, yna daw cerddi mwy swmpus maes o law.

Awyr Iach: Mae'r casgliad yn agor gyda cherdd wych, 'Llwybr y Cylch Mawr', ac mae syniadau ardderchog yma, fel yn 'Trac ein Hanes' a 'Llwybrau'n Croesi'. Ond anwastad yw'r cerddi at ei gilydd gyda rhai yn gorffen yn swta ac yn rhy barod i chwilio am y clo llawn syndod nad yw bob amser yn llwyddo.

Ffawydden: Anghysondeb yw nodwedd amlycaf y casgliad hwn. Ceir ambell gerdd sy'n ceisio mynegi profiad ond sy'n rhyddieithol iawn ei naws. Bryd arall, ceir cerdd na fwriadwyd fel cerdd ddigri, ond mae'r syniad o gael gwahoddiad i briodi 'wrth gwympo mas ag oren ar y pryd' ac yna, 'yn stecs i gyd', yn reit ddoniol.

Y Gymru go iawn: Casgliad anarferol a ffres. Mae'r thema 'Llwybrau' yr un mor ddilys ar gyfer anifeiliaid ag yw i bobl. Ceir digrifwch yma – peth prin yn y gystadleuaeth – fel yn 'Y corff diog' wrth herio rhywun i estyn ei fraich i aligator. Hoffais yn arbennig 'Addas i bwrpas' neu 'Ceisiwr lloches' (sef teigr) ac mae'r darlun ohono yn un trawiadol 'yn paentio hiraeth/ yn streipiau ar draws dy ael'. Ni chredaf, er hynny, eu bod yn ddigon cyfoethog i gyrraedd y Dosbarth Cyntaf.

Gwladys: Hoffais y mannau sy'n sail i'r cerddi hyn; fodd bynnag, anwastadrwydd yw prif elyn y bardd. Ceir canu swynol, fel yn 'Breuddwyd' a cherdd sy'n sôn am 'ddarganfod Ffatri Pandy yn nhywyn Niwbwrch'. Mae yma ddelweddau cryf ond ambell siom mewn diweddglo llipa fel 'wedi cael dweud ei ddweud'.

Crwydryn: Aeth y bardd ar daith drwy'r oesau llenyddol. Caiff ysbrydoliaeth o bellafoedd byd ac o unigolion megis William Morgan, Cranogwen a Kate Roberts, i enwi rhai yn unig. Ond ble mae'r farddoniaeth ffres? Mae parodïau yma, ac mae 'Wnaiff y gwragedd aros ar ôl?' yn ymddangos hefyd. Ond perl o gerdd fel diweddglo yw 'Yr iaith yn dod adre'. O, fel y carwn fod wedi ei chael ar ddechrau'r casgliad; un o gerddi gorau'r gystadleuaeth i mi, yn ddi-os.

Abel: Roedd 'Llwybrau' yn rhwym o greu un gerdd gofiadwy am y newid mewn enwau cartrefi ac fe'i cafwyd yn 'Troedio Hen Lwybrau' gyda'r diweddglo brathog: 'Mae arwydd "Keep out" ar giât Hazeldene,/ A "Beware the Dog" ar glwyd Linden Lea.' Mae 'Llwybr Unigol' hefyd yn dangos bod yma fardd rhagorol; trueni nad yw'r cerddi eraill yn cyfleu'r medrusrwydd yn ddigonol y tro hwn.

Y Graig Lwyd: Dibynnodd y bardd ar yr hyn a gafwyd wrth syllu ar y We; does dim o'i le ar hynny. Fodd bynnag, casgliad o gerddi heb deitlau o gwbl yw hwn. Wedi dweud hynny, wrth fynd i fannau pellennig – o Batagonia i Marbella – dianc i'r mynydd a wna yn y diwedd. Trafferth bod mor wibiog yw nad oes gan gerdd y cyfle i wreiddio'r darllenydd a'i dwyn i mewn i'w fyd. Dyma gerdd dda ar gyfer radio, er hynny.

Osian: Cerddi tyner dwys am effaith *dementia* ar berthynas i'r bardd. Mae dweud didwyll yma amdani'n disgwyl ei mam a'i thad ond 'wêl hi ddim/ mai llwybr unffordd/ ydy'r lôn/ i'w chaer glustogau'. Ceir cerddi am yr un pwnc dirdynnol: 'Rhwyg', 'Pont', 'Pwy' – ond nid yw'r casgliad yn gyson, yn anffodus.

Dosbarth 2 uwch

Mihangel: Cerddi'n olrhain hanes o gyfnod coleg hyd at Lwybr y Fynwent. Diau bod angen i'r bardd greu'r cerddi hyn ac mae 'Llwybr y Fynwent' yn gerdd deimladol, yn enwedig gyda sylw fel 'llygad y cof ' ac yna'n cyfeirio at y golled fel 'blodau newydd yn llythyrau cyfarch' a 'taith droellog wedi stopio'n stond/ ar lain glas dan liaws blodau'. Cerddi o'r galon.

Dyrnaid o Siprys: Ffugenw anffodus braidd. Hoffais yn fawr 'O'r filltir sgwâr' a 'Y Llwybr Du' ac mae cryn afael gan y bardd ar fesurau'r delyneg gynnil a'r cwpledi. Mae 'Newid tac' yn ffres, a'r soned yn gymeradwy. Ond mae'r cerddi ffwrdd-â-hi yn gwanhau'r casgliad a thrueni hynny gan y cychwyn mor dda ar adegau, fel yn 'Weithiau, mae gofyn newid tac/ pan fo'r niwl yn hir freuddwydio/ uwch gwely'r afon ...'

Y Gragen Wen: Cymysgedd o gerddi gweddol dda a rhai sydd heb ennill sylw'r darllenydd a geir yma. Mae rhai cerddi fel 'Dawnsio ar y Dibyn', mi dybiwn, yn dod o'r galon ac ambell gerdd fel 'Lesbos' yn ceisio, o leiaf, ddarlunio'r sefyllfa drasig: 'hafan ar ehediad brân/ cysur o'u tir digroeso'. Ond fflachiadau yn unig o wefr a gafwyd yn anffodus, er y synhwyraf bod dawn bardd yma sy'n ysu am greu barddoniaeth goeth.

Nant Hawen: Hoffais ambell gerdd yn y casgliad hwn yn fawr iawn: er enghraifft, 'Y Ffindir', sy'n gerdd am blant ar sled ac yn gorffen yn gynnil effeithiol, 'Cadwn ar yr/ olion syth/ saff.' Hefyd, cerddi megis 'Pethau fy Mam-gu' wrth iddi dorri lamp, gan olrhain yr adwaith i'r dinistr, 'Y gŵr doeth' (sy'n gerdd hyfryd) ac y mae 'Tu fas i wers biano' yn bendant yn gwneud i'r darllenydd deimlo ei fod yno, gyda hi. Mae 'Y torrwr gwair yng Nghilmeri' hefyd yn tycio ond nid yw'r cerddi eraill mor arbennig â'r rhain, yn anffodus.

Lapis Lazuli: Mae *ekphrasis* wedi cario'r dydd sawl tro o'r blaen gyda Choron yr Eisteddfod Genedlaethol a cheir casgliad da yma o luniau o Caravaggio i Vermeer. Fel y dywed y bardd ei hun, 'ildia'r crëwr ei lun/ i dywod dirgelwch/ i'w roi mewn ffawd o ffrâm mewn cynfasau parod.' Ceir dweud cynnil, cyfoethog yn aml ond fel y dywed, 'mae llwybrau yn llywio llun'. Dyna a geir yma mewn gwirionedd. Ffolais, er hynny, ar 'Trwy'r Drws' a Vermeer 'yn sgubo'r cyfrinachau/ rhag llygaid y lluoedd'.

Carn Pica: Hawdd canmol y casgliad hwn sydd ag iddo ôl-fyfyrdod a chynllun pendant. Mae llawer o'r cerddi yn taro deuddeg, megis 'Ffenest Castell Rhaglan', 'Tŷ Tredegar 11: gardd y mwynau' a 'Gosber'. Ac mae'n anodd dewis dyfyniad. Cefais benbleth: ai am fy mod yn mwynhau darllen yr hanes am y lleoedd hyn yr oeddwn yn glynu atynt gan anghofio nad oedd y farddoniaeth gyfuwch â'r hanes ei hun?

Cae Helyg: Mae gan y bardd storïau i'w hadrodd ar ffurf cerddi ac maent yn ddifyr. Gwaetha'r modd, nid yw'r farddoniaeth bob amser yn treiddio yr un mor ddisglair. Ceir cerdd gellweirus am y bardd yn trwsio ffon Mam-gu wedi iddi farw ac mae cerdd arall ganddo sy'n dwyn y teitl 'Wats Aur F'ewyrth Dan' yn adleisio yn ei glyw: 'A chlywaf eto eiriau ei bregeth/ a'r galon yn curo yn fy llaw.' Dylid canmol y gerdd 'Datgorffori' gan na welais gerdd debyg i hon o'r blaen, sy'n ddrama eiriol. A dweud y gwir, y mae yma ddawn dramodydd hefyd i greu lluniau a sefyllfaoedd cofiadwy.

Siwsi-Riwth: Fe'm denwyd gan y gerdd gyntaf, 'Ystyried', sy'n sôn am '[b] ellter poeri i'r hen gewri' wrth edrych ar y môr a'r llanw. Roedd 'Gwylio' yn odidog hefyd gydag 'ewin o leuad newydd/ yn cwpanu pelydrau prin yr haul' (er na allwn ddychmygu sut oedd ewin yn gallu cwpanu). Ta waeth am hynny, dyma fardd sydd yn medru pwyso a mesur geiriau, eu blasu a'u swmpo yn ôl y galw. Y trueni y tro hwn (y tro hwn, cofier) yw na chafwyd testunau digon cryf i ganu yn eu cylch. Mae 'Syrthio' yn em o gerdd a bron nad yw'n salm fodern i greaduriaid; y mae hi gyda'r gorau ymhlith y cerddi a ddarllenais yn y gystadleuaeth eleni.

Morwr: Dyna braf cael cerddi dinesig sydd yn cyflwyno geirfa ddieithr i'n hiaith drwy gyfrwng barddoniaeth. Crëwyd awyrgylch agoriadol gydag adlais o hwiangerdd, un Bwyleg o bosib. Mae 'Chwip o Haf' hefyd yn cyflwyno cerdd ar thema creadigaeth newydd: 'yn creu y croen/ a Dyn a welodd y croen/ mai da ydoedd/ at wneud chwip'. Chwip o gerdd hefyd. Ond nid yw'r cerddi bob amser yn glir: a yw Mr Kurtz yn enw a ddewiswyd i'r cymeriad hwnnw oherwydd *Heart of Darkness*, Joseph Conrad? Er hynny, dyma un o'r casgliadau mwyaf gwreiddiol a gafwyd.

Marco Polo: Casgliad o gerddi difyr a rhai beiddgar fel 'Y Fflat Ucha', 'ble oedd ei dafod yn olau chwilio,/ yn blasu nectarîn llawn sudd/ ei halen fel un menyn Llydaw'. Mae delweddau llachar yma a lleisiau cryf, awgrymog (er yn amwys hefyd) yn 'Ail-godi' ac mewn sawl cerdd arall. Yn ddiamheuol, mae yma fardd celfydd ond na lwyddodd gyda'r casgliad hwn.

Lili: Deall y bardd hwn sut mae saernïo cerdd yn hynod gywrain, fel yn 'Oedi: Crib Goch o ferch' ac mae'r filanél hefyd yn ennill ei lle gyda 'Ar gopa'r hanner cant, mor glir, mor las/ Mor hir y bûm i'n gaeth i gamau bras.' A llwydda 'Gwenu: Pan nad oes neb gerllaw' i ennill fy nghalon gyda chwpled olaf y soned yn serio'r cof. Ond wedyn fe ddisgyn y *tempo* braidd, gyda cherddi sydd braidd yn dila o'u cymharu â'r egni cychwynnol.

Dosbarth 1

Wo Ai Ni: Er mai dilyniant o fath yw hwn, y mae gyda'r mwyaf gwreiddiol o gystadleuwyr y Goron eleni. Mae'n cychwyn gyda 'Mae gennyf frân/ yn byw yn fy ngwallt/ Mae'n ddistaw heno/ ond yno y mae/ yn disgwyl yn dawel/ am gyfle i grawcian drachefn.' Mae yna frwydr egr yma am drechu'r aderyn, ond mewn cerdd ddeifiol arall cawn 'Mae calon dyn trist/ yn goedwig o brennau pwdr.' Parheir â'r ddelwedd gref hon ond cynigir ymwared wrth i eos gyrraedd ar ddiwedd y casgliad o ddilyniant. Braidd yn feichus yw'r ddelwedd hefyd cyn y diwedd a daeth *Crow*, Ted Hughes i'r meddwl a *Grief Is the Thing with Feathers*, Max Porter a wnaeth argraff arbennig yn ddiweddar mewn barddoniaeth Saesneg. Cerddi gogleisiol ond arswydus hefyd gan fardd disglair.

Fforestydd Brain: Mor braf yw cael ychydig o ddychan neu hiwmor, ac fe'i cawsom. Hoffais yn arbennig 'roedd 'na adeg pan gredem/ y gallem deithio'r byd mewn awyren bapur/ ond roedd hynny cyn torri dannedd/ ar Ganu Heledd/ a cholli'r ffordd yng Ngramadeg y Gymraeg'. Mae yma ffresni yn y dweud, a'm ffefryn oedd 'Tai Gwydr': rhuddem o gerdd. Y trueni oedd i rai o'r cerddi a'i dilynodd fod yn brin o'r ias a deimlais hyd nes cyrraedd y gerdd olaf, 'Beth petai', sydd yn adleisio'n ddiddorol gerdd Robert Frost am y llwybr arall.

Glyder: Cerddi am golled yw craidd y casgliad hwn. Y maent yn hynod ddyfynadwy a chofiadwy. Mae cerddi fel 'Ydi pawb yn barod' yn anodd i'w darllen am eu bod yn creu ymateb tra theimladwy. Yn y gerdd 'Te parti' cawn 'maent yn cario eu geiriau/ yn fisgedi yn eu pocedi'. Mae 'Smwddio' hefyd yn gofiadwy ond wedi'r cerddi am alar, nid yw'r cerddi eraill yn codi i'r un tir uchel.

Deryn Bach: Awen gellweirus sydd yma ar ffurf cerddi prôs gyda delweddau llachar. Sylwgarwch y bardd sy'n creu syndod i'r ddarllenydd – o wlithen ddu yn cael ei malu i'r ddawns rhwng y gath a'r ceiliog mwyalch, 'nes i gawod o sorod y cwpan cain beri iddi ddawnsio mewn cynddaredd i ardd drws nesaf'. Un enghraifft o niferoedd o gerddi a wnaeth i mi lawenhau at ddawnsiwr heini o fardd. Gallwn fod wedi rhestru eraill hefyd, fel 'Fallopia Japonica', ond teimlaf iddo luddedu erbyn diwedd y casgliad.

mae o yma: Deuthum yn ôl droeon at y cerddi hyn sydd yn gerddi prôs a'r un gyntaf yn hynod sgyrsiol: bron nad ydym yn clustfeinio ar ryw lais sy'n cyfeiriannu'r llwybrau, bron nad yw'n fonolog hir wedi ei throi'n gerddi unigol sy'n arwain y ffordd i rywrai gyrraedd gan rybuddio am hyn ac arall. Mae yma banorama o fydoedd a sefyllfaoedd, o gyfnodau ac o dyndra a theimlaf fod hon bron yn ddrama y gellid yn hawdd ei haddasu ar gyfer y radio neu'r llwyfan. Gyda hynny mewn golwg, a cherdd neu ddwy arall yn ceisio am fargen (Coron, hynny yw), yn anfoddog iawn y gollyngais hon. Os bu cerddi sy'n croesi ffiniau yn nhermau llên-ddulliau, yna nid oes hafal i'r rhain.

Cathryn: Ceir cerddi unigol, rhagorol yn y casgliad hwn sydd yn mynegi profedigaeth mewn ffordd rymus fel yn y gerdd agoriadol, 'Dal i droi mae'r hen fyd 'ma', pan ddywed: 'Mae yna Gathryn ynom oll, f'annwyl ferch'. Ond wrth droi at ddelwedd fel 'Brain' y ceir y gerdd orau am ei bod yn ysgrifennu ar oledd gyda'r syniad 'taw amsugno ein galar/ yn eich plu/ a wnaethoch'. Mae 'Dim Ffordd Mas' yn glamp o gerdd wladgarol, er cloffni'r mydr yn y llinell olaf. Bardd dawnus dros ben.

Thesews: Dyma gasgliad eto y bûm yn myfyrio'n hir uwch ei ben. A hynny am y synhwyraf yn y cerddi hyn ddwyster ac ymgais i gyfuno chwedl y Minotawrws a Thesews a'i berthnasoli i'n cyfnod ni. Mae'r cerddi'n uchelgeisiol, felly, ac yn wahanol i'r rhan fwyaf o gerddi a gafwyd eleni. Mae'n mynd â ni i Helmand, cyflwyna i ni brifathro pentref ac yntau ei hun fel llanc 'yn dyheu am arwriaeth Bendigeidfran/ a gafael dinistriol Efnisien yr un pryd'. Yna, fe'n trosglwyddir i Kabwl lle mae'n myfyrio am ei gynefin 'a nwyddau sbloet ar balmant/ a phlant yn gwau drwy goesau'r cwsmeriaid/ fel y cŵn ym marchnad Kabwl.' Buaswn wedi bod yn hapus i goroni'r cerddi hyn pe na byddai'r gystadleuaeth yn gofyn am 'gasgliad'; hwyrach mai un gerdd hir ddirdynnol yw hon. Nid oedd fy nghydfeirniaid mor frwd dros y casgliad ychwaith. Er hynny, onid oedd hi'n bryd i ni gael cerddi a fyddai'n dehongli mewn modd awenyddol erchylltra rhyfelgar ein byd, a hynny yn Gymraeg gan filwyr a fu'n cynnal y drefn Brydeinig yno? Cerddi anniddig yw'r rhain wedi eu llunio'n gelfydd heb ymgais at 'bropaganda'r prydydd'. Digon yw dweud i mi gael, yn y cerddi hyn, iasau sy'n dal i anesmwytho rhywun o law gwir artist.

Carreg Lefn: O'r darlleniad cyntaf, anghofiais mai beirniadu cystadleuaeth yr oeddwn ac ae hynny'n ffon fesur, onid yw, i wybod i chi gael eich gwahodd gan fardd i fynd ar daith gydag ef neu hi i fannau amrywiol. Llais llariaidd sydd yma ar y cychwyn a bron nad yw'n tynnu sylw ato/ ati ei hun wrth wneud i ni sylwi ar yr hyn y mae'n ei brofi. Caf fy atgoffa o'r pos hwnnw: cawn ein hachub yn y diwedd gan y pethau sy'n ein hanwybyddu. Dyna'r teimlad a gawn wrth gael fy nhywys yn y gerdd gyntaf, 'Gad i ni fynd/ yn ôl at yr hanner ffordd./ Neu'r tri chwarter, 'falle.' Wrth ddilyn y bardd cawn ein hudo gan sicrwydd y traed a'r cyfarwyddyd: 'Ein hwynebau'n cysgodi'n ddieithr dan gantel y cymylau .../ a'n hysgwyddau duon cadw-draw yn hwntio'n serth drwy'r awyr hallt.' Wedi'r gerdd gyntaf, roedd wedi hoelio fy sylw yn llwyr gan wneud i mi fynd yn eiddgar ar deithiau eraill fel 'Taith y Pasg', sy'n gerdd drist awgrymog, 'a rhannu gwên gynta'r prynhawn' cyn dweud y cyfan gyda'r 'ydfrain piglawn, prysur' sy'n cyfleu gwacter o fath arall. Yn 'Y traeth ym mhen draw'r byd', gellid tybio mai dim ond disgrifiad a geir yma o lanw ac o gydnabyddiaeth o oesau eraill ac er bod y weithred olaf yn un sy'n hynod gyfarwydd i ni oll o daflu carreg i'r lli, mae cynildeb '... gwythïen wen yn ei chylchu'n berffaith,/ a'i gollwng yn gron i boced cof', yn gofiadwy fel y llinell glo awgrymog: 'Mae'n amser mynd', gan ddweud hynny'n union fel 'crych dros dro' T. H. Parry-Williams. Ond i darfu ar y cerddi myfyriol, daw 'Y Teithiwr' i ysgwyd y bardd gyda'i ddyfodiad sydyn. Ni ddywed *pwy* yw na *beth* yw ond synhwyrwn ei fod yn ysgeler ac yn un sy'n chwilio am 'yr hollt bach lleia''. Heb ddweud wrthym beth yw, fe'n gedy i ddyfalu am yr aflwydd a ddaw drosto/ drosti ac aiff ein dychymyg ar drên wrth ystyried ai y tu mewn i'r cyfansoddiad y mae'r 'strim-stramiwr twyllodrus'? Cawn ddelwedd hynod, sef yr 'hudlewyn', i'n tywys wrth i ni ganfod ei ddatguddiad. Hoffaf 'Crwydro'r Prom' ac unwaith eto rydym yng nghwmni bardd sy'n medru cymysgu'r synhwyrau yn fendigedig fel y gwna wrth gyfeirio at y 'fwyalchen unig, ben-foreuol/ yn canu'r gân olaf o'r llwyn,/ a'r fagddu'n cilio./ Ei sŵn yn diferu'n nodau dulas'. Cerdd sy'n cloi'r casgliad yw 'Gaeaf yn Ninas Mawddwy' sydd yn ein harwain eto ar daith, a'r synhwyrau yn dal yn effro-synhwyrus.

Dyma'r bardd a roddodd y boddhad mwyaf i mi ac er canfod mwy o arbrofi a llacharedd mewn cerddi unigol yng ngweithiau beirdd eraill yn y dosbarth hwn, dyma'r casgliad a wnaeth i mi deimlo, yn dalog fodlon, i mi gael hyd i gerddi y gellid eu gwerthfawrogi'n ddibetrus. Llwyddant i dreiddio i hollbresenoliaeth y darllenydd mewn ffordd sy'n llonni a llonyddu. Cerddi creu awyrgylch ydynt ar y darlleniad cyntaf. Y mae'r arddull yn ymdebygu i'r peintwyr argraffiadol, yn hytrach nag i artistiaid y paent olew portreadol neu'r rhai arbrofol. A chefais bleser eithriadol o syllu ac oedi'n hir uwchben y gorwelion newydd a agorwyd i mi heb na ffrils na ffiloreg ond gan wneud hynny mewn ffordd ddirodres ond ysblennydd.

Hyfryd yw dweud ein bod yn cytuno'n unfrydol mai *Carreg Lefn* biau'r Goron eleni a'r clod haeddiannol a ddaw iddo neu iddi.

Maen nhw'n dweud mai Blwyddyn y Tair Caib yw'r llysenw ar 1777. Wel, Blwyddyn y Tair Nain yw hon – wel, dwy nain ac un fam-gu – ac fe gyfarfu'r tair ohonom yng Nghaerfyrddin ddiwedd Ebrill i dafoli a thrafod a phenderfynu a oedd Coroni i fod. Tybed a ddigwyddodd peth fel hyn o'r blaen yn hanes yr Eisteddfod? Tair gwraig yn feirniaid yr un gystadleuaeth mor bwysig? Beth bynnag, gan mai tair nain ydym – ac mae mamgus a neiniau yn enwog am fod yn addfwyn – fe fyddwch yn darllen ymlaen ac yn darganfod nad *Three Witches* oedden ni y diwrnod hwnnw, na *Three Bitches* chwaith, o ran hynny. *Mae* teilyngdod ac roedden ni'n tair yn gytûn – ac yn cydweithio'n dda iawn. Rydw i wedi darllen ac ailddarllen a meddwl yn hir uwchben y cerddi a gafwyd eleni. Wnaeth dim byd neidio oddi ar y dudalen a rhoi ysgytwad i mi wrth fynd trwy'r pecyn y tro cyntaf na'r ail na'r trydydd tro adref wrthyf fy hunan, ond o bedwerydd a phumed edrych a thrafod gyda'r ddwy feirniad hynaws a hwyliog fe ddaeth goleuni. Diolch am y sbri a'r cydweithio a diolch i'r bwtler/ pen trulliad a ddaeth â'r *Tetleys*, a diolch am gwmni William y gath hefyd – a doedd mo'i angen fel Reff! Wel, dim ond 4,000 o eiriau sydd gen i o ofod, felly gwell dechrau arni i dafoli nawr.

Mae gen i dri dosbarth ac fe ddyweda i air am bawb wrth fynd heibio. Nid yn nhrefn teilyngdod rydw i'n gosod y cerddi ym mhob dosbarth, gyda llaw. Diolch i chi i gyd (ym mhob dosbarth) am adael i mi weld eich gwaith a chael cip ar eich byd a'ch meddyliau dyfnaf. Duw wnaeth y bardd ac allan o'r sbwriel dros ben fe wnaeth saith o feirniaid, meddai Sarnicol (os cofiaf yn iawn). Nid peth pleserus o gwbl yw cynnig eich celfyddyd a chael *slap* gas am fentro gwneud – felly, dim *slaps* gan y beirniad hwn! Mae gan bawb ei deimlad.

Dosbarth 3

Y Gymru go iawn: Cyfres wedi ei hysgogi gan ymweliad â sw sydd yma ac fe gawn sylwadau am yr anifeiliaid gydag asgwrn cefn a heb y peth hanfodol hwnnw (i genedl hefyd) ac mae'r bardd yn ceisio cysylltu'r creaduriaid gyda'n picil ni fel pobl mewn rhyw ffordd neu'i gilydd. Roeddwn i'n hoffi'r gerdd am y morlo ac mae rhai cerddi unigol eraill yn cyrraedd y nod hefyd. Efallai bod tamed gormod o ôl straen yn ymddangos wrth i'r cysylltiadau gael eu hymestyn. Ond mae yma rai cerddi gafaelgar.

Deryn Bach: 'Cerddi' ar ffurf paragraffau yw ambell un o'r rhain, yn gymysg â cherddi rhydd mwy arferol, a chan fod un beirniad ohonom yn giamstar ar lên micro efallai bod y bardd yn meddwl y byddai'n cael ei phlesio. Mae cynnwys y darnau rhyddieithol hyn yn gallu bod yn ddigon barddonol a dweud y gwir, er enghraifft 'sleisen o gacen ffenest', ac mae'r awdur yn gallu creu llun mewn ychydig eiriau: 'gwelwn fotymau coch ar lwyni mwyar'. Fe wnes i fwynhau eu darllen.

Glas Serennog: Dyma gasgliad o gerddi trist am y cyflwr dynol. Maent yn amrywio yn eu cynnwys – o ddigwyddiadau 9/11 i gerdd am Malala Yousafzai a ffoaduriaid Lesbos – ac nid yw eu harddeliad yn pylu er bod y mynegiant yn wan ambell dro. Er hynny, mae'r gerdd 'Paradwys Ffŵl' yn un gref iawn. Dyma rywun sy'n edrych ar y byd cyfoes ac yn ei gofnodi yn ei erchylltra di-sens.

Delws: Un gerdd hir o dair tudalen a gawn ni yma ac nid casgliad fel y cyfryw – er ei bod yn gasgliad o syniadau am y cyflwr dynol. Ychydig mwy o ofal gyda chystrawen a gramadeg a sillafu fyddai'n dda, ac rwy'n teimlo bod y gerdd hon yn drosiad o'r Saesneg efallai, gyda chymorth Google? Mae gan y bardd rywbeth i'w ddweud yn sicr ond heb lwyddo i'w drosglwyddo i bapur ar gyfer cystadleuaeth. Daliwch ati.

Carn Pica: Tuag at gerddi sydd â'u cefndir wedi'u lleoli yn y gororau deheuol y mae'r bardd hwn yn ein tywys – trwy brofiadau galar a hanes lleoedd – ac fe gawn ddewis o ddyfyniadau addas uwchben rhai o'r cerddi, o waith R.S. Thomas a Guto'r Glyn. Mae'r bardd yn adnabod ei Gymru a'i hanes ac yn eu cydio gyda'r profiad dynol o golled. Cawn yma ambell ddelwedd drawiadol, fel 'yng ngheunant ffyddlon fy nghesail'. Rhyddieithol yw'r mynegiant, ond yn cymryd ffurf y *vers libre*.

Wo Ai Ni: Dyma i chi glawr sy'n dweud y cyfan, wedi ei gyflwyno yn ddestlus gyda llun brân arno a dyfyniad (branaidd) gan Conffiwsiws yn destun i fyfyrdod y cerddi. Mae yma hefyd dudalen i restru'r cynnwys. (Fel mae'n digwydd, mae cwpwl o gerddi i frain ymhlith gweithiau eleni.) Y felan yw'r frân, symbol o dywyllwch a galar, a phroses o fynd trwy brofiadau trist yw cynnwys y cerddi. Cerddi personol iawn, heb lawer o olau ynddynt.

Carpe Diem: Dyma gasgliad o gerddi trist eto, yn mewnblygaidd gyfleu colled a galar dwys. Mae yma drawiadau effeithiol iawn: 'estynnaist dy law/ a chyffwrdd fy ngholled'. Cerddi cathartig yw'r rhain, ac fe wnaeth les mawr, rwy'n siwr, i'r bardd gael eu hysgrifennu.

Gwladys: Aeth y cerddi hyn â mi i Fôn mewn chwinc! Mae'r bardd yn mynd i Gemlyn, Llanddwyn a Niwbwrch cyn troi am Clun ar y gororau ac ardal Llangrannog (atgofion am y golygfeydd o amgylch Gwersyll yr Urdd?) a Galway. Cawn yma linellau trawiadol, er enghraifft: 'Henaint cynnar/ yw tâl cariad mam/ am agor llwybrau/ papur a phin dur'.

Awyr Iach: Dyma gasgliad go iawn o gerddi amrywiol eu ffurf. Fe geir gwahanol fesurau yn eu plith ac maent yn amrywiol iawn eu cynnwys hefyd. Mae'r llwybrau hyn yn ein harwain trwy atgofion plentyndod am fro enedigol, glanio ym maes awyr JFK, rhyfeloedd Prydeinig, dod adref yn llawen i olwg y simnai, a cherdded y mynydd.

Abel: Mae cerdd agoriadol *Abel* yn rhyddieithol hollol ond yn sôn am brofiad cyffredin: myfyrion am ddychwelyd i hen gartref sydd bellach yn wag oherwydd amgylchiad trist. Yn y cerddi eraill cawn restru enwau lleoedd lle mae dieithriaid wedi newid eu henwau – gydag ambell gerdd fach effeithiol iawn. Mae yma drawiadau da: 'a'th chwerthin sisial-cregyn'. Pe bawn i yn cael gweld llun Ernest a Maggie, efallai y byddwn yn gwerthfawrogi'r gerdd yn fwy.

Ffawydden: Dyma rywun arall trefnus – mae'n cynnwys rhestr y cerddi sydd yn y casgliad. Mae'r gwaith hwn yn orlawn o atgofion personol sy'n anodd eu cyfleu heb nodiadau cefndirol. Nid yw 'O'r Diwedd' felly. Teimlaf mai person ifanc sydd yma, yn tafoli a chofnodi profiadau wrth adael cartref am swydd newydd. Mae yma drawiadau effeithiol, fel hwn wrth sôn am yr awyren a gollwyd ym Mawrth 2015: 'ar radar cof y ceraint ... yn mapio'r milltiroedd blin'.

Siwsi-Riwth: Mae'r bardd yn byw ger y glannau ac yn gwylio pethau sy'n digwydd ar y traeth a'u cyflwyno i ni mewn *vers libre*. Mae ganddi lygad craff a ffordd o drin geiriau i gyfleu profiad. Adar, syrffiwr, morlo a chychod ar eu ffordd am fryniau Wiclow yw testunau rhai o'r cerddi. Mewn cerdd arall fe gawn ddisgrifiadau synhwyrus o flodau eithin yn eu gogoniant. Da.

George: Mae'r bardd hwn wedi darllen gwaith Wilfrid Owen. Rhyddieithol yw naws y cerddi er iddynt gael eu rhannu ar ffurf *vers libre*. Rwy'n teimlo bod y bardd hwn yn ddysgwr (da iawn os yw!) ac mae amserau'r ferf yn hollol ramadegol gywir ganddo. Dyma ddiweddglo un gerdd sy'n dangos sefyllfa ddirdynnol yn effeithiol: 'Wedi i mi dynnu allan, gyda'm pig/ Lygaid byw d'einioes'.

Y Gragen Wen: Dyma waith wedi ei gyflwyno'n ddestlus a cherddi am amrywiol fannau sy'n gysylltiedig â hanes personol a lleoedd o ddiddordeb i'r bardd. Cawn ymlwybro o orffennol Pont-rhyd-y-fen i'r Via Dolorosa a Treblinka gan angori yn heddiw trasig Lesbos. Mae tristwch yma, ac mae'r bardd yn gorffen trwy roi ei ben i lawr i grio ar fws Pwllheli.

Llwyni: Dyma gasgliad o gerddi am ddigwyddiad cyfoes: trasiedi ffoaduriaid o Syria yn cyrraedd Ewrop. Dyma'r unig gasgliad cyflawn ar y pwnc hwn. Mae teitlau'r cerddi yn dangos i ble mae'r trueiniaid wedi cyrraedd yn ddilyniant naturiol. Dweud stori mae'r bardd hwn ar ffurf naratif trist ac mae gofal a gofid am y sefyllfa druenus i'w gweld yn amlwg.

Mihangel: Profiadau bywyd gawn ni yma eto (am beth arall y gall neb ysgrifennu mewn gwirionedd ynde!) ac mae'r bardd yn agor albwm ffotograffau i ni. Rydyn ni'n dechrau yn nyddiau bod yn fyfyriwr yn Aberystwyth yn 1971 ac yn gorffen yn obeithiol mewn mynwent. Cawn gerddi hefyd am gerrig milltir bywyd, priodas, llun o ddau ar daith, a bod gyda rhieni a phlant ar Forfa Conwy. Profiadau bach bywyd yw'r rhai mawr i gyd.

Osian: Mae'r bardd hwn yn sôn am y tristwch o golli rhywun i *dementia*, ymhell cyn eu marwolaeth. Cawn rannau o stori bywyd wedi'u gwau gyda'r presennol anobeithiol a myfyrio ar y pysl o atgofion sy'n ein gwneud ni'n bobl gyflawn. Dull llafar sydd wrth ysgrifennu'r *vers libre* ac mae rhythmau sgwrs yn amlwg. Mae'r gerdd olaf am y cwmpawd i'n dwyn adre drwy'r niwl yn effeithiol iawn.

Morwr: Ardal Caerdydd yw cefndir y cerddi, o Ffordd y Gadeirlan draw hyd Ddoc Bute, ac mae'r bardd yn troedio byd nad yw'n adnabyddus i mi wrth ddyfynnu, '*Oj lulaj, lulaj a Shy shaish, shy shaish*' ac wrth sôn am Mr Kurtz. Mae yna elfen o ddirgelwch yn hanfodol i bob cerdd dda ond mi hoffwn fod wedi cael troednodiadau i gyd-fynd â'r rhain. Ceir yn y cerddi adleisiau o ganeuon gwerin Cymraeg am forio ac mae cyfeiriadau amlwg yma at gaethwasanaeth. Mae yma ambell fflach o linell, megis 'yn fwy o ddŵr nag o ddyn'.

Thesews: 'Gwrandawn/ am grafiad dy garn ar y graean/ dy gyrn yn ysgythru'r mur.' Dyna i chi flas o'i gerdd agoriadol; da iawn. Milwr yn dychwelyd adref sydd yma, wedi treulio cyfnod yn Afghanistan ac mae'n rhoi'r pentref lle magwyd ef dan chwyddwydr wrth rodio. Mae'r bardd hwn yn gyfarwydd â hen chwedlau Cymru a rhai Groeg ac mae'n eu cydblethu'n ddeheuig. Mae'r cerddi yn gasgliad i ryw raddau, ond tybed a all pob cerdd sefyll ar ei phen ei hun a gwneud synnwyr heb gyd-destun? Pryddest yw hi, efallai.

Y Graig Lwyd: Unwaith eto dyma ni yn ôl ym mro mebyd a rhyw graith cyflafan yn y cefndir. Mae'r bardd yn mynd â ni o gwmpas map ei feddwl trwy gyfrwng lluniau ar y We ac fe gawn sôn am e-bost a biliau ac iPlayer a'r NHS Direct. Nid casgliad o gerddi sydd yma ond pryddest ddwedwn i, ac nid wyf yn llawn ddeall pwrpas y cyfan. Nid yw'r bardd yn cynnal ei ddweud yn ddigon hir cyn iddo symud ymlaen ac, fel cliciwr ar gyfrifiadur, daw at y peth nesaf. Diolch am gael gweld y lluniau, er hynny.

Dyrnaid o Siprys: Dyma gasgliad o gerddi tra gwahanol eu naws ar ffurf telynegion, *vers libre*, parodi, hen benillion, rhigwm a soned Shakespearaidd. Mae'r cynnwys yn amrywio'n fawr: popeth o ymddeol o fod yn ffermwr i gerdd goffa am Senghennydd, o hela cadno i alaru am fethu defnyddio technoleg. Mae'r gwaith yn llawn o 'erthyglau' bach diddorol, megis papur bro, a thrwyddynt cawn gip ar ddiddordebau'r bardd. Mae ambell linell drawiadol yma hefyd, fel 'tyr fflach o wawr dros obennydd y bryn'.

Bugail: Lliwiau yw'r penawdau ar y casgliad cerddi ac maen nhw i gyd yma ond 'Indigo'. Enfys yw teitl y gerdd agoriadol, felly roeddwn i'n ei ddisgwyl! Mae pob lliw yn dynodi teitl cerdd, er enghraifft: 'Coch' – Perygl, 'Melyn' – Optimist ac yn y blaen, ond rwy'n teimlo bod y lliwiau yn rheoli'r dweud. Rhyddieithol yw patrwm y cerddi ac mae'r bardd yn dweud ei stori trwyddynt. Weithiau mae'r mynegiant yn llafurus a'r ramadeg yn wallus. Ond aeth llawer o waith i mewn i lunio a theipio 'Porffor' yn ddestlus i greu llun pen robot mewn geiriau. Diddorol.

Dosbarth 2

Wel, dyma ni bellach yn dod at yr Ail Ddosbarth. Ac mae gen i wyth cystadleuydd yn y categori hwn: roedd y tair ohonon ni yn anghytuno pwy yn union ddylai fod yn y dosbarth hwn, ond gan ein bod ni'n tair yn unfryd pwy oedd i gael y Goron fe benderfynon ni nad oedd gwahaniaeth am ein ffansi personol, ac y byddai gweld eu henwau wedi eu gosod mewn mannau gwahanol gan feirniaid yn codi calonnau. Nid yw'r rhain yn nhrefn Cystadleuaeth 'Miss World' gen i eto, ond maen nhw i gyd yn yr un dosbarth.

Crwydryn: Mae yma fardd sy'n gallu delweddu'n effeithiol iawn. Cawn yn y gerdd agoriadol, 'Siwrneiau', linellau fel hyn: 'Ymlwybrais i Lundain/ dan iau/ llaeth Aberteifi'n/ tasgu i bobman'. Ardderchog. Dilyn hanes yr iaith y mae'r bardd yn y cerddi fel cyfanrwydd. Awn o'r Hen Ogledd, heibio i 1588, i'r Wladfa, trwy'r Rhyfel Byd Cyntaf ac ymfudo i gymoedd y de. Fe gawn barodi ar 'Cofia'n Gwlad, Benllywydd Tirion' hefyd. Mae'r gerdd olaf – ar ddull galw'r gwartheg – 'Tro bach, tro bach: Tyrd 'nôl ataf, Gymrâg', yn afaelgar ac effeithiol iawn. Ymgais dda.

Lapis Lazuli: Fe'm goleuwyd yn ystod ein trafodion gan Sian Northey pan ddywedodd mai rhaglen deledu oedd *Private Life of a Masterpiece*, ac erbyn i mi gofio roeddwn i wedi gweld un ohonynt. Dewisodd y bardd bum darn o gelfyddyd gan artistiaid amrywiol ac enwog trwy'r oesoedd. Mae ganddo feistrolaeth ar eiriau ac wrth ddisgrifio darlun gan Vermeer fe ddywed: 'a'r ferch dlws/ wrth ford y les/ yn gwnïo'i dyfodol i'w 'defyn'. Roeddwn i'n hoffi'r gerdd am ddarlun Gauguin er nad wy'n deall pam ei fod wedi ei gosod allan yn y ffordd arbennig honno. Er hynny, ymgais dda a cherddi'r casgliad bach yn sefyll ar eu pen eu hunain fel rhan o'r cyfanwaith.

Nant Hawen: Mam newydd a gawn ni yn y gerdd agoriadol, yn adolygu ei gyrfa wrth i ran arall o'i bywyd ymagor. Mae'r cerddi sy'n dilyn yn gasgliad go iawn ac yn trafod popeth o falu lamp Mam-gu i wylio plentyn mewn drama Nadolig. Roeddwn i'n hoffi'n fawr y gerdd a enwir yn 'Cot Talwrn' ac yn edmygu'r 'briwsion nerfau/ a *serviette* o ddwrn ... a throi llwy yn yr un sgwrs saff'. Pe baech chi yn gallu darllen y gerdd gyfan fe fyddech chi yn ei mwynhau hefyd! Mae yma ddawn dweud a gallu i weldio geiriau. Mae yma afael dda ar rythm a symudiad y wers rydd. Cerddi arbennig hefyd yw'r ddwy dan y teitl 'Stondin' a 'Y torrwr gwair yng Nghilmeri'. Da iawn yn wir.

Marco Polo: Dyma eto fardd sy'n feistr ar gyfrwng geiriau a rhythmau'r wers rydd ac mae'n cyfosod syniadau i greu darluniau ym meddwl y darllenydd. Er nad wyf yn deall stori'r gerdd agoriadol, 'Ar y cei', rwy'n dotio at y lluniau: 'dawns ryfel storm eira/ amgylchynai eu pabell' ac mae'r llinellau olaf yn effeithiol iawn. Nid wyf yn deall popeth, megis y gerdd 'Ail-godi' ond er hynny mae rhywun yn ymwybodol wrth ei darllen bod bardd yma, dim ond nad wyf wedi cael gafael ar y cefndir. Mae'r gerdd olaf yn y casgliad, 'Lolfa ymadael', yn effeithiol iawn. Tywyllwch mynegiant yw'r bai mwyaf ar y cerddi hyn, ond rwy'n teimlo nad ydyn ni wedi gorffen clywed beth sydd gan hwn i'w ddweud o bell ffordd.

Lili: Dyma fardd medrus arall, merch mi dybiwn, yn edrych dros glogwyni amser ar ei phlentyn yn y gerdd agoriadol. Mae'n ysgrifennu *vers libre* gyda thrawiad sicr ond yn gallu troi ei llaw at soned a mydr ac odl hefyd. Mae testunau'r cerddi'n amrywio o'i hamgylch hi ei hun a'i merch a'u hymateb i'r byd sydd ohoni. Un gerdd dda iawn ganddi yw 'Ofn', sy'n dal teimladau gwraig wrth i'w phlentyn ddweud ei bod yn mynd i fan peryglus. Cerdd arall gref iawn yw 'Troelli: Mi'th welaf di nawr', lle mae'r fam yn gwylio'i phlentyn yn dawnsio 'ym mhirowet y beddi' ymhlith mynwentydd rhyfeloedd Ffrainc. Mae yma waith da a theimladwy gan yr athrawes (?) hon.

Fforestydd Brain: A dyma ni'n ôl gyda'r brain eto, yn y ffugenw ta beth! Mae yma gerddi unigol yn y casgliad hwn sy'n llamu, er enghraifft yr un i 'Eogiaid': 'a dilyn greddf mor hen â grym/ y ddaearen, at fagned y nentydd;/ y dur yn llosgi yng nghannwyll y llygad.' Arbennig. Mae'r gerdd i Mam-gu hefyd yn neilltuol. Rwy'n cyfaddef nad wyf yn ieithydd ac felly ni allaf ddeall y teitl – Arabaidd/Hebraeg? – ar y gerdd am Nant oer, na deall ei chynnwys chwaith. Alla i ddim gweld arwyddocâd y teitl '\ ("/)_/' chwaith ond mae'n ddigon posib mai rhywbeth i'w wneud â thecstio ydyw. Er hynny, mae yma gerddi da yn y casgliad hwn.

Cae Helyg: Fe fu'r bardd hwn mor garedig â rhoi rhestr o'r cynnwys a chawn ddeg o gerddi amrywiol eu testunau: pwll glo wedi cau a phlant yn chwarae yno; cael y newyddion bod Mam-gu wedi marw; ymweliad nai'r bardd sy'n dioddef o glefyd marwol; cau capel lleol – rwy'n adnabod y capel, fel mae'n digwydd, ac wedi pregethu yno unwaith neu ddwy cyn ei ddatgorffori. Mae'r gerdd i 'Wats Aur F'ewyrth Dan' yn un dda – yn enwedig y diweddglo pan fo'r bardd yn weindio'r watsh ambell dro: 'a chlywaf eto eiriau ei bregeth/ a'r galon yn curo yn fy llaw'. Effeithiol iawn. Mae'r un peth yn wir am linellau olaf 'Siwt Orau F'ewyrth Myrdd', y dyn a chanddo 'lygad am fargen/ ac a freuddwydiai am ennill y jacpot'. Rhyddieithol yw arddull y cerddi gan y bardd hwn ac maent yn llifo fel atgofion a sgyrsiau. Rydw i hefyd yn hoffi'r gerdd 'Rihyrsal yw Bywyd (Dyddgu yn Myfyrio)', sef un o gariadon Dafydd ap Gwilym yn ystyried ei lle yn ei fywyd ef a'i le ef yn ei bywyd hi; diddorol a gwahanol.

Cathryn: Yng ngwaith y bardd hwn cawn brofiad rhiant yn gofalu am fabi newydd, a thad o bosib (fel eryr) yn gwylio uwch dyffryn gwên ei ferch sy'n cysgu: llun da. A dyna'r gerdd hir o linellau byrion (5/6 sill y llinell) i goffáu Guto Nyth Bran a'i anadlu gwyllt a byr. (Rwy'n teimlo mai addysgu cynradd yw maes y bardd hwn!) Effeithiol iawn yw'r llinellau clo: 'ac wrth daro'r llawr/ yn gelain o wyn/ y trodd y gwynt/ yn gorffyn i'w gladdu'. Mae 'Unigedd' yn gerdd drist a chyfoes sy'n agor gyda chorff yn pwyso yn erbyn corn car (fel *Chinatown*, Jack Nicholson), a'r un thema gawn ni yn 'Nadredd', afiechyd y cancr yn cordeddu o amgylch corff. Mae yma gerdd i frain hefyd yn haid uwch mynwent a chyfaill i'r bardd yn cael ei chladdu. Cerddi trist a geir yma gan mwyaf a dim ond dwy brif thema sydd i bob canu yn y diwedd, sef Cariad ac Angau, ac mae'r bardd wedi eu defnyddio'n effeithiol.

Dosbarth 1
Wel, dyma'r trên gyda'r cerbyd Dosbarth Cyntaf wedi cyrraedd yr orsaf. Tri bardd a lwyddodd i gyrraedd y platfform hwn gen i ac rwy'n eu henwi – y tro hwn – yn nhrefn teilyngdod:

mae o yma: Rydw i'n hoffi'r ffugenw! Fe alla i ddychmygu'r Archdderwydd yn galw 'Ar alwad y corn gwlad rwy'n gofyn i *mae o yma* sefyll. Ydi o yma?' Cyfres o gerddi rhyddieithol yw'r rhain, yn groesiad cyntaf rhwng llên micro a blas ysgafn o *Ysgrifau'r Hanner Bardd* ynddynt, efallai. Unwaith, amser maith yn ôl, fe roddodd Menna Elfyn, Eirwyn George a minnau goron i fardd a ysgrifennai'n debyg i hwn – ac eto, roedd ei gerdd ef yn wahanol. Mae'n haws dweud *beth nad yw*'n farddoniaeth weithiau yn hytrach na *beth sydd* yn farddoniaeth, ac yn wir, ar y ffin denau honno y mae'r gwaith hwn. Cawn gymysgedd trylwyr o'r ddwy elfen yn 'Ydi a Nag ydi' a hynny 'run pryd. Fe ellir darllen y darnau fel storïau neu ddalennau o ddyddlyfr neu brofiadau yn ôl eu naws, o natur drama radio gan Saunders Lewis dyweder, oherwydd mae ôl gofal yma wrth ddewis geiriau a rhythmau siarad. Amhosibl yw cyfleu'r cynnwys mewn darn byr ond fe ddewisa i un: 'Mae golau'r car yn sbïo dros ei sbectol ar botel ddŵr ar lawr./ Mae ôl dwrn arni./ Ond mae'n wag tu mewn.' Gwraig sydd yn y darn hwn ar ei ffordd i fynwent i ddodi blodau ar fedd, ond mae llawer mwy yn y dweud ac yn y ffordd o ddweud nag y galla i ei gyfleu trwy ddyfyniad byr o ddarn maith. Ond wn i ddim a yw'r gwaith yn gyfres o gerddi ynteu yn ddarnau o ryddiaith farddonol a thra diddorol. Rwy'n tueddu at yr ail ddiffiniad. Does dim cweit digon o 'Waw' yma i mi ddweud a dadlau bod y gwaith yn haeddu Coron yr Eisteddfod. Er hynny, gwahanol iawn iawn ac yn haeddu bod yn agos at y brig.

Glyder: Fe fyddwn i yn ddigon bodlon gwobrwyo'r casgliad hwn pe bai angen, oherwydd mae pethau da iawn ynddo. Mae'n gasgliad cymesur – dwsin union, fel mae'n digwydd. Mae pob cerdd yn gallu sefyll ar wahân ond gyda'i gilydd maen nhw'n creu gwead a stori ac mae yma ddweud diddorol a bachog: 'Yn wanwyn hirfelyn a'r llwyni mewn llewys bach'. Dyna i chi ddweud da. Dyma un arall: 'yna dw i'n agor y drws/ ac yn ysgwyd dwylo chrysanthemums'. Siarad â ni y mae'r bardd – merch rwy'n credu, gan ei bod yn cyfeirio ati'i hunan fel 'y chwaer fach' – am y profiad erchyll o golli brawd hŷn mewn rhyw fath o ddamwain. Mae'r disgrifiad o'i weld 'a chysgod brychni gwaed ar ei wyneb' yn drawiadol ond does dim tamaid o ôl gor-ddweud sentimental yma o gwbl. Cofnodi ffeithiau noeth y mae'r bardd mewn geiriau gafaelgar ac mae'n llwyddo i greu ymateb yn y darllenydd. Mae'r gerdd sy'n sôn am chwilio am fedd John Ystumllyn, gŵr tywyll ei groen a oedd wedi ei ddwyn i Gymru gan yr Wynniaid ac a gladdwyd ym mynwent Ynyscynhaearn, yn gorffen yn drawiadol iawn ac yn cyfleu ein hanallu dynol yn wyneb angau. Gwaith da ac yn cyrraedd y brig yn hawdd.

Carreg Lefn: A dyma ni wedi dod at y trydydd ar ddeg ar hugain yn y gystadleuaeth. Fe eisteddon ni'n tair i lawr a darllen a gwrando ar rai o'r cerddi yn cael eu darllen yn uchel gennym – ac fe ddaethon ni i'r casgliad mai cerddi i'w *darllen* yn dawel yw'r rhai sydd yn y casgliad hwn yn hytrach na'u llefaru, efallai. Darluniau sydd yma, portreadau a thirluniau mewn geiriau. Mae'r dweud yn llyfn ac esmwyth-fesmeraidd i raddau ac yn ein tywys ni i'r tri amser. Mae'r bardd hwn yn gwybod sut i ddefnyddio rhythmau a thorri brawddegau er mwyn effaith ac mae'n amrywio hyd llinellau yn fwriadol. Dyma i chi ddisgrifiad o olygfa wrth edrych i lawr dros glogwyn ar fôr gwyllt: 'dibyn lle roedd drycinod llwydwyn/ yn codi o'r ewyn ffyrnig,/ ac yn llanw'r aer drwy'r byddardod swnllyd'. Rydyn ni wedi cael y profiad cyffredin hwn, efallai, ond heb eiriau i'w ddweud; wel, dyma fo. Mae yma hiraeth am gymeriad sy'n dal yn fyw ond yn gaeth i golli'r cof ac sy'n 'bachu yn nhameidiau a thrywydd sgwrs,/ am eiliadau'. Fe gawson ni'r profiad hwn hefyd ond dyma'i ddweud yn ddeheuig. Mae yma ystyriaeth ar farwoldeb trwy lygadu golygfa o 'ddalen o draeth' ac mae'r disgrifiad o gerrig a gasglwyd ac sy'n sychu a geir yn y gerdd hon yn dda iawn. Ar ddiwedd y darn mae'r bardd yn 'Cydio mewn carreg lefn ... a'i gollwng yn gron i boced cof.' Ardderchog! Mae'r gerdd olaf o'r chwech yn arbennig ac yn cyflwyno tirlun i ni yn y gaeaf o ardal Dinas Mawddwy. Ces fy hudo a'm dal gan hon. Dan law'r bardd hwn mae geiriau'n troi yn baent a ffurf a symudiad, ac mae rhyw dinc ac adlais bell o Euros Bowen yn 'Clywais Anadl' yn gorffen y gerdd hyfryd hon.

Roedd yn bleser darllen gwaith pawb sydd wedi cystadlu a diolch eto am y fraint honno ac am gwmni llon fy nghydfeirniaid; rwy'n falch o allu dweud bod *Carreg Lefn* yn llawn haeddu'r Goron eleni.

Englyn Unodl Union: Darlun

DARLUN

Lluchiodd lun o'i thad wrth radio'r aelwyd,
    Ar ôl i'w mam huno,
Lle na all ei wenau o
Ei bygwth na'i hambygio.

Pwten

BEIRNIADAETH LLŶR GWYN LEWIS

Mae'n siŵr nad yw'n angenrheidiol i rywun fod yn Hen Feistr ei hun i allu gwerthfawrogi darlun, o edrych arno. Diolch i'r 60 a fentrodd i'r oriel er mwyn i'r brasluniwr hwn gael bwrw golwg arnynt, felly.

Roedd y testun yn ei gynnig ei hun i gael ei ddelweddu, ei drosi a'i ddiriaethu mewn nifer o wahanol ffyrdd. Nid pob darlun sydd yr un fath, wrth gwrs, ac roeddwn yn disgwyl – ac yn wir yn gobeithio – am gymysgedd o'r clasurol, y rhamantaidd, y modern, a'r arloesol. Efallai y byddai rhai yn gweld cystadleuaeth y Genedlaethol fel cyfle i arbrofi rhywfaint â'r ffurf, neu wneud rhywbeth newydd ag o. Ar y cyfan, fodd bynnag, mwy o Turners nag o Damien Hirsts a gafwyd, yn fwy hoff o dirluniau braf nag o arbrofi neu chwilio am bynciau newydd – a dim yn bod ar hynny, wrth gwrs. Penderfynais, serch hynny, y byddwn yn cymeradwyo'r rhai a fentrodd ddweud neu wneud rhywbeth fymryn yn wahanol neu'n newydd, er lles y gystadleuaeth a'r ffurf, cyn belled â bod eu crefft yn gadarn wrth fynd ati.

Roedd cyfleoedd hefyd i sôn am ddarluniau penodol, boed yn ffotograffau neu'n beintiadau neu'n ddelweddau oddi ar y newyddion. Dilynwyd y trywydd hwnnw gan nifer o'r beirdd, a chyfeiriodd ambell un at gerddi eraill a oedd wedi'u hysbrydoli yn eu tro gan ddarluniau! Mae cyngor tebyg wedi'i roi droeon o'r blaen mewn cystadlaethau eisteddfodol, ond mae'n werth ei ailadrodd yma. Er mwyn i gerddi ecffrastig fod yn werth eu cyfansoddi, mae angen iddynt fod yn fwy na disgrifiad o ddarlun yn unig: ni ddylai'r gerdd fod yn rhyw fath o atodiad moel, eilradd i'r gwaith celf. Dylai ddod yn rhan o ddeialog â'r darlun, lle mae'r ddau gyfansoddiad yn cyfathrebu â'i gilydd mewn rhyw fodd (yn wir, fe'm sicrheir, ystyr *ekphrasis*, o'i gyfieithu, yw rhywbeth fel 'siarad neu alw allan') neu'n cyfoethogi'i gilydd a'n dealltwriaeth ohonynt. Dylai'r gerdd ecffrastig, felly, beri inni weld y gwaith celf mewn ffordd newydd neu roi rhyw welediad neu ganfyddiad newydd inni ohono, gan alw ystyron newydd allan o'r darlun ac allan o'r gerdd ei hun. Mae'n ddiddorol mai rhyw berthynas fel hon yr amcanodd mwyafrif helaeth y beirdd i'w chyfleu; afraid dweud nad pob ymgais fu'n llwyddiannus yn hyn o beth.

Rhaid dechrau, yn ôl y traddodiad, â'r rhai sy'n dal i ddysgu trin brwsh a phalet. Mae lle i gredu mai'r un cystadleuydd yw *Llygoden*, *Brongoch* ac *Ewythr Dai*, ac er bod ambell linell gywir ymhlith yr englynion, eithriadau ydynt. Anodd hefyd yw dilyn yr ystyr ar hyd yr englynion hyn. Clywodd a darllenodd englynion, mae'n saff, ond mae angen tipyn o ymarfer eto cyn gallu llunio rhai cywir sy'n gwneud synnwyr.

Does dim dwywaith nad un cystadleuydd hefyd yw *Henaint*, *Dylan* a *Hiraeth*, ond mae tipyn gwell gafael ar y gynghanedd yma. Ambell fai fel camacennu neu din ab sy'n effeithio ar yr englynion hyn, ond mae'r ystyr dipyn yn fwy eglur y tro hwn. Dalier ati, bob un ohonoch.

Deuwn nesaf at englynion nad ydynt, o reidrwydd, yn wallus, ond nad yw eu hawduron wedi meistroli'r gynghanedd yn ddigonol i ddweud yr hyn y dymunant ei ddweud.

Nid yw mynegiant *Disgybl Kyffin*, er enghraifft, yn gwbl eglur, ac mae ambell arwydd o letchwithdod yma, yn enwedig y draws fantach yn y drydedd linell.

Lletchwith hefyd yw mynegiant *Llygad y dydd*: nid yw'r ystyr yn rhedeg yn eglur drwy'r holl linellau, a chwbl aneglur yw'r llinell olaf. Ceir syniad hynod wreiddiol wrth wraidd englyn *Tywysydd*: y darlun y tro hwn yw'r map a luniwyd yn ystod cytundeb Sykes-Picot, sef y cytundeb a gafwyd rhwng Prydain a Ffrainc yn ystod y Rhyfel Byd Cyntaf ynghylch dyraniad Ymerodraeth Ottoman, ac a arweiniodd, maes o law, at y sefyllfa dorcalonnus bresennol rhwng Israel a Phalesteina. Gwaetha'r modd, nid yw'r englyn yn gwneud cyfiawnder â'r syniad: mae angen meddwl eto ynghylch y ffordd orau o gysylltu'r llinellau â'i gilydd o ran cystrawen.

Rhywun a ddysgodd y Gymraeg yn creu darlun o Mr. Urdd a geir yn englyn *Â thwym ddwyfron*. Mynegi edmygedd a diolch i'r dysgwr yw'r bwriad yma debyg, ac mae'r llinell olaf yn deilwng o'r amcan, ond mae'r ffaith iddo fabwysiadu llais person cyntaf, ynghyd â'r ymadrodd llanw, 'yn wâr iawn', yn rhoi naws nawddoglyd braidd i'r cyfan.

Hanoi yw'r cyntaf o'r pentwr i dalu teyrnged i'r ffotograffydd celfydd Philip Jones Griffiths, ac ar ôl arddangosfa o'i waith yn y Llyfrgell Genedlaethol a rhaglen ddogfen ar S4C, braf oedd gweld sylw dyladwy iddo yn y gystadleuaeth hon hefyd. Mae englyn *Hanoi*, fodd bynnag, yn euog o'r hyn a drafodir uchod: pur ddisgrifiadol ydyw, ac nid yw'r darllenydd elwach o ddarllen yr englyn nac o edrych ar y ffotograff ei hun.

Disgrifiad o blentyn ifanc yn peintio neu'n lliwio llun a gawn gan *Jac, 5 oed*, gan gymharu blerwch y darlun â'i werth i draethydd yr englyn – y rhodd na cheir ei 'haelionach'. Gorfu iddo chwarae â chystrawen y drydedd linell ryw gymaint er mwyn cael pethau i gyfateb.

Ceir nifer o fathau gwahanol o weld, ac o beidio â gweld, wedyn, yn englyn *Macedonia*. Awgryma'r ffugenw mai darlun ar y newyddion neu mewn papur newydd sydd yma o rai o'r miloedd ffoaduriaid sy'n cyrraedd glannau Ewrop yn gyson y dyddiau hyn, ac sy'n cael eu pasio'n ôl a blaen rhwng gwledydd fel Macedonia a Groeg. Hoffais y cyferbyniad rhwng y briwiau na welwn ni a'r glwyd y mae'r mamau'n sicr yn ei gweld 'ar gau'. Ni ddaeth gwefr o ddarllen yr englyn, ac nid oedd yn dweud rhywbeth ofnadwy o newydd, ond y mae'n englyn crwn ac uniongyrchol.

Gellid dweud rhywbeth tebyg am gynnig *Aneirin*, sydd yn deyrnged, fe dybiaf, i'r arlunydd Aneurin Jones (sylwer ar y sillafu gwahanol). Eto, dyma englyn sy'n llifo'n rhwydd, ond mae'r hen drawiad yn y llinell olaf yn arwydd o'r blas treuliedig, braidd, sydd arno.

Cefais wefr fwy yn anwyldeb ingol *Gibson*, sy'n cyferbynnu'r darlun a wêl o'i flaen, o un annwyl sy'n dioddef o gancr, â'r atgof o'i 'gwen [*sic*] fwyn ddigwyno' a fydd 'Fyth yn ddarlun cu'n y co''. Oni bai am y blerwch yn y llinell gyntaf (er mwyn i 'chancr' gynganeddu â 'choncro' byddai'n rhaid ei gyfri'n unsill, ac o wneud hynny byddai'r llinell sillaf yn brin), byddai'r englyn hwn gryn dipyn yn uwch yn y gystadleuaeth.

Bellach, rydym ar dir go ddiogel, ac mae'r englynwyr oll o hyn ymlaen yn bur saff o hanfodion y grefft. Englynion ysgafn a gafwyd gan *Gwydion* a *Tomi*, ac mae'r mynegiant yn ystwyth yma, hyd yn oed os nad yw arwyddocâd y 'rhegi' yn englyn *Tomi* yn gwbl eglur.

Braidd yn ddifrïol o'r arlunydd druan yw *Emyr* hefyd, gan honni mai gwaith hawdd yw ei 'ffugbeth' a'i fod yn cael sbort o wneud ffortiwn ohono!

Amrywiadau o'r un llinellau a thrawiadau sydd gan *Llyn y Fan* a *Hud yr Hwyr*: dau englyn telynegol a swynol, a'r syniad yn y ddau yw bod golygfeydd naturiol y sêr a'r dyfroedd yn well darluniau nag a geir o law unrhyw artist.

Dewisodd *O'r Mur* sôn am ddarlun enwog Leonardo da Vinci, y 'Mona Lisa'. Ni sy'n edrych ar luniau fel arfer, ond yn achos y darlun hwn, wrth gwrs, cawn deimlad yn aml mai *hi* sy'n ein gwylio *ni*, a chyfleir y syniad hwnnw yn grwn ac yn gymen. Hoffais y llinell olaf yn enwedig, wrth i'r Mona Lisa lygadu 'Â'i gwên dwt, ein drwg a'n da', a rywsut y mae 'twt' yn gweithio yma i ddisgrifio'r wên honno.

I Langywair yr aeth *Michelangelo*, ond daeth yno o'r Eidal, a hynny yng nghwmni Euros Bowen a'i gerdd, 'Marmor Carrara'. O'r marmor hwnnw, fel yr atgoffir ni gan Bowen, y cerfiwyd 'David' gan Michelangelo, ac mae'r englynwr hwn yn gweld y bardd yntau'n cerfio, o'i awen, 'farmor diwair'. Gwaetha'r modd, 'Yn *ll*un mab' yn hytrach na 'Yn *l*un mab' a ddylai fod yn y llinell olaf, ond mae hynny wedyn yn effeithio ar y gynghanedd.

Llun o Iesu sydd gan *Gruffudd* wedyn, a hwnnw'n cynrychioli'r modd yr ydym yn etifeddu credoau ynghyd â thrugareddau gan ein hynafiaid, 'heb fentro gofyn' neu gwestiynu'r credoau hyn bob amser. Trueni am linell olaf ddryslyd yr englyn hwn – mae'n haeddu gwell clo.

Mae *Bob* hefyd wedi gweld y gall darlun guddio nifer o feiau a chelwyddau yn ei berffeithrwydd-un-ennyd, neu 'o fewn ffram [*sic*] y dydd'. Ond mae ambell ymadrodd lletchwith yn tarfu ar englyn da: pam '*ar* ffals lawenydd'? Ac os yw'r llawenydd hwnnw'n cuddio 'sawl caddug a stormydd', byddai'n well cael yr unigol 'storm', i'm tyb i.

Yn yr un modd, mae *Deryn bach* wedi llunio englyn crefftus wrth awgrymu bod darlun yr ardd a'i lliwiau yn meddu ar 'hiraeth llyfr o eiriau', ond nid yw pob gair yn talu am ei le ac mae yma symud ansoddeiriau i siwtio'r gynghanedd.

Gan *Agea* wedyn, Angau ei hun sy'n gosod llun o'n blaenau 'o grwt ar lan y gro', 'Am orig i'n dwysbigo'. Mae'n siŵr mai'r bachgen truan Aylan Kurdi sydd ganddo dan sylw, a'r llun iasol hwnnw ohono yn farw ar draeth.

Hoffais yn fawr yr ymatal yn yr englyn hwn, yr englyn ei hunan hefyd yn gosod darlun o'n blaen, a'r 'Am orig' hwnnw yn ddeifiol. Ond pam 'yn oriel/ y *werin*'? Dod o hyd i gyrch ac ail linell well sydd ei angen.

Golwg arall ar y 'Mona Lisa' a gawn gan *Ai Leonardo?* ond gan yr arlunydd ei hun y tro hwn. Disgrifia'i bortread ei hun, 'a'i gwnaeth hi yn glysni gwlad'. Englyn cymen iawn ond nid yw'n mynd i unlle, rywsut.

Rydym bellach tua'r tir canol, lle mae hi'n anodd ofnadwy cymharu, cyferbynnu, a gosod trefn teilyngdod. Mae yma nifer o englynion telynegol a chrefftus, sy'n swynol iawn ond heb fod â digon o newydd-deb o ran syniadaeth neu fynegiant i'w codi i frig y gystadleuaeth. Yn y fan hon, er enghraifft, y mae *Llwydo, Llain Fach, Marwydos, Glyn, Ioan, Aneurin* (gwahanol i'r *Aneirin* uchod ond yr un yw ei wrthrych), *Henwr, Elan,* ac *Enlli Deg*. Mae'r rhain oll wedi'i 'dallt-hi' o ran crefft, ac mae ganddyn nhw ddawn wrth greu delwedd hefyd, er nad wyf yn hollol siŵr beth sydd yn llinell olaf *Llwydo*, nac ychwaith pwy'n union yw gwrthrych *Henwr*. Maddeuer imi os wyf wedi bwrw heibio athrylith am ei fod uwchlaw fy nealltwriaeth! Darluniau o wahanol leoedd yng Nghymru, boed hynny drwy lygad arlunydd neu drwy eu lens eu hunain, gan gynnwys Gwaenysgor, Dyffryn Tywi, Cwm Elan, ac Ynys Enlli, sydd gan y lleill, ac maent i gyd yn deyrngedau swynol i'r lleoedd hynny. O'r englynion a gafwyd i Kyffin Williams wedyn, eiddo *KW* yw'r gorau. Mae rhyw flas hen drawiad ar y cyfan, ond mae wedi'i ddweud yn lân.

Ceir criw arall wedyn sydd yn debyg o ran eu crefft i'r gweledwyr hyn, ond sydd ychydig yn fwy mentrus eu gweledigaeth, er bod ambell lithriad yma hefyd.

Creodd *Munch* englyn taclus i ddisgrifio'r 'sgrech dros y goruchaf' yn y peintiad enwog 'Skrik' neu 'Y Sgrech' gan Edvard Munch.

Mae *Picasso* hefyd wedi dewis trafod ei beintiad ei hun, 'Guernica' y tro hwn, ac fe'm trawyd gan y disgrifiad o 'Nodau gwae mewn du a gwyn', er nad wyf wedi f'argyhoeddi gan y drydedd linell.

Mewn penbleth braidd y mae *Y Drosgl*, gan na all adnabod y sawl sydd mewn 'hen lun heb enwau'. Dyma sylw craff ar y modd y mae cysylltiadau teuluol, lluniau, a dolenni â'r gorffennol mor ddibynnol ar gyd-destun ac ar aelodau eraill o'r teulu i basio'r hanesion ymlaen.

Gan *Atgof*, ceir darlun o wyneb rhywun a fu farw sy'n dod yn ôl yn fyw yn wyneb wyres fechan. Mae'n englyn annwyl a thyner. Wrth gwrs, mae'n rhaid parchu'r gwahaniaeth rhwng clust ogleddol a chlust ddeheuol, ond mae gennyf f'amheuon, serch hynny, ynghylch gosod 'diriaethu' ar brifodl '-i'!

Yn ei 'machlud', ni all traethydd *Cysur* ddringo mynydd Tryfan – ond gall ei edmygu mewn darlun ar y wal. Oni ddywed rywbeth hefyd am y modd y mae ein canfyddiad esthetig o'r mynyddoedd wedi newid?

Rhyw dwtsh o W.B. Yeats a'i 'Leda and the Swan' sydd gan *Aylan 1* wedyn, a'r bachgen bach hwnnw yw'r gwrthrych drachefn. Gofyn a wna *Aylan 1* tybed a ragwelodd y rhiant 'Elor ac wylo'r heli' pan gychwynnodd ar ei daith beryglus; cwestiwn iasol o englyn.

Creodd *T. Arfon Williams* – a diolch i gynifer o feirdd am roi 'switsys' yn eu ffugenwau! – englyn Arfonaidd o'r iawn ryw, gan dalu teyrnged i'r pen-englynwr hwnnw a allai greu, yn well na neb, ddarlun cyflawn mewn deg sill ar hugain, ond a allai hefyd ei 'drawsffurfio' yn rhywbeth goruwch na hynny.

Rhoes *Cyffro* inni ddisgrifiad cryno o'r modd y gall 'llawenydd allanol' llun greu 'cyffro mewnol' 'Na all neb ond llun ei nôl'. Hwyrach mai yn y llinell olaf hon y mae gwendid yr englyn. Byddai 'Na all dim' yn fwy naturiol, efallai, ac wn i ddim am y 'nôl' hwnnw chwaith.

Deuwn at Edward Hopper nesaf, er mai *Monet* yw ffugenw'r englynwr a ddisgrifia'r profiad o weld y peintiad 'Chop Suey'. Hoffais yn fawr y disgrifiad o gyfarfyddiad y ddwy ferch yn y llun 'rhwng walydd y felan'.

Rwy'n credu mai ei naturioldeb a'i gynildeb a'm hatynnodd at englyn *Gohebydd*, ac a'm cadwodd i ddychwelyd ato, er nad wyf o reidrwydd yn deall yn union beth sydd ganddo. Ond mae gormod o bwyslais ar allu deall pob geiryn mewn cerdd y dyddiau hyn a da cael mymryn o ddirgelwch neu dywyllwch. Yn y drydedd linell y mae gwendid mwyaf yr englyn a'r dryswch pennaf hefyd, oherwydd nad ydym yn siŵr pwy sy'n gwneud yr hudo: ai'r gwyliwr ynteu'r adyn?

Nid oes, o hyd, ryw naid fawr yn y safon wrth inni ddod at y criw nesaf; ar ddiwrnod arall gallasai rhai o'r rhain fod yn is yn y gystadleuaeth ac eraill yn uwch. Rhyfeddol o wastad oedd y safon ar y cyfan; does dim llawer o englynion cwbl ddi-glem yma, ond yn yr un modd, fesul ychydig y deuthum i weld rhinweddau y rhai ar y brig.

Gan *Dan yr wyneb*, er enghraifft, y cawn yr englyn olaf i'r 'Mona Lisa', ac er y llinell olaf stroclyd, mae'r modd y tynnir sylw at y cyferbyniad rhwng 'traha' a gwên, y gymysgedd ryfedd honno a geir yn wyneb 'La Gioconda', a'r wên sy'n arswydo, yn golygu mai dyma'r englyn gorau o'r cnwd o englynion iddi.

Syniad tebyg i nifer a enwyd eisoes sydd gan *Sian* hefyd: y ffotograffau sy'n creu, neu'n methu â chreu, dolen rhwng cenedlaethau. Ond hi sydd wedi dod o hyd i'r tyndra gorau a mwyaf cynnil, rhwng heulwen wyneb ei mam-gu 'sy'n dal i'm cynhesu', o gymharu â'r tad-cu, a'r unig gof ohono ar ffurf 'hen lun yn melynu'.

Darlun o winllan doreithiog a welodd *Dameg liw*, a hynny ar bared mewn cartref preswyl. Yr henoed eu hunain sy'n llefaru yma, felly, wrth iddynt weld rhyw ddihangfa yn y darlun. Hoffais yr 'ehofndra ysgafndroed' y maent wedi'i adennill trwy'r ymryddhad a rydd y llun iddynt. A oedd angen ateb yr 'dd' yn 'ymryddhawn' tybed?

Yn achos *Dant y Llew* yr un modd, nid dyma'r bardd cyntaf i sôn am Eryri, ond yn hytrach na chyflwyno golygfa'n unig, cadwodd at y testun a sylwi'n graff ar y modd y gall llun ddofi a domesticeiddio hagrwch a pherygl byd natur: 'ar y wal craig wâr yw hi', a synhwyrwn ryw fymryn o resynu ynghylch hyn. Mae hwn yn englyn da iawn, yn enwedig yr esgyll.

Down bellach at y goreuon; ymlaen â ni i'r stafell olaf yn yr oriel, felly.

Arhosodd yr englyn hwn, gan *Garmon*, gyda mi o'r darlleniad cyntaf fel un unigryw, oherwydd mai'r darlun ei hun sy'n bwysig ganddo yn hytrach na'r hyn sydd ynddo. Mae gen i f'amheuon ynghylch addasrwydd y trosiad yn ei grynswth – pe na bai rhywun yn gwybod beth yw'r testun, byddai'n gofyn 'pam dewis y trosiad hwn i gyfleu marwoldeb pobl?' – ond wedyn, 'Darlun' oedd y testun, a daeth *Garmon* o hyd i ffordd wreiddiol a dyfeisgar o fynd o'i chwmpas hi. Mae'r englyn yn llifo ac yn cynganeddu'n ystwyth heb fod yn orchestol:

> Rhyw ddydd, gan mai rhydd yw'r wal, mi wyri
>   ar y mur anwadal
>   a'r bachyn du'n methu dal:
>   nid wyt ond cwymp diatal.

O'r englynion a gafwyd i Philip Jones Griffiths, eiddo *Cofnodwr* sydd drechaf. Mae'r paladr yn benigamp, gyda'r fferru a'r diwedd oer yn awgrymu rhywbeth anghynnes, yn llythrennol, wrthym, nid yn unig am ryfel ond am y weithred bwysig ond iasol o gofnodi erchyllterau ar ffilm. Tybed a yw'r 'glew' yn y drydedd linell yn hawlio gormod o sylw iddo'i hun ac yn tynnu'r acen tuag ato?

> Fferrodd dy lens fforensig – ddiwedd oer
> Un oedd ddoe'n aredig
> Am i wŷr glew'r Amerig
> Drin ei gorff fel darn o gig.

Fel yn achos cynifer o englynion eraill, rydym wedi dod ar draws testun *Aylan 2* o'r blaen. Ond dyma'r englyn sy'n rhoi'r golwg mwyaf treiddgar inni ar y sefyllfa, a chyflwyno hynny inni'n gymen, yn fedrus ac yn uniongyrchol. Y mae'r englynwr hwn wedi penderfynu peidio â dod at ei destun yn fanwl, â'r lens agos, ond yn hytrach wedi agor y ffrâm, wedi tynnu'n ôl a dangos yr ongl lydan inni. Yn y darlun hwnnw, yn ôl *Aylan 2*, y mae'n tynged fel pobl wedi'i ddangos inni. Mae'r 'grym ymyrraeth' yna'n gyfoethog o ystyr, ac yn galw i gof efallai y teimladau cymysg sydd gennym ni yma yng Nghymru ynghylch yr hyn y dylem fod yn ei wneud i helpu, os oes unrhyw beth y medrwn ei wneud:

> Mae môr llawn grym ymyrraeth – i'w ganfod
> Ar gynfas dynoliaeth,
> A thristwch yn drwch ar draeth
> Yw delwedd ein bodolaeth.

Efallai mai un o englynion mwyaf ingol y gystadleuaeth yw un *Dwy law*, sydd mae'n siŵr gen i yn cyfeirio at y darlun pen-ac-inc enwog hwnnw gan Albrecht Dürer, ac sy'n gyfarwydd i'r rhan fwyaf o Gymry trwy gyfrwng emyn T. Rowland Hughes. Mae'r englynwr wedi cydio wrth y taerineb sydd i'w weld yn y dwylo yn y llun, ac wedi ceisio dychmygu pa fath o weddi oedd hi. Mae'r ailadrodd yn yr esgyll fel pe bai'n adleisio erfyniad y weddi'i hun:

> Gobaith yn erbyn gwybod – a phader
> Pan mae ffawd fel wermod,
> Erfyn byw hyd derfyn bod
> Erfyn yn erbyn darfod.

Englyn i 'Pont y gamlas' gan L.S. Lowry sydd gan *Crefftwr*. Mae'n englyn aeddfed, cynnil sy'n creu cyferbyniad a thyndra rhwng y paladr a'r esgyll ond yn symud yn esmwyth rhyngddynt. Ceir cyffyrddiadau tafodieithol hefyd sydd yn ychwanegu at gyflawnder yr englyn a'r blas hiraethus sydd iddo, gan ein hatgoffa o'r pethau da a gollwyd yn ogystal â'r caledi a aeth heibio gyda dirywiad ein diwydiannau mawrion. Rwy'n siŵr nad pob beirniad a fyddai'n derbyn y sain yn y llinell olaf. I mi mae'n rhaid wrth wthio rhywfaint ar y gynghanedd a'r ffyrdd o'i defnyddio, neu marweiddio a wnaiff hi, ac rwy'n berffaith hapus i dderbyn y llinell:

> Er trymed 'sgidiau'r caledwaith – yn troi
> I'w ffatrioedd [*sic*] unwaith,
> Dwlwn pe clywid eilwaith
> Gamu'r gwŷr ar hewl y gwaith.

Mae lle i gredu'n gryf mai'r un yw *Tir-na-Nog* [*sic*], a *Lleu Llaw Gyffes*. O leiaf, mae gan y ddau ffordd debyg iawn o gyflwyno'u gwaith, a thestun tebyg hefyd! Fel yr awgryma isdeitl englyn *Lleu Llaw Gyffes*, darlun 'o obeithion ieuenctid' sydd dan sylw yn y ddau englyn, er bod hwnnw'n llun mwy diriaethol yn un nag yn y llall. Rywsut mae un *Tir-na-Nog* yn rhagori fymryn gen i, felly dyma ddyfynnu *Lleu Llaw Gyffes* a'i linell glo gref yn gyntaf:

> Un eleni dialanas – yr oedd
> fy mreuddwyd yn eirias;
> yn wynfyd ar fy nghanfas
> roedd arlwy hardd awyr las.

Ac yna *Tir-na-Nog*, gan obeithio y cytuna'r bardd â mi mai hwn sydd orau, am ei fod yn gorffen yn gryfach:

> Yn y llun gwelaf fy llynedd – yn wên
> ar wyneb, yn rhyfedd
> ei hyder, yn geinder gwedd,
> yn ddoe ieuanc, diddiwedd.

Dim ond wrth ddod yn agos iawn at y brig y cawn yr englyn cwbl ddiwastraff cyntaf, a hynny gan *Gareth*. Mae pob gair yn gwneud ei waith. Ymateb i ddarlun Holman Hunt, 'Goleuni'r Byd', a wna. Yr unig wendid gen i yw bod dau 'ar' yma, ar ddechrau'r llinell gyntaf a'r drydedd, ac mae cael y ddau o fewn un frawddeg yn lletchwith:

Ar ddrws di-ddolen heno – y mae Un
    Sydd yn mynnu curo
    Ar wareiddiad, er iddo
    Gael o hyd y drws ar glo.

Yna, ar ddiwedd y gystadleuaeth, daw ymgais *Pwten*, englyn a fu ar un adeg tua brig yr Ail Ddosbarth gennyf. Ond mynnodd ddychwelyd i'r meddwl, oherwydd ei fod yn codi rhyw gryd ar y darllenydd. Mae'r amwysedd, y cynildeb a'r cwestiynau sy'n codi yn bachu'n diddordeb. Byddai modd tynnu sylw at ambell wendid yn y paladr, efallai; mae 'huno' yn air treuliedig bellach, ac efallai y byddai'r ferch yn gwneud mwy na lluchio'r llun wrth radio. Eto i gyd, wyddom ni ddim beth fyddai'i hymateb am na wyddom yr hanes yn iawn: dyma ogoniant yr englyn, sef y modd yr awgryma bosibilrwydd rhywbeth heb ddatgelu'n union beth ydyw:

Lluchiodd lun o'i thad wrth radio'r aelwyd,
    Ar ôl i'w mam huno,
    Lle na all ei wenau o
    Ei bygwth na'i hambygio.

Achubir yr 'r' yn 'radio'r', wrth gwrs, gan y gellir ei gario i'r cyrch i wneud y gyfatebiaeth yn gryfach.

Fel y dywedais eisoes, gwastad ddigon oedd safon y gystadleuaeth: fawr neb yn gwbl ddi-glem, ond heb ormod, chwaith, a ddringai i'r uchelfannau. Daeth nifer o'r englynion olaf hyn, fodd bynnag, yn ôl fwy nag unwaith i'r cof. Fe'm temtiwyd ar wahanol adegau i wobrwyo *Tir-na-Nog*, *Gareth* a *Garmon*. Rhan o apêl beirniadaeth yr englyn, wrth gwrs, yw rhoi cyfle i bawb ddarllen ambell bennill a ddaeth i'r brig yn ei gyfanrwydd; y mae hefyd yn rhwym o ddangos peth mor anwadal yw chwaeth. Diau y bydd sawl darllenydd yn anghytuno â'm dyfarniad, ac yn gresynu na fyddwn wedi gwobrwyo un o'r rhain. Ond fy nheimlad i, er cael eu mynegi mewn modd hynod fedrus, oedd fy mod wedi clywed englynion tebyg i rai *Tir-na-Nog* a *Gareth* o'r blaen.

Nid felly yn achos *Pwten*. Gall y darluniau gorau, o bortreadu un ennyd, gyfleu'r holl stori sy'n amgylchynu'r ennyd honno hefyd. Yn yr un modd mae'r englyn hwn wedi llwyddo i roi hanes bywyd cyfan inni mewn pedair llinell. Mewn modd cynnil ond aflonyddol, mae'n awgrymu anhapusrwydd perthynas rhwng tad a merch, heb roi gormod ar blât i'r darllenydd. Am y ddawn honno, *Pwten* a gipia'r wobr eleni.

ANGLADD

Os wyt-ti, fy annwyl Satan, – am gael
   Tom y gŵr yn fuan,
   Cadw fo rhag tendio'r tân;
   Mi ellith roi'r fflam allan.

Ei wraig

BEIRNIADAETH TWM MORYS

Beth yw'r gwahaniaeth rhwng 'englyn ysgafn' ac 'englyn digri'? Y gwahaniaeth, hyd y gwelaf i, yw bod englyn ysgafn yn trafod pwnc a all fod yn drwm gydag ysgafnder, ond bod englyn digri i fod i wneud i chi chwerthin. Ond gan mai'r un math o englynion fydd yng nghystadleuaeth yr englyn ysgafn a chystadleuaeth yr englyn digri o flwyddyn i flwyddyn, waeth i'r beirniad heb â cheisio gwahaniaethu, yn fy marn i.

Daeth 39 o gynigion i law.

Dosbarth 3
Yn y dosbarth hwn mae englynion sydd ychydig bach yn ansicr eu crefft, neu fymryn yn chwithig eu hiaith neu eu mynegiant.

Y *Cel Du* (llinell glo sillaf yn fyr); *Hanid 1* (syniad difyr! Piti garw am y proest i'r odl a'r bai gormod odlau hefyd yn llinell 3, 'am dri; go dario, am dro'); *Mewn Hedd* (mae cyfatebiaeth wallus rhwng 'cymar' a 'goman' a rhwng 'is y gro' a 'llais cry'. Nid yw '-s' yn meddalu 'c-' yn 'g-', er gwaetha'r hyn y mae Dewi Emrys yn ei ddweud); *Blac pwden* (mae camacennu yn llinell 3 (ar ôl 'wnaeth' mae'r orffwysfa)); *Meirion* ('Bu rhaid gwerthu nhw' yn lle 'eu gwerthu nhw'); Y *Ficer* (chwithig braidd yw'r gystrawen yn y llinell glo. Byddai 'lle nad oes' yn fwy naturiol o lawer); *Ioan* (mae'r esgyll yn dywyll i mi); *Morfil* (mae'r englyn ar ei hyd yn dywyll i mi! Dyma fo, i chithau gael pendroni):

Y bardd sy heb ei urddas – a jamo
Mae Jem silff yn llwydlas
Fel cawr ar draeth yn fawrfras.
Dim anglodd, dim modd dod mas.

Oni bai am ei linell gyntaf wallus, byddai englyn *Ei frawd* wedi neidio ar ei ben i'r Dosbarth Cyntaf! 'Mae'n byw; nid yw'r dihiryn ...': sain sydd i fod yma. Mae'r gwant ('nid yw'r') a'r gobennydd ('dihiryn') yn cynganeddu yn siort orau, ond sylwch fod angen yr ''r' yn 'yw'r' i'r gyfatebiaeth fod yn gyflawn. Oherwydd hynny nid yw'r rhagwant ('byw') yn odli â'r gwant, a rhaid i *Ei frawd* aros efo dihirod Dosbarth 3!

Dosbarth 2
Yn y dosbarth hwn mae englynion sy'n dangos gwell gafael ar y grefft, ac sy'n fwy eglur eu mynegiant, ond sydd, serch hynny, am ryw reswm yn siomi.

Gair neu linell yw'r drwg mewn rhai. *Gêm* (y gair gwneud 'tristddolur' sy'n difetha hwn. Byddai 'mewn dolur' neu 'mewn gwewyr' yn well o lawer); *Daniel* (llinell glo gywir ond afrosgo); *Gwawr* yr un fath ('Y fro'n iâr fach yr haf frau'); *Yr alwad* (acennu chwithig iawn yn y sain sy'n cloi: 'gan/ swnian/ drwy'r gwasanaeth'); *Ploryn* (tân ar fy nghroen i yw ffurf fel 'fi'n hun' yn lle 'fi fy hun', yn enwedig o fewn ychydig eiriau i ffurf gwbl lenyddol fel 'wyf innau'). Anghysondeb cywair felly sy'n baglu *Llais o'r arch* ('dwi'm 'di marw' ar yr un gwynt â 'Rwyf fyw'), a *Bryniau Caersalem* ('Ches i'm gwadd' yn ymyl 'na chwyd', sef 'paid â chodi').

Siomedig eu *punchline* yw rhai eraill. *Mewn Tei Ddu* (ymson dyn yn dilyn arch ei wraig yn ara' deg ac yn 'anoddefgar' i'r amlosgfa, yn diweddu 'yna, toc, caf ddweud 'Ta ta''); *Llawr y Llan*, *Gŵr Jemeima* a *Ceiro* (matsien wleb o ddiweddglo eto); *Tomos 1* (englyn cywir am hen foi yn marw heb dalu ei filiau); *Cnocell y Coed* (englyn ysgafn am rywun yn cael ei gladdu yn fyw! Nid wyf yn deall yr ergyd yn yr esgyll). Claddu cath mae *Twdls* a *Tomos*, a chladdu ci mae *Dagreuol*; ond does dim yn arbennig iawn yn yr adrodd. Mwy gwreiddiol yw galar gafr ar ôl ei bwch yn englyn *Liwsi*, a'r esgyll 'Ni bu arch na Chrug-y-bar/ I gofio am ei gafar'. Ni wn yn iawn ai yn yr adran anifeilaidd hon y mae lle englyn *Noa*! Dyma ei ddyfynnu er difyrrwch:

Ger yr arch dau gangarŵ – a dwy fuwch
A dau fath o darw,
Dau deigr, dim glaw garw
Ac un arth mewn dau ganŵ.

Chwarae ar ystyr 'arch' sydd yma a fawr ddim amgenach, a dweud y gwir!

A dyma ddod at frig Dosbarth 2, lle mae criw o englynwyr da a fyddai wedi codi'n uwch eto petaen nhw wedi ymlafnio tipyn bach mwy. Dibynnu gormod ar ei ffugenw mae *Hoeden Feichiog* i egluro'r llinell 'A doli dew yn dal dig', a dibynnu gormod ar y *punchline* i godi'r gweddill y mae *Y Parchedig* a *Hanid 2*. Rhywbeth tebyg sydd yn englyn gwreiddiol *Dim bloda* a'i linell glo, 'Yn English bydd yr angladd'. Ac mae *W Morgan* wedi llusgo 'ein Hywel ni' i'w englyn heb reswm yn y byd, hyd y gwelaf i, heblaw ei fod yn cynganeddu ac yn odli yn hwylus. Y gorau yn y dosbarth hwn yw englyn *Ned*:

> Braf yw clebran dros baned; – af i fwyd,
>> Hoffaf ias a theyrnged,
>> Er, o'r fynwent ar fyned,
>> Ni wyddwn i pwy oedd Ned.

O weithio ychydig bach mwy ar y dweud yn y paladr ('af i fwyd,/ Hoffaf ias ...') byddwn wedi hel *Ned* i'r Dosbarth Cyntaf.

Dosbarth 1

Dyma'r englynion sydd, yn fy marn i, yn llwyddo i ddweud rhywbeth testunol yn grefftus a chofiadwy, ac yn eu plith yn bendant y byddai englyn *Ei frawd* oni bai am y diffyg 'r' hwnnw!

Rwy'n hoffi llinell gyntaf *Deio* yn arw, a rhediad rhwydd ei englyn un frawddeg a'i ddiweddglo crafog:

> I'm mêt, ar ôl ei gremetio, – ni fu,
>> Gan mor fach oedd Deio,
>> Gymaint â llond bocs ocso
>> O wir lwch ar ei ôl o.

Englyn syml iawn sydd gan *Siomedig*, ond un sy'n ateb gofynion y gystadleuaeth i'r dim, ddywedwn i. Mae mymryn bach o anghysondeb, cofiwch, rhwng y ffurf 'lleiniau' a'r ffurfiau llafar yn y brifodl:

> Gwae'r byd a'i holl gerbyde – y lleiniau
>> Yn llawn ym mhob parcle,
>> Diflas oedd i'r perthnase,
>> Hedai'r llwch cyn ffeindio'r lle.

Petai rhaid gwahaniaethu rhwng englyn 'digri' ac englyn 'ysgafn', dywedwn i mai englyn digri sydd gan *Tŵ Lêt*:

> Olwyn fflat ym Mhrestatyn, – a Now Hers
> Ddwyawr yn hwyr wedyn;
> Nid oedd lle 'rôl slot dydd Llun,
> A rhoed Wil i ddŵr Dulyn.

Mae *IKEA* wedi dweud yn ysgafn yr hyn y mae Siôn Cent yn ei ddweud yn drwm, sef nad oes gwahaniaeth yn y bedd rhwng y tlawd a'r cyfoethog:

> Obry, heb wadd i 'nghnebrwng, – daw'r mwydod
> O'r mwd ar eu cythlwng;
> Dwed, Dduw Iôr, oes rhagor rhwng
> Bocs tila a bocs teilwng?

Disgrifiad 'adaryddol' difyr dros ben o'r galarwyr a'r gweinidog, neu efallai'r ficer, sydd gan *Ta-Ta*:

> Llusgai dwy frân mewn llesgedd – i arwyl
> Hen dderyn. O'r diwedd
> Pioden uwchben y bedd
> Ameniai'n ddiamynedd.

Mi fyddwn yn rhoi'r wobr yn llawen i *Ta-Ta* am ei englyn crefftus a gwreiddiol.

Ond mae englyn *Ei wraig* yn mynnu codi fymryn yn uwch o hyd, ac rwyf yn teimlo rhyw gydymdeimlad rhyfedd â'r gwrthrych.

> Os wyt-ti, fy annwyl Satan, – am gael
> Tom y gŵr yn fuan,
> Cadw fo rhag tendio'r tân;
> Mi ellith roi'r fflam allan.

Gwobrwyer *Ei wraig*.

COPA

Dyw'r Foel Gron
Yn ddim ond ploryn
Ar wyneb meddal Llŷn,
Ond o'r copa crwn
Yn y dyddiau gwyrdd
Fe welwn i Yr Aifft,
India a New York.
Tyddynnod bach a'u henwau'n ddim
Ond cofnod teithiau'r Sgweiar balch,
A'i stad yn ymestyn
Fel bysedd dan sgert i odre'r Garn.

Heddiw
Dim ond Merton View,
Green Meadows, a Daisy Dell
Sydd yno.
Diflannodd hanes fel diflannodd iaith,
Ac mae'r gwynt yn oer
Ar gopa'r Foel.

Esmor Bach

BEIRNIADAETH ANEIRIN KARADOG

Mae 'Copa' yn destun a all gynnig sawl cyfeiriad i fardd, er ei fod efallai yn dueddol o wthio beirdd i gyfeirio at fynyddoedd yn llythrennol. Yn bennaf, roeddwn i'n awyddus i weld telynegion a oedd yn mynd i'r cyfeiriad cywir, sef am i fyny, ond yn anffodus tuag at i lawr y mae annel dau draean o'r 22 ymgais a dderbyniais.

Mae'r delyneg yn fesur difyr y mae cryn ganu arno y dyddiau hyn, yn bennaf, efallai, am fod y delyneg yn un o dasgau gosod arferol y talwrn. Mae'n fesur difyr hefyd am nad yw'n gymaint o fesur ag ydyw yn deimlad neu'n naws, gan y gall telyneg fod yn gerdd ar fydr ac odl, neu mewn dull penrhydd, neu ar gynghanedd. Gellir hefyd ganu yn delynegol o fewn muriau mesurau eraill. A yw'r ffaith fod hir-a-thoddaid yn delynegol yn ei gwneud hi'n delyneg? Nid o reidrwydd. Hanfod y delyneg, ddywedwn i, yw symlder mynegiant sy'n arwain at ganu'n uniongyrchol i galon ei chynulleidfa. Gellir, wrth gwrs, fydryddu telyneg mewn modd cymhleth, ond mae angen i'r cymhlethdod hwnnw fod yn ymddangosiadol syml ac mae hynny'n rhywbeth a ddaw dan law bardd sy'n deall ei grefft. Efallai ei bod hi'n haws dweud beth sydd *ddim* yn delyneg nag yw hi i ddweud beth sydd *yn* delyneg ac fe fyddwn i'n dadlau fod pethau fel ysgafnder neu ddoniolwch, goreiriogrwydd a gorgymhlethdod mydryddol yn llusgo bant o gyfeiriad y delyneg, er nad ydyn nhw o reidrwydd yn bethau na ellir eu cael yn y mesur hwn.

Yn syml, chwiliwn am delyneg a allai ganu'n uniongyrchol i fy nghalon i, gan daro'r cyfryw dannau o'r darlleniad cyntaf. Hoffwn nodi fod geiriau sydd efallai yn swnio'n farddonol, ond mewn gwirionedd sy'n eiriau barddonllyd, yn rhwystr i hyn: haniaethau fel 'her', 'ias', 'naws' ac yn y blaen. Mae'r beirdd mwyaf llwyddiannus yn y gystadleuaeth hon yn llwyddo i gyfleu'r her, yr ias, a'r naws trwy gyfeirio at bethau y gellir gafael ynddyn nhw: geiriau diriaethol, felly. Peth arall y mae beirdd fy nghenhedlaeth i yn ymwrthod ag ef yw rhoi'r ansoddair o flaen yr enw, gan taw swnio'n farddonllydd yw effaith hyn. Ac yn olaf, y duedd fawr ymysg y beirdd oedd cyfeirio at 'lwybrau'r gorffennol', 'bryniau bywyd' a 'niwloedd y blynyddoedd'; hynny yw, mynd am drosiadau sy'n ymddangosiadol ddwfn ond sydd mewn gwirionedd yn ddiog a ddim yn dweud cymaint â hynny. Nid yw'r math hwn o drosi (ac mae'n siŵr fy mod i fy hunan yn euog o wneud hyn yn y gorffennol) yn fy marn i bellach yn wreiddiol nac yn cyffroi gan taw haniaethol wrth ei natur ydyw, a chan i'r haniaethau hyn gael eu trosi hyd syrffed gan haniaethfeirdd llechweddau a chopaon ein gorffennol. Gosodaf y cerddi yn nhrefn eu teilyngdod.

Dyma'r beirdd na lwyddodd i godi o odre'r mynydd:

Sam: Teyrnged ddiffuant i'r dringwr enwog, Eric Jones o Dremadog, a geir gan *Sam*, ac er i mi hoffi'r cwpled clo sy'n cyferbynnu uchelfannau'r mynydd gyda'r ffaith fod traed Eric Jones wedi aros yn gadarn ar y ddaear o ran ei bersonoliaeth, doedd dim digon o gyffro yn y dweud yng ngweddill y gerdd.

Pleserus Daith: Disgrifiad yw'r delyneg hon o'r broses genhedlu hyd at eni babi. Oeraidd iawn ar fy rhan i yn y cyswllt hwn yw defnyddio'r gair 'proses' gan fod yma ymdrech i gyfleu serch a nwyd y foment mewn modd diwastraff iawn. Ond yn anffodus, nid oes yna ddelweddu sy'n gafael yn y gerdd. 'Er i'r tân *losgi*' sy'n gywir hefyd, nid 'er i'r tân *llosgi*'.

Hafren: Ni ddeallais y gerdd hon yn llwyr, gan nad yw'r mynegiant yn egluro'n iawn beth sydd dan sylw, ond tybiaf mai moment o serch a choncwest wrywaidd yn sgil moment nwydus sydd yma (delwedd nad yw at fy nant). Ond fel y soniais, nid yw'n hollol eglur beth sydd yma, felly gall hynny fod yn gamddehongliad. Hoffais y defnydd o'r ferf 'igam-ogamu', ac rwy'n cymryd mai i awgrymu meddwdod y mae'r gair yn cael ei ddefnyddio yn y gerdd.

Hufen iâ pinc: Cerdd ffeministaidd yw hon, ac nid collfarnu hynny yr wyf o gwbwl. Yn wir, mae un ddelwedd ar y diwedd sy'n drawiadol, sef y syniad o groes (fel a ddefnyddir wrth bleidleisio) wedi ei ysgythru â llafn i gnawd 'merch yr oesoedd'. Yr hyn sy'n rhwystro gweddill y gerdd rhag codi'n uwch yw'r mynegiant rhyddieithol sy'n fwy addas i gân bop afieithus na thelyneg. Byddwn yn annog y bardd hwn i geisio gweithio un ddelwedd trwy gydol y gerdd yn hytrach nag adeiladu'r gerdd drwy gyfrwng pentwr o eiriau nad ydynt yn cysylltu â'i gilydd.

Llais yr Eog: Ni chyrhaeddodd y bardd hwn yn uwch yn y gystadleuaeth am nad wyf yn teimlo mai telyneg yw ei gerdd. Mae yma gerdd eiriog lle mae'r goreiriogrwydd yn gwneud i Magi Post deimlo fel rhywun cryno ei mynegiant! Ond petai hon yn gystadleuaeth cerdd rydd, byddai yn llawer uwch i fyny tuag at y copa gan fod yma syniad gwreiddiol a dweud da, sef y profiad o weld pethau trwy lygaid eog yn dringo'r aber a'r afon. Ond am nad yw'n delyneg, ni chaiff fynd yn bellach ar y daith i ben y mynydd y tro hwn.

amdani: Cyfres o dribannau Morgannwg sydd gan hwn neu hon, ac er bod gan y bardd rywbeth i'w ddweud, a'r addewid o allu ei ddweud yn dda drwy ymlafnio, nid yw eto wedi meistroli ei grefft. Os am ganu ar benillion tribannau Morgannwg, dylid cadw at batrwm o 7, 7, 8 a 7 sillaf. Mae hyd llinellau o ran eu sillafau yn amrywio drwyddi draw fan hyn ac mae hynny'n merwino'r glust, ond hoffais y diweddglo yn fawr. Gydag ymlafnio mi fydd yma fardd da iawn, os taw rhywun ifanc, fel y tybiaf, sydd wrthi. Anffodus hefyd oedd y camdeipiad o 'pefrio' fel 'perfio' gan fod hynny'n newid yr ystyr yn llwyr! Hefyd, 'diferol' yw'r sillafiad nid 'difeiriol'.

Y beirdd a ddaeth yn fyr eu hanadl hanner ffordd i fyny'r mynydd:

Un: Mae gan y bardd hwn afael sicr ar ei grefft, ond y cynnwys a'r mynegiant heb fod cystal â'r cyfryw grefftio. I'm clust i, mae 'arall fyd' yn ddiangen o ffug-farddonol; hynny yw, erbyn hyn yn farddonllyd, yn enwedig mewn cerdd rydd lle nad yw gofynion y gynghanedd yn galw am roi'r ansoddair o flaen yr enw. Mae'r delyneg yn darllen yn hawdd ac yn bleserus i'r glust, ond mae gwneud trosiad o ddringo mynydd, a hynny'n drosiad o fywyd, yn rhy gyffredinol a niwlog i afael yn nychymyg y darllenydd.

Pen yr Hwylfa: Sylwadau tebyg sydd gen i i'w rhoi i'r bardd hwn. Mae'r grefft yn dynn, y mydru a'r odli yn sicr, gan greu cyfanwaith sy'n bleserus i'r glust. Ond rhy gyffredinol a haniaethol yw'r mynegiant i allu dal gafael ar galon y darllenydd hwn. Mae'n trafod yr un pwnc â thelyneg orau'r gystadleuaeth, ond mewn modd haniaethol, sy'n drueni. Ac mi soniais eisoes am 'lwybrau'r gorffennol' a'r angen i beidio ag aildroedio'r llwybrau hynny yn drosiadol.

Yr Iwrch: Un arall tebyg i *Pen yr Hwylfa* ac *Un* sy'n llwyddo i swnio'n bersain, ond wrth fynd i sôn am 'niwloedd fy mreuddwydion', 'rhithiau'r noson' ac 'ofnau'r nos aflonydd' nid oes fawr ddim yn cael ei ddweud yma y gall y darllenydd hwn afael ynddo. Gwell fyddai ceisio mynegi profiadau bywyd drwy gyfrwng pethau penodol a diriaethol y gellir eu gweld yn haws yn y meddwl. Serch hynny, mae disgrifiadau fel 'creigiau'n gwgu' yn mynd tua'r cyfeiriad cywir.

Enoc: Dechreua *Enoc* yn addawol drwy enwi mynydd penodol, a'r ddelwedd sydd ganddo yw hapusrwydd llwyr rhwng dau gymar. Ond wedi'r addewid cynnar hwnnw, mynd i bentyrru'r haniaethau a wna, geiriau megis 'hedd', 'undod' a 'melys ran'. Effaith hyn eto yw syrthio'n ôl i'r union bethau sy'n dal gweithiau *Yr Iwrch*, *Pen yr Hwylfa* ac *Un* rhag cyrraedd copa'r gystadleuaeth hon.

Nwydus: Fel yr awgryma'r ffugenw, dyma gerdd sy'n disgrifio'r profiad o rannu cnawd â rhywun yn nwydus. Ond yn anffodus mae yma ormod, eto, o ddefnyddio geiriau haniaethol fel 'gwead ysiad' (os gall 'ysiad' gael ei 'wau'), 'hudo', 'gwres', 'hud', ac yn y blaen. Gosodwyd wedyn y ddelwedd o ddringo tua chopa fel fframwaith i'r gerdd. Gellir dadlau bod hyn yn addas, ond yn y pen draw, nid yw'r profiad nwydus yn cael ei gyfleu yn effeithiol nac yn gofiadwy yn anffodus, ac felly nid profiad nwydus oedd darllen y gerdd.

Celyn: Wedi i mi fod yn pregethu, braidd, am y math o drosiadau nad ydynt yn plesio, mae'n anffodus i *Celyn* ei fod yn cynnwys trosiad o'r fath yn ei linell gyntaf, sef 'Syllaf o gopa fy henaint'. Mae henaint yn ddigon o haniaeth ynddo'i hunan, heb ei drosi i fod yn gopa mynydd, sydd ond yn digwydd er mwyn bod yn destunol. Mae yma fardd sy'n deall beth yw beth, ond efallai fod gwerth ailwerthuso sut all mynegiant fod yn afaelgar. Hefyd, mae 'mor fyr a'm ddoe'[*sic*] yn anghywir, gan taw gydag ymadrodd amser y treiglir 'doe', felly 'mor fyr â'm *doe*' fyddai'n gywir.

Y Mynach Llwyd: Mae'n anffodus iawn hefyd i *Y Mynach Llwyd* fy mod ar gefn fy ngheffyl erbyn hyn, gan iddo ddechrau ei gerdd gyda: 'Mae'r her/ Yn haellygrwydd [*sic*] y graig.' Nid yw craig, i mi, yn haerllug, waeth pa mor farddonol y ceisia'r meddwl fod, ac 'u' sydd yn y gair, nid 'y'. Rwy'n hoff o'r ymdrech a wna beirdd i greu geiriau cyfansawdd trawiadol, ond i mi nid yw 'llifbridd' cweit yn taro deuddeg y tro hwn, ac yna mae gweddill y gerdd yn cynnwys gormod o eiriau fel 'her', 'hiraeth', 'iasau', 'ofn', 'poen' ac yn y blaen nes bod y gerdd yn llwyddo i beidio â dweud dim byd. Ond mae yma ddealltwriaeth dda o rythm llinellau y wers rydd ac felly mae gobaith!

Braf yw dweud ein bod yn gadael yr haniaethau yn gyrff rhewllyd ar ein hôl ar lechweddau'r mynydd wrth fynd yn ein blaenau gyda'r beirdd sy'n llwyddo i gyrraedd cyrion y copa:

Mwynglawdd: Cerdd fer ond effeithiol sy'n atseinio telyneg rymus Gerallt Lloyd Owen, 'Cilmeri'. Efallai nad dyna oedd bwriad yr awdur, ond mae'n deg dweud bod y geiriau 'fan hyn' ynghlwm yn llwyr ag enw Gerallt, lle bynnag y'u defnyddir mewn barddoniaeth Gymraeg. Mae yma gynildeb a chlust dda ar waith.

Hopcyn: Dyma unig delyneg gynganeddol y gystadleuaeth, sef cyfres o bedwar englyn milwr. Mae'r cynganeddu yn gryf a'r ymdrech i farddoni yn glir, a phe bawn i ond yn gwybod am beth yn union mae'r gerdd yn sôn, o bosib y byddai wedi dod yn uwch yn y gystadleuaeth! Cyfeirio at fewnwr ar gae rygbi sydd yma, ac mae'n crybwyll 'dur', gan awgrymu mai rhywun o drefi diwydiannol y gweithfeydd dur, megis Llanelli, sydd yma. Felly yn sicr nid cerdd am Gareth Edwards yw hi, ond am bwy? Ai Ray 'Chico' Hopkins sydd dan sylw tybed? O bosib mai dyna'r awgrym o'r ffugenw, ond nid yw'n glir, ac mae hynny'n drueni. Hefyd, 'gwrthbrydeinig' sy'n gywir, nid 'gwrthfrydeinig'.

Brigyn: Mae *Brigyn* yn trafod pwnc y bu sawl un arall yn y gystadleuaeth yn ei drafod, sef cynefin Cymraeg ei iaith yn diflannu dan Seisnigrwydd. Lle roedd *Pen yr Hwylfa* yn haniaethol ei driniaeth, mae *Brigyn* yn fwy llwyddiannus. Ond o gymharu â'r delyneg sy'n cipio'r wobr eleni, sy'n trafod yr un pwnc, efallai mai'r ffaith i *Brigyn* ganu ar fydr ac odl sy'n ei ddal yn ôl yn y pen draw. Mae yma fynegiant diriaethol a gafaelgar ond mae'r ffaith fod dyn wedi clywed y math yma o odli o'r blaen yn gwneud y gerdd yn fwy treuliedig yn y pen draw. Ond mwynheais ei darllen.

Llywarch: Mae Llywarch yn cyffwrdd â'r un testun â *Brigyn* ond mewn modd llai du a gwyn ac yn fwy trawiadol ei ddisgrifiadau. Er enghraifft, gall dyn weld yr hyn sydd dan sylw yn glir: 'Weirennog yw'r trac o beilon i beilon' ac mae'r ynni hwn yn mynd tua'r Mers o Gymru. Mae yma gyferbynnu rhwng oes Llywarch Hen a Chymru'r gororau heddiw. Efallai nad yw *Llywarch* yn llwyddo i gynnal y safon afaelgar hon hyd ddiwedd y delyneg.

Loge Las: Bardd arall sy'n trafod yr un pwnc, sef mewnlifiad Saesneg a Seisnig yn boddi cymunedau traddodiadol Cymraeg eu hiaith. Cyferbynnir eto frwydrau'r gorffennol gyda'r frwydr sy'n wynebu cymunedau heddiw ac mae'n addawol, hyd nes cyrraedd y llinell olaf. Efallai mai sathriad neu lurguniad bwriadol Saesneg i adlewyrchu'r mewnlifiad Saesneg hwn sydd gan y bardd yn ei linell olaf, ond ni allaf gymeradwyo llinell fel hon: 'Drwy groen ein dannedd – hyd yn hyn'. Hynny yw, cyfieithiad slafaidd o *by the skin of our teeth* sydd yma, a phetai fy nghlustiau yn gallu chwydu mewn ymateb i'r fath gyfieithiad erchyll, fe fyddai angen cryn dipyn o waith mopio ar fy stydi y funud hon!

Pica Bach: Mae yma deimlad hen ffasiwn i'r delyneg hon, ond nid peth gwael yw hynny o reidrwydd. Dechreua fel hyn: 'Ffair Garon wedi pasio/ a'r ceirch yng ngwely'r gŵys.' Nid yw'n teimlo'n hen ffasiwn am y rhesymau gwael canlynol: nid oes yma bethau barddonllyd fel gosod yr ansoddair o flaen yr enw na chwaith ddefnydd o eiriau haniaethol. Mae'r mydru a'r odli yn dynn a'r neges y dymuna'r bardd ei chyfleu yn hollol glir. Efallai mai atseinio canu amaethyddol a chefn gwlad sydd bellach yn prinhau y mae'r gerdd ac mai dyna sy'n ei gwneud yn hen ffasiwn, yn ogystal â'r cyfeirio at werthoedd Cristnogol nad ydynt mor eang eu hapêl heddiw.

Beirdd y copa. Pe na bai am y tri ymgeisydd a ganlyn, byddwn wedi gorfod ystyried yn ddwys am deilyngdod y chwe bardd blaenorol, a'r posibilrwydd o atal y wobr:

Ymlaen: Telyneg annwyl iawn yn disgrifio plentyn bach sydd mewn gwaeledd a'r brwydrau a wyneba ei rieni yn sgil hyn. Hoffais y disgrifiad '... chwyrligwgan/ o fyd', ac mae'r bardd hwn yn amlwg yn deall pwys geiriau ac yn gyffyrddus iawn yn canu ar y wers rydd. Pe na bai'r ddwy ymdrech a ganlyn yn y gystadleuaeth byddwn wedi gwobrwyo hon.

Moses: Canodd hwn ddarn dwys o farddoniaeth ar y syniad gwreiddiol o'r hyn y byddai Moses wedi ei wynebu wedi iddo gyflawni'r holl bethau a'i gwna yn enwog yn y Beibl: golwg ddynol ar wacter ystyr felly a geir yma. Roedd yr ymgais hon yn bygwth hawlio'r wobr am y delyneg orau, gan fod y bardd yn amlwg wedi rhoi'r cyfan a oedd ganddo i ganu'r gerdd hon. Yn wyneb symlrwydd telyneg *Esmor Bach* (isod), roedd ôl straen y gorymdrechu hwn yn codi ei ben yn rhy aml yn y pen draw, er bod yma grefft a dweud da yn amlwg drwyddi draw. Dylai'r bardd yn sicr gynnig y gerdd i un o'n cylchgronau llenyddol fel bod modd i bobl ei mwynhau.

Esmor Bach: Gafaelodd hwn ynof o'r darlleniad cyntaf a chryfhau ei afael arnaf a wnaeth wedi hynny. Tra bod nifer wedi canu am yr un pwnc, nid oes yna'r un haniaeth ar gyfyl y gerdd hyd nes i ni gyrraedd llinell 16 lle cyfeirir at 'hanes' ac 'iaith'. Effaith defnyddio geirfa ddiriaethol hyd at hynny yw fod y geiriau haniaethol hyn wedyn yn talu am eu lle fel y byddai rheg bwrpasol megis 'cadw dy blydi *chips*' wedi ei wneud o ran ei heffaith ar y darllenydd. O ran egluro rhywfaint ar gyfeiriadaeth y gerdd, os deallaf yn iawn, enwau tai a enwyd gan y 'Sgweiar balch' ym Mhen Llŷn yw 'Yr Aifft, / India a New York'. Mae yma symlder a dealltwriaeth o rythmau'r wers rydd, yn ogystal â'r ddelwedd feiddgar na fydd at ddant pawb o bosibl, ond y gellir ei dehongli mewn sawl ffordd ar ddiwedd y pennill cyntaf. Mae'r cyferbynnu rhwng y pennill cyntaf a'r ail yn cyfrannu at greu cyfanwaith a oedd yn pallu gadael fy meddwl ymhell wedi i mi ddarllen y gerdd.

Llongyfarchiadau mawr, felly, i *Esmor Bach*.

COFIO COLIN

Bu farw Colin Lewis, Typica, Bronwydd yn sydyn
yn Awst 2015; roedd yn arddwr penigamp.

Mae dolur yn blaguro
a hen glwyf drwy'r iet dan glo,
rhychau haf sy'n drwch o chwyn
â geriach ar y sgwaryn;
daear ei ddwylo diwyd,
Typica'i fagwrfa i gyd.

Daeth i'r brig â'i blanhigion
a rhoi oes i'r Gymru hon,
trown i'w weld eto'n trin had
â harddwch ei gyffyrddiad;
byw i'w ardd a'r iaith yn bod
ar hectar o Gymreictod.

Anafwyd ein cynefin
un storom Awst oera'i min,
neuaddau tawel welwn
a sioe wag heb lysiau hwn;
draw o ardd ei bedair wal
ei Fronwydd sy'n fro anial.

Osian

BEIRNIADAETH RHYS IORWERTH

Dros y blynyddoedd diwethaf, cystadleuaeth siomedig bu hon ar y cyfan. Er ei bod yn braf gweld 13 bardd yn rhoi cynnig arni, braidd yn ddi-fflach yw'r cynigion eleni eto. Mae'n wir fod yma deyrngedau diffuant iawn wedi dod i'r fei, ond ymhlith trwch y cywyddau, prin yw'r farddoniaeth sy'n gwir gyffroi rhywun.

Cyn bwrw yn fy mlaen, dylwn nodi hefyd mai diangen yn fy marn i oedd gosod cyfyngiad mor llym wrth ofyn am ddeunaw llinell ar ei ben; byddai rhychwant, neu gyfyngiad o *hyd at* ryw nifer, wedi bod yn well. Beth bynnag, dyma air byr am bob un.

Clod Haeddiannol a *Cysgod Clyd*: Yr un cystadleuydd yn ôl pob golwg. Mae eto i feistroli rheolau'r gynghanedd. At hynny, mae'r mynegiant yn dywyll ac yn drwsgl ac mae'n anodd gwneud na phen na chynffon o'r hyn y mae'n trio'i ddweud.

Ray: Chaiff gwrthrych y deyrnged goffa hon mo'i enwi. Nid bod hynny'n broblem fel y cyfryw, ond gan mor ystrydebol yw'r dweud, mae'n anodd amgyffred am bwy y mae'r bardd yn sôn. Tra nad wyf yn amau didwylledd yr awdur (a hwnnw'n gynganeddwr cryf), byddai'n well gen i pe bai wedi bod yn fwy penodol ac yn llai cyffredinol wrth drin ei destun.

Bwlch Pen Bys, 'Bili Cwmeilwch': Mae'r bardd i'w ganmol am lynu wrth ddelwedd y bugail, sy'n rhoi undod i'r gerdd. Efallai bod ambell dinc hen ffasiwn yma ('byr wanwyn', 'dihafal iaith', 'r[h]yfedd dymor') ond y gwendid mwyaf yw'r ffaith bod y cywydd yn symud yn ddieithriad mewn naw cwpled stacato. Byddai wedi bod yn braf cael mwy o oferu er mwyn amrywio'r rhythm.

Cyfaill, 'Teyrnged i Roland Jones, Prifathro cyntaf Ysgol y Creuddyn': Er ei fod yn gywydd derbyniol, mae ambell fan cloff. Er enghraifft, i'm clust i, mae yma gymysgu amserau'r ferf ('a dug ei weledigaeth/ yn gelfydd o'r dydd y daeth') ynghyd â dwy linell draws fantach amheus ('yn fraint gynt yn ei hen fro' a 'gudd droeon trwstan o'u gwâl'). Tri churiad ddylai fod mewn llinellau o'r fath a gwyliwch leoliad yr orffwysfa.

Un o'r Cwm, 'Teyrnged i Islwyn Jones (Gus) o Frynaman, yr athro a'r eisteddfodwr': Mae'n gywydd taclus a chymen ac yn deyrnged annwyl i un o selogion y Babell Lên, hyd yn oed os yw'r trawiadau cynganeddol braidd yn amlwg ar dro.

Trofa Celyn, 'Eryl Nantyr': Cywydd coffa i Eryl Glyn Williams o Ddyffryn Ceiriog. Dyma agor yn farwnadol glasurol wrth sôn am 'Eryl heno'n gorwedd/ Yn fud yn ei isel fedd'. Mae'r gerdd wedi'i strwythuro'n daclus wrth gyflwyno atgofion personol a hynt yr yrfa yn y ddau bennill nesaf. Teyrnged arall ddiffuant, er fy mod yn teimlo bod y gynghanedd yn rhoi mymryn bach o straen ar y gystrawen yma ac acw.

Scania, 'Cwmni Lorïau Mansel Davies a'i Fab': Dyma daro ar fymryn o ffresni o'r diwedd yn y cywydd teyrnged annisgwyl (dychanol?) hwn i gwmni lorris Mansel Davies: 'Rhoi clod a wnaf i'r cludwaith/ Rhwydd eu mynd ar draffyrdd maith.' Nid pob teithiwr talog o Gymro a fyddai'n cydweld â'r sentiment hwnnw, ond roedd yn braf cael deunydd ysgafnach mewn cystadleuaeth go drom ei naws.

Print mân: Ymgais ddiddorol oedd hon, sef cywydd mawl i'r bobl dawel, ddiymhongar hynny nad ydyn nhw'n hawlio'r sylw ond sy'n gwneud y pethau bychain yn y cefndir. Mae'r bardd yn amlwg yn hen law arni, ac yn dipyn o foesegwr hefyd yn y modd y mae'n camu ar gefn ei geffyl i gollfarnu'r sêr neu'r selébs cyfoes sy'n rhy hoff o'u dyrchafu'u hunain.

Edmygwr, 'I T. Llew Jones, Llenor ond hefyd Gwyddbwyllwr': Cywydd yw hwn i'n hatgoffa fod T. Llew Jones yn chwaraewr gwyddbwyll yn ogystal ag yn awdur o fri. Mae darnau crefftus iawn ynddo wrth i'r bardd gofio'r gŵr a fu'n rhannu 'cyfrinach/ sgwarau'r bwrdd dros sigâr bach/ a'r hen lais yn ffrwyno lol/ yn fwynaidd benderfynol' (llinell dda). Ond braidd yn siomedig oedd y cwpled clo ('Mawr yw'r llew sy'n rhoi mor llawn/ o'i ymroddiad amryddawn'); roeddwn wedi disgwyl rhywbeth dyfnach a llai ystrydebol.

Madog, 'Eric Jones': Dyma un o'r ychydig deyrngedau a gafwyd i rywun byw, sef Eric Jones, y dringwr a'r anturiaethwr. Ac yn addas ddigon mae rhywun yn teimlo bod y gystadleuaeth bellach yn codi i dir ychydig uwch. Mae yma ddarnau diriaethol a darluniadol llwyddiannus iawn: 'Dringo i le daw'r angau/ Hyd lwybr oer y dwylo brau' a 'Gyda'i ffawd rhwng bawd a bys,/ Mae gafael di-ffael i'w ffydd/ Ar ymylon iâ'r moelydd'. Mae'n gywydd sy'n taro'r nod, hyd yn oed os un disgrifiadol yn unig yw yn y bôn.

Morgan, 'Cennard Davies, Treorci': Mae'r cynganeddu'n loyw a ninnau yng nghwmni bardd sy'n gwybod sut i weithio cerdd gyfan yn hytrach na chynganeddu geiriau a llinellau'n unig. Mae *Morgan* hefyd yn deall gwerth glynu at ddelwedd, sef pyllau glo'r Rhondda a'r darlun o Cennard fel glöwr yn cloddio er budd y Gymraeg a'i pharhad: 'Codai o'r baw gystrawen,/ Rhofiai o'i llaid eirfa llên'. Ac mae'r diweddglo'n rymus: 'Cadarn Treorci ydyw,/ A Mabon ei Hermon yw,/ Yr un a'i fyw'n siwrnai faith/ O geibio yng nghwm gobaith.' Mi hoffais y cywydd hwn yn fawr iawn.

Osian, 'Cofio Colin': Marwnad i Colin Lewis, Typica, Bronwydd, garddwr o fri a fu farw ym mis Awst 2015. Mae'r bardd yn defnyddio'r ddelwedd barod honno o'r ardd yn ddeheuig i gyfleu maint y golled: 'Mae dolur yn blaguro .../ rhychau haf sy'n drwch o chwyn/ â geriach ar y sgwaryn'. Cywydd syml yw hwn, ond un ac iddo ryw ymatal emosiynol cynnil yn ei yrru'n ei flaen. Rydw i hefyd yn hoffi'r modd y mae *Osian* yn clymu'r golled bersonol, y golled leol, a'r golled genedlaethol i gyd yn gelfydd at ei gilydd. Oherwydd hynny, efallai bod yma fwy o ddyfnder nag yn unrhyw un o'r cywyddau eraill.

Does gen i ddim amheuaeth nad gan *Morgan* ac *Osian* y cafwyd y cywyddau gorau (a *Madog* ddim yn bell ar eu hôl). Oherwydd cysondeb y delweddu, a'r dwyster teimladwy sydd o dan yr wyneb, *Osian* sy'n mynd â hi.

LLIDIART

Mi dybiaf weithiau beth yw'r ysfa leddf
a'm dena i ardd dawel meirw'r plwy,
nid dim ond pan ddaw'r hydref 'nôl fel deddf
i lawio deiliach ar eu beddi hwy,
ond pan fo gwawn y gwanwyn clir ar daen
dros orffwysfeydd y llofft ddifreuddwyd hon
a phan fo enwau'r ceraint ar y maen
yn dwym â haul cynhesach na'r un fron.
Y sicrwydd – dyna'r rheswm, siwr gen i:
gweld terfyn pendant ar ddiffygion oes,
cael amnest llawn i'n holl ffaeleddau ni,
a chanslo cyfrifoldeb gyda chroes,
a gweld bod bendith ola'r bedd yn fraint
a ddaw i'r pechaduriaid fel i'r saint.

Porth y Llan

BEIRNIADAETH SIWAN ROSSER

Unwaith eto eleni, llwyddodd y gystadleuaeth hon i ddenu cnwd da o geisiadau a daeth 19 soned i law ar y thema 'Llidiart'. Edrychwn ymlaen at eu darllen, er y pryderwn y gallai'r testun annog hen drawiadau. Sylwer mai 'Adwy' oedd testun y gystadleuaeth hon y llynedd a theimlwn y byddai 'Llidiart' yn ysgogi ymateb tebyg. Fodd bynnag, gobeithiwn ganfod profiad neu ddarlun a gydiai ynof a mydryddiaeth esmwyth a fyddai'n peri i dechneg y gerdd ymddangos yn gwbl reddfol a diymdrech.

Dyma sylwadau ar y sonedau unigol yn ôl y drefn y daethant i law:

Nant Chwith: Hwch yn gwarchod ei pherchyll rhag tresmaswr a ddaeth drwy'r llidiart agored a gawn yn y gerdd hon. Rhydd y dafodiaith uniongyrchedd a drama i'r dweud, ond nid oes yma afael ddigon sicr ar ofynion mydryddol y soned. O ganlyniad, mae'r arddull yn rhyddieithol mewn mannau ac nid yw'r patrwm odli yn gywir.

Trothwy: Dyma soned am y gwewyr o wynebu angladd rhiant. Caiff poen y profiad ei ddisgrifio'n bur effeithiol drwy ddelwedd y noson dywyll, ddigwsg a'r ymrafael am ffydd a ysgogir gan y golled. Mae'r mynegiant ychydig yn amwys yn ail hanner yr wythawd, ond yn y chwechawd cawn y galarwr yn sylweddoli na all ddianc rhag ei feidroldeb ei hun. Yn y cwpled clo, fodd bynnag, teimlaf fod yr ymadrodd 'nesa yn y ciw' ychydig yn rhy slic i soned ddiffuant fel hon.

Porth y Llan: Fe'm denwyd gan y soned hon o'r darlleniad cyntaf. Cawn ein tywys drwy lidiart yr eglwys i 'ardd dawel meirw'r plwy' gan fardd myfyrgar sydd am geisio deall yr 'ysfa leddf' sy'n ei arwain yno dro ar ôl tro. Mae'r fydryddiaeth yn ddeheuig a'r mynegiant yn gwbl ddiwastraff – megis yr hydref a ddaw i 'lawio deiliach' a'r bedd megis 'llofft ddifreuddwyd'. Mae gafael y bardd hwn ar ffurf y soned hefyd yn feistrolgar: cawn y pendroni yn yr wythawd cyntaf, y rhesymu yn y chwechawd a'r cwpled gwirebol yn glo tawel, hyderus i soned wefreiddiol. Ardderchog.

Mynydd Bach: Hiraeth 'henwr llesg, di-bwyll,/ Yn troi a throsi rhwng yr oriau prudd' a gawn yn y soned ingol hon. Tybiodd iddo glywed sŵn troed ei gymar, 'A gwich y llidiart fel y dyddiau gynt', yn y cwpled agoriadol. Arweinia hynny at gyfres o atgofion personol, teimladwy sy'n cydio yn y galon gan y gwyddom mai twyll yw'r cyfan. Mae cyffyrddiad 'Tŷ'r Ysgol' ar y 'llidiart bach' sydd 'yn dal o hyd dan glo' ar y diwedd, a hynny'n dwysáu'r profiad o ddarllen y soned hiraethus, ddirdynnol hon.

Rhyd y Ceirw: Difaterwch Cristnogaeth ddisylwedd a'i effaith ryngwladol yw testun llid y soned hon. Defodau gweigion yw'r 'ffug-addoli'n barchus ac ar gân/ … Heb falio dim am ffoaduriaid trist' a hynny'n arwain, maes o law, at '[d]roi y gwantan yn eithafwr croch'. Dau begwn, yr un mor beryglus â'i gilydd, yw difaterwch ac eithafiaeth: y 'ffug o Gristion a Jihadi John'. Dyma soned groch ei beirniadaeth, ond un a ymddangosodd yn y gystadleuaeth hon y llynedd, sy'n gwireddu fy mhryderon ynghylch cynnig testun mor debyg i'r sonedwyr!

Tan y Graig: 'Yr un hen wich sydd ynddi fel erioed', ond mae'r hen lidiart yn y soned hon wedi ei hesgeuluso a 'Ddaw neb i bwyso arni nos o haf'. Mae'r hiraeth a gyflëir braidd yn rhy gyfarwydd – am y cariadon, y bwthyn a'r plentyndod a fu gynt. Yn y chwechawd gofynnir cyfres o gwestiynau er mwyn canfod pwy a fu'n 'sarnu geiriau yr hen fro' fel nad ydynt 'ond adlais ar y gwynt' ac mae'r soned o'r herwydd yn magu mwy o egni. Erbyn y cwpled olaf, mae'r bardd wedi cyrraedd pen ei dennyn: 'A phwy newidiodd enw Bryn y Llin/ A rhoddi ar y llidiart 'Meadows Green'?' Soned amserol ag ergyd yn ei cholyn.

Rhodri: Llidiart castell Aberteifi, 'gorsedd Rhys' gynt, yw testun y soned hon. Er yr adfywhau diweddar ar y lle, mae prinder yr heniaith, 'dieithrwch yr hen acenion gynt' a 'geiriau estron' y Llys yn peri loes. '[N]erth difäol y dwyreiniol wynt' a ddaeth â'r geiriau estron hyn, ond wrth gloi gwelwn yr heulwen yn dychwelyd: 'A'r llidiart sy'n cilagor erbyn hyn'. Teimlaf nad oes yma ddigon o gynildeb i'r delweddau, a byddai'r soned ar ei hennill pe bai persbectif mwy personol i'r mynegiant (er enghraifft, o safbwynt ymwelydd i'r castell); braidd yn bregethwrol yw'r dweud mewn mannau.

Gwerinwr: Mae *Gwerinwr* yn ein gwahodd i sylwi ar lidiart orchestol ystâd fawreddog ar ddechrau'r soned hon, ond buan y synhwyrwn ei ddirmyg at yr hyn a gynrychiola'r glwyd 'a'i harfbais balch a anrhydedda dras/ hen bendefigaeth o ryw estron fan'. Yn y chwechawd, mae'r sylw'n troi at y 'creigwyr tlawd' a fu'n naddu'r llechi a roes i'r ystâd ei chyfoeth, ac at anghyfiawnder cymdeithasol yr oes ddiwydiannol: 'a chyfarth wna haearnau'r cloeon tyn/ nad ydyw'r giât ar agor i'r rhai hyn.' Mae hon yn soned drawiadol sy'n defnyddio'i thechneg rethregol i fynnu ein sylw a'n cydymdeimlad, er enghraifft, 'fe deimli'r llechen fras yn herio'r cnawd'.

Celyn: Llidiart wen Cwm Celyn, sydd bellach dan y dŵr, yw testun y soned hon. Arni, byddai beirdd y fro yn cyfansoddi englynion ar y cyd – y naill yn gweithio llinell, arall y cyrch ac yn y blaen. Cyferbynnir y gweithgarwch barddol cytûn hwn â mudandod di-stŵr y llyn yn y chwechawd. Mae yna lygedyn o olau yn y cwpled clo (a yw'r llidiart i'w gweld drachefn?) ond mae rhediad y llinell olaf braidd yn chwithig ac ni theimlais fod digon o newydd-deb i'r dweud.

Cae Bach: Mae'r soned hon yn edmygu crefftwaith llidiart draddodiadol addurnedig, fel *Gwerinwr*, ond 'gwarchodwraig' cefn gwlad yw'r llidiart y tro hwn yn hytrach na symbol o ormes. Bu unwaith ar gau, ond bellach mae deddf gwlad yn mynnu ei hagor 'Er mwyn croesawu ymwelyddion tref/ A'u plant'. Arwain at erydu a wna'r hawl hwn i grwydro: 'A thoc daw llidiart metel fyny'r lôn'. Ychydig yn smala yw'r cyfeiriad at 'wersi crawc a bref' yr ymwelwyr i'r wlad, ac nid yw hi'n gwbl glir at bwy neu beth y mae'r ymgeisydd yn anelu ei feirniadaeth.

Omega: Trachwant a materoliaeth yw testun cwyn y soned hon. Wedi 'gormes crefydd a gorthrymder gwaith' y bedwaredd ganrif ar bymtheg, agorwyd y llidiart i 'fyd o laeth a mêl'. Nid achub y ddynoliaeth a wnaeth hyn, ond ei chondemnio, ac mae'r moethusrwydd a'r fateroliaeth a ddaeth yn sgil moderneiddio yn rhwym o arwain at ddifancoll. Mae adlais 'Propaganda'r Prydydd' yn 'y pren yn pydru' a'r 'crac' a hynny'n pwysleisio chwerwder y mynegiant. Ond er yr ymdrech i ddiweddaru'r gŵyn (drwy gyfeirio at ogofâu a therfysgwyr) teimlaf i'r cywair pregethwrol lethu'r dweud, rhywbeth a amlygir gan y prinder atalnodi yn y soned.

Loge Las: Cawn hen lidiart a esgeuluswyd gan berchnogion newydd yn y soned hon, a hynny'n ysgogi myfyrdod ar y gwŷr a aeth drwyddi dros y blynyddoedd: gweithwyr tua 'Eldorado'r de', milwyr a atebodd 'alwad corn y gad', a 'ninnau' a gefnodd ar fywyd unig y tyddyn. Dyma soned daclus, ond ni chynigia ddelwedd neu sylwebaeth ddigon cofiadwy.

colomen wen: Mae'r soned hon yn mynd â ni am dro i hen gartref Nain, lle daw llu atgofion am y rhosod gwyllt a llysiau'r ardd. Soned hoffus, ond nid yw pob llinell yn tycio, er enghraifft 'Byw bywyd yno'n teimlo'n hollol hawdd'.

pendraw'r cwm: Mae'r giât agored yn wahoddiad i fentro oddi cartref yn y soned hon, a hynny'n codi cwestiynau a ddylid gadael neu beidio, 'Heb wybod os yw'r daith er gwaeth, er gwell'. Ond mae tuedd i'r soned gyfan droi o amgylch y syniad o fentro heb wybod beth a ddaw, yn hytrach na symud yn ei blaen i gynnig darlun neu weledigaeth i gydio yn nychymyg y darllenydd.

Pwyso: Soned am lidiart ar y cei a ddinistriwyd un noson gan gar yw hon, a'r 'gyrrwr, nôl y sôn, yn hurt, *finito*'. Mae'r ieithwedd yn naturiol dafodieithol ond braidd yn rhyddieithol yw'r arddull mewn mannau ac ni roddwyd digon o sylw i ddatblygiad na thechneg y soned. O ganlyniad, anodd yw dilyn rhediad y stori ac nid yw'r patrwm odli yn gywir drwyddi draw.

Dan glo: Dyma soned sy'n mynnu sylw o'r darlleniad cyntaf. Mae yma fydryddiaeth esmwyth a goferu effeithiol sy'n anadlu bywyd newydd i'r hen ffurf. Defod rhwng dau gariad sydd yma, yn cyrchu at y glwyd fin nos: 'Ar drothwy tragwyddoldeb, ar y ffin/ Benysgafn lle mae'r beth a'r sut a'r pam/ Yn mynnu chwarae mig, mae cyfarth ci'n/ Ein sobri o'r tu hwnt i'r waliau cam.' Ai cwpl yn eu henaint yn wynebu marwolaeth, neu bâr ifanc yn dychryn wrth ryfeddu at 'huodledd mud y sêr' sydd yma? Pwy bynnag ydynt, y llidiart – y cyswllt corfforol â'r ddaear – sy'n eu sadio ar ddiwedd y gerdd 'dan y mymryn lloer'. Soned hyfryd.

Fflur: Mae'r soned hon yn dechrau â phreiddiau 'moelydd hen Elenydd' a rwystrwyd 'Rhag crwydro i geisio blewyn glas y ddol [*sic*]' gan ffens a llidiart. Yna try ei sylw at ffoaduriaid heddiw sy'n 'chwilio am y bell Afallon draw'. Cyffelybir y rheini yn y cwpled clo i Ferched Beca a 'chwalodd y llidiardau', gan mai 'byd di-ffin' sydd gan y ffoaduriaid hwythau. Mae yma ymdrech i ymateb i bryderon cyfoes, ond teimlaf nad yw'r tair delwedd ganolog wedi eu cydlynu'n effeithiol ac o ganlyniad nid yw ergyd y cyfeiriad at Ferched Beca wrth gloi yn ddigon clir.

Brohuan (a): Ffoaduriaid sydd dan sylw yn y soned hon hefyd. Anerchir y grym (Ewrop?) a fu'n ymyrryd yn hanes y Dwyrain Canol ers yr Ail Ryfel Byd, ond sydd bellach yn codi rhwystrau i geisio gwahardd ffoaduriaid o Syria rhag croesi'r ffin. Erbyn hyn, fodd bynnag, ni ellir eu cadw draw: 'Siglo wyt heno a'th ffydd yn gwanhau/ Wrth weld anghyfiawnder yn agosáu.' Rwy'n hoff o syniad y gerdd hon, ond nid yw wedi ei fynegi yn gwbl lwyddiannus ymhob llinell.

Brohuan (b): Ymgais drawiadol arall, y tro hwn yn annerch llidiart hen bwll glo. Mae golwg druenus ar yr hen glwyd bellach a chlywn atgofion am brysurdeb gwaith y dyddiau gynt yn ogystal â chaledi bywyd glowyr a'u teuluoedd. Nid oes dim byd sentimental am y darlun a gyflwynir o lasliw'r graith, y tipiau slag, a chysgod angau yr hen hwter. Mae angen sylw i'r orgraff a chenedl enwau yma a thraw er mwyn codi'r soned hon i dir uwch.

Apeliodd sonedau *Tan y Graig* a *Gwerinwr* ataf, ond mae crefftwaith *Mynydd Bach* ac yn arbennig *Porth y Llan* a *Dan glo* o safon uwch. O'r sonedau hynny, cerdd *Porth y Llan* a wnaeth yr argraff ddofnaf, sicraf arnaf. Dyma soned y gellir dychwelyd ati dro ar ôl tro a hynny heb flino ar gyfoeth ei mynegiant huawdl a'i doethineb dirodres.

TYWYLLWCH

Yn raddol y daw, does dim ots gan rai
Pan fo'r wawr ymhell a'r pnawn yn troi'n hwyr;
Fe ddarfu'r penllanw, prysuro mae'r trai.

Yn oriau'r hwyr daw â chryndod i'n clai,
Er pwysau'r nos, ni fydd arswyd yn llwyr.
Yn raddol y daw, does dim ots gan rai.

Pa ddiben holi a cheisio gweld bai
Pan fo'r coesau'n wan a'r galon fel cwyr?
Fe ddarfu'r penllanw, prysuro mae'r trai.

Pob gofid a phoen, pob ing fwy neu lai
A ildia i'r gwyll, ychydig a ŵyr
Mai'n raddol y daw, does dim ots gan rai.

Heb le i guddio mewn strydoedd na thai,
Heb gyswllt perthynas, heb fab nac ŵyr;
Fe ddarfu'r penllanw, prysuro mae'r trai.

Er cysuron gwiw, ni fydd poen yn llai –
Dinasoedd ar oledd, pob gwlad ar ŵyr:
Yn raddol y daw, does dim ots gan rai;
Fe ddarfu'r penllanw, prysuro mae'r trai.

Glyn

BEIRNIADAETH HUW MEIRION EDWARDS

Mesur hynod yw'r filanél. O'i drin yn gelfydd gall fod yn effeithiol dros
ben, fel y dengys cerdd Dylan Thomas i'w dad, 'Do not go gentle into that
good night'. Ond oherwydd ei batrwm ailadroddus fe all gyfyngu bardd,
fel y drioled, ac mae angen cryn ddawn i wneud iddo ddisgleirio. Gorau oll
os gall y llinell gyntaf a'r drydedd fagu grym neu arwyddocâd gwahanol

o'u hailadrodd wrth i'r gerdd fynd yn ei blaen. Mae gafael y rhan fwyaf o feirdd y gystadleuaeth hon ar eu cyfrwng a'u mynegiant yn ddigon sicr, ond prin yw'r rheini a lwyddodd i ddyrchafu eu crefft yn farddoniaeth gyffrous. At ei gilydd, mae'r ymgeiswyr mwyaf llwyddiannus yn craffu ar un pwnc neu ddarlun penodol yn hytrach na thin-droi mewn rhyw dywyllwch mwy cyffredinol.

Trafodaf y 15 ymgais yn y drefn y daethant o'r amlen.

Abram Wood: Dyma gerdd a hoeliodd fy sylw o'r darlleniad cyntaf. Beirniadaeth sydd yma ar rywun a geisiodd wadu ei dras ymhlith y sipsiwn neu 'blant Abram Wood' wedi iddo ymgodi yn y byd; gallai fod yn rhybudd i unrhyw un sy'n ceisio ymwrthod â'i orffennol. Mae'n ymdriniaeth wreiddiol â'r testun – ceir yma dywyllwch llythrennol pryd a gwedd ('Daw'r haul â'r hen dywyllwch i dy rudd') ynghyd â thywyllwch cyfrinachau'r gorffennol. Mae'r mynegiant yn rymus a diwastraff, a chyrhaeddir uchafbwynt effeithiol yn y pennill clo gan ailadrodd am y tro olaf y rhybudd iasoer, 'Ni chei gan blant y sipsiwn fynd yn rhydd'. Un nam sy'n atal *Abram Wood* rhag cyrraedd brig y gystadleuaeth. Dyma'r ddwy linell agoriadol: 'Ni waeth dy gyfoeth, na pha glodydd sydd,/ ni waeth dy safle, cei dy dynnu 'lawr.' 'Ni waeth beth fo [maint] dy gyfoeth' a ddisgwylid, neu 'Ni waeth faint o gyfoeth sydd gennyt', neu 'Ni waeth iti ddim am dy gyfoeth', efallai, ac felly hefyd 'Ni waeth beth yw dy safle'. Gan fod y llinell gyntaf honno yn cael ei hailadrodd drwy gydol y gerdd, mae'n anodd anwybyddu'r gwendid hwn.

Prysor: Teyrnged dwymgalon i'r ysgolhaig diymhongar, yr Athro John Rowlands. Gwerthfawrogais y neges, ond mae yma ôl straen ar yr ymadroddi weithiau dan bwysau'r mesur ac mae'r fydryddiaeth yn cloffi fymryn yn y pumed pennill. Gellir maddau iddo am odli 'gwaeth' a 'chwaith' a hefyd 'hael' a 'sail', ond prin fod y gair 'swil' yn cynnal yr odl honno er mor addas yw'r ystyr.

Brigyn Brau: Tywyllwch iselder ysbryd yw pwnc y gerdd hon. Mae'n gerdd deimladwy am un sy'n teimlo 'oerni'r gaeaf ym mis Mai', er nad yw'n llwyr gyflawni addewid y pennill cyntaf. Trueni am yr ymadrodd clogyrnaidd 'gymylau lludd' yn y pennill clo.

Y Meillion Melyn: Cân serch delynegol ac iddi gyffyrddiadau trawiadol; er enghraifft, 'Mae'r golau'n diffodd yn ffenestri'r tai,/ A ias yr henaint yn fy meingefn i.' Gwaetha'r modd, fe dorrir y mesur yn y cwpled clo drwy ailweithio ail linell y pennill cyntaf yn hytrach na'r drydedd.

Crecrist I: Hiraeth am gariad sydd ganddo ac mae'n trin mesur y filanél yn ddigon taclus, ond hytrach yn dreuliedig yw'r dweud. Ai gofynion yr odl a dynnodd 'fy annwyl Fflur' i mewn i'r hanes tua'r diwedd?

Crecrist II: Mae yna sŵn hen ffasiwn eto i ail gynnig *Crecrist*. Ceir naws Fictoraidd, bron, i linellau fel 'Sibrydion dau sydd mewn carwriaeth ffôl/ Yn bwydo nwydau'r corff ar lawr y glyn', a 'Clywn ebychiadau brwnt y meddwyn pôl(?)/ A'i chwŷd yn llifo lawr ei wyneb syn.'

Gwdihŵ: Cri o'r galon gan un o ddioddefwyr y gwarchae diweddar ar dref Madaya yn Syria. Mae'r pwnc yn addawol a'r ymdriniaeth yn ddigon ymdrechgar, ond herciog yw'r fydryddiaeth, yn bennaf am i'r bardd gymysgu odlau acennog a diacen drwyddi draw.

Seryddwr: Er nad oes yma wreiddioldeb mawr, saernïodd *Seryddwr* gerdd gymen sy'n rhoi digon o raff i ddychymyg y darllenydd. Mae tywyllwch a chaddug yn cuddio golau'r sêr, ond ai tywyllwch anobaith neu iselder yw hwnnw, ynteu amheuaeth grefyddol neu ddiffyg ffydd?

Nid Elen: Cerdd am dynged un o'n hysgolion bychain y mae ei drws wedi hen gau. O'r cychwyn cyntaf – 'Mae mwy na chysgod eiddew dros y mur' – mae'n diriaethu'r golled (yn ddigon tebyg i delyneg Ieuan Glan Geirionydd, 'Ysgoldy Rhad Llanrwst'), a dyna gryfder y gerdd. Mae'n cryfhau wrth fynd rhagddi, ac mae'r llinell 'a fory'n bro'n crafangu edau frau' yn enghraifft deg o ddawn y bardd.

Loge Las: Bardd medrus, a dynnodd ddarlun hudolus o Ben y Fan yn ildio i dywyllwch nos. Efallai nad yw'n anelu'n uchel (fel petai), ond canodd gân goeth a llawn awyrgylch. Trueni bod yr arddodiad bychan 'dan' yn rhy wan i gynnal pwysau'r odl yn y pennill clo: 'Mae'n iasol oer pan fydd y mynydd dan/ Gwrlid o farrug gwyn neu wlithlaw llaith.'

gweld sêr: Mae'r gerdd bennill yn brin ac mae'n crwydro'n go bell oddi wrth ofynion mydryddol y filanél yn y pennill olaf. Dyma un o ychydig feirdd gobeithiol y gystadleuaeth, ond fymryn yn ddiafael yw deunydd ei gân.

Breuddwyd gwrach: Mae'n haeddu'r wobr am bwnc mwyaf annisgwyl y gystadleuaeth, sef y profiad o wylio dyn mewn cyffion yn ceisio dianc o danc o dan y dŵr. Mae'n wir ei bod hi'n dywyll ar y creadur, ond go brin fod y gerdd yn ddigon testunol. Gellid yn sicr gryfhau llinellau fel 'Nid ydyw'n gynnes nac yn glyd' ac 'Yffach, mae'r lefel yn codi o hyd'.

Badwr: Ymgais sydd yma i ddelweddu perthynas anniddig rhwng dau fel mordaith araf, 'A'r machlud olaf o'u hamgylch yn cau'. Rhaid canmol uchelgais y bardd, ond nid yw'r trosiad estynedig yn gwbl lwyddiannus: er enghraifft, a yw'r llinell 'Rhesymau chwyrn ond yr had wedi'i hau' yn perthyn i fyd delweddol y gerdd? Hefyd, 'straeon mor frith' fyddai'n gywir; yr odl a lusgodd y ffurf fenywaidd 'fraith' i'r pumed pennill.

Marlais: Delweddu ei gyflwr ysbrydol a wna *Marlais* yn ôl pob golwg, gan adleisio'r geiriau 'Golau arall yw tywyllwch …' o gân Ceiriog, 'Ar Hyd y Nos'. Dyma lais gwahanol ond gwaetha'r modd, nid yw'n parchu union batrwm yr ailadrodd sy'n nodweddu'r filanél.

Glyn: Tywyllwch angau pob un ohonom a welaf i yn y gerdd hon, a hwnnw'n ein goddiweddyd yn araf bach. Ond mae yma dywyllwch mwy na hwnnw – tywyllwch y Farn, efallai, neu drychineb amgylcheddol, pan fydd 'Dinasoedd ar oledd, pob gwlad ar ŵyr'. Hoffais y llinell allweddol 'Fe ddarfu'r penllanw, prysuro mae'r trai' sy'n canu fel cnul drwy'r gerdd. Llwyddodd *Glyn* i lunio filanél grefftus a diwastraff, a chaiff y naws rybuddiol – apocalyptaidd, yn wir – ond arswydus o dawel ei dwysáu gan batrwm arbennig y mesur ei hun. I mi, mae'r cymalau 'ni fydd arswyd yn llwyr' a 'ni fydd poen yn llai' fymryn yn chwithig heb y fannod, ond gwendid bychan yw hwnnw.

Mewn cystadleuaeth nad yw'n cyrraedd yr uchelfannau, i *Glyn* y dyfernir y wobr am gerdd sy'n anesmwytho ac yn mynnu aros yn y cof.

Casgliad o chwe cherdd yn addas ar gyfer yr arddegau:
Agored

....

Dau

Dau
yn gofalu bod un yn iawn,
yn tyner-gyffwrdd yr eiliad
lle mae'r anadl yn oedi'n gynnes;
gadael i gusan
eneinio yr oriau mân,
gadael i'r breuddwydion
batrymu yfory
am fod curiad mewn calon.

Un

Chwerthin y tonnau
yn deilchion ar draeth
a gwylan yn gofidio'n y gwynt.
Hen gan dan draed
yn ubain ei wacter i'r nos
a goleuadau'r prom
yn noswylio o un i un,
pâr fraich-ym-mraich
yn anwesu eu cynhesrwydd
wrth sleifio i ddifancoll.

Does dim ar ôl,
dim ond cregyn 'mysg cerrig mân
lle bu gwên a chestyll tywod,
glas y pellterau'n pylu
ac un
yn gwrando ar stori'r môr.

Torf

'S dim ots fan hyn fod neb yn becso'r dam
fod gwydryn hanner llawn yn hanner gwag,
does neb yn fab i'w dad na merch i'w mam
wrth facsu eu ffraethebion uwch y brag.
'S dim ots fod gwên a deigryn yn gytûn
a'r gwir a'r celwy'n esgus ysgwyd llaw,
waeth mae 'na sgrech a stori ymhob un
a llyfr ynom oll ryw ddydd a ddaw.
Mae yma frawd i frawd a whâr i whâr
fel un yn bodlon-fwrw dis eu siawns,
eneidiau noeth yn diosg 'sgidiau gwâr
a bysedd main y cloc yn un â'u dawns;
un diwrnod ar y tro yw geiriau'r gân
am heno ac alaw fory'n wyryf-lân.

Cyngor

Myn gostrelu dy daith,
y dotio,
      dwlu,
           dyheu,
rho yr enwau i lawr
yn wefr i gyd
rhag i fory eu difa.
Rho'r caru a'r crio
a chastiau'r prifio
yn dy gadw-mi-gei.

Nid bai yw bod yn ifanc,
cydia'n dynn yn yr oriau
a'r meddyliau sy'n cyffroi
a'r nwydau sy'n deffro
a hidlo'r diferion
i seleri'r cof.
Bydd garcus o'r grawnsypiau,
daw staen
o'u gwasgu rhwng bys a bawd;

bydd gynnil,
rhag cleisio'r eiliadau
sy'n llywio dy fod.

Rho gyfle i'th fwynder
orlifo ei gwpan
a rhyddid i'r haul
i'w dylino;
rho'r hawl
       i amser
            oferu.

Rywbryd
daw dydd
i ddrachtio hen, hen win.

Y Dewis

Mae'n ddiwrnod braf:
adar y bore'n telori,
nid yw'r goeden yn cario gwn.
Ond mae dyn
ag ofn yn ei lygaid,
ofn ŵyn deupen y cymalau cnotiog
a labordai'r gorffwylledd
lle mae'r clefyd yn cronni'n y cwteri.

Mae'r gwyddau gwylltion
fel arfer
ar siwrne bigynfain
â'u cleber yn un â'r canrifoedd,
ond angau sy'n trwsio plu
yr adar yn Aber-porth.

Mae'r hydre'n pingo,
llwydrew'n aeddfedu'r eirin
a 'sguthan lygatlas yn lloffa'r pentywys.
Ond rywle,
mae sgerbydau o famau hesb

â'u plant yn cynrhoni
ymhlith y cylion.

Mae aeres y bryniau'n
trwyn-wthio ei llo
i sugno'r diferyn cynnes,
ond mae dyn ag ofn
penglogau llygatwag
y babanod nas cenhedlwyd
hyd yn hyn.

Mae adar y bore'n telori
a'r cigfrain yn crynhoi ...

Dwy

Bûm mewn angladd heddiw,
a pharti;
Gwenno a Gwawr,
deunaw oed.

Ddiwedd bore
daeth torf ynghyd
ar ddydd y pen-blwydd na fu,
torf yn derbyn cylch y rhod,
yn herio'r cawodydd,
pob un â'i ddeigryn
a'i ffarwél.
Dim ond y meini mud oedd yn siarad
a Gwenno'n ein dal yn dynn
yn nolenni ein bod.

Gyda'r hwyr, torf arall –
pob un â'i ffansi o het
a'i chwerthin yn gantel amdani.
Teulu eto'n closio,
gwydrau'n fwrlwm
ac yfory'n cymell.

Ni allaf ond dathlu gyda Gwawr,
ei hanwylo,
ei dal yn dynn
am fod anadl ynddi
a Gwenno'n ei gwên
yn harddu ein byw.

Gwenno Penygelli

BEIRNIADAETH CERI WYN JONES

Fel cyfnod yr arddegau ei hun, digon pryfoclyd oedd y gystadleuaeth hon i'r chwech a fentrodd gystadlu.

Beth, wedi'r cwbwl, yw union ystyr 'addas ar gyfer yr arddegau'? O ran eu galluoedd darllen, er enghraifft, mae byd o wahaniaeth rhwng y disgybl ym mlwyddyn 8 a'r disgybl ym mlwyddyn 13, dyweder; felly hefyd rhwng profiadau bywyd y ddau ac, yn wir, grebwyll emosiynol y ddau. Ond mae'r ddau yn eu harddegau. Ar y llaw arall, roedd angen i'r cystadleuwyr gadw mewn cof nad am 'chwe cherdd yn addas ar gyfer yr arddegau *yn unig*' y gofynnwyd, chwaith. Neu, gorau oll, roedd angen i'r cystadleuwyr anghofio'n llwyr am y term 'arddegau' a chanolbwyntio ar weithio chwe cherdd ar bynciau ac mewn dulliau a oedd yn eu cyffroi nhw'n bersonol. Dim ond wedi iddynt wneud hynny i gyd, roedd angen iddynt benderfynu a oedd hi'n addas neu beidio iddynt ddanfon y cerddi i'r gystadleuaeth hon! Wedi'r cwbl, nid ar gyfer yr arddegau y cyfansoddodd Waldo 'Geneth Ifanc', na Gerallt Lloyd Owen 'Ysgerbwd Milwr', na 'chwaith Myrddin ap Dafydd 'Dau Lygad ar Un Wlad'. Ond, mae'r cerddi hyn wedi ymddangos ar feysydd llafur CBAC i'r arddegau cyn hyn.

Ta waeth am hynny, beth am y chwech a roes dro arni?

Sbargo: Mae hwn neu hon wedi ei deall hi. Mae'r dweud yn syml ond yn fachog, y pynciau yn rhai hawdd i'r darllenydd uniaethu â nhw a'u themâu yn siwr o ennyn trafodaeth. Namyn un soned (ac ynddi un diffyg treiglad annodweddiadol o'r bardd), cerddi gwers rydd sydd yma, a'r rheini'n cwmpasu'r domestig ('Mêl i Frecwast') a'r torfol ('Seleb'), y gwleidyddol ('Y Ffatri') a'r hanesyddol (taid oedd yn filwr yn y Somme), y diwylliannol draddodiadol (ai llyfr neu Kindle sydd orau?) a'r diwylliannol boblogaidd ('Y Dref ar Nos Sadwrn').

Gwenno Penygelli: Mae'r cerddi *vers libre* hyn hytrach yn fwy uchelgeisiol na rhai *Sbargo*, o ran eu dweud a'u delweddaeth, ond mae'r pynciau a'r themâu yr un mor berthnasol: cariad yn ei wefr a'i siom ('Dau' ac 'Un') ac anogaeth henoed i ieuenctid ('Cyngor'), ynghyd â gweledigaeth fwy tywyll a chymhleth yn y soned 'Torf' a'r gerdd 'Y Dewis' (lle mae'r ieithwedd a'r syniadaeth yn ymestynnol iawn, dybiwn i). Tipyn mwy uniongyrchol wedyn yw'r gerdd olaf, sef 'Dwy', sy'n ymdrin â bywyd a marwolaeth mewn cyd-destun penodol iawn:

> Bûm mewn angladd heddiw,
> a pharti;
> Gwenno a Gwawr,
> deunaw oed.

Mae angen cywiro ambell lithriad, ond drwyddi draw mae'r cerddi'n argyhoeddi.

Loge Las, 'Chwech o gerddi ysgafn': Wrth reswm, mae'n bwysig bod pobol ifainc yn eu harddegau yn darllen cerddi ysgafn, yn ogystal â rhai mwy dwys, ac mae'n dda o beth bod y cystadleuydd hwn o'r un farn a'i fod yn canu mor hwyliog. Rwy'n credu, serch hynny, taw cam gwag oedd gyrru hanner dwsin o gerddi yn yr un cywair ac, i bob pwrpas, yn yr un arddull â'i gilydd. Cerddi yn nhraddodiad caneuon ysgafn y talwrn yw'r rhain (cerddi mydr ac odl estynedig yn adrodd troeon trwstan) ond bod ymgais amlwg ynddynt i gynnwys rhyw elfen sy'n berthnasol i'r arddegau, gyda'r bardd weithiau'n smalio bod yn un o'r bobol ifainc hynny. Gwaetha'r modd, mae hyn yn arwain at wrthdaro rhwng llais confensiynol mydr ac odl y bardd a'r cymeriad sy'n llefaru'r geiriau hynny. Mae'r gerdd 'Selffi' yn esiampl dda o hyn, lle cawn linellau fel 'Ond ar fy ngwarthaf gyda hyn/ Fe ddaeth rhyw gwlffyn cydnerth' ac 'Edrychodd arna i'n filain iawn,/ A dianc wnes i'n ebrwydd'. Go brin taw fel hyn y mae crwt yn ei arddegau yn siarad yn 2016. A go brin y buasai hwnnw, chwaith, yn awyddus i gael 'selffi' gyda'r Archdderwydd, fel sy'n digwydd yn y gerdd hon!

Bing: Mwy dwys o'r hanner yw cerddi rhydd y cystadleuydd hwn. O'r holl feirdd, hwn neu hon yw'r un sy'n adnabod cyflwr yr arddegyn orau. A dweud y gwir, prif thema'r casgliad yw'r pellter sydd rhwng byd yr arddegyn a byd yr oedolyn. O'r herwydd, mae peryg bod y cerddi yn troi'n barodïau ohonyn nhw eu hunain: 'Ar lan fy arddegau unig …' ('Disgwyl'), 'Pererin wyf,/ ac nid ydynt yn f'adnabod' ('Dan Orthrwm') ac yn 'O enau plant bychain' mae'r bardd yn sôn am y rhai ifainc yn casglu gwybodaeth 'am fyd/ na wêl y canol oed caeth.' Yn 'Hamddena', serch hynny, cawn gip ar wefr y We ac wedyn gip ar ddiwylliant bwlio yn 'Nid y fi oedd ar fai'. Caethiwed cyfundrefn ysgol sydd o dan y lach yn y gerdd olaf, a honno'n ein hargyhoeddi taw casgliad o gerddi *am* yr arddegau yn ogystal ag *i'r* arddegau yw hwn. Rwy'n rhagweld trafodaeth frwd ar y rhain mewn ystafelloedd dosbarth, ond cyn i hynny ddigwydd, buasai'n braf i'w hawdur gael cyfle i achub rhai o'r cerddi rhag llid yr ansoddeiriau.

Garth y Môr: Mae mwy o her yng ngherddi'r bardd hwn. Nid yw'n amlinellu'n gyfleus beth yw neges neu fyrdwn ei gerddi penrhydd: mae'n rhaid i'r darllenydd ymroi iddynt, yn emosiynol ac yn syniadol, ac er eu bod nhw'n gerddi addas ar gyfer yr arddegau, maent yn gerddi i oedolion hefyd. Mae yma garu unnos, tynged ffoaduriaid, cymhlethdod perthynas, chwalu Mur Berlin ac ymweliad ag amgueddfa'r Iddewon yn yr un ddinas, cyn i'r daith ddod i ben ar y T2 ('neu'r hen Draws Cambria'). Gwaetha'r modd, mae rhai llithriadau iaith bychain yma ac acw (rhai hawdd eu cywiro), ynghyd ag ansicrwydd sylfaenol weithiau ynglŷn â rhythmau llinellau'r *vers libre*. Ond mae'r deunydd ei hun yn gafael, gan amlaf.

Hanner Dwsin: Mae dwy gerdd rydd gynta'r bardd hwn yn argoeli'n dda, sef 'Cylchoedd *Can Mlynedd y Cofio*' a 'Cwpwl wrth Fwrdd mewn Bwyty', lle mae dau yn anfon negeseuon testun wrth fwrdd bwyd. Ond ychydig yn hirwyntog a digyfeiriad yw'r ddwy nesaf wedyn, a'r rheini'n cael eu cyfiawnhau gan ryw fath o foeswers neu sylweddoliad ystrydebol neu anghynnil ar ddiwedd y cerddi. Mae ergydion da yn y gerdd 'Cerflun a Chardotyn', serch hynny, ond unwaith eto, mae'n rhy hir: cywasgu yw un o hanfodion barddoniaeth, nid dweud y cwbl. 'Pentref a Foddwyd' yw'r gerdd olaf, ac er bod y pwnc yn un hynod o gyfarwydd i ni, mae angerdd a gwreiddioldeb y dweud yn ein gorfodi ni i wrando. Bardd da; cerddi anwastad.

Pryfoclyd neu beidio – a diolch i'r chwe bardd – roedd hon yn gystadleuaeth ddifyr, ac yn gystadleuaeth glòs iawn gan i neb gyflwyno casgliad disglair na hyd yn oed gasgliad di-fai. Serch hynny, mae gormod o rinweddau yng nghasgliadau *Sbargo*, *Gwenno Penygelli*, *Bing* a *Garth y Môr* i mi eu hanwybyddu hwy, chwaith.

O orfod dewis enillydd, rwyf am wobrwyo'r casgliad mwyaf gwastad ei safon yn y gystadleuaeth. *Gwenno Penygelli* sy'n mynd â hi, felly.

GWLEIDYDD

Roedd rhewyn ger Cwmcoediog yn llawn o laid a baw
A dau o fois y cownsil ddaeth yno ag un rhaw.
Rôl edrych, ac ailedrych, y penderfyniad fu
Bod rhofiau'n anobeithiol, gwell fyddai JCB.
A daeth dau swyddog allan i geisio trefnu'n iawn
Y ffordd i setlo problem y rhewyn oedd yn llawn.
A daeth cynghorydd lleol er mwyn cael gwneud yn siŵr
Na chawsai'r un pwysigyn ryw ffwdan gan y dŵr.
Rôl edrych ar y rhewyn, diflannu wnaeth y tri
I drafod hynt y mater dros ginio'n y 'Llew Du'.

Er bod 'na rai miliynau ynghlwm yng Ngwlad yr Iâ
Roedd arian sbâr 'da'r Cyngor a phethau'n eithaf da.
Ond rhaid oedd gwario llawer, fe ddigwydd hyn o hyd,
Cyn diwedd Mawrth mae angen i'r arian fynd i gyd.
Am fod hi'n broblem enfawr bu'n rhaid gohirio'r sgwrs,
Ni allent benderfynu yn ystod pryd tri chwrs.
A thrannoeth wrth aildrafod, fe ddaeth, rôl lot o straen
A chymorth 'Johnny Walker', y ffordd i fynd ymlaen.
Roedd angen i aseswyr o Lerpwl i ddod lawr
I gyfiawnhau'r holl wariant drwy lunio prosiect mawr.

Rhyw fwa dros y Llinon oedd Bendigeidfran Gawr,
Ond mae 'na bont sylweddol ar bwys Cwmcoediog nawr.
A ddoe mewn sbloet anferthol, a pharti rhwysgfawr drud
Fe dyrrodd rhai pwysigion o'r Cyngor Sir ynghyd.
Daeth yntau'r Prif Weithredwr a'r cabinet bob un,
A dyn â chamera enfawr er mwyn cael tynnu llun.
Y prif gynghorydd gododd mewn urddas mawr a bri
A dadorchuddiodd garreg â'i enw arni hi
Ynghyd â rhyw fanylion, i gyd mewn Celtaidd ffont,
Yn datgan heb amheuaeth mai agor ydyw'r bont.

Dylan

Sinig ni wna ddychanwr. Felly mae doethinebu ar ôl darllen y saith ymgais a anfonwyd i'r gystadleuaeth hon eleni. Efallai mai ar y testun y mae'r bai, oherwydd anaml y bydd angen gofyn i neb ddychan gwleidydd gan mor boblogaidd – a threuliedig – yw'r arfer. Daeth y testun eleni ag elfen gref o sinigiaeth ddi-fflach i'r golwg ymron ym mhob gwaith a ddaeth i law, a haws, gan hynny, fyddai dychan y cystadleuwyr na'r gwleidyddion truain!

Pethau a dwriwyd o'r drôr, fe dybir, yw rhai o'r ymgeision, a'u llewyrch, fel enw da yr ychydig wleidyddion a enwir ynddynt – Thatcher, Blair – wedi hen bylu. Un felly yw cerdd *Dai O'Blaid*, a roes yn bwnc iddo'i hun allu difaol y byd gwleidyddol i danseilio delfrydau a chwalu breuddwydion. Siawns y gallai fod wedi gwneud hynny mewn llai nag ugain pennill ac ynddynt bob un dros ddeugain o sillafau. Ceir rhai troeon ymadrodd effeithiol, ond syniadau digon treuliedig sydd ganddo yn rhy aml. Er gwaethaf y duedd i lambastio gwleidyddion o bob ochr y sbectrwm gwleidyddol am fod yn unffurf eu polisïau, go brin y gellid honni nad oedd gwahaniaeth gwleidyddol rhwng Thatcher a Kinnock!

Dychan y gwleidydd unoliaethol yn ei lais ei hun a wnaeth *Einion Jac*, ond nid yw'r hyn a ddywed yn ddigon craff i fod yn grafog. Felly hefyd *Rhos y Mownt*, a luniodd gân o fath yn llais y cyn-wleidydd a fwriwyd o'r neilltu gan ei etholwyr. Dychan ydyw, mewn gwirionedd, ar drigolion yr etholaeth, er gwaethaf popeth a wnaeth y gwleidydd truan drostynt. Trawodd *Rhos y Mownt* ar syniad da, ond byddai wedi cael mwy o hwyl arni pe bai wedi mynegi'r syniad hwnnw mewn llai na deg ar hugain o benillion undonog.

Arllwysodd *Carwyn* ei lid ar wleidyddion ceiniog a dimau'r cynghorau sir, a hynny ar fesur y soned. Nid ar chwarae bach y llunnir soned, ac nid yw'r gerdd heb ei rhagoriaethau, ond byddai mesur llai urddasol wedi bod yn gyfrwng mwy naturiol, efallai, i'r cywair dychanol.

Gwnaeth *Enfys* ddewis gwell o ran mesur, sef chwe phennill syml mewn mydr ac odl, a hynny o safbwynt etholwr na all ddewis pa wleidydd i'w gefnogi ar ddiwrnod y pleidleisio, er holi llawer un yn dwll. Ffordd drofaus ydyw o gwyno eto am y diffyg gwahaniaeth honedig rhwng y pleidiau – ond tybed ai diogi anwybodus yr etholwr sydd ar fai yn amlach na pheidio?

A sôn am ddiogi, mae'r dychan yng ngherdd *Loge Las* yntau'n orddibynnol yn aml ar y darlun ystrydebol o wleidydd diegwyddor. Yn y naill bennill, mae'r gwleidydd yn dangos ei ddoniau wrth osgoi ateb y cwestiwn. Yn y nesaf, ac yntau'n cefnogi codi tâl am fagiau plastig ac yn gwahardd e-sigarennau, fe'i gwawdir am wneud ei waith! Os dychan, dychan yn deg, ac fe dâl i'r dychanwr beidio â'i wrth-ddweud ei hun o fewn ychydig linellau. Nid oes dim i'w ennill o ddilorni'r ychydig bolisïau synhwyrol y llwydda'r gwleidydd i'w gweithredu, ac yna wedyn ei gyhuddo yn y pennill nesaf o eistedd ar y ffens!

Cerdd ddychan yn nhraddodiad cystadleuaeth y gân ar Dalwrn y Beirdd BBC Radio Cymru yw'r un gerdd sydd ar ôl ac, yn hynny o beth, mae'n taro deuddeg yn amlach na'r un o'r lleill. Aeth *Dylan* ati i adrodd stori am 'ddau o fois y cownsil ... ag un rhaw' yn clirio 'rhewyn', sef cwter, a'r gwaith yn cymhlethu'n fuan i'r graddau bod y cyngor yn mynd ati i godi pont newydd sbon yn ei lle. Y cynghorydd lleol sy'n ei chael hi y tro hwn, a hynny mewn ffordd gynnil ddoniol a diffwdan iawn. Am beidio â'i iselhau ei hun i drafod y stereoteipiau symlaf, felly, ac am lwyddo i ddychan biwrocratiaeth drwy gyfeiriadaeth lenyddol at Ail Gainc y Mabinogi, gwobrwyer *Dylan*.

Adran Llenyddiaeth

RHYDDIAITH

Gwobr Goffa Daniel Owen. Nofel heb ei chyhoeddi gyda llinyn storïol cryf a heb fod yn llai na 50,000 o eiriau.

....

BEIRNIADAETH JON GOWER

Rhaid canmol pob cystadleuydd am lwyddo i ysgrifennu nofel – nid bod pob un yn llwyddo'n gyfan gwbl, cofiwch – ond dylid cydnabod yr amser a'r ymdrech a'r dygnwch sy'n ofynnol wrth lunio gwaith o'r fath. Mae rhai o'r gweithiau a ddaeth i law yn dda iawn ac mae gwaith y goreuon ymhlith y pethau mwyaf soffistigedig a dyfeisgar a ddarllenais yn y Gymraeg.

Rhennais y gweithiau'n dri dosbarth.

Dosbarth 3

Lulu, 'O'r Golwg': Plisman traffig o Geredigion, Dafydd Evans, yw calon y nofel hon: heddwas sydd wedi pechu – nid unwaith – ond dwywaith. Mae'n cymryd ei le ymhlith cast sylweddol o gymeriadau digon bywiog fel Eden Heaney, y perchennog siopau ffasiwn llwyddiannus a'r triawd o dditectifs sy'n ceisio darganfod pam fod gŵr ifanc, Justin Richards, wedi marw mewn damwain car heb gar arall ar gyfyl y lle. Braidd yn denau ac anghredadwy yw'r cymeriadau, yn enwedig Dafydd druan ac nid yw prif ddigwyddiad y nofel – sy'n ymwneud â chrwtyn ifanc yn cwympo i'w farwolaeth mewn damwain – yn cyfiawnhau adeiladu plot o'r fath o'i gwmpas. Prin fod llyfr *genre* o'r fath yn medru gweithio heb drosedd arwyddocaol – herwgipiad neu lofruddiaeth neu smyglo pobl, dyweder – i yrru'r plot yn ei flaen.

Bore Newydd, 'Merch Castell-Aran': Mae'n amlwg bod yr awdur yn adnabod hanes, arferion a chymdeithas cefn gwlad yn dda ac wrth adrodd stori criw bach – Annette, Gwilym a Gwenfair, Betsan a Daniel – cawn bortread o ffordd o fyw, ac o garu, dysgu, addoli a gwnïo sydd wedi newid os nad wedi darfod. Pontia'r stori rhwng y bedwaredd ganrif ar bymtheg a chyfnod y Rhyfel Byd Cyntaf ac er bod y manylion yn argyhoeddi mae'r cymeriadau'n dueddol o fod yn rhai un-dimensiwn. Prin ein bod yn deall eu hargymhellion na'u hemosiynau, tra bod ambell ddigwyddiad – megis pan fo Deio'n saethu James – yn cael ei ddisgrifio megis mewn llaw-fer, a'r awdur, o ganlyniad, yn colli cyfle i gyfleu drama'r sefyllfa a'r tensiynau oddi mewn iddynt.

Dosbarth 2

Fi Fran Fan Hyn, 'Dŵr yn yr Afon a'r Cerrig yn Slic': Dyma wledd o afiaith a thafodiaith ble mae diwrnodau yn 'ddigon oer i rewi pwrs asyn' a chymeriadau'n 'cwrcatho', 'fferlincio' neu'n 'sefyll fel postyn ffenso yng nghanol y gegin'. Cewch ddywediadau ffraeth a chofiadwy, ffug-ddiarhebol bron, megis, 'Bach o ddisel gynnai unrhyw dân' neu 'So ti'n domi ar dy stepen drws dy hunan'. Mae'r iaith yn fyw, yn egnïol ac yn naturiol delynegol. Stori gefn gwlad grafog yw hon, ond un gwbl gyfoes, gyda Rhys, ffarmwr ifanc treisgar, yn ganolog iddi ac yntau wedi priodi Han, gwraig o dramor nad yw'n ei charu, yn rhannol oherwydd ei bod yn methu rhoi plentyn iddo. Pâr tipyn llai tywyll yw Ned a Nerys Myfanwy, cariadon llwyn a pherth ac eto mae tensiynau rhyngddynt fel sy'n wir am y bobl gynhenid, y werin, a'r bobl sydd wedi symud i mewn, gyda'u ponis a'u haerllugrwydd trefol. Gwendid y gwaith yw ei strwythur, a'r newidiadau cyson mewn cywair a thestun sy'n ddryslyd ar adegau. Dyma awdur sy'n ddiamheuol ddeallus a mentrus ond sydd ag ychydig bach mwy o waith caib a rhaw i'w wneud er mwyn chwynnu a chlirio'r brwgaitsh.

Cawod Eira, 'Gwaglaw': Dyma opera sebon gefn gwlad gyda chast neu gorws o fenywod yn ei chanol. Mae Alwen wedi aberthu llawer dros y teulu, gan edrych ar ôl y fferm ac ar ôl ei thad Goronwy, wrth iddo yntau heneiddio – tra bod un o'r chwiorydd, Helen, wedi dewis cariad yn annoeth ac yn canlyn gyda dyn sy'n byw mewn carafán salw. Daw Carol yn ei hôl o Gaeredin am gyfnod. Cawn briodasau, helyntion caru, genedigaethau a marwolaethau – ac un digwyddiad treisgar – ac mae'r tudalennau'n troi yn ddigon hawdd. Ond teimlais fod angen mwy o ddyfnder i'r cymeriadau, ynghyd ag oedi ambell waith i ddeall sut roedd rhai o'r digwyddiadau'n effeithio arnynt.

Dosbarth 1

Hilda, 'Yr Eumenides': Dyma nofel ysgafn, ffilmig a chomig. Cefais f'atgoffa o nofelau P.G. Wodehouse neu ffilmiau'r *Ealing Comedies* gan fod yr hiwmor yn onest ac yn tarddu'n naturiol o sefyllfa od neu ddilema. Criw o fenywod canol oed yw'r prif gymeriadau, a'r rhain yn troi'n lladron ac yn dwyn o dai haf. Cânt help Del, dyn a gafodd ei gyhuddo ar gam o ddwyn yn ystod terfysg yn Llundain. Mae yna is-blot sy'n troi o gwmpas samplau DNA ond nid yw hyn yn gafael cystal â'r bwrglera benywaidd. Wedi dweud hynny, hawdd yw dychmygu 'Yr Eumenides' yn cyfieithu'n ffilm boblogaidd, gyda phawb yn uniaethu gyda'r lladron annisgwyl mewn nofel drosedd am ddwyn dillad.

Gwawr Medi, 'Dylanwad Drwg': Triongl cariad sy'n rhoi siâp i'r nofel ysgafn hon, wrth i Sophie orfod dewis rhwng Keiran, ei chariad diddim a diog a Daf, drymiwr mewn band. Newydd gychwyn swydd fel PA i Brian, rheolwr bandiau roc y mae Sophie ac mae'r nofel yn dilyn ei hynt a'i helynt wrth fynd â'r band ar yr hewl, band sy'n cynnwys yr arch-*narcassist* Justin, gyda'i hanes o orddefnyddio cocên a'i agwedd nawddoglyd at fenywod. Mae'r ysgrifennu a'r cymeriadu'n glir a didrafferth ac mae boddhad syml i'w gael o weld ein harwres yn diweddu lan gyda'r dyn iawn, a chaneuon newydd i'w clywed o'i chwmpas.

Zülle, 'Cysgodion': Mae arwr yn cael ei erlid yn gonfensiwn yn y nofel iasoer, sef y *thriller*, ac yn hynny o beth ceir nofel reit gonfensiynol yma. Cai yw'r arwr sy'n gweithio mewn lle anghonfensiynol, sef CERN, yr arbrofdy tanddaearol a 'man geni'r We' yng nghrombil y ddaear rhwng Ffrainc a'r Swistir. Cyhuddir ef o lofruddiaeth a dyma'r stori'n symud yn ei blaen ffwl pelt, gyda heddlu aneffeithiol y Swistir ar ei ôl, heb sôn am asasin gyda gwn, gan beri i fysedd y darllenydd droi'r tudalennau'n ddigon chwim. Ond mae yna ormod o bethau anghredadwy, megis y syniad taw'r ffordd orau i Cai ei gael ei hun allan o drwbl fyddai lladd yr asasin sydd ar ei gynffon – ac, o ganlyniad, nid yw'r nofel yn gwbl gredadwy. Digon o sbort, felly, ac ambell gyflyriad go iawn i'r galon wrth ddarllen, ond nofel nad yw cweit yn taro deuddeg ar y cloc cwcw.

Pot Jam, 'Dadeni': Dyma epig o gynhyrchiad, nofel uchelgeisiol ar y naw sy'n plethu realiti a rhith drwyddi draw. Mae'n cychwyn yn addawol iawn gyda marwolaeth dyn ifanc hoyw, sy'n rhyddhau ei ysbryd i grwydro gweddill y tudalennau. Ond ni welwn fawr mwy o Iaco, sy'n biti. Eto, mae llu o gymeriadau difyr i ddiddanu'r darllenydd, fel ffrind Iaco, Joni ac Alaw Watkins, gwleidydd ym Mae Caerdydd ac arwres annisgwyl, heb sôn am y rhai sy'n crwydro o ganol chwedlau, hen a newydd, megis Bendigeidfran, Yr Isel Barchedig, Arawn ac Efnisien. Mae hon yn glamp o nofel sy'n ymdrin â gwleidyddiaeth fodern Cymru yn gwbl gredadwy, gan grwydro coridorau 'grym' Bae Caerdydd yn hyderus. Wrth adael y byd hwnnw a throedio i'r arall-fyd mae *Pot Jam* yn llwyddo i newid cywair, a phlethu'r naturiol a'r annaturiol yn hawdd a heb ffws. Felly, teimlais fy mod yn nwylo diogel awdur sy'n meddu ar sgiliau plot a chymeriadu, a ffordd o drin iaith sy'n arddangos hyder a diléit mewn geiriau, heb sôn am ddychymyg byw a chwmpasog. Y peth mwyaf sydd ei angen yw siswrn enfawr, efallai, gan fod angen golygu darnau helaeth – nid gorysgrifennu, dim ond ysgrifennu gormod. Yn reddfol teimlaf fod dros gan tudalen, efallai mwy, i'w hepgor – sy'n swnio'n llym ond mae'r llawysgrif yn tynnu at chwe chan tudalen; felly, gellir gwneud hyn heb ddifetha'r bensaernïaeth na sbwylio'r weledigaeth eang, na'r cynfas llawn digwyddiad a lliw. Yn sicr mae'r gyfrol, o'i theneuo, yn haeddu gweld golau dydd rhwng dau glawr.

246093740, 'Ymbelydredd': Niferus iawn yw pleserau'r nofel hon, sydd, yn fy marn i yn cyrraedd rhif un yn siart y gystadleuaeth. Mae'r awdur wedi crynhoi ei nofel mewn blyrb bach reit ar y dechrau, pan ofynna, 'Beth sy'n digwydd pan fo'n rhaid i ŵr ifanc o dref fach yng Ngwynedd dreulio chwe wythnos ym Manceinion ar gyfer cwrs o radiotherapi?' Cawn yr ateb mewn nofel soffistigedig ar y naw, sy'n llawn dop o syniadau gyda phleserau mawr i'w cael ar bron bob tudalen, wrth i ni ddilyn hanes y triniaethau y mae'r bardd ifanc o Wynedd yn gorfod eu hwynebu. O! mi wnes i fwynhau darllen ac ailddarllen hon! Bydd fy nghydfeirniaid yn sôn am yr arddull, a'r diffyg sentiment, y dyfnder dweud a'r dychan byw, felly rwyf i am ganolbwyntio ar un elfen o'r gwaith yn unig, sef y defnydd o ddiwylliant poblogaidd, sy'n un o haenau mwyaf diddorol ac annisgwyl y gwaith.

Rhaid i nofelydd deimlo'n reit ddewr neu hyderus i gyflwyno pennod gyfan am gludo cathod wedi eu mymieiddio o'r Aifft i Lerpwl neu bennod am y gân 'Talu Bils' gan Rodney, sy'n cymryd ei lle yn haeddiannol agos at rai o holl dracs ein harwr ifanc, gan fandiau megis y 'Clash' a'r 'Smiths'. Gwêl Rodney fel 'cyfarwydd sy'n ein tywys ar hyd ei daith ei hun, drwy niwl rheolau'r system sydd ohoni, drwy ddrysfa gyfalafol gwaith, at y nod o gael llafur'. Mae'n ddadansoddiad sydd ynddo'i hunan yn rhoi urddas i Rodney, a'i ddyrchafu 'uwchlaw'r terasau a'u mitars trydan a'u caniau lager pnawn' fel y mae ei gân ingol yn gwneud.

Dyn modern, ifanc yw arwr 'Ymbelydredd' ac mae hyn yn wir, o bosib, am 246093740 (gallwch weld y math o feddwl sydd ar waith drwy'r *nom de plume* yn unig). Mae'n medru canu emyn o fawl i rinweddau aesthetig cyfrifiaduron cwmni Apple gan awgrymu, 'Fe'i crëwyd mewn modd sy'n erfyn am gael ei hanwylo, ei choleddu.' Cawn ddadansoddiad o bleserau smocio sigaréts cyn ymweld ag un o atyniadau diwylliannol dinas Manceinion, sef oriel y 'Whitworth', ble mae'n edrych ar y gweithiau celf ac yn cael ei gythruddo gan un sy'n ddim byd mwy na thudalen Wikipedia wedi ei gosod mewn ffrâm. Yn aml mae'r ysgrifennu am ddiwylliant yn cynnwys beirniadaeth glir, megis y dadansoddiad o ffilm ddiweddaraf James Bond a'r ffordd y mae menywod yn cael eu portreadu. Dro arall hysbyseb Nadolig siop John Lewis a'r defnydd o fiwsig gan 'Oasis' ynddi sy'n cael y sylw, neu'r ffenomen o weld dramâu llwyfan, megis *Hamlet,* ar y sgrîn fawr.

Dyma awdur gyda doniau digamsyniol o ran iaith a dychymyg ond mae hefyd yn cynnig gwaith deallusol grymus, sy'n atgoffa dyn o awduron o ganoldir Ewrop megis Ivan Klíma, Elias Canetti neu Italo Calvino. Mae'n chwareus – ond mae'n chwarae'n glyfar ac yn ddyfeisgar. Hyderaf y byddaf yn darllen y llyfr hwn eto, am y trydydd tro. Mae hynny ynddo'i hun yn ganmoliaeth fawr.

BEIRNIADAETH FFLUR DAFYDD

Braf o beth oedd gweld fod naw o nofelwyr wedi ymgiprys am y wobr hon eleni – nifer teilwng iawn o'i gymharu â'r blynyddoedd diweddar. Mae'n amlwg fod gan y gystadleuaeth hon gryn apêl, felly, i nofelwyr Cymru o hyd, a braf oedd gweld ôl dycnwch a dyfalbarhad ym mhob un o'r gweithiau – a'r ymrwymiad clir, gan bob un ymgeisydd, i greu darn swmpus o ryddiaith. Ond wedi dweud hynny, siomedig iawn oedd y diffyg dyfeisgarwch a'r diffyg menter a welwyd yn y gweithiau hyn, o ran stori ac arddull. Mae modd cyplysu y 'llinyn storïol cryf' y gofynnwyd amdano gydag ysgrifennu cyfoethog a dwfn, ond ni chafwyd y ddau gyda'i gilydd yn aml iawn, ac roedd hynny'n gwneud i rywun amau ai uchelgais i greu nofel yn unig oedd yn gyrru ambell awdur, yn hytrach na pharch at y grefft ei hun, neu ysfa angerddol i ddweud rhywbeth pwysig wrthym.

Bore Newydd, 'Merch Castell-Aran': Mae yna dinc hen ffasiwn i'r nofel hanesyddol hon ac mae'r arddull ychydig yn herciog, a'r iaith yn wallus ac yn ddiofal. Cafwyd sawl digwyddiad yma a allai fod yn hynod ddramatig ond maent yn cael triniaeth ffwr-bwt iawn gan yr awdur, ac nid yw'r awdur wedi meistroli rhythm y dweud, gyda churiadau emosiynol y stori yn cael eu colli yn amlach na heb. Mae'r awdur ar ei orau pan fo'n darlunio natur – ac yn gwneud hynny'n gelfydd ac yn lliwgar. Mae ôl ymchwil manwl yma ond nid yw'r cefndir hanesyddol yn rhoi'r dyfnder angenrheidiol i'r deunydd, gwaetha'r modd, ac mae'r ddeialog yn anystwyth braidd.

Gwawr Medi, 'Dylanwad Drwg': Dysgwr neu ddysgwraig sydd yma o bosib – ac os felly, yna mae'n rhyfeddol iddo ef neu hi lunio nofel cystal â hon mewn ail iaith. Adroddir y cyfan o safbwynt Sophie, sy'n dod yn gynorthwy-ydd i fand roc trwm o'r enw 'Konquest' yn ystod eu taith o gwmpas Prydain. Er gwaethaf enw ffarsaidd y band, mae'n rhaid dweud i'r stori fywiog hon gydio ynof mewn ffordd annisgwyl – nofel ysgafn yw hi ond roedd yna ddyfnder wrth iddi fynd rhagddi, wrth i ni ddarganfod mwy o gefndir anodd a thywyll Sophie, yn ogystal â'i pherthynas gymhleth â'i dyweddi. Rhyw fath o *chick lit* sydd yma yn y bôn, ond un gyda stori ddigon darllenadwy a lliwgar, ac roedd Sophie yn brif gymeriad hoffus dros ben, ac nid oes modd dweud hynny am nifer o'r cymeriadau y deuthum ar eu traws. Ond nid yw'r arddull yn ddigon cryf na chaboledig eto i'r nofel hon weld golau dydd, er bod addewid yma, yn enwedig wrth ystyried y modd y strwythurwyd y stori.

Lulu, 'O'r Golwg': Nofel dditectif wedi'i lleoli yn Aberystwyth, yn gwau'r gorffennol a'r presennol at ei gilydd yn gelfydd ar brydiau; fformat sydd bellach yn gyfarwydd iawn i ni o fewn cyfresi a nofelau trosedd. Roedd y dechrau'n addawol, ond anwastad braidd oedd yr arddull, a'r elfen 'droseddol' yn gwanhau ac yn pylu wrth i'r nofel fynd yn ei blaen. Roedd cymeriad Eden, er enghraifft, â photensial mawr i ddatblygu i fod yn gymeriad tu hwnt i'r ystrydeb, ond fe arhosodd yn un-dimensiwn braidd – ac felly hefyd nifer o'r cymeriadau eraill. Roedd yna densiwn dramatig, diddorol wrth archwilio hanes a chefndir Dafydd Evans, ond braidd yn annigonol oedd y diweddglo. Drafft cyntaf oedd hwn o bosib – ond mae yna addewid yn y stori a'r sefyllfaoedd, dim ond iddynt gael amser i anadlu.

Cawod Eira, 'Gwaglaw': Nofel ag iddi ddyfnder annisgwyl oedd hon, yn olrhain hanes un teulu yn y gorllewin. Ar adegau roedd y cymeriadu yn benigamp, a'r arddull yn gyfoethog ac yn gynnil. Ond tybiwn fod angen rhywfaint o ailwampio ar y llinyn storïol os yw'r awdur yn disgwyl i'r nofel gydio mewn darllenydd – gan fod y naratif yn dueddol o droi yn ei unfan braidd. Mae yna themâu difyr i'w harchwilio: chwaeroliaeth, etifeddiaeth, a'r bywyd gwledig, ond rydym yn teimlo i raddau ein bod wedi troedio'r tir hwn o'r blaen. Ond mae yma hefyd bortreadau hynod deimladwy o salwch meddwl a thrawma – ac mae'n debygol o apelio at y rheini sy'n mwynhau nofelau cefn gwlad sy'n archwilio natur gwreiddiau a pherthyn. Mae yma awdur aeddfed wrth y llyw, ond does dim cyffro, na newydd-deb fel y cyfryw yn y nofel hon – er ei bod yn bosib, o'i hailwampio rhywfaint, y gallai fod yn gyhoeddadwy.

Zülle, 'Cysgodion': Nofel ddiddorol gan awdur deallus, wedi'i lleoli mewn lleoliad difyr dros ben, sef canolfan ymchwil CERN yn y Swistir. Roedd yna botensial mawr i'r stori, ac i'r weledigaeth: cafwyd disgrifiad trawiadol iawn ar ddechrau'r nofel, er enghraifft, o'r llwch a oedd yn cynnwys gronynnau o feddyliau'r gwyddonwyr, ac roedd y nofel yn llawn darnau bachog, goleuedig fel hyn, a oedd yn tystio i feddwl craff yr awdur dychmygus ac anarferol hwn. Unwaith i'r *thriller* gydio – gyda digwyddiad digon dramatig lle darganfuwyd corff mewn twnnel – fe aeth y stori ar wib, ac efallai, o'r herwydd, fe gollodd yr awdur rywfaint o reolaeth dros y cyfanwaith. Er gwaetha'r digwyddiadau difyr, roeddwn i'n fy nghanfod fy hun yn holi trwy'r amser – stori pwy *yw* hon? – wrth i ni neidio blith draphlith i mewn i feddyliau'r cymeriadau amrywiol ar hap. Fe allai Cai, er enghraifft, fod wedi datblygu i fod yn arwr neu'n wrth-arwr gwych, ond nid felly y bu – a heb bersbectif clir i lywio'r cyfan, mae'r nofel hon yn teimlo'n anghyflawn braidd.

Fi Fran Fan Hyn, 'Dŵr yn yr Afon a'r Cerrig yn Slic': Roedd yna dipyn i'w edmygu yn y nofel hon, gydag agoriad breuddwydiol, yn llawn naws a dirgelwch. Nofel wedi'i lleoli yng nghefn gwlad sydd yma eto, yn llawn tafodiaith ddisglair a byw, ac mae'r darluniau o fyd natur yn drawiadol dros ben. Nid ystrydebau sydd yma ond cymeriadau real o gig a gwaed, ac mae'r llinyn storïol yn adeiladu at uchafbwynt gwych a thorcalonnus. Hefyd, roedd yna ychydig o hiwmor ynddi, yn llamu o'r dudalen, gan wneud i rywun chwerthin ar yr adegau mwyaf annisgwyl – ac roedd yr awdur hefyd yn ddeheuig wrth gyfosod dau gymeriad gwahanol iawn gyda'i gilydd, fel yn achos yr hen ffermwr a 'Han', y wraig a gafodd ei 'phrynu' dramor. Serch hynny, roedd yna flerwch yma – llithriadau ieithyddol, camgymeriadau diangen – a hefyd, teimlwn fod eisiau peth gwaith strwythuro eto ar y stori er mwyn cynnal diddordeb y darllenydd yn ystod hanner cyntaf y nofel.

Hilda, 'Yr Eumenides': Hon oedd y nofel gyntaf i mi ei darllen o'r pecyn, ac fe gydiodd ynof o'r cychwyn cyntaf. Mae yma awdur hyderus wrth y llyw sy'n gwybod sut i lunio stori afaelgar, gyda chymeriadau bachog, ac mae hi hefyd yn stori ddigri dros ben – braf o beth, gan fod tôn nifer o'r nofelau yn ddwys iawn. Hanes tair gwraig oedrannus sydd yma, wrth iddynt ddod yn rhan o *heist* yng ngorllewin Cymru – ac mae'r cysyniad ynddo'i hun yn gwneud i rywun wenu! Gwendid pennaf y nofel hon i mi oedd y diffyg dyfnder – nofel adloniannol yw hi yn fwy na dim – ac er gwaetha'r ffaith fod y cymeriadau oll yn lliwgar ac yn ddiddorol, maen nhw'n teimlo fel 'teipiau' yn hytrach na chymeriadau crwn. Roedd yna elfennau sebonaidd iddi – a'r holl brofion DNA yn dechrau mynd ar nerfau rhywun erbyn y diwedd. Ond roedd yma hiwmor, hyder a ffresni, ac fe fydd nifer o ddarllenwyr yn cael modd i fyw wrth ddarllen y 'romp' gwyllt a gwallgof hwn, a fydd yn ategiad gwych i lenyddiaeth gyfoes Gymraeg.

Pot Jam, 'Dadeni': Wrth ddechrau darllen y nofel hon, teimlwn wrth reddf mai dyma'r enillydd. Credwn y buasai'n achub y blaen ar y gweddill wrth i'r stori wibio yn ei blaen yn hyderus, yn llawn dychymyg, coegni, clyfrwch a hiwmor. I ddechrau, mae'n ymddangos ein bod mewn byd realaidd, wrth i straeon bachgen ifanc blethu gyda stori gwleidydd, stori plismon, a llwyth o gymeriadau diddorol eraill. Ond yn sydyn, fe ddown i ddeall mai ffantasi yw'r nofel hon – ac nid unrhyw ffantasi, ond ffantasi soffistigedig wedi ei thrwytho yn niwylliant a hanes Cymru – ac, yn wir, roedd darllen y nofel hon fel darllen un o geinciau'r Mabinogi ar adegau. Mae yma awdur a chanddo adnoddau rhyfeddol: deallusrwydd sy'n disgleirio, a chrebwyll hynod o dda o wleidyddiaeth Cymru. Mae hyn yn gallu bod yn faen tramgwydd ar adegau, oherwydd llesteiriwyd datblygiad y stori ambell dro gan areithiau hir a oedd yn teimlo fel petai'r awdur yn gwyntyllu ei farn, a hynny ar draul datblygiadau naratif. Yr oeddwn hefyd yn teimlo bod chwarter olaf y nofel yn gwegian dan y pwysau i ddwyn y cyfan at ei gilydd mewn ffordd epig, ac mae modd tocio'n sylweddol ar y nofel hon. Ond wedi dweud hynny, mae yma nofel sy'n werth ei chyhoeddi: mae'n chwedl gyfoes gan awdur pwysig.

246093740, 'Ymbelydredd': Wedi darllen ychydig dudalennau'n unig o'r nofel hon, fe'm hudwyd gan lais a phersbectif 246093740. Claf ifanc sydd yma, yn myfyrio am yr hyn sy'n digwydd iddo'n ddyddiol wrth iddo fynd trwy driniaeth radiotherapi ym Manceinion, ac mae'r nofelydd yn llwyddo i drawsnewid profiad oeraidd, amhleserus yn fyfyrdod lliwgar ac athronyddol am fywyd. Mae'r ffaith i'r nofel gael ei lleoli ym Manceinion – ac i'r byd anghyfarwydd, dinesig hwn gael ei ddarlunio trwy lygaid Cymro – hefyd yn chwa o awyr iach, ac mae'r arddull yn llwyddo i fod yn gynnil ond eto'n synhwyrus, yn ddadansoddiadol, ac yn athronyddol. O bosib, mae'r awdur yn rhy athronyddol ar brydiau, ac mae ambell fyfyrdod yn tarfu ar lif y stori – gyda'r awdur, fel yn achos *Pot Jam*, yn methu gochel rhag mynegi barn ar draul symud y stori yn ei blaen. Er cystal arddulliwr a dadansoddwr yw'r awdur, mae angen gweithio ar yr adnoddau storïol. Er i'r awdur wneud pob ymdrech i gryfhau'r naratif trwy wau is-blot terfysgol i mewn i'r stori, ar adegau roedd hyn yn teimlo fel gorymdrech ar ei ran. Ond wedi dweud hynny, nid wyf yn teimlo i mi ddarllen dim byd tebyg yn y Gymraeg o'r blaen, a thipyn o gamp yw creu nofel sy'n teimlo'n gyfoes ac yn Ewropeaidd, tra'n llwyddo i fod yn gwbl Gymreig ar yr un pryd. Yn ogystal, mae'n cynnwys dychan digon tywyll ar adegau, sy'n gwneud i ni ystyried ein diwylliant a'n traddodiadau o'r newydd.

Er fy mod yn teimlo'n bersonol fod nofel 246093740 yn ymdebygu'n fwy i'r math o nofel a fyddai'n cipio'r Fedal Ryddiaith, yn hytrach na chystadleuaeth sy'n gofyn yn benodol am 'linyn storïol cryf', yr wyf hefyd yn teimlo mai dyma'r awdur sydd â'r weledigaeth gryfaf, ddifyrraf, ac mai ef neu hi sy'n haeddu'r wobr hon eleni, gyda nofel rymus a fydd yn cyfoethogi bydoedd yr holl ddarllenwyr a ddaw ar ei thraws.

BEIRNIADAETH GARETH F. WILLIAMS

Roedd naw cystadleuydd eleni, a chafwyd cryn amrywiaeth o ran deunydd a safon. Tipyn o waith darllen ac ailddarllen, felly, yn enwedig gan fod nifer o'r nofelau'n eithaf swmpus. Hoffwn longyfarch y naw nofelydd am eu dyfalbarhad.

Yn gyffredinol, yr un hen gŵyn sydd gennyf. Buasai mwyafrif yr awduron yn elwa o ddarllen llawer iawn mwy o Gymraeg gan fod safon iaith nifer o'r llawysgrifau'n wael iawn, gydag ôl meddwl yn Saesneg i'w weld yn glir yng ngwaith mwy nag un ymgeisydd, idiomau Saesneg yn cael eu cyfieithu'n llythrennol a'r gystrawen dros y lle i gyd. Iaith yw offer yr awdur, a rhan hanfodol o'i grefft; go brin y gwelwch saer coed yn mynd ati i lunio dodrefnyn gyda chŷn neu gyllell aflym. Hefyd, mae ôl brys ar sawl llawysgrif; pwysleisiaf eto eleni nad yw un drafft yn ddigonol, a chafwyd yr argraff mewn sawl ymgais nad oedd yr awduron wedi hyd yn oed ddarllen dros eu gwaith ar ôl iddynt ei gwblhau.

Bore Newydd, 'Merch Castell-Aran': Nofel hanesyddol wedi ei gosod ar droad yr ugeinfed ganrif. Er bod yr awdur yn amlwg wedi ymchwilio i'r cyfnod yn fanwl, yn enwedig dulliau amaethyddol y dyddiau hynny, mae'r llawysgrif yn darllen fwy fel nodiadau ar gyfer nofel bosibl na dim byd arall. Hefyd, mae'r Gymraeg drwyddi draw mor ddychrynllyd o wael nes bod y nofel bron yn annarllenadwy mewn mannau. Nid yw'r arddull blentynnaidd a'r atalnodi gwael yn helpu ychwaith.

Lulu, 'O'r Golwg': Prif ffaeledd y nofel hon yw ei bod yn darllen fel drafft cyntaf. Nofel dditectif yw hi, wedi ei lleoli yn Aberystwyth – neu'n hytrach, nofel sydd *eisiau* bod yn nofel dditectif. Dechreua'n addawol gyda darganfyddiad corff marw, ond deellir yn fuan nad llofruddiaeth oedd yn gyfrifol am dranc yr anffodusyn, ond damwain car gyffredin. Er bod y cwnstabl boliog yn gymeriad gwahanol, ac felly i'w groesawu mewn nofel o'r fath, ychydig iawn o'r cymeriadau eraill sydd yn argyhoeddi. Nofel drosedd sydd yn ffinio ar fod yn ddidrosedd yw hon. Dylai'r awdur fod wedi treulio llawer mwy o amser gyda'r prif gynllun a'r isgynllun – ac yn sicr, dylai fod wedi darllen drwyddi'n ofalus ar ôl ei gorffen. Mae un heddwas, er enghraifft, yn newid ei enw o Harris i Lloyd, ac yna'n ôl i Harris.

Cawod Eira, 'Gwaglaw': Saga deuluol wedi'i lleoli yng nghefn gwlad Cymru a geir gan *Cawod Eira*. Mae'n wir fod ambell un o'r cymeriadau'n tyfu ar y darllenydd yn raddol, ond digwydd hyn yn rhy araf o beth myrdd; yr oeddwn yn dal i ddisgwyl i rywbeth ddigwydd erbyn cyrraedd yr wythfed bennod. Mae gormod o orfanylu ar bethau amherthnasol fel tasgau domestig, ac a yw hi'n angenrheidiol i'r darllenydd gael gwybod faint o lestri gwahanol sydd yn llechu yng nghwpwrdd y capel? Mae digwyddiadau mawrion yma, ond yn anffodus maent yn gefndirol ac mewn un achos yn digwydd i gymeriadau yr ydym prin yn eu hadnabod, fel petai ar yr awdur ofn eu trin a'u trafod. Diffyg hyder, efallai? Mae deunydd nofel wych yma, ond fel ag y mae, opera sebon a geir, nid drama.

Zülle, 'Cysgodion': Pan welais mai *Zülle* yw ffugenw'r awdur, credais i gychwyn mai nofel am seiclo oedd yma (cyfaddefodd y seiclwr Alex Zülle iddo gymryd y cyffur EPO yn ystod *Tour de France* 1998). Yn hytrach, yr hyn a geir yw math ar *thriller* ryngwladol, wedi ei lleoli'n bennaf mewn pencadlys ymchwil gwyddonol yn y Swistir. Er bod y lleoliad yn braf o wahanol, mae'r elfennau ffisegol o fewn y nofel yn rhy gymhleth a thrwsgl i'r darllenydd cyffredin allu eu deall, ac yr wyf yn ei chael yn anodd iawn credu fod heddlu'r Swistir mor anobeithiol ag a awgrymir yma. Unwaith eto, coch iawn yw safon y Gymraeg gyda pheth wmbredd o gamdreiglo. Y gair Cymraeg cywir am *screwdriver*, gyda llaw, yw naill ai 'tyrnsgriw' neu hyd yn oed 'sgriwdreifar', nid 'gyrrwr sgriwiau'. Mater bychan, efallai, ond mater llai fyth fyddai i *Zülle* fod wedi treulio munud neu ddau yn edrych mewn geiriadur o bryd i'w gilydd.

Gwawr Medi, 'Dylanwad Drwg': Nofel gyfoes am y byd roc a geir yma. Awgryma'r arddull anaeddfed mai awdur ifanc sydd yma, ac mae'r Gymraeg eto'n fratiog iawn drwy'r nofel. Mae yma naïfrwydd sydd yn ddigon hoffus, gyda chyndynrwydd i ddefnyddio rhegfeydd sydd yn ffinio ar fod yn hen ffasiwn. Wedi dweud hynny, mae hyder a bwrlwm i'r ysgrifennu. Mae'r cymeriadau yn rhai apelgar, yn enwedig felly yr eneth sydd yn brif gymeriad, ac mae ei thaith emosiynol yn hollol gredadwy. Oes, mae yma ddawn ysgrifennu yn bendant, ond dylai *Gwawr Medi* ymarfer mwy ar ei chrefft cyn mentro gyda nofel arall.

Fi Fran Fan Hyn, 'Dŵr yn yr Afon a'r Cerrig yn Slic': Mae gan yr awdur ddawn ysgrifennu bendant. Er enghraifft, mae'r golygfeydd rhwng dau blentyn ar lannau'r afon yn odidog. Nofel am gefn gwlad sydd yma, ac un a'm hatgoffodd ar brydiau o nofelau a straeon cignoeth awduron Americanaidd *Southern Gothic*, megis Daniel Woodrell, Ron Rash a Bonnie Jo Campbell. Mae'r brif sefyllfa'n un sydd yn llawn potensial: tad a mab yn byw ar fferm, a'r mab mewn priodas anhapus gyda geneth o Wlad y Thai. Yn anffodus, nid ydym yn cael adnabod yr eneth hon yn foddhaol o gwbl; nid yw'n fawr mwy na ffigwr, sydd yn drueni mawr gan ei bod yn gymeriad sydd yn crefu am gael ei lliwio a'i llenwi. Gellir dweud yr un peth am sawl cymeriad arall, yn enwedig Manon, Neirin a Nel. Mae tafodiaith hyfryd yn y nofel, ond fe'i difethir pan fo dau gymeriad yn defnyddio termau Saesneg megis *babes* wrth siarad â'i gilydd. Hefyd, mae'r iaith yn rhy gignoeth mewn sawl man; cwyn lenyddol yw hon gennyf, nid un foesol, oherwydd mae rhegfeydd yn colli eu heffeithiolrwydd drwy gael eu gorddefnyddio.

Pot Jam, 'Dadeni': Lobsgóws o nofel yw hon. Mae'n cychwyn yn addawol dros ben, gyda phortread sensitif a hyfryd o ddau fachgen ysgol mewn perthynas hoyw, a chyffyrddiad o'r goruwchnaturiol ar ddiwedd y bennod agoriadol, wych hon. Yna mae'r nofel yn troi'n fath ar *thriller* Dan Brownaidd gyda thîm proffesiynol yn torri i mewn i Dŵr Llundain, cyn troi ymhellach yn stori erchyllter (hynny yw, *horror*, nid arswyd). Yna try'r nofel yn nofel ffantasi, gyda chwedlau o'r Mabinogi ac elfennau siwdo-Tolkienaidd yn cymysgu'n hapus braf. Yna mae'n troi yn ddychan gwleidyddol gyda golygfeydd – ambell un yn bregethwrol – wedi eu lleoli ym Mae Caerdydd. Nid yw'r dychan, fodd bynnag, yn gweithio'n rhy dda; mae fel gordd yn hytrach na'r nodwydd slei sydd ei hangen go iawn. Buasai'r nofel ar ei hennill petai'r awdur wedi hepgor y golygfeydd hyn; yn wir, mae hi'n rhy swmpus, a gallasai fod wedi colli o leiaf gan tudalen er ei lles ei hun. Er mor flasus yw'r lobsgóws hwn ar brydiau (gallai'r bennod agoriadol, er enghraifft, weithio'n wych fel stori fer unigol, bron iawn), mae yma lawer gormod yn y bowlen.

Hilda, 'Yr Eumenides': Mwynheais ddarllen y nofel hon yn fawr iawn. Er nad yw *Hilda*'n esbonio hyn o fewn y nofel (ac efallai y dylai ystyried gwneud hynny), enw arall ar Alecto, Megaera a Tisiphone – sef y *Furies* – yw 'Eumenides'. Comedi ddu a geir yma, un ddu iawn ar brydiau, a chwarddais yn uchel droeon wrth ddarllen y nofel, hyd yn oed ar yr ail ddarlleniad. Hoffais yn arbennig yr heddwas gorawyddus, ac mae'r bartneriaeth rhyngddo ef a'r blismones ifanc yn gweithio'n arbennig o dda – cymaint felly nes y buaswn i'n bersonol yn mwynhau gweld cyfres o nofelau am y ddau ohonynt. Yn wir, nid wyf yn credu i mi chwerthin cymaint wrth ddarllen nofel Gymraeg ers tro. Wedi canmol i'r cymylau fel hyn, fodd bynnag, buasai drafft arall yn gwneud byd o les i'r nofel; credaf bod *Hilda*'n awdur digon crefftus i adnabod a chywiro'r ychydig ffaeleddau bychain sydd ynddi, ac edrychaf ymlaen yn fawr iawn at weld 'Yr Eumenides' yn cael ei chyhoeddi yn fuan.

246093740, 'Ymbelydredd': Am resymau personol, cefais hi'n anodd dechrau darllen y nofel hon am yr hyn a ddigwydd i ŵr ifanc o Wynedd wrth iddo ddilyn cwrs radiotherapi ym Manceinion. Yr wyf yn hynod falch, fodd bynnag, fy mod wedi llwyddo i goncro'r gamfa gyntaf honno, oherwydd dyma i ni nofel arbennig iawn gan awdur talentog, medrus a – mentraf ddweud – mwy profiadol na gweddill y cystadleuwyr. Mae'r disgrifiadau o'r therapi'n taro deuddeg yn ddi-ffael – yn boenus felly. Mae yma ysgrifennu godidog drwy gydol y nofel, a chefais fy swyno gan y darnau bychain a ddaw rhwng y penodau hynny sydd wedi eu gosod ym Manceinion a'r ysbyty, yn enwedig yr un am grwydro mynyddoedd. Nid yw'r nofel heb ei gwendidau, fodd bynnag. Rwyf yn amheus iawn, er enghraifft, a yw'r bennod gyda'r butain yn gweithio, a hyd y gwelaf nid oes fawr o bwynt yn y datganiad mai Cymro Cymraeg yw'r cymeriad Aneiryn gan nad yw hyn yn ychwanegu unrhyw beth at y stori: os rhywbeth, mae'n camarwain y darllenydd i gredu *bod* pwynt storïol iddo, pan nad oes un. Teimlaf yn bersonol y dylem fod wedi cael llawer gwell disgrifiad o wraig a merch fechan y prif gymeriad, ond pwysleisiaf mai fy chwaeth bersonol i sydd yn gweld eu colli. Hefyd – rhywbeth bychan iawn, a oedd yn fy mhigo ar y pryd wrth ddarllen – defnyddir ambell air Saesneg yma ac acw yn gwbl ddiangen, gan fod gennym eiriau Cymraeg amdanynt sydd yn llawn cystal os nad gwell. Er enghraifft, defnyddir 'secs' yn lle 'rhyw', *steps* yn lle 'stepiau', 'crîm' yn lle 'eli' a *hot* wrth ddisgrifio merch: beth sydd o'i le gyda'r gair 'poeth', ys gwn i? Ond hwyrach fy mod yn hollti blew yma. Mae hon yn nofel wych, ac mae'r awdur i'w ganmol, nid lleiaf oherwydd iddo lwyddo i osgoi unrhyw sentimentalrwydd a fuasai wedi baglu nifer o awduron llai medrus. Ac mae'r frawddeg olaf un yn ysgytwol o annisgwyl. Edrychaf ymlaen at weld y nofel hon hefyd ar silffoedd ein llyfrgelloedd (hynny sydd gennym ar ôl) a'n siopau llyfrau.

Rhoddaf y wobr, felly, i 246093740.

Y Fedal Ryddiaith. Cyfrol o ryddiaith greadigol heb fod dros 40,000 o eiriau: Galw

BEIRNIADAETH ANGHARAD DAFIS

Roedd beirniadu eleni fel mynd i siop a'r gweinydd yn gofyn, 'Ydych chi'n chwilio am rywbeth arbennig?' Fe'm plesiwyd gan safon ac amrywiaeth y 14 a fentrodd: nid oedd un ymgais anobeithiol. Er nad oedd neb yn berffaith, roedd cywirdeb iaith a rhagoriaeth yn mynd law yn llaw. Dwy gŵyn gyffredinol: gormod o ddyfyniadau blinderus yn lle teitlau gwreiddiol, a gormod o Saesneg.

Am mai proses yw llenydda, dyma gadw pawb yn hafal yn yr un ystafell ddosbarth: dau yn y cefn, wyth yn y canol a'r pedwar gorau ym mlaen y dosbarth. A oes seren yn eu plith?

Cefn y dosbarth

Bleiddwn, 'Maen Thunor': Llith ysgythrog anghroesawgar y mae'n anodd gwneud na rhych na rhawn ohono. Penbleth a erys am union ddiben stori gyforiog o gyfeiriadaeth chwedlonol sy'n mynd ar hyd, ar led ac ar chwâl. Cyfuniad rhyfedd o'r clasurol a'r gwallus yw iaith *Bleiddwn*. Prin y bydd yr arbrawf o dreblu'r 'd' yn gafael. Camddefnyddir geiriau lawer (er enghraifft 'parabl' i olygu dameg) ac mae dylanwad y Saesneg yn hollbresennol, er enghraifft 'Roedd ei obaith mewn ofer', 'i dir Nod', 'darllen y Ddeddf Derfysg', 'lle ffefryn'. Efallai fod addysg Saesneg ysgolion bonedd Lloegr, y mae eu harferion rhywiol honedig yn cael cryn sylw ganddo, wedi llywio'r ieithwedd hefyd.

Delw, 'Galw': Ymgais yw hon a yrrwyd i Eisteddfod Llanelli yn 2000, a'r prif gymeriad, Morfudd, yn 98 oed. Buasai'n 114 bellach. Nid oes fawr o newydd-deb i lif ymwybod cymeriad crintachlyd y buasai rhai yn dweud ei bod yn sarhad ar hen bobl. Nid yw dryswch henaint yn cyfiawnhau diffyg strwythur.

Canol y dosbarth

Amod, 'Y Tir Canol': Cyfeiria'r ffugenw at dorri amod wrth yr allor. Ceir ysgrifennu da, ond mae tuedd i orgrynhoi, i ddweud yn hytrach na dangos, i wirebu ac i ddefnyddio deialog amhwrpasol. Nofel ar ffurf dyddiadur ydyw ond ar dudalen saith cyferchir Maud, chwaer y priodfab a ffrind bore oes i'r traethydd, yn ddisymwth a pharheir felly tan y diwedd. Stori ddigyfeiriad sy'n hercian o un argyfwng diarwyddocâd i'r nesa a gawn. Does yna ddim perthynas rhwng effaith ac achos trywydd llif meddyliau trofaus y prif gymeriad. Ar y naill law mae yma adrodd clecs dilyffethair ac ar y llaw arall grugyn o fylchau nes bod y stori yn anghredadwy. Anogwn *Amod* i ddechrau o'r dechrau'n deg.

Broc Môr, 'Galwadau': Llên micro sy'n arddangos iaith a mynegiant glân a chynneddf artistig yw eiddo *Broc Môr*. Cyplysa'r stori gyntaf â'r olaf gan ddwyn undod i'r gwaith. Mae'r gyfres bosau, gydag ambell eithriad, yn rhy heriol i'w datrys. Cynildeb dros ben llestri yw'r maen tramgwydd: mae yma ormod o waith darllen rhwng y llinellau i roi boddhad.

Twm Twm, 'Mae'r Dyfodol yn Galw': Cordedda dychan a doniolwch drwy'r storïau byrion hyn. Ceir sylwebaeth finiog ar y gymdeithas gyfoes lwgr, er bod arogl llwydni weithiau. Ni ellir cyfiawnhau misogynistiaeth ysgafala na budr esgusodi camdriniaeth rywiol. Serch hynny, eir ati i geisio osgoi'r trywydd cyfarwydd, â'r ymdrech weithiau'n mwy nag ymylu ar orchest. Mae'n nodweddiadol o *Twm Twm* fod adeiladwaith ei storïau yn rhagori ar y diweddglo.

Martha, 'Yn ôl y galw': Naw stori fer ddarllenadwy wedi eu gosod yn ne-orllewin Cymru a'u hysgrifennu yn y person cyntaf sydd yma. Canmoled *Martha* am gynnal amrywiaeth o fewn terfynau caeth, er y gallasai ambell lais fod wedi dweud stori rymusach, pe buasid wedi rhoi rhwydd hynt i'r cymeriad. Mae gan *Martha* ddawn dweud a gallu i grisialu sefyllfa mewn ychydig eiriau. Ceir yma ryddiaith gaboledig, ond saernïaeth wan, ynghyd â diffyg cynildeb, ailadrodd a gollwng y clo o'r cwd bron yn ddi-feth. Efallai y dylai *Martha* ysgrifennu nofel fel bod ganddi fwy o ofod i ledu ei hesgyll.

March Gwelw-las, 'Galw': Cofnod y tad o ymgais teulu yn ardal Treforys i osgoi cyflafan a dychwelyd i'r cynefin ym Meirionnydd yw 'Galw'. A gwareiddiad yn datgymalu'n llwyr, mae llosgfynyddoedd yn ffrwydro, ffliw adar yn bla, prinder dŵr, gwres llethol a gwaharddiad ar drafnidiaeth. Yn sydyn iawn, mae pobl yn dechrau lladd ei gilydd. Nid yw'r Gymraeg yn ddilychwin. Nid yw 'Dy ni' yn ymadrodd naturiol hyd yn oed mewn *dystopia*. Er bod cyffyrddiadau da, mae gormod o elfennau sy'n gwthio credinedd dros y dibyn. Ni roddir gofod i resymeg lle ac amser yn natblygiad y stori. Mae darnau diangen yn ymwthio i'r naratif er mwyn cynnal cenadwri annelwig yr awdur. Gwella wna'r stori, ond pur anfoddhaol yw'r diweddglo. Er gwaethaf erchylltra'r digwydd, ni lwyddir i gyffwrdd â'r darllenydd.

Irma, 'Galw (Plethiad o straeon)': Mae rhagrith a phobl ifanc ar gyfeiliorn ymhlith themâu *Irma.* Ceir dechrau da a thyndra wrth gamu ar fwrdd llong. Mae yna ysgrifennu celfydd a disgwylgarwch, ond nid yw'r 'plethiad' yn cyrraedd safon y straeon unigol rhagarweiniol. Nid ymgodymir â chymhlethdod emosiynol y cymeriadau.

Yr Awdur, 'Olion Traed yn yr Eira Gwyn': Dyma awdur sy'n medru cynnal diddordeb y darllenydd gydol y dweud. Fe geir cameos byw o gymeriadau hanesyddol megis John Morris-Jones a John Williams, Brynsiencyn. Mae rhyw deimlad nad yw popeth fel yr ymddengys yn perthyn i'r nofel atmosfferig hon. Adroddir dwy stori dau brif gymeriad, Owen Humphreys a Tomos Lloyd. Ni chaiff stori Tomos Lloyd ei datblygu'n ddigonol ac er ceisio ei sodro yntau wedyn yng nghanol y naratif, hynod ragweladwy yw ei hynt. Ar fwy nag un achlysur mae'r awydd i yrru'r naratif i gyfeiriad arbennig yn gosod straen ar y gymeriadaeth. Mae'r nofel yn llwyddo, fodd bynnag, a buasai gwaith pellach yn deor cyfanwaith y mae'r fframwaith uchelgeisiol yn ei haeddu.

Deri, 'Y Ferch Fach Ddel': 'Ni welir ar fap unrhyw un o'r mannau ... a grybwyllir yn y nofel hon. "Dyfroedd anhysbys" ydynt byth.' Geiriau blaenddalen nofel antur am Gymraes, Sarah Jane Powell, ymhlith llwyth brodorol y 'Garalabiaid' ar ynysoedd rywle 'rhwng Moreton Bay a Kupang'. Cefais bleser o'i darllen. Dyma ran o'r ganmoliaeth wreiddiol: 'Mae'r awdur yn feistr ar y grefft o adrodd stori. Llwyddodd i greu byd cyfan â'i foesoldeb rhyfedd ei hun – ac i'n tynnu ni i mewn i'r byd hwnnw, wrth ein harwain ar siwrnai gythryblus sy'n herio'n cysyniadau arferol am ystyr gwarineb. Dameg i'n hoes ni.'

Ond wedyn darllenais feirniadaeth Hazel Walford Davies ar y Fedal yn 2011, a gweld yno nid yn unig bod yr awdur (*Meakwl*) wedi cystadlu â fersiwn blaenorol, ond bod y gwaith yn ddyledus iawn i hanes Albanes, Barbara Crawford Thompson, a groniclir mewn cyfrol ffeithiol (1978) a nofel (1947). Er gwaetha'r flaenddalen, a'r argraff mai ffrwyth dychymyg pur yw'r gwaith, fe'i seiliwyd ar hanes a daearyddiaeth wironeddol.

Cystwywyd *Meakwl* yn 2011 am fod yn ferfaidd ffeithiol ac am fethu cydnabod ei ffynonellau. Mae'n amlwg fod *Deri* 2016 wedi hanner gwrando. Er iddo ysgrifennu nofel gyffrous, dewisodd eilwaith beidio ag arddel hanes Barbara Thompson ymhlith llwyth y Kowrárĕg ar ynys Muralag. Cymerodd ddigwyddiadau ac elfennau o'r hanes, gan symleiddio a lliniaru'r gerwinder a'r cignoethni. Gorchwyl amhosib yw cloriannu 'Y Ferch Fach Ddel' mewn cystadleuaeth y mae gwreiddioldeb y gwaith yn un o'r meini prawf pwysicaf. O ystyried iddynt ddioddef lladdedigaeth a chwalfa o dan law'r dyn gwyn, mae cryn anesmwythyd yn codi hefyd o ailenwi llwyth y Kowrărĕg, ystumio eu hiaith a herwgipio eu stori er mwyn eu nofeleiddio. Buaswn yn taer gymell *Deri* i ysgrifennu nofel antur wreiddiol o'r newydd.

Blaen y dosbarth
Nid Tania Waitt, 'Jwg ar Seld': Casgliad o straeon cyforiog o hiwmor, dychan deifiol a ffraethineb gogleisiol. Eir i'r afael yn eofn â dadrithiad cenhedlaeth a gyfareddwyd gan uniongrededd a delfrydiaeth cenedlaetholdeb y saithdegau: 'Mond drw gario 'laen i neud petha pointles fatha canu nawn ni gadw'r iaith yn fyw.' Ceir amrywiaeth lleisiau a safbwyntiau, er bod ôl straen weithiau wrth gynnal hynny. Stori bicarésg llif ymwybod gwrtharwr â'i lais yn gyfaddawd hyd braich o iaith Cofi Dre ydyw'r stori feithaf, 'Yma'. Er fy mod yn edmygu dychymyg rhemp yr awdur, anodd oedd stumogi pob bripsyn o'r 34 tudalen. Nid dyma'r unig gymeriad yn y casgliad i gynnal rhagdybiaethau rhywiaethol traddodiadol. A oes gan *Nid Tania Waitt* ychydig o chwilen yn y pen am nicyrs ar y naill law a Merched y Wawr ar y llall? Neu'n hytrach a yw'n ceisio darlunio'r Cymry fel cenedl *facho* ben i waered, lle mae menywod yn cael eu neilltuo neu'n ymrithio fel dynion fel ag y gwna'r gwleidyddion benywaidd mewn siwtiau yn y stori grefftus, 'Yr Eliffant yn y Siambr'? Mae gan fam sengl ddi-Gymraeg y stori honno dipyn mwy o weledigaeth nag eiddo'r etholedig rai y mae'n 'hwfro ar eu holau'. Er nad yw pob stori yn ennill ei lle, mae digon i gnoi cil arno mewn cyfrol sy'n anesmwytho. Rhydd gyfle i ni ein holi ein hunain: sut fath o genedl yw hon yr ydym mor awyddus i'w gwarchod?

Gwrhyd, 'Fabula': Llenyddiaeth gyfeiriadol glyfar, nid un i'w mwynhau ar draeth, heblaw bod eich ymennydd fel llyfrgell ddi-ben-draw. Yr ydym yng nghwmni awdur sy'n hoff o chwarae â syniadau ac â meddyliau. Mae peth o'r rhyddiaith yn haws ei hamgyffred na'i gilydd: llith pur anhreiddadwy yw 'James Joyce yn Llyfrgell Marsh'. 'Rhinweddau Anghofrwydd' sy'n cloi'r gyfrol: jôc ôl-fodernaidd athrylithgar am hanes boddi Cantre'r Gwaelod. Dychenir obsesiwn academia â thystiolaeth, ac eiddo'r Cymry â chof cenedlaethol. Mae'r ffordd y seiliwyd y stori, fe ymddengys, ar linell Goronwy Owen, 'Chwilio gem a chael gwymon', yn ysbrydoledig.

Er ei fod yn mynd â ni ar deithiau digon pleserus i fannau anghyfarwydd, rhai yn ddieithr ac ofnadwy ac yn llawn hud a lledrith, teimlwn o bryd i'w gilydd fel pe bawn mewn parti a'r sgwrs am bobl yr wyf yn eu lled adnabod ar y gorau. Ac fel mewn parti mae rhai sy'n hoffi rhestru enwau pwysigion y maent yn gyfarwydd â nhw: mae Hugh Owen, Morys Clynnog, Hugh Griffith, Esgob Cassano, Pab Clement VIII, Owen Lewis, Edmwnd Siôn a Gruffydd Robert yn hwpo'u pennau heibio drws un paragraff. Fel arall, ceir cryn dipyn o jôcs uchel-ael, o falu a gwamalu, o swagr academaidd, er nad oes dim o'i le ar hynny. Tueddir, fodd bynnag, i orddefnyddio'r un fformiwlâu wrth gynnal y digrifwch dysgedig.

Iaith glasurol, sydd braidd yn rhy heriol i ddarllenydd ac awdur fel ei gilydd, yw eiddo *Gwrhyd*. Gall dynwared cywair ysgolheigaidd yn orfrwdfrydig esgor ar undonedd. Mae ei themâu yn bur anghyfarwydd, a'i feiddgarwch – wrth fentro ac arbrofi – yn glodwiw. Ond tybed a oes angen gwaith pellach ar yr arbrawf cyn mentro cyhoeddi'r canlyniadau?

Grug, 'Pantywennol': Gan *Grug* y mae iaith brydferthaf a gwreiddiolaf y gystadleuaeth a'r gallu rhyfeddol hwnnw i'n hudo â geiriau. Ceir ganddi enghreifftiau fyrdd o ysgrifennu gwirioneddol wefreiddiol. Llwydda i grisialu profiadau bywyd yn eithriadol o gyfewin, ac fe ddefnyddia'i harfogaeth ieithyddol gyfoethog yn gynnil i greu lliw yn ogystal â dychan, eironi a hiwmor: 'dw i'n cofio meddwl ... y basa Asiffeta'n gneud uffar o wraig gweinidog. Uffar o un dda yntau un ddrwg, wyddwn i ddim.' Eithriad, a siom, yw iaith 'hwntw' o heddwas, sydd wedi ei phupro yn nawddoglyd ddigon â Saesneg ac â thafodiaith annilys.

Stori yw hon wedi ei seilio'n fras ar hanes gwir 'bwgan' Pantywennol, Mynytho, Llŷn, a'r chwiw rhwygo dillad a oedd wedi mynd ar led ymhlith ieuenctid y cylch yn 1865-66. Ôl-drem yw'r nofel ar linyn bywyd Elin Ifans, y fondigrybwyll 'fwgan'. Dechrau a diwedd y stori yw 1917, a hithau yn ei thrigeiniau. Merch ifanc ddeallus oedd Elin Ifans, ac fel gweddill y gymdeithas yn rhwystredig â byw mewn cilfach gefn. Cafodd ei chaethiwo yn bymtheg oed yn swyddfa'r heddlu i aros ei hachos. Cafodd hefyd ddedfryd oes gan gymdogaeth hygoelus Llŷn a'i delweddodd fel bwgan. Selir tynged Elin Ifans o'r cychwyn. Dirwyna islais o dristwch drwy'r naratif: 'Y fi oedd ar goll, yn troi yn f'unfan, heb ddim i'w neud na'i gyfrannu.' Fe'n llethir erbyn y diwedd gan elfennau hunanddifrïol a hunanddinistriol y prif gymeriad. Anodd cysoni beiddgarwch yr Elin Ifans ifanc gyda'r hen fenyw fach wirion sydd bron ofn torri gair â neb ac sy'n llefaru ystrydebau. Y tristwch eithaf yw na adawodd *Grug* i Elin Ifans ymddihatru o'r ddelwedd a impiwyd arni gan y gymdeithas. Er gwagru'r cyfan drwy ymwybod Elin Ifans, mwy hyglyw na'i llais hithau yw sisial y chwedlau amdani. Am hynny, nid yw'r nofel fel cyfanwaith yn llwyddo i gyflawni'r addewid hynod y mae gogoneiddrwydd ei harddull yn awgrymu y gallesid bod wedi ymgyrraedd ato. Ond gobeithio y bydd modd rhyddhau bwgan Pantywennol cyn bo hir, gan fod huodledd geiriol *Grug* mor ysblennydd.

Siencin, 'Cai': Dyma nofel ddeheuig sy'n agor â chyfres o ddisgrifiadau gweledol o Aberystwyth, gan hoelio sylw ac ennyn chwilfrydedd. Nid oes yma rithyn o esgus-osod y digwydd mewn tref ddychmygol ac nid oes (yn wahanol i drigfan Cai, y prif gymeriad) 'sawr cryf hen garpedi a olchwyd ac a ailolchwyd hyd syrffed' ar gyfyl rhyddiaith *Siencin*. Crëir awyrgylch a thaflunnir llun cyfarwydd mewn ffordd wahanol. Mae llawer i'w ganmol yn y nofel gyfoes, ddifyr hon. Disgrifir bywydau dau fyfyriwr – y naill, Ffion, sy'n astudio gwyddoniaeth yn israddedig a'r llall, Cai, yn fyfyriwr ymchwil Hanes Celf. Awn i fyd pobl ifanc a holl ansefydlogrwydd ac anawsterau byw a bod yng Nghymru heddiw. Darlunnir y gwrthgyferbyniad rhwng bywyd academaidd a bywyd domestig myfyriwr ymchwil yn sobor o effeithiol. Dyledion – talu rhent – gorddrafft. Gobeithion – breuddwydion – siomedigaethau – unigrwydd llethol. Rhith a dadrith.

Mae'r ansicrwydd ynghylch trywydd bywyd Cai ar y dechrau yn ddatganiad gwleidyddol ar letraws am economi gorllewin Cymru a'r modd y mae'r brifddinas yn sugno pawb i'w chrombil. Wele Gymru y mae amser a chynnydd ac ymarfogi gwleidyddol fel pe baent wedi anghofio amdani. Mewnfudwyr a hen bobl sydd ym Mhen-llwch ger Brithdir erbyn hyn. Mae cefn gwlad Cymru yn 'marw ar 'i draed'. Er y dylasid bod wedi afradloni llai ar yr iaith fain, ceir dychan a beirniadaeth gynnil ac amserol o ffuantrwydd a Seisnigrwydd y byd celf a'r Brifysgol. Agwedd fychanol yw eiddo'r tiwtor Celf, Jarvis Smith, at y Gymraeg. Mae mwy nag awgrym o eironi yn ei ymgyrch i warchod y Borth rhag y môr.

Dau edefyn ar wahân yw hanesion cychwynnol Cai a Ffion a hytrach yn straenllyd yw'r dull y caiff Cai wybod am Ffion drwy gyfrwng Dyfan yn y 'Rummers'. Mae'r stori, fodd bynnag, wedi ei saernïo'n gywrain o gwmpas ymchwil Cai a Ffion i waith artist a anwybyddwyd gan y genedl ac eiddo ei diweddar nith. Go brin y bu chwilota yn y Llyfrgell Genedlaethol erioed mor ddiddorol â hyn. Mae perygl syrffed mewn nyddu hanes Tryweryn i'r stori. Ond does dim byd syrffedus yn y modd annisgwyl y mae'r awdur yn ymdrin â'r pwnc.

Ai nofel dditectif ynteu ddirgelwch ydyw ? Os nofel ddirgelwch, trueni i'r awdur ildio i'r demtasiwn o wneud gwaith y darllenydd yn rhy hawdd tua'r diwedd.

A oes yma alegori wleidyddol? Sarnu'r hwyl fyddai gorddadansoddi. Bydd i 'Cai' apêl eang, sut bynnag: camp *Siencin* yw iddo lwyddo i ddefnyddio fframwaith nofel boblogaidd i ddweud pethau y mae dirfawr angen eu dweud am Gymru a'r Gymraeg. Yr ydym fel tri beirniad yn unfryd ei fod yn llwyr deilyngu'r Fedal Ryddiaith a phob anrhydedd sydd ynghlwm wrthi.

BEIRNIADAETH JANE AARON

Aeth 14 ymgeisydd ati i gystadlu am y Fedal Ryddiaith eleni. 'Galw' oedd y thema – thema ychydig yn rhy benagored, efallai; ychydig o'r cystadleuwyr a ganolbwyntiodd yn llwyr arni, a chydag un eithriad nid oedd y rhai hynny ymhlith goreuon y gystadleuaeth. Serch hynny, roedd hon yn gystadleuaeth wirioneddol gref. Yn fy marn i, mae gwaith o leiaf bedwar o'r cystadleuwyr yn haeddu'r Fedal, a gobeithio'n fawr y bydd testunau'r tri na chafodd eu gwobrwyo yn cael eu cyhoeddi'n fuan: credaf y byddai llawer yn cael mwynhad o'u darllen. Fe'u trafodaf yn y drefn y'u derbyniais.

Yr Awdur, 'Olion Traed yn yr Eira Gwyn': Mae'r nofel hon yn cychwyn ac yn gorffen yn effeithiol â golygfeydd cofiadwy wedi'u disgrifio'n gynnil. Dyn y post yn gafael mewn llythyr yn y glaw, a phawb ym Mhlas Madryn yn gwybod bod Owain, etifedd y Plas, yn gelain yn ffosydd y Rhyfel Byd Cyntaf: dyna'r cychwyn. Menyw mewn oed yn 1990 yn gadael blodau ar fedd ei hunig blentyn na chafodd erioed ei adnabod: dyna'r diweddglo. Ond rhyngddynt mae sawl digwyddiad cymhleth nad ydynt wastad yn argyhoeddi, wrth i Owain, ar ôl pwl o *amnesia* mewn ysbyty milwrol, ddychwelyd â gwn i ailfeddiannu'i gartref, ac wrth i'w blentyn a fabwysiadwyd yn y Rhyfel Byd Cyntaf gael ei phlentyn siawns ei hun yn ystod yr Ail Ryfel Byd. Nid yw'r cymeriadau'n hollol gredadwy, ac mae'r plot yn orgymhleth.

Amod, 'Y Tir Canol': Mewn llith hir at hen gyfeilles, mae traethydd athrist y nofel hon yn adrodd hanes ei halltudiaeth o'i chynefin wedi iddi gael ei gwrthod wrth yr allor gan ei dyweddi. Cael ei bradychu, gan gariad newydd a chyfeilles newydd, yw ei hanes yn alltud hefyd; gymaint yw ei chwerwder nes ei bod yn 'cydymdeimlo gyda Myra Hindley, dw i eisiau brifo rhywun'. Er bod yr ysgrifennu'n gywrain, nid yw'n hawdd uniaethu â'r prif gymeriad na deall ei hemosiynau cymhleth, nac eiddo ei 'ffrindiau' ffals. Ac mae'r cyfan ychydig yn orfelodramatig.

Martha, 'Yn ôl y galw': Cyfres o storïau byrion amrywiol eu safon. Storïau arswyd yw nifer ohonynt, er enghraifft 'Yr Alwad', lle mae'r traethydd yn darogan trasiedi i'w theulu ar ddydd pen-blwydd priodas, a'r drasiedi yn ei oddiweddyd mewn modd ystrydebol ddigon. Yn 'Maridunum', wedi i'r prif gymeriad ddatgan ei bwriad i fod yn 'fam berffaith' yn ogystal ag 'archaeolegydd llwyddiannus', nid yw marwolaeth ei mab bychan yn y 'dig' oherwydd diofalwch ei fam yn gwbl annisgwyl. Ond mewn ambell stori arall, megis 'Y Ddamwain', cyflëir yn gynnil ac effeithiol benbleth traethydd y dygwyd ei hunaniaeth oddi arni wedi damwain trên. Ac yn 'Galw Dada' darlunnir yn briodol ddwys ddryswch meddwl henoed.

Grug, 'Pantywennol': Nofel afaelgar a chredadwy yw hon; pe na bai'r gystadleuaeth cyn gryfed, fe fyddai'n llawn haeddu'r wobr. Mae'n cychwyn ag erthygl bapur newydd o'r 1860au am fwgan Pantywennol, ac yn rhoi cnawd ar y ffeithiau moel. Un o drigolion Pantywennol yw'r traethydd, sy'n araf ddatgelu cyfrinachau'i chartref. Cnewyllyn yr holl drwbl yw rhwystredigaeth merch yn ei harddegau wedi iddi sylweddoli na fydd rhigolau ei bywyd Fictoraidd yn debygol o gynnig llawer o gyfle nac antur iddi. O dipyn i beth, mae hi a'i chwaer yn dechrau dial ar eu cymdeithas, mewn modd digon diniwed sydd eto gyfryw nes eu troi'n ysgymun i'w cymdogion ofergoelus. Dyma hanes gwrachod ifainc Salem, wedi'i drawsblannu'n effeithiol tu hwnt o America i gefn gwlad Cymru'r bedwaredd ganrif ar bymtheg. Gobeithio'n fawr y cyhoeddir y nofel hon, sy'n sicr yn rheng flaenaf y gystadleuaeth. Nid yw efallai mor wreiddiol â'r tair ymgais arall a ddaeth i'r brig eleni: fe'm hatgoffwyd wrth ei darllen o nifer o destunau llên Gothig Americanaidd, megis drama Arthur Miller, *The Crucible*, neu nofel Shirley Jackson, *We Have Always Lived in the Castle*. Ond yn ei ddefnydd o dafodiaith, a'r holl fanylion am seicoleg y prif gymeriadau a'u cyd-destun Anghydffurfiol Cymreig, mae'n waith cywrain sy'n argyhoeddi, ac fe fydd yn sicr o roi pleser i gynulleidfa eang.

Bleiddwn, 'Maen Thunor': Drwyddi draw mae ieithwedd hynod y nofel hon yn darllen fel petai wedi ei chynhyrchu gan declyn cyfieithu digon cyntefig. Mae'r stori'n hynod ynddi'i hun: rhyw gymysgfa ryfedd o hanes llencyndod mewn ysgol breswyl a chybolfa o hen fythau Eingl-Sacsonaidd. Gyda'i gymeriadau goruwchnaturiol a'i gyd-destun ysgol fonedd mae fel fersiwn o Harry Potter yn y Gymraeg (wel – rhyw fath o Gymraeg), ond yn dipyn mwy beichus i'w ddarllen.

Twm Twm, 'Mae'r Dyfodol yn Galw': Saith stori ddoniol a thywyll wedi eu gosod yn nhrefi Ceredigion, gan mwyaf. Mae rhai ohonynt yn wirioneddol ddoniol, er enghraifft 'Memento Mari', sef hanes Mari, wedi iddi ymddeol o yrfa ddeugain mlynedd yn W.H. Smith, yn creu galwedigaeth newydd dipyn mwy boddhaol iddi'i hunan fel arolygydd angladdau. Ond mae rhai o'r storïau'n rhy dywyll i fod yn jôc. Yn '#Janus', er enghraifft, mae merch ysgol ar fin sefyll ei harholiadau lefel 'A' yn cael gwared ar y gystadleuaeth leol drwy yrru cynifer o negeseuon Gweplyfr milain at un o'i chydnabod nes bod honno'n methu ei harholiadau ac yn cyflawni hunanladdiad. Nid yw perthnasedd y teitl 'Mae'r Dyfodol yn Galw' yn eglur chwaith; nid oes yma stori yn dwyn y teitl hwnnw, nac yn wir lawer o ymwneud â'r thema 'Galw'.

Nid Tania Waitt, 'Jwg ar Seld': Mae thema gref yn cyplysu'r casgliad hwn o ddwy ar hugain o storïau byrion, nifer ohonynt yn llên micro. Am unwaith mae'r thema honno yn ymwneud yn uniongyrchol â 'Galw', sef galw am hir oes i'r iaith Gymraeg yn wyneb difaterwch y Gymru gyfoes. Nifer o ymatebion gwahanol i'r bygythiad o golli iaith sydd yma: rhai ohonynt yn dafodieithol, yn iaith y Cofi, ac eraill yn fynegiant o feddyliau'r Cymry di-Gymraeg sy'n gwybod bod yr iaith yn drysor. Un o ddarnau mwyaf cofiadwy'r casgliad yw'r stori 'Yr Eliffant yn y Siambr', er enghraifft. Yma mae glanhawraig ddi-nod a di-Gymraeg y Senedd yng Nghaerdydd, sydd wedi aberthu er mwyn rhoi'r Gymraeg i'w phlentyn ('roedd degpunt yn llai ar fwyd bob wythnos am gyfnod yn aberth gwerth ei chyflawni er mwyn i Maia gael mynd i Langrannog') yn methu deall absenoldeb yr iaith, fel pwnc ac fel cyfrwng, yng ngweithgareddau'r Aelodau. Yr iaith yw'r 'eliffant yn y siambr' nad oes sôn amdani. Yn nifer o'r straeon micro hefyd cyflwynir yn fachog a thrawiadol yr un neges am bwysigrwydd parhad yr iaith, ac mae gwreiddioldeb safbwynt y storïau yn mynd â 'Jwg ar Seld' i reng flaen cystadleuaeth eleni.

Delw, 'Galw': Dyddiadur hen wraig bron â bod yn gant oed, mewn cartref henoed yn ei chadair olwyn. 2050 yw'r dyddiad, ac mae Cymru wedi mynd â'i phen iddi dan ddylanwad cynhesu byd-eang ac aneffeithiolrwydd y Cynulliad. Symudodd y to iau i Sbaen i greu Cymru newydd ar y Costa Brava, ond mae'r hen wraig yn galw yn daer ar iddynt ddychwelyd i'w cynefin cyn ei bod yn rhy hwyr, a'r Gymraeg wedi marw yng Nghymru. Ychydig yn undonog yw ei llais, ac mae'r cwyno di-baid am effeithiau technoleg ar y boblogaeth gymysg ddiwreiddiau o'i chwmpas yn syrffedus braidd.

Broc Môr, 'Galwadau': Cynhwysir yn y casgliad hwn ryw bump ar hugain o storïau byrion, y mwyafrif ohonynt yn perthyn i *genre* llên micro.

'Clustfeinio' yw teitl y darn cyntaf a'r olaf, sy'n gosod ffrâm o gwmpas y gweddill: maent i gyd yn 'alwadau' am sylw mewn trybini. Mae'r sawl sy'n 'clustfeinio' yn y darn cyntaf yn 'gwrando'n astud ar y bylchau yn y sgyrsiau', a rhaid i'r darllenydd wneud hynny hefyd, gan mai aneglur iawn yw neges y mwyafrif o'r storïau sy'n dilyn. Weithiau mae'r dechneg yn llwyddiannus: yn 'Tri o'r Gloch', er enghraifft, mae glanhawr ysgol fach yn ei glanhau yn ofalus am y tro olaf pan ofynnir iddo, 'I be ti'n boddran llnau heddiw?' a'r ateb a geir ganddo yw, 'Achos ti'n golchi corff cyn ei gladdu'. Hawdd darllen rhwng y bylchau yn y stori gynnil hon, ond nid mor rhwydd gwneud hynny yn achos y mwyafrif o 'alwadau' *Broc Môr*.

Deri, 'Y Ferch Fach Ddel': Deallaf oddi wrth un o'm cydfeirniaid fod y nofel hon wedi ymddangos yng nghystadleuaeth y Fedal yn flaenorol, a'i bod y pryd hwnnw wedi ei beirniadu am beidio â datgelu'r ffaith iddi gael ei seilio ar ddigwyddiadau hanesyddol, ac o bosib ar ffuglen Saesneg yn ymdrin â'r un hanes. Wrth gwrs nid yw cysylltiad â hanes go iawn yn gwanhau ffuglen; i'r gwrthwyneb, fel yn achos 'Pantywennol' yn y gystadleuaeth eleni, mae nodi gwreiddyn ffeithiol stori ac wedyn adeiladu arno yn gallu dwysáu ein hymwybod â chrefft yr awdur. Fodd bynnag, gofynnir inni dderbyn 'Y Ferch Fach Ddel' fel testun ffuglennol gwreiddiol, ac, fel y cyfryw, mae'n waith apelgar, bywiog – o bosib ychydig yn rhy hir i'r gystadleuaeth hon – ond yn ddarllenadwy iawn. Ymfudwraig o Gymraes, wedi ymsefydlu yn Awstralia, yw'r 'ferch fach ddel', sydd ar ôl llawer antur yn ei chael ei hun ar ynys bellennig yn westai i lwyth o ganibaliaid. Mae'r canibaliaid yn argyhoeddedig mai hi yw ysbryd merch eu llywydd, ac felly'n ei thrin â pharch. Cynhwysir yn y stori fanylion diddorol am ddiwylliant y llwyth, ond eto braidd yn foel yw'r portread o'r cymeriadau, heblaw am yr arwres: ar adegau mae'r nofel yn darllen fel llyfr antur – da – i blant.

March Gwelw-las, 'Galw': Mae'n amlwg oddi wrth *Gyfansoddiadau a Beirniadaethau Eisteddfod Genedlaethol Bro Morgannwg 2012* nad dyma'r tro cyntaf i'r nofel hon hithau gystadlu am y Fedal Ryddiaith. Yn 2012, 'Mudo' oedd y testun: mae thema'r nofel yn nes at 'Mudo' na 'Galw' gan mai ffoi rhag haint difrifol ac effeithiau cynhesu byd-eang y mae'r prif gymeriadau. Wrth fudo trwy Gymru o Dreforys i'r Bala, teithiant heibio i lawer man cyfarwydd sy'n llawn haint. Meddai un o'r cymeriadau wrth ddisgrifio'r olygfa yn Asda Treforys wedi i'r haint gyrraedd Abertawe, 'Roedd o'n union yr un fath â gwylio rhyw ffilm wallgo o'r Amerig.' A dyna efallai brif broblem y nofel: mae ychydig yn rhy debyg i aml i lyfr neu ffilm gyfoes, er enghraifft nofel (a ffilm) Cormac McCarthy, *The Road*. Er bod Cymreictod y tirwedd yn rhoi blas arbennig iddi, nid yw fel arall yn taro tant gwreiddiol. Serch hynny, mae'n ddarllenadwy iawn, ac yn haeddu'i chyhoeddi: dylai fod yn boblogaidd, ond yng nghyd-destun y gystadleuaeth eleni, nid yw ymhlith y goreuon.

Irma, 'Galw (Plethiad o straeon)': Beth yw priodolrwydd 'galwad' – yn enwedig pan fo'n eich galw i ladd? Dyna brif thema'r nofel hon, sy'n plethu ynghyd straeon tri chymeriad ar ddiwedd yr Ail Ryfel Byd. Mae hanes Huw, y cenhadwr o Gymro, Miri'r Iddewes filwrol sy'n ymladd ym Mhalesteina, a Lal, o lwyth y Mizo yn nwyrain India, yn cyffwrdd â'i gilydd wrth i griw'r llong y mae Huw'n teithio arni werthu arfau i Miri a'i chyfeillion, cyn gollwng Huw i gychwyn ar ei waith fel cenhadwr ym mhentref Lal. Mae hon, felly, yn nofel uchelgeisiol sy'n berthnasol i sawl agwedd o'n byd heddiw. Ond ychydig yn siomedig yw'r diweddglo arswydus: yn sydyn ddigon caiff Huw ei ladd wrth geisio achub Lal a'i nain rhag effeithiau ffrwydriad anfwriadol, er nad yw'r darlun rhagarweiniol a geir o'i gymeriad yn ein paratoi ar gyfer y fath wrhydri hunanaberthol. Ac eto, mae addewid i'r stori hon; â diweddglo mwy argyhoeddiadol, a thipyn o dwtio ar yr orgraff a'r atalnodi, fe wnâi nofel afaelgar.

Gwrhyd, 'Fabula': Y ffin fregus rhwng ffaith a ffuglen, rhwng hanes a stori yw thema'r casgliad hwn; mae'r wyth hanesyn a groniclir yma yn ymwneud mewn amrywiol ffyrdd â'r modd y mae'r hyn yr ystyrir ei fod yn ffuglen yn gallu troi'n wirionedd, a'r hyn y synir amdano fel ffaith yn troi'n stori. Yn 'Llythyrau Dolores Morgan o'r Dwyrain Pell', er enghraifft, mae unigrwydd cenhades o Gymru yn Siapan yr 1860au yn ei chymell i droi at Fwdïaeth; Cymru a'i chyfeillion yn yr hen wlad sydd bellach yn ymddangos fel ffuglen iddi. Aethai allan i ryddhau'r Siapaneaid o'u hofergoeledd ond wyneb yn wyneb â'i chyd-destun newydd aiff ei Christnogaeth yn freuddwyd iddi. Yn 'Adar Rhiannon', wedi brwydro'n hir, mae Cymru'r dyfodol i bob golwg wedi ennill ei rhyddid, ond dathlu'n annhymig wna ei charedigion, gan yfed, canu ac areithio gydol noson y fuddugoliaeth, a deffro i ddarganfod ei fod yn rhith. Yn anuniongyrchol, adlewyrchir sefyllfa'r Gymru sydd ohoni yn nifer o'r hanesion. Patagonia yw lleoliad 'Hydref yw'r Gwanwyn'; i'r gwladfawyr yno mae colli pump neu chwech o'u cyfoedion 'yn golygu colli to cyfan', ac atgoffir y darllenydd o'r modd y trodd gwanwyn 2015 yng Nghymru yn hydref o golledion. Yn 'James Joyce yn llyfrgell Marsh' mae Joyce, yn Nulyn dechrau'r ugeinfed ganrif cyn gwrthryfel y Swyddfa Bost, yn gweld ei wlad 'dan orchudd prudd, dan barlys, yn aros ynghrog', ac yn ffoi o'r fath garchar o wlad cyn iddi ddeffro o'i pharlys. Dilyn hynt y llithriad rhwng rhith a sylwedd a wnawn wrth ddarllen hanesion y casgliad hudolus hwn, sydd i mi yn rheng flaen y gystadleuaeth am y Fedal eleni.

Siencin, 'Cai': 'Dod â rhywbeth i olau dydd – dyna'r mwynhad. Dyna'r cyffro. Dod â rhywbeth mae pawb wedi anghofio amdano, rhyw ddawn brin, i sylw'r byd.' Dyna sy'n ysbrydoli Cai Wynne, myfyriwr PhD Hanes Celf yn Aberystwyth a phrif gymeriad y nofel gelfydd hon. Wrth iddo dyrchu i'w destun, sef gwaith yr arlunydd Aeres Vaughan, daw haen ar ôl haen o ddirgelion eraill annisgwyl i'r wyneb. Caiff ei berswadio gan Aeres Vaughan i ymchwilio i waith ei nith, Catrin Hywel, yn ogystal, arlunydd arall o bwys, meddai ei modryb, ond un sydd 'yn fwy na fi erioed, wedi ei hesgeuluso a'i hanwybyddu, a hynny ers cymaint o flynyddoedd'. Yn yr 1970au bu farw Catrin ym mhentref Pen-llwch, lle symudodd ei theulu ar ôl boddi Cwm Tryweryn, ei thrigfan gyntaf. Hunanladdiad oedd achos ei marwolaeth yn ôl y cwest, ond nid yw ei modryb yn derbyn y dyfarniad. Caiff Cai ei gynorthwyo yn ei waith gan un o ferched Pen-llwch, Ffion Jones, sydd hefyd yn fyfyrwraig yn Aberystwyth. Gydol y nofel cymherir y ddau leoliad, Pen-llwch sy'n 'llawn hen bobl', 'yn marw ar 'i draed' yn ôl Ffion, ac Aberystwyth, tre fywiog y myfyrwyr ifainc, sydd eto â'i gwreiddiau'n ddwfn yn nhristwch y gorffennol tywyll. Dod â'r tywyllwch hwnnw i olau dydd – dyna'r 'alwad' sy'n ysgogi'r myfyrwyr wrth iddynt ymbalfalu yn archifau'r Llyfrgell Genedlaethol. Yn annisgwyl, felly, mae'r nofel yn troi'n stori dditectif, yn ogystal â stori ramant gynnil wrth i'r berthynas rhwng Cai a Ffion egino. Dyma nofel wreiddiol, gyfoes a gafaelgar sy'n sicr o roi pleser i gynulleidfa eang.

O'r pedwar cais ar ddeg, daeth pedwar i'r brig: yn fy nhyb i mae gwaith *Grug, Nid Tania Waitt, Gwrhyd* a *Siencin* oll yn deilwng o'r Fedal eleni. Ond rhaid oedd dewis un, gwaetha'r modd. Cyn y drafodaeth â'r beirniaid eraill, roeddwn yn tueddu i ffafrio 'Fabula' gan *Gwrhyd*, ond fel panel cytunasom yn unfryd wedi trafodaeth frwd a difyr, i wobrwyo nofel *Siencin,* 'Cai', sy'n sicr yn llawn haeddu'r Fedal.

Yn wreiddiol (os cofiaf yn iawn) dewiswyd John Rowlands i feirniadu'r gystadleuaeth hon. Gwaetha'r modd, nid yw ef mwyach gyda ni, ond bûm yn dyfalu lawer gwaith beth fyddai ei farn ar y cynhyrchion a gafwyd. Weithiau, fe geisiwn ysbrydoliaeth wrth feddwl amdano.

Rhaid dweud i ddechrau i mi gael blas garw ar feirniadu. A ninnau yn poeni cymaint am yr argyfyngau sy'n wynebu'r cymunedau Cymraeg eu hiaith, mae'r gystadleuaeth hon wedi profi fod yna gryn sglein a gwytnwch yn perthyn i'n traddodiad llenyddol o hyd.

Ar ôl yr ychydig eiriau yna o ragymadrodd, dyma rai sylwadau ar y cystadleuwyr.

Bleiddwn, 'Maen Thunor': Ar y pedwerydd cynnig yn unig y llwyddais i ddarllen y gwaith hwn drwyddo. Heb os mae yma awdur uchelgeisiol sydd wedi'i drwytho ei hun yn chwedloniaeth yr Eingl-Sacsoniaid ac mae blas Tolkien a Philip Pullman i'w weld yn amlwg ar ei waith. Ond bu darllen y cyfan yn flinder eithriadol a thybiaf yn gryf i'r nofel gael ei chyfieithu o'r Saesneg a hynny gan rywun nad oedd yn rhy gyfarwydd â'r Gymraeg. Synhwyraf fod geiriaduron wedi bod wrth ei benelin yn barhaus pan oedd yn ysgrifennu. Os oes gan yr awdur hwn awydd gwirioneddol i gyfrannu i lenyddiaeth Gymraeg fe ddywedwn i nad cystadleuaeth y Fedal Ryddiaith yw'r lle i gychwyn. Meistroled yr iaith yn gyntaf.

Delw, 'Galw': Dyddiadur hen wraig mewn cartref henoed yn y flwyddyn 2050. Mae'r awdur yn edrych yn ôl ar gyfnod o ymgyrchu yn y 1970au er nad yw'n dal llawer o ias y degawd hwnnw a thybiaf i'r ymgeisydd fod yn y gystadleuaeth hon rai blynyddoedd yn ôl. Tra bod yr ysgrifennu yn gywir a glân, nid oes yma ddim sy'n cyffroi ac mae'r gwaith yn llawer rhy fyr i'w ystyried ar gyfer cystadleuaeth y Fedal Ryddiaith.

Dyna i mi y cynhyrchion gwannaf. Yr wyf yn awr am droi fy sylw at dair cyfrol ddiddorol sydd, er hynny, wedi methu codi'n uwch yn y gystadleuaeth.

Deri, 'Y Ferch Fach Ddel': Cafodd y gwaith hwn ei ystyried o ddifrif ar gyfer y Fedal cyn i ni sylweddoli iddo fod yn y gystadleuaeth hon o'r blaen ac iddo gael ei wrthod bryd hynny am nad oedd yn gwbl ddilys. Gan mai Angharad a ddarganfu y 'twyll' fe gaiff hi fanylu ymhellach. Ond hyd yn oed pe na bai 'hanes' i'r nofel mae'n rhaid dweud fod gen i f'amheuon amdani. Trafodir bywyd merch o dras Gymreig, o'r bedwaredd ganrif ar bymtheg, sy'n byw yn Awstralia ac yn priodi llongwr o Gymro. Yn dilyn llongddrylliad fe gyll ei phriod cyn iddi gael ei hachub gan frodorion sy'n byw ar ynys bellennig. Trig gyda'r brodorion hyn am flynyddoedd cyn i'w phriod ailymddangos – yn wyrthiol braidd – ar ddiwedd y stori ac achub ei bywyd. Mae'r penodau agoriadol, sy'n trafod y bywyd yn Awstralia, wedi eu hysgrifennu yn wych iawn. Nid cystal y disgrifiad o fywyd ar yr ynys gyda'r brodorion. Ymddengys y cyfan fel astudiaeth anthropolegol wedi ei hanelu at blant ysgol. Cwbl chwerthinllyd yw'r diweddglo swta.

March Gwelw-las, 'Galw': Ymddengys fod y cyfaill hwn wedi bod yn y gystadleuaeth hon o'r blaen hefyd! Ond roedd ei nofel yn un hynod ddiddorol a atgoffai rywun o *The Road* gan Cormac McCarthy. Oherwydd cyfres o ddigwyddiadau apocalyptaidd mae'r byd, a'r Gymru yr ydym ni yn ei hadnabod, ar fin dod i ben. Chwalwyd pob trefn gyhoeddus ac mae tanau ac afiechyd yn bygwth yr hyn sy'n weddill o'r ddynoliaeth. Mae 'Abertawe'n fflam' unwaith eto, a'r prif gymeriad yn penderfynu symud ei deulu i'r gogledd a cheisio diogelwch yno. Hanes y daith enbydus honno a gawn yma ac mae'n amlwg fod yr awdur yn adnabod Cymru fel cefn ei law. Mae'r cyfan wedi ei ysgrifennu yn rhagorol, ond nid yw'r arddull orlenyddol, er cyfoethoced ydyw, yn asio o gwbwl gyda'r chwalfa a ddisgrifir. Pwy ar noson olaf ei fywyd, gyda'i deulu i gyd yn marw o'i gwmpas, fyddai'n llwyddo i ysgrifennu dyddiadur sy'n llawn cyfeiriadaeth lenyddol? Ar ben pob pennod fe geir dyfyniad a godwyd o farddoniaeth Gymraeg yr oesoedd a'r awduron yn ymestyn o Ioan Machno i Donald Evans. Mae yna ddeunydd diddorol iawn yma, ond fe fydd yn rhaid i'r awdur ailwampio'i waith yn llwyr os yw am ysgrifennu nofel sy'n argyhoeddi.

Irma, 'Galw (Plethiad o straeon)': Cludir ni yn ôl i'r blynyddoedd yn union wedi'r Ail Ryfel Byd gyda chenhadwr ifanc o Gymro yn mynd ar daith llong i'r Dwyrain Pell. Cawn gip ar ei orffennol ef ac ar fywyd y brodorion y mae ar fin mynd i'w plith. Hefyd fe ddaw helyntion Palesteina a'r frwydr i sefydlu gwladwriaeth Israel i mewn i'r stori. Codir nifer o gwestiynau diddorol sy'n ymwneud ag imperialaeth a hawl rhywun i orfodi ei ddiwylliant a'i werthoedd ar eraill. Diwedd y stori yw ei gwendid mawr wrth i'r awdur geisio profi rhagoriaeth heddychiaeth Gristnogol. Mae'r clo yn chwithig iawn a dweud y gwir; pe llwyddid i ddiwygio'r terfyn fe fyddai gennym nofelig ddiddorol iawn.

Yr ydym yn awr yn newid gêr ac yn ein cael ein hunain yng nghwmni pump o ymgeiswyr sydd wedi cynnig pum cyfrol ddiddorol, teilwng o'r gystadleuaeth. Mewn blwyddyn wannach mae'n ddigon posib y byddai rhai ohonynt yn cael y Fedal hyd yn oed. Eu hanffawd eleni yw fod gweithiau mwy cyffrous wedi cael y blaen arnynt.

Broc Môr, 'Galwadau': Casgliad o straeon byrion a llên micro. Fe ddarllenais y casgliad hwn lawer gwaith gan dybio fy mod, efallai, yn colli rhywbeth. Mae yma awdur deallus, sy'n amlwg yn gallu ysgrifennu; un sydd ag ymwybyddiaeth fyw o'n traddodiad llenyddol ac wedi ei drwytho ynddo. Ond eto, mynnai ei waith lithro o'm gafael bob tro. Teimlwn mai datrys posau yr oeddwn yn hytrach na darllen straeon. Rhaid bod yr awdur yn gwybod yn iawn beth y ceisiai ei gyfleu, ond yn anffodus, nid felly fi.

Twm Twm, 'Mae'r Dyfodol yn Galw': Saith stori fer gyda rhyw hiwmor tywyll a dogn dda o eironi a dychan yn nodweddu llawer ohonynt. Mae dawn ysgrifennu gan yr awdur hwn ac fe ddywedwn ei fod yn hen law arni. Fe ddadleuwn dros dorri'r diweddglo i 'Ffrederig Fawr', sy'n trafod y berthynas ryfedd rhwng dyn a'i gi (heb sôn am fod fymryn yn rhywiaethol). Uchafbwynt sinistr y gyfrol yw'r stori 'Janus'.

Martha, 'Yn ôl y galw': Casgliad arall o straeon byrion, a hwn eto, debygwn i, yn awdur profiadol. Mae yna naw o straeon i gyd a phob un yn berthnasol gyfoes ac yn delio â themâu fel clefyd *alzheimer*, stelcio a denu merched ifanc ar y We. Yn anffodus, mae diweddglo nifer o'r straeon yn rhagweladwy.

Amod, 'Y Tir Canol': Bu'r gwaith hwn yn y gystadleuaeth o'r blaen yn 2013. Am ryw reswm cawn f'atgoffa wrth ddarllen y gyfrol o gân y Beatles i Eleanor Rigby. Mae'r prif gymeriad wedi symud o gefn gwlad Cymru i ddinas yn Lloegr a hynny wedi iddi gael ei siomi gan ei chariad oherwydd iddo gadw draw o'u priodas. Treulia weddill ei bywyd mewn rhyw fath o ferddwr diflas ac nid yw'n llwyddo i greu perthynas lwyddiannus â neb arall. Mae yma ysgrifenwraig abl sy'n meddu ar iaith gyfoethog. Er diflased y stori fe lwydda i gynnal ein diddordeb, er na thybiaf fod y berthynas rhwng y tri phrif gymeriad yn gweithio. Trwy'r stori i gyd roedd gen i fwy o ddiddordeb mewn gwybod beth aeth o'i le yn y berthynas wreiddiol sy'n sail i'r hanes. Ond camp yr awdur yw ei fod yn llwyddo i gynnal ein diddordeb er mor llwydaidd ddigyffro yw'r cefndir a'r cymeriadau.

Yr Awdur, 'Olion Traed yn yr Eira Gwyn': Bu i mi adolygu nofel gan yr awdur hwn rai blynyddoedd yn ôl ac yn awr rwyf yn fy nghael fy hun yn trafod cyfrol arall o'i eiddo sy'n mynd dros beth o'r un tir. Yn sicr mae'n trafod yr un thema ac yn delio i raddau â'r un cymeriadau. Y gwahaniaeth mawr yw fod y nofel gyntaf yn perthyn i'r Ail Ryfel Byd tra bod hon â'i gwreiddiau yn y Rhyfel Mawr. Ond dod o hyd i riant coll yw sylfaen y ddwy stori ynghyd â cheisio datrys y dirgelwch dros ddiflaniad y ddau.

Mae'r portread o Ynys Môn ym mlynyddoedd cynnar yr ugeinfed ganrif yn rhagori yma. Rhaid canmol hefyd y darlun a gawn o John Morris-Jones yn dadlau'r achos tros fynd i Ryfel ac ymateb rhai pobl i hynny. Felly hefyd y gwrthdaro rhwng Puleston Jones a John Williams, Brynsiencyn ar sgwâr Llangefni. Yr un modd, mae'r olygfa a'r disgrifiad a gawn o garchar Holloway tua therfyn y nofel yn argyhoeddi.

Mae gan yr awdur afael dda ar ei stori ond trueni na fyddai yn rhoi mwy o le i'w brif gymeriadau ddatblygu ac anadlu. Mae anian heddychwr yn Owen Humphreys ond mae'n derbyn ei dynged ac yn ymuno â'r fyddin yn hynod o rwydd. Sut y bu i ddyn mor gytbwys ymddiried yn Ifor Innes? Beth am y berthynas wedyn rhwng Owen Humphreys a Dr Giles? Beth oedd effeithiau seicolegol ei anafiadau ar y prif gymeriad? Tra bod yr awdur yn llwyddo i adrodd stori eitha trofaus mae'n rhaid dweud fod gen i fwy o gonsýrn am ei gymeriadau a beth fu effaith yr hanes arnynt hwy. Y trueni yw fod y cymeriadau yn gwasanaethu'r stori yn hytrach nag fel arall.

Mae yna ddau gasgliad o straeon byrion a dwy nofel ar ôl i'w hystyried. Heb amheuaeth, mae'r cynhyrchion hyn yn codi i dir uchel iawn a phob un ohonynt yn haeddu'r Fedal Ryddiaith.

Nid Tania Waitt, 'Jwg ar Seld': Mae yna ddau ar hugain o amrywiol ddarnau yn y casgliad hwn, yn llên micro a straeon byrion, a chawn ein hunain yng nghwmni awdur talentog a phrofiadol. Efallai na fyddai Kate Roberts yn cymeradwyo gan fod hwn yn waith eithriadol o wleidyddol ac yn genedlaetholgar iawn ei naws. Onid oedd hi o'r farn y dylai'r llenor ymrwymedig gadw'n glir o wleidyddiaeth yn ei waith? Ond dyna fo, dydy hi ddim o gwmpas i fynegi barn bellach! Stori orau'r casgliad (ac uchafbwynt y gystadleuaeth gyfan, o bosibl) yw 'Yr Eliffant yn y Siambr'. Roedd hi'n hawdd iawn uniaethu ag ysbryd byrlymus, digyfaddawd yr awdur hwn ond fe ddadleuwn nad yw'r darnau llên micro (er eu difyrred) yn codi i'r un safon â rhai o'r storïau. Wn i ddim chwaith a yw'r stori 'Yma' yn ffitio'n gyfforddus gyda'r darnau byrrach yn y gyfrol. Ond fe fwynheais yn fawr y disgrifiad o'r cyfarfyddiad rhwng y prif gymeriad a'r Ffermwyr Ifainc yn y Black Boy, Caernarfon. Cefais brofiadau tebyg fy hun yn y gorffennol! Rwy'n rhagweld croeso afieithus i'r gyfrol hon pan ddaw hi o'r wasg.

Gwrhyd, 'Fabula': Roedd rhywbeth ynglŷn â'r modd y cafodd y gwaith hwn ei gyflwyno a oedd yn tynnu sylw. A heb unrhyw amheuaeth, dyma waith mwyaf heriol y gystadleuaeth. Bydd ei gyhoeddi yn 'ddigwyddiad llenyddol o bwys'. Mae'r storïau yn y gyfrol (wyth ohonynt i gyd) yn chwilio'r ffin rhwng hanes a chwedl, ffantasi a ffaith, rhith a sylwedd. Maent yn ymwneud hefyd â phwysigrwydd y cof a pha mor ddibynadwy yw hwnnw. Fe'n tywysir i sawl gwlad a chyfandir a sawl cyfnod gwahanol. Crybwyllir Nel Fach y Bwcs, James Joyce a chenhades o Siapan. Felly, mae yma gymeriadau dychmygol, chwedlonol a rhai eraill o gig a gwaed. Ymwelwn â sawl cyfnod hanesyddol gwahanol a gosodir un stori yn y dyfodol agos. Er mor wreiddiol yw'r gwaith nid yw ei fynegiant mor ysblennydd â'r cystadleuwyr eraill sydd wedi dod i'r brig yn y gystadleuaeth hon. Ond yr ydym yng nghwmni awdur o bwys.

Grug, 'Pantywennol': O'r dechrau'n deg fe wirionais ar y nofel hon. Cwympais mewn cariad â hi mewn gwirionedd. Pan ddechreuais ei darllen fe wyddwn yn syth na fyddai'n rhaid poeni am deilyngdod yng nghystadleuaeth y Fedal eleni.

Fe ymddengys fod hon yn stori wir a bod yr hanes sy'n sail iddi i'w gael yn y *Caernarvon and Denbigh Herald* yn 1861. Felly, fe'n cludir yn ôl i Ben Llŷn yng nghanol y bedwaredd ganrif ar bymtheg. Mae yma amrywiaeth o gymeriadau diddorol a phob un wedi ei lunio'n grefftus ofalus. Dyma ddisgrifiad cryno o fam y prif gymeriad: '... a gan nad oedd hi'n llawer o ben, daeth ei greddf yn beilat iddi'. Stori am ysbryd sydd yma a hwnnw yn mynnu aflonyddu ar grefyddwyr da yr ardal gan darfu ar eu cyfarfodydd gweddi. Mae yma wrthdaro mewn gwirionedd rhwng anghydffurfiaeth barchus ail hanner y bedwaredd ganrif ar bymtheg ac ofergoeliaeth cyfnod cynharach. Daw Kilsby Jones, un o gewri'r pulpud, draw i geisio datrys y dirgelwch. Cynhelir cyfarfodydd gweddi lle ceir y deisyfiad hwn ar i Dduw fynd i'r afael â'r ysbryd: 'Cyfod dy bicwarch a diberfedda'r cythral ... Gwasger ei ben diolwg yn nhrap egraf Nanhoron ... Stwffied ei berfedd â gwenwyn ...'

Nid stori afaelgar yn unig sydd yma ond ysgrifennu gwirioneddol rymus hefyd. Er hynny, mae'r diweddglo yn siomedig er na wn sut y gellid gwella arno. Ond fe dddywedwn i fod yr awdur hwn â'i wreiddiau'n ddwfn yng Nghymreictod Pen Llŷn ac i hynny greu llenor nodedig ohono.

Siencin, 'Cai': Yr hyn a'm denodd gyntaf at y nofel hon yw'r disgrifiad rhagorol a geir ynddi o dref Aberystwyth. Myfyriwr ôl-raddedig yn Ysgol

Gelf y Brifysgol yw Cai. Mae'n derbyn comisiwn i ymchwilio i waith yr artist Aeres Vaughan, gwraig sy'n byw yng nghyffiniau'r Brithdir. Arweinir ef gan ei ymchwil at waith artist arall, Catrin Hywel. Dirgelwch ynglŷn â'i marwolaeth hi yw gwir sail y stori. Stori ddirgelwch yw hon, felly, un y mae boddi Tryweryn yn chwarae rhan bwysig ynddi. Yn wir, fe ddywedwn i fod yna elfen alegorïaidd gref i'r nofel a chawn fy atgoffa wrth ei darllen o'r gerdd 'Reservoirs' gan R.S.Thomas. Synhwyrwn fod rhywbeth yn corddi yn isymwybod y genedl, rhyw annifyrrwch ac anesmwythyd mawr. Mae materion eraill fel rôl merch ym myd celf (ac yn y gymdeithas) a dirywiad cefn gwlad yn brigo i'r wyneb hefyd.

I ddechrau, fe'm blinwyd gan y talpiau o Saesneg yn y nofel ond deuthum i'r casgliad fod yr iaith fain yn cael ei defnyddio i bwrpas er mwyn beirniadu Seisnigrwydd y drefn addysg uwch yng Nghymru. Gyda'r nofel hon eto mae'r diweddglo braidd yn siomedig: sut y llwyddodd y dihiryn yn yr hanes i gadw o'r golwg am gyhyd? Cyfoesedd y nofel a apeliodd ataf fwyaf. Mae hi hefyd yn un rhwydd iawn i'w darllen ac, fel *Grug,* mae gan *Siencin* Gymraeg godidog.

Bûm yn pendroni'n hir rhwng y ddwy nofel hon. 'Pantywennol' oedd fy nghariad cyntaf ac rwy'n teimlo braidd yn euog i mi ei bradychu. Ond trwy'r amser roedd cyfoesedd 'Cai' yn apelio. Nid oes ond gobeithio y byddai John Rowlands yn cymeradwyo ein penderfyniad terfynol.

Mewn cystadleuaeth gref a chlòs mae *Siencin* yn llawn haeddu'r Fedal Ryddiaith eleni.

CYFRINACH

Diwedd haf ydy hi. Wrth gwrs. Pa amser arall y gall hi fod, i berthynas sydd ar fin dod i ben, i berthynas sy'n tynnu'r bleinds i lawr ac yn troi'r arwydd 'AR GAU' i wynebu at allan.

Mae hi yn eistedd yn y car yn y maes parcio tra mae o wedi mynd i dalu am barcio. Mae o wedi rhoi planced ar draws ei phengliniau, ond mae hi wedi ei thynnu y munud y camodd o allan o'r car. Planced dros bengliniau; gweithred ofalus, garedig, gweithred rhywun sydd yn caru. Mae'n codi pwys arni. Mae'r petha' lleia'n codi pwys arni am Jim y dyddia' yma.

O'r fan hyn, gall weld yn bell drwy'r coed a gweld y môr yn dal pelydrau gwan diwedd pnawn bob hyn a hyn. Mae 'na dri char arall yn y maes parcio, ac un o'r rheini'n un o'r fania' swyddogol yn perthyn i'r Cyngor. Mae 'na gwpwl yn un o'r ceir, ac o'r ffordd mae'r fam yn troi bob hyn a hyn at y sêt gefn, mae'n amlwg fod yna gi neu blentyn neu rywbeth yn mynnu ei sylw.

Chwe deg mil.

'Chwe deg mil! Am gwt!'

'Am gwt glan môr, Glesni. Dim rhyw hen gwt yng ngwaelod yr ardd ydy hwn, ond cwt glan môr. Lle does neb yn nabod ni! Dychmyga hwyl gawn ni, yn codi'n bora, camu allan a theimlo'r tywod dan dy draed, a gwynt y môr yn chwara' efo godra' dy byjamas ... dychmyga'r hwyl ...'

Roedd yn well gan Glesni beidio â dychmygu'r 'hwyl' a oedd gan Jim mewn golwg. Gallai ymateb i'r teimlad o'r tywod yn cosi bodiau ei thraed, y gronynnau yn ildio'n gynnas dan bwysau ei chnawd. Gallai glywed wylofain gwylanod a chrio'r cyrliw. Roedd hynny'n ddigon heb orfod dychmygu bod yno efo Jim a'i syniad o 'hwyl'.

Yr oedd llaw Jim yn codi eto ac eto ac eto yn yr ocsiwn wrth i'r cwt glan môr fynd dan y morthwyl. Yr oedd Glesni yn meddwl ei fod o wedi mynd o'i go'.

'Pymtheg mil, ugain, ga i bump ar hugain yn rhywle? Tri deg mil ...'

Wrth i'r pris ddringo i'r entrychion, gallai Glesni deimlo llygaid pawb arall yn soseru o'i chwmpas, nes ei bod yn teimlo eu bod yn mynd i'w sugno i mewn i'w lleithder unrhyw funud. Yr oedd wedi troi at Jim i geisio dal ei lygaid, ond yr oedd ei sylw wedi hoelio ar yr ocsiwnïar, fel petai wedi ei gyfareddu ganddo.

Wrth i bawb ymlusgo allan o'r adeilad mawr ar ddiwedd yr ocsiwn, yr oedd Glesni hefyd wedi hoelio ei llygaid hithau – ond ar y llawr, er mwyn osgoi gorfod gweld pawb yn edrych arni. Yr oedd Jim ar ben ei ddigon, yn bwerus rhywsut, fel petai'r datganiad ei fod o'r math o berson a oedd yn gallu rhoi chwe deg mil am gwt glan môr yn ei godi uwchlaw'r dyn cyffredin, yn rhoi iddo ryw rin arbennig a fyddai'n sicrhau rhywfaint o anfarwoldeb iddo.

Yr oedd o wedi methu gadael iddi ar ôl cyrraedd y car; ei fysedd yn chwarae efo'i thethi o dan ei blows, a'i wefusau poeth ar ei gwddw bron cyn iddi gael cyfle i gau'r drws ffrynt. Caru unochrog oedd o 'di bod – nid bod yna ddim byd yn anghyffredin yn hynny. Ond y tro yma, yr oedd Glesni wedi teimlo rhywsut fel putain, fod codi ei law yn yr ocsiwn wedi rhoi i Jim ryw fath o hawl arni.

Gall weld Jim yn ymlwybro yn ôl at y car rŵan, a'i law dde yn symud nôl a blaen mewn rhythm i'w gerddediad. Nid yw'n symud fel y dylai dyn sydd wedi talu chwe deg mil am gwt glan môr symud. Mae ganddo osgo ymddiheurol, bron. Na, nid ymddiheurol chwaith ond diolchgar, fel petai o'n ddiolchgar o fod yn cael dod i barcio yma i le mor braf, a chael profi ysblander glan y môr diwedd haf. Mae hyder diwrnod yr ocsiwn wedi cael ei ddisodli gan yr hen daeogrwydd arferol. Mae'n well gan Glesni hynny. Mae o'n haws ei ddirnad rhywsut.

'Dyma ni, ta!' meddai Jim. Dydy o ddim i weld yn synnu fod Glesni wedi tynnu'r blanced oddi ar ei phengliniau. Mae hi'n siomedig. Mae hi isio ei frifo.

Mae'r daith i lawr at y traeth yn un hir ac anodd efo'r ddau fag mawr sydd gan y ddau ar eu cefnau. Mae 'na fatras campio wedi ei rowlio'n swis rôl las yn gwthio ei ben allan o fag Glesni, ac mae'r cwilt gan Jim. Mae o wedi cynnig cymryd y baich arno fo ei hun ond mae Glesni wedi gwrthod gadael iddo wneud. Mae hi'n mynd i orfod bod yn gryf heddiw os ydy hi am gyflawni ei bwriad a gorffen pethau rhyngddi hi a Jim.

Wedi cyrraedd y traeth, mae'r cytiau i gyd yn sefyll fel llyfrau ar silff, pob un wedi ei beintio mewn lliw gwahanol, pob un yn perthyn i freuddwyd wahanol. Maen nhw'n smart, all Glesni ddim gwadu hynny. Maen nhw'n smart mewn rhyw ffordd 'cerdyn post', yn ddel fel mae unrhyw beth unffurf ufudd yn ddel. Hwyrach mai dyma oedd ei hapêl hi i Jim o'r dechrau: ei bod yn ufudd, yn ddistaw, yn fodlon. Fel cwt glan môr sy'n barod i agor ei ddrysau i chi gael gochel rhag y ddrycin sy'n sgubo fel amdo ar draws y dŵr.

'Pa un ydy o?' meddai. Mae o'n gwestiwn digon teg. Tydy hi ddim yn disgwyl iddo fo beidio gwybod. Mae hi wedi disgwyl iddo 'nabod yr un yn iawn, fel 'sa rhywun yn 'nabod ei gi o blith giang o gŵn 'run brîd. Os ydy rhywun yn talu chwe deg mil am rywbeth, siawns fod yna ryw adnabyddiaeth, rhyw gysylltiad emosiynol hyd yn oed os mai dim ond adnabyddiaeth ydy o.

Mae Jim yn rhoi'r bag ar y tywod ac yn pysgota ym mhoced ei siaced am damaid o bapur. Mae'n ei ffeindio ac yn craffu arno fo, ac mae hi'n mynd yn frwydr rhyngddo fo a'r awel fain sy'n mynnu pryfocio a chyrlio ymylon y papur bob gafael. Yna mae o'n ildio ac yn estyn am y goriad sydd yn ddyfnach byth yn entrychion poced ei siaced. Mae yna gardyn bach yn sownd i'r goriad a rhif y cwt arno.

'Rhif pump,' medda' fo o'r diwadd, ar ôl i Glesni gael digon ar hopian o un droed i'r llall i geisio cadw'n gynnas.

'Rhif pump ... hwnna'n fanna, yli. Efo'r ... efo'r paent 'di ... Ia, hwnna'n fanna.'

Mae rhif pump yn sefyll allan. Mae'r paent ar ddrws rhif pump wedi pilio i gyd, wedyn prin mae rhywun yn medru deud pa liw ydy'r cwt i fod. Mae Glesni wedi disgwyl gwell. Am chwe deg mil, siawns na fyddan nhw wedi rhoi côt o baent ffres iddo gael derbyn ei berchennog newydd.

Jim sy'n arwain y ffordd, a'i sgidia' duon siwt yn edrych yn rhyfadd yn erbyn y tywod. Mae hi wedi gwisgo ei fflip-fflops aur, am y rheswm syml mai'r rheini oedd y petha' agosa' at yr ochr pan aeth i ymbalfalu dan y gwely. Tydy hi ddim yn hogan fflip-fflops aur, ond maen nhw i weld yn ddigon addas heddiw.

Mae'r ddau yn oedi o flaen y cwt.

'Be ti'n feddwl?' medda' fo.

'Ma'n gwt,' medda' hi.

Does dim rhaid i'r un o'r ddau sôn am y paent a'r golwg aflêr cyffredinol sydd arno.

'Mae o'n champion, tydy? Ein lle bach ni'n dau, yli. Ymhell o'r byd a'i betha' … Fydd petha'n … haws i ni, yn fan'ma.'

Mae llais canu Jim yn swnio'n fyddarol ar y traeth distaw.

'"Pan fwyf yn hen a pharchus, ac arian yn fy nghod, a phob beirniadaeth drosodd, a phawb yn canu 'nghlod …"'

'Mi waria i'r blydi lot o'r arian yn fy nghod ar gwt glan môr bach tila,' meddai llais bach ym mhen Glesni. 'Craig a Dave ac Aaron, a cheir mawr ffôr-bai-ffôr … Ond Craig a Dave ac Aaron, a cheir mawr ffôr-bai-ffôr!' Mae Glesni yn torri i wenu, ac mae Jim, o sylwi, yn gwenu'n ôl!

'Ti'n licio fo, dw't? Fedra i ddeud. Paid ti â phoeni bod o'm yn ffeif stâr eto, lle bach ni ydy o, de, Glesni? O olwg pawb, i ga'l dŵad yma pan lecian ni, heb fod neb yn busnesu efo ni.'

'Gawn ni fynd mewn, ta?' meddai Glesni.

'Ti isio g'neud yr *honours?*' medda' fo, a chynnig y goriad iddi fel tasa' fo'n cynnig i'r frenhines agor rhyw adeilad pwysig.

Prin fod angen agor y drws o gwbl. Mae dychymyg Glesni wedi bod wrthi'n creu'r darlun yn glir. Mae 'na hen damaid o garpad pinc yn igam-ogam ar y llawr, ac mae'r perchennog blaenorol wedi gosod ei rwyd bysgota yn erbyn y lintel yn y gornel ryw dro, ac wedi anghofio ei nôl wedyn. Mae'r lle yn drewi braidd; ogla' pysgod a gwymon a llwydni. Mae yna fainc fach wen yn sownd i'r wal ar un ochr, fel lle i bobol gael eistedd wrth newid i'w dillad nofio. Tasa' Glesni yma ei hun, fe fyddai hwyrach wedi agor y drws a gadael i awel y môr yrru ei ffresni drwy fêr esgyrn y cwt.

Does dim rhaid agor y blydi drws, meddai Glesni wrthi'i hun.

Yn y diwedd, mae'n rhaid i Jim a Glesni roi hergwd go egar i'r drws er mwyn iddo agor, ac mae'r ddau yn syrthio, bron, i mewn i'r cwt.

Mae'r olygfa yn mynd â'i gwynt. Mae'r cwt bach glan y môr wedi cael ei addurno o'r top i'r gwaelod gyda thinsel Dolig arian. Mae yna beli bach coch ac aur ac arian yn crogi yn y pedair cornel, a thinsel coch wedi ei lapio'n ofalus o gwmpas y gadair fach simsan ar ganol y llawr.

Mae Glesni yn codi o'i safle ar y llawr, a syllu'n gegrwth ar y groto Santa Clôs abswrd yma. Mae 'na rywun wedi bod yn chwarae jôc. Rhyw fisitors 'di ca'l rêf yma nos Sadwrn, mwn, ac wedi gadael eu llanast ar ôl. Mae ei llygaid yn chwilio'r cwt am olion poteli gweigion, am sbliff neu nodwyddau yn y corneli. Ond does 'na'm byd. Dim ond tinsel, a dannedd Jim yn sgleinio.

'Wel? Ti'n licio fo?'

Yn sydyn, mae hi'n teimlo tynerwch ato, rhyw dynerwch annisgwyl, fel y troeon cynta' rheini. Mae hi'n taenu ei llaw dros ei wallt, a'i dynnu ati hi.

*   *   *

Mae'n rhaid eu bod nhw wedi cysgu. Pan ddaw Glesni ati'i hun, mae hi'n teimlo'n stiff rhyfeddol, ac mae'r cwt mewn düwch llwyr. Diolch fod Jim wedi medru rowlio'r swis rôl o fatras yn donnog ar hyd y llawr cyn iddyn nhw ddechrau caru, neu fe fyddai hi'n teimlo fel dynes bren. Fel hen wraig.

Roedd eu caru nhw'n rhyfeddol, yn flysig, yn llawn angerdd rhywsut, yn lle'r coreograffi corfforol yr oeddan nhw'n ei wneud fel arfer. Fel hyn yr oedd hi wedi disgwyl i garu fod, wedi gobeithio sut y byddai caru efo rhywun. Roedd hi'n ifanc i gael ei dadrithio'n llwyr.

Mae'n ymbalfalu yn y gwyll, ond yn synhwyro eisoes nad ydy Jim yno efo hi. Roedd o wedi sôn yn y car ar y ffordd yma ei fod am fynd i nôl tsips iddyn nhw o'r pentref, er mwyn i'r ddau gael eu bwyta yn y papur yn y cwt. Mae'n codi a mynd i eistedd ar y gadair dinsel sydd wedi cael ei gwthio i'r gornel, bellach, gan ffyrnigrwydd eu caru.

Mae hyn yn mynd i fod yn anodd, meddai wrthi'i hun, gan fod Jim yn ymddwyn mor neis. Mae hi wedi arfer efo rhyw ymdrechion rhamantus digon tryloyw i drio ei hennill, yn enwedig ar y dechrau pan oedd eu perthynas yn dechrau blaguro; pan oedd *hi* yn dechrau blaguro, yn mentro agor ei phetalau i'r byd.

Ond mae'r tynerwch yma, y syniad fod Jim wedi dod yma ei hun a'i fag cefn yn gorlifo efo tinsel er mwyn creu'r ogof sgleiniog yma o gwt, mae hynny wedi ei chyffwrdd.

Wrth estyn ymlaen, mae hi'n gallu cyrraedd ei bag ac yn ffeindio'r paced sigaréts yn y boced fach yn nhu blaen y bag. Mae sŵn y fatsien yn taro yn erbyn ochr y bocs yn brifo, ac yn caledu ei hewyllys rhywsut.

Doedd hi ddim yn smocio chwaith, cyn Jim – wedi bod yn un o'r genod bach cydwybodol rheini oedd yn arthio ar eu rhieni am smocio ac yn dŵad â phamffledi 'Hybu Iechyd' adra o'r ysgol yn gydwybodol. Doedd ei rhieni dal ddim yn gwybod rŵan ei bod hi wrthi, er bod y rhan fwya' o'r ffrindiau oedd ganddi yn ei dosbarth yn smocio'n agored wrth ddisgwyl y bws ysgol ar gornel y stryd. Ond hogan fach dda oedd Glesni, yn gweithio'n gydwybodol, yn cymryd dim sylw o'r hogia' llawn testosteron yn ei dosbarth oedd newydd glywed oglau ar eu dŵr.

Mae hi'n tynnu'n ddwfn ar y sigarét, ac yn cau ei llygaid. Mae hi wedi rhoi gormod iddo; wedi cuddio gormod, wedi twyllo mwy na ddylai neb orfod twyllo.

Tydy hi ddim wedi deud wrth ei rhieni fod y gwersi piano efo gwraig Jim wedi darfod ers blwyddyn. Maen nhw'n ffarwelio efo hi bob nos Iau am chwech fel arfer, ac yn ei chroesawu nôl am naw ar ôl i Jim ei danfon nôl adra. Mae hi'n gallu eu twyllo'n eitha' hawdd am natur y gwersi, gan fod byd *scales* ac *arpeggios* yn fyd diarth iawn iddyn nhw. Fel mae byd hogan pymtheg oed yn caru efo dyn hanner cant yn ddiarth.

Mae'n mynd i fod yn anodd.

Mae'n tynnu'r sigarét o'i cheg ac yn gadael i'w dwylo hongian yn llipa. Wrth gau ei llygaid, mae hi'n medru clywed fod y gwynt wedi codi, yn ei deimlo'n ymestyn ei fysedd oer drwy graciau'r cwt. Mae'n taeru ei bod yn gallu clywed y tonnau yn torri ar y traeth, yn union fel mewn ffilm; yn ôl a blaen, yn ôl a blaen, yn ddigyfaddawd. Mae hi'n ewyllysio ei hun i wrando ar y rhythm, i gael ei meddiannu gan y patrwm fel nad oes yn rhaid iddi orfod meddwl am sut mae hi am orfod deud wrth Jim. Petai'r caru ola' 'na wedi bod yn llai hyfryd, llai tyner … fe fyddai … petha' wedi bod yn … haws. Mae'r geiria' y mae hi wedi eu hymarfer o flaen y drych adra i weld yn anghyfforddus iddi rŵan, yn herciog ac … allan o le …

Tydy Glesni ddim yn teimlo'r sigarét yn llithro rhwng ei bysedd ac yn glanio'n ddistaw fel sibrydiad ar lawr pren y cwt. Tydy hi ddim yn gweld y fflam yn dechrau'i siwrne'n ddistaw anochel ar hyd y llawr.

Diwedd haf ydy hi.

Fflachan

Pleser o'r mwyaf yw cael cyhoeddi bod 26 ymgais wedi dod i law, yn eu plith ambell berl bach. Er hynny, digon amrywiol oedd y safon yn gyffredinol gyda mwy nag un yn crwydro i fyd fformiwla ac ystrydeb tra bod eraill yn dioddef o ddiffyg cywirdeb ieithyddol gan eu gwahanu oddi wrth geffylau blaen y gystadleuaeth. Ymhlith y goreuon roedd gwreiddioldeb iach, ysgrifennu celfydd a gafael go iawn ar hanfodion stori fer dda. Ar fwy nag un achlysur llwyddwyd i'm cyfareddu a'm cyffwrdd i'r byw. Gellid yn hawdd fod wedi gwobrwyo mwy nag un ymgais ond, yn ôl rheolau'r gystadleuaeth, ni chaniateir rhannu'r wobr. O drwch blewyn, ond yn gwbl haeddiannol, *Fflachan* sy'n mynd â hi eleni.

Llygad y Dydd, 'Cyfrinach': Dychymyg cyfoethog yr awdur sy'n cynnal y stori ddifyr hon; hynny a'r dadlennu pwyllog, disgybledig. Mae gofyn bod tipyn o grefft gan awdur i lunio gwaith mor grwn sy'n ymagor o dipyn i beth cyn dod â'r darllenydd yn ôl, erbyn y diwedd, at yr olygfa agoriadol, bryfoclyd. Yn wir, mae'r stori drwyddi draw yn goglais chwilfrydedd, bron fel petai'r cyfan yn ffrwyth rhyw brofiad tebyg i *Anturiaethau Alys yng Ngwlad Hud*. Mae'n pendilio rhwng stori dylwyth teg i blant a moeswers i oedolion a'r iaith hithau'n pendilio rhwng Cymraeg safonol a thafodiaith hyfryd. Mae presenoldeb ambell ebychiad mwy lliwgar ac ambell air mwy cyfoes yn cosi'r dafodiaith honno. Llwydda'r awdur i hudo'r darllenydd cyn i ergyd y diweddglo chwalu'r diniweidrwydd a gadael teimlad sy'n ymylu ar fod yn gythryblus yn ei le. Mwynheais hon yn fawr.

Ysbryd, 'Cyfrinach': Stori yn llawn delweddau yw hon, y rhan fwyaf yn ddigon cofiadwy ac addas, ond ambell un yn llai credadwy. Stori am dwyll, rhagrith ac euogrwydd yw hi ac am ddelwedd allanol sy'n groes i'r gwirionedd. Egyr yn ddigon addawol a hoffais y newid cywair o'r freuddwyd i realiti bywyd go iawn. Mewn mannau, fodd bynnag, teimlwn fod ambell ran braidd yn hirwyntog a diangen a gellid bod wedi eu cwtogi a, thrwy hynny, dynhau'r naratif a'i wella. Yn yr un modd, teimlwn fod y ddeialog ychydig yn ddiflas ac anghynnil. Mae'r stori'n tycio hyd at ryw bwynt ond ni allwn gredu ynddi'n llawn, hyd yn oed o dderbyn mai afreal yw hi. Byddai ei thynhau a chywiro ambell wall gramadegol yn ei gwella.

Parch, 'Cyfrinach': Stori fer sydd braidd yn rhy fyr yw hon. Mae'r cyfan yn digwydd ar ras wyllt ac o'r herwydd cefais gryn drafferth credu ynddi. Ceir yma egin stori ddigon derbyniol ond mae'r brys a moelni'r arddull, sydd ar adegau'n ymylu ar fod yn newyddiadurol o ffeithiol, yn amharu ar hygrededd y digwyddiadau. Mae angen canfas ehangach i ddatblygu stori o'r fath yn raddol. Dywed hyd yn oed y prif gymeriad mewn un man: 'ond ma' hyn wedi digwydd mor sydyn ...'. Mae eisiau arafu a gloywi'r arddull er mwyn gadael i'r gwaith anadlu a datblygu'n naturiol. Yn ogystal, mae angen cymeriadau o gig a gwaed. Ar hyn o bryd, mae'n debycach i ddrafft cyntaf a chanddo ormod o fân wallau iaith esgeulus.

Hugan Fach Goch, 'Cyfrinach': Mae'r stori hon bron â bod yn ardderchog. Egyr y traethu'n ddi-lol gan fwrw yn ei flaen yn ddi-frys a chan osod y sefyllfa'n grefftus. Claf o'r enw Nest sy'n ei hadrodd a hynny trwy hel meddyliau. Caiff ei hatgofion a'r disgrifiadau eu hatalnodi bob hyn a hyn gan eiriau a chwestiynau'r nyrs sy'n tendio arni. Dyma ddyfais hwylus sydd, nid yn unig yn gerbyd i symud y stori o'r naill bennod i'r llall yn hanes Nest, ond hefyd yn dechneg lwyddiannus i dorri ar lif yr ymwybod a'i atal rhag mynd yn feichus. O dipyn i beth, datgelir gorffennol digon cythryblus. Gwneir hyn yn gynnil heb ildio i'r demtasiwn i fod yn hunandosturiol a chan gadw o fewn cymeriad y traethydd. Mae yna ddatblygiad yma a defnydd pwrpasol o eirfa. Mae'r awdur bron â llwyddo i gynnal pethau tan y diwedd ond ychydig baragraffau cyn yr un olaf un (sy'n gweithio i'r dim) teimlaf fod elfen o felodrama a gorgyfleustra yn cael eu cyflwyno. Tybed a oes modd edrych o'r newydd ar y rhan lle sonnir am ei thad a newid fymryn fan hyn a fan draw er mwyn osgoi crwydro i fyd ystrydeb? Fel arall, dyma stori lwyddiannus.

Magi, 'Cyfrinach': Stori ddarllenadwy iawn wedi'i saernïo'n gelfydd mewn Cymraeg cyhyrog a rhwydd. Mae gan yr ymgais hon y cynhwysion angenrheidiol ar gyfer stori fer lwyddiannus: cynllun da, cymeriadau difyr, credadwy a digon yn digwydd ynddi. Mwynheais hon yn fawr er na pharodd y diweddglo unrhyw syndod i mi fel y cyfryw. Roedd hi'n weddol amlwg ymhell cyn y diwedd sut y byddai'n gorffen. Eto i gyd, nid dibyniaeth ar ergyd annisgwyl neu dro yng nghynffon y stori oedd yn ei gyrru. Yn hytrach, mae'r rhyddiaith grefftus, ddiymffrost yn anadlu o'r dechrau i'r diwedd a dyna sy'n ei chynnal ac yn cynnal diddordeb y darllenydd.

Pry Sidan, 'Cyfrinach': Stori ardderchog a lwyddodd nid yn unig i gynnal fy niddordeb drwyddi draw, ond a barodd hefyd i godi croen gŵydd drosof. O edrych eilwaith arni, gellid dadlau y dylwn fod wedi rhag-weld y diweddglo, o bosib. Wedi'r cyfan, mae yno ddigon o gliwiau/ sgwarnogod ond, diolch i'r ysgrifennu coeth a chynnil, mae'n hawdd eu diystyru ar y pryd. Mae'r awdur yn gliper ar greu naws a thensiwn ac, wrth i'r awyrgylch ddwysáu, llwydda i gamarwain y darllenydd trwy greu'r argraff taw mam ifanc braidd yn niwrotig yw'r prif gymeriad. Mae'n ein swyno i gredu taw ffrwyth dychymyg hael a hyd yn oed anaeddfed sydd wrth wraidd y poeni gormodol. Caiff hyn ei ategu gan yr ôl-fflachiadau i'w phlentyndod a geiriau anogol ei mam a'i mam-gu yn ogystal â'r cyfeirio cyson at lyfrau plant. Ond techneg ddyfeisgar yw'r cyfan i blannu'r twyll. Gwych! Mae'r iaith yn gadarn ac yn bwrpasol ond trueni bod ambell wall yma ac acw megis acen yn eisiau. Wedi dweud hynny, mân bethau pitw yw'r rhain. Dyma stori hynod lwyddiannus sy'n ein hudo cyn troi'r gyllell.

Zigzag, 'Cyfrinach y Nadolig': Ymgais deg ond braidd yn gyffredin yw'r stori hon. Mae'r traethu'n ddigon difyr at ei gilydd ond ychydig yn ystrydebol yw'r cymeriadau a'r syniad canolog. Ystrydebol yw cymeriad Mrs Cynffon Cadno sy'n gymeriad dros ben llestri, ac mae yna anghysonderau yn y stori hefyd. Mae un cymeriad, sef Meri, yn troi'n Mari cyn y diwedd. Mae pethau bach fel hyn yn anfaddeuol mewn cystadleuaeth o'r fath. Er hynny, mae'r syniad o gyflwyno tair menyw yn yr un man, a'r tair am wneud eu gorau i gadw cyfrinach bersonol, yn un diddorol. A mwy diddorol fyth yw bod natur a maint y tair cyfrinach yn amrywio'n fawr gan amlygu'r ffaith mai meidrolion ydym oll. Mae rhywbeth bach – a mawr – yn poeni pawb. Hoffais y llanc 'Bechimoyn' yn fawr.

Titw Tomos, 'Cyfrinach': Anodd iawn, os nad amhosib, yw rhoi unrhyw sylw o werth am y stori hon a hynny am fod yr iaith herciog, ddieithr a gwallus yn dod yn ei ffordd. Cefais gryn drafferth dilyn y stori ac mae unrhyw rinwedd lenyddol yn cael ei cholli mewn testun sy'n edrych fel petai wedi'i roi trwy raglen gyfieithu ar y We.

Y Twrch, 'Cyfrinach': Stori swreal a diddorol sy'n ymylu ar fod yn ddameg. Mae'n frith o ddelweddau cryf, Gothig a chyfeiriadau at y Beibl. Hoffais y syniad canolog o bortreadu'r tad fel twrch gwyllt ac, at ei gilydd, mae'r trosiad estynedig hwn yn cynnal. Mae'n stori dywyll, ddialgar sy'n pendilio rhwng casineb a maddeuant. Sylweddolaf nad oes disgwyl ymatebion 'normal' mewn stori o'r fath ond, ar adegau, mae'r ddeialog braidd yn brennaidd. Ymgais lew er gwaethaf ambell wall gramadegol, anfaddeuol.

Cynfael, 'Cyfrinach': Mae dychymyg byw ar waith yn y stori hon a hynny o'r cychwyn cyntaf. Fe'i lleolir yn y dyfodol ond mae'n frith o gyfeiriadau at y gorffennol pell. Mae gan yr awdur uchelgais amlwg ond, yn anffodus, mae yna ddiffyg gofal a pharatoad yma. Yn rhy aml mae gwallau iaith, camgymeriadau teipio ac ymadroddion trwsgl yn tanseilio llif y stori. Ymddengys y cyfan fel drafft cyntaf, anorffenedig. Mae gofyn bod ymgeisydd yn darllen dros destun sawl gwaith, gan ei wella a'i wirio, cyn ei gyflwyno. Pe bai'r awdur hwn wedi gwneud hynny, byddai ganddo stori fwy cyflawn a mwy caboledig.

Garth Celyn, 'Cyfrinach': Stori fach hyfryd a ysgrifennwyd mewn Cymraeg glân. Nid yw'n hir ond ynddi ceir cip tyner ar gymdeithas cartref preswyl i'r henoed. Mae ynddi hefyd elfen o hiwmor ysgafn heb fynd dros ben llestri a'r cyfan yn cael ei ddal ynghyd trwy ddefnydd helaeth o dafodiaith gyhyrog. Ymgais dda.

Ar Goll, 'Cyfrinach': Stori rymus am bwnc anodd ei drafod, pwnc y mae cryn sôn amdano yn y cyfryngau a'r wasg y dyddiau hyn. Egyr gyda darlun cofiadwy mewn mynwent ac nid yw'n amlwg ar y dechrau pwy sydd wedi marw. Pan ddaw'r cadarnhad caiff rhan fwyaf angerddol y stori ei hadrodd trwy gyfres o atgofion ym meddwl y prif gymeriad wrth iddi hi a'i theulu agos ymgynnull ar lan y bedd. Mae'r arddull yn bersonol a rhwydd ac yn hynod ddarllenadwy. Er bod y pwnc wedi cael ei wyntyllu gan eraill, mae'r arddull bersonol hon, sydd bron â bod yn llafar, yn dod ag elfen o ffresni iddo. Teimlaf y byddai'r testun ar ei ennill petai'r awdur yn ailymweld ag ambell frawddeg/ baragraff a'u golygu er mwyn osgoi peth o'r pentyrru ac ailadrodd, yn enwedig tua'r diwedd (paragraff cyntaf Ffarwél 2, er enghraifft) ond tasg gymharol hawdd fyddai hynny. Mae gan yr awdur hwn wir addewid.

Dail, 'Cyfrinach': Dyma stori ddiddorol ac amserol am ddiflaniad bachgen o gartref plant adeg yr Ail Ryfel Byd. Clywir yn aml yn y cyfryngau am ddioddefaint rhai o'r plant a fu'n byw mewn cartrefi o'r fath ddegawdau yn ôl ac am sut mae eu gorffennol trwblus yn dal i fwrw cysgod dros eu bywydau heddiw. Amddifad oedd llawer ohonynt ac, o'r herwydd, yn rhy aml digon tameidiog oedd y gofal a gaent. Pwy oedd yn gofalu amdanynt fel unigolion? Mae'r stori hon yn yr un llinach ond bod iddi wahaniaeth sylfaenol. Gyda'r gwahaniaeth hwnnw y daw'r gyfrinach. Mae'n grefftus a chanddi strwythur effeithiol wrth iddi bendilio rhwng digwyddiadau 1945 a'r presennol. Dyma'i chryfder, ond ei gwendid yw ei gorgyfleustra sy'n rhoi teimlad i'r darllenydd fod yr elfennau'n syrthio i'w lle yn rhy hawdd, efallai. Ymgais dda, er hynny.

Eryl, 'Cyfrinach': Stori ardderchog wedi'i hysgrifennu'n gelfydd. Llwydda'r awdur i ennyn diddordeb o'r dechrau un wrth greu llun o'r teulu perffaith:

gŵr a gwraig a dau o blant a hwythau ar eu ffordd adref o wyliau yn Ffrainc. Gwneir hyn yn ddi-frys mewn modd disgybledig ac ni cheir yr arwydd lleiaf bod y bodlondeb teuluol ar fin cael ei chwalu. Yn ganolog i'r stori mae penbleth ac wrth i'r benbleth honno dyfu dyma'r tensiwn yn cynyddu hefyd. Mae llaw profiad wrth y llyw trwy gydol y cyfan. Yr unig feirniadaeth fach sydd gennyf yw bod rhannau o'r daith adref (tua'r diwedd) yn teimlo braidd yn frysiog a bod ymateb uniongyrchol Meic ychydig yn anghynnil. Mae'r diweddglo, wedyn, yn hollol gredadwy. Chwip o stori.

Lloerig, 'Cyfrinach': Cryfder pennaf y stori hon yw'r dychymyg byw sy'n llifo trwyddi a'r arddull ysgafn sy'n golygu ei bod hi'n hawdd ei darllen. Yn llechu o dan y traethu mae cyffyrddiadau o hiwmor cynnil sy'n dod â gwên i'r wyneb. Ambell waith, teimlwn fod peth ailadrodd a thindroi, ond mae'r tro yng nghanol y stori'n amserol ac yn ei harwain ar hyd trywydd newydd, ffantasïol. Ymgais dda.

Den Beiaard, 'Cyfrinach y Cerddor': Dyma stori wirioneddol gelfydd a ysgrifennwyd mewn iaith raenus a glân. Saif hon ar ei phen ei hun am sawl rheswm: mae yma arddull ddisgybledig, cynllun a strwythur tyn a syniad canolog hynod wreiddiol. Mae hon yn wahanol iawn i bob stori arall yn y gystadleuaeth. Llwydda'r awdur i ddenu'r darllenydd o'r dechrau'n deg ac i gynnal y diddordeb, diolch i'w afael ar iaith a thechneg a'r gallu i greu darluniau a sefyllfaoedd yn ddiymdrech. Ardderchog! Ni pherthyn unrhyw densiwn traddodiadol iddi fel y cyfryw, eto i gyd mae yma densiwn o fath – chwilfrydedd cynnil. Nid yw'n llawn cyffro ond, ar yr un pryd, mae'n cynnal ac yn aros yn y cof. Mae'n gryno ac yn grwn fel cameo bach. Mae ei hapêl yn rhyngwladol ac un o'i chryfderau yw ei hynodrwydd. Hoffais y stori hon yn fawr iawn.

Pandora, 'Cyfrinach': Egyr y stori hon yn addawol a llwydda'r awdur i greu darlun digon byw o'r berthynas rhwng dwy wraig, dwy gyfeilles. Mae'r sgwrsio tua dechrau'r stori'n gytbwys ac yn naturiol ond, yn anffodus, buan y try'n unochrog a braidd yn gyfleus. Wrth i'r naill wraig arllwys ei chalon mewn talpiau hir o ddeialog, ymddengys mai unig swyddogaeth y wraig arall yw procio ac ategu sylwadau ei ffrind a hynny er mwyn gwthio'r stori yn ei blaen. Byddwn wedi hoffi gweld mwy o ddatblygiad graddol i gymeriadau'r ddwy. Un o gryfderau'r ymgais hon yw'r iaith a'r ymadroddion graenus.

Lleng, 'Cyfrinach': Hoffais y stori hon yn fawr. Yn un peth, mae'n trafod pwnc cyfoes, pwnc go galed am filwr yn symud i fyw i gefn gwlad er mwyn ceisio anghofio erchyllterau'r rhyfel yn Syria a'i ran yntau yn hwnnw. Mae'r ymdriniaeth yn llwyddiannus a'r ddeialog yn hollol naturiol. Hoffais hefyd y rhythm a'r ffordd y mae'r stori'n datblygu'n hamddenol tra'n awgrymu arlliw o drais a bygythiad drwy'r cyfan. Mae yna nifer o fân wallau iaith yn britho'r testun ac, o olygu'r stori, byddai'n fwy cywir ac yn fwy o gyfanwaith. Ymgais dda iawn.

Ar y Bws, 'Llygaid Segur': Stori hyfryd yn llinach y stori fer draddodiadol. Mae'n cychwyn yn gryf gan ddenu'r darllenydd i ganol byd bach y prif gymeriad. Llwydda'r awdur i ddarlunio bywyd pentref a'i holl glecs trwy ddefnydd pwrpasol o ddeialog ac ieithwedd ddifyr sy'n llifo'n hamddenol trwy'r cyfan. O edrych yn ôl drosti, gwelir bod yr awdur wedi plannu digon o gliwiau ond ni ddaw'r rhain i'r golwg ar y darlleniad cyntaf am eu bod yn cuddio dan yr ysgrifennu deheuig a'r cynllunio gofalus. O dipyn i beth, daw'r holl linynnau ynghyd ac mae'r diweddglo'n hollol gredadwy. Dyma bortread byw o gymuned lle mae sgandal a chyfrinachau menywod busneslyd yn gwthio pobl i flaen llwyfan bywyd cyn iddynt ildio'u lle pan ddaw drama rhywun arall i fynnu'r prif sylw. Ymgais dda iawn. Mwynheais y stori hon yn fawr.

Fflachan, 'Cyfrinach': Stori ardderchog wedi'i llunio'n grefftus a'i chyflwyno'n hyderus. Mae yna ysgrifennu o'r radd flaenaf yma wrth i'r awdur greu sefyllfa a naws yn ddeheuig. Hollol addas yw'r elfen lafar a ddefnyddir i yrru'r cyfan yn ei flaen am fod hyn yn dwysáu'r cyfuniad o ddiniweidrwydd a dadrithiad sy'n nodweddu'r prif gymeriad. Cynildeb y stori yw un o'i rhagoriaethau, hynny a'r symlrwydd sydd wedi'i gyfosod â'r delweddau byw. Mae'r modd y mae'n ymagor ac yn datblygu'n raddol yn dystiolaeth bod yr awdur yn feistr ar ddenu'r darllenydd i ganol senario cyn ei anfon ar hyd trywydd hollol wahanol, a hynny'n gwbl annisgwyl. I'r ysgrifennu da y mae'r diolch am hyn. Ni welais y trobwynt yn dod a phan ddaeth fe lwyddwyd i'm siglo go iawn. Mae angen golygu ysgafn mewn mannau er mwyn cywirdeb ond, ar ôl gwneud hynny, mae yma stori wirioneddol dda.

Magi, 'Un gyfrinach, byd o gymhlethdodau': Dyma stori fwyaf 'gwahanol' y gystadleuaeth. Cefais gryn drafferth ei deall mewn mannau a hynny, o bosib, oherwydd iddi gael ei chyflwyno mewn llawysgrifen yn hytrach nag ar ffurf teipysgrif. Mae'n symud yn gyflym gan wibio o bwnc i bwnc fel llif yr ymwybod. Mae hefyd yn syndod o gyfoes a rhai cyfeiriadau at bethau sydd wedi digwydd yn ddiweddar iawn. Yn ddiau, mae gan yr awdur y gallu i ysgrifennu. Yng nghanol y cyffro geiriol ceir ambell gymhariaeth a delwedd ardderchog ac mae'r sangiadau ar adegau yn dangos hiwmor ffres. Er hynny, teimlaf fod angen ffrwyno a gwasgu'r brêc. Ymgais dda.

Shanco, 'Y Diwetydd': Cameo bach o stori yw hon sy'n ymdebygu i lun a dynnwyd gan arlunydd neu ffoto a dynnwyd â chamera i gofnodi ffordd o fyw arbennig. Egyr gyda disgrifiad o olygfa mewn tafarn ac mae rhywbeth oesol a di-frys yn ei gylch. Mae'r ysgrifennu'n gynnil a thelir cryn sylw i'r manion wrth i res o gymeriadau lleol ddod yn fyw. Mae yma hiwmor tawel, heb fynd dros ben llestri, ac mae'r ddeialog yn graff ac wedi'i britho â thafodiaith goeth ardal sir Benfro. Un o gryfderau'r stori hon yw ei naws hamddenol sy'n cynnal bron tan y diwedd. Yn bersonol, byddwn i wedi hepgor y paragraff olaf ond un sy'n torri ar yr awyrgylch hyfryd. Stori hynod lwyddiannus sydd wedi aros gyda mi.

Heulyn, 'Cyfrinach': Egyr y stori'n effeithiol gan ddenu'r darllenydd i ganol y bwrlwm geiriol sy'n ei llenwi o'r dechrau i'r diwedd. Mae yma bortread digon diddorol o fywyd trwy lygaid plentyn a diniweidrwydd merch. Llai llwyddiannus yw'r darlun o salwch meddwl, sydd braidd yn ystrydebol. Gwendid pennaf y stori yw ei diffyg cynildeb a buan iawn y gallwn rag-weld yr hyn a fyddai'n digwydd. Er hynny, mae yma fflachiadau o ysgrifennu graenus.

Ty'n Clawdd, 'Cyfrinach': Mwynheais y stori hon yn fawr. Mwynheais y ddau linyn cyfochrog sy'n rhedeg drwyddi. Ar y naill law, portreadir cyffredinedd bywyd bob dydd wrth i Glenys fynd o gwmpas ei phethau gan edrych ymlaen at wyliau bach yn yr haul, tra ar y llall ceir y dirgelwch a'r tensiwn sy'n cynyddu wrth i ymddygiad y dyn ifanc droi'n fwyfwy bygythiol. Mae yma gynllunio gofalus, ysgrifennu cynnil a stori sy'n ymagor yn raddol. Nid yw'n amlwg ar y cychwyn fod pethau'n mynd i symud ar hyd y trywydd a arfaethir ond, o dipyn i beth, daw'n wybyddus beth yw bwriad y dyn ifanc. Hoffais y defnydd deheuig o rifau hefyd, sy'n ychwanegu at y tensiwn. Ymgais fedrus iawn.

Troi Tudalen, 'Cyfrinach': Stori ddifyr a diddorol ac, yn ddi-os, un o ymgeisiau mwyaf gwreiddiol y gystadleuaeth. Braf oedd cael darllen testun mor wahanol. O ran yr ysgrifennu, mae'n ymddangosiadol draddodiadol ond buan y sylweddolir fod yma gymysgedd o'r traddodiadol, y swreal a'r ffantasïol. Mae gan yr awdur ddychymyg byw, a hoffais arddull ffurfiol a bwriadus y sgwrsio yn ogystal â'r hiwmor du. Ceir sawl math o stori fer, wrth gwrs, ac mae hon yn dilyn patrwm go glasurol ar un olwg. Erbyn i'r darllenydd gyrraedd y diweddglo daw'n amlwg bod hon yn perthyn i *genre* penodol. Ymgais addawol iawn.

Tomi, 'Cyfrinach': Cryfder y stori hon yw'r iaith raenus sy'n llifo drwyddi ac yn ei chynnal. Mae'r traethu'n hamddenol a di-frys wrth i'r prif gymeriad edrych yn ôl dros ei fywyd a hel atgofion. Ar adegau, mae'r iaith raenus yn troi braidd yn rhyddieithol a hoffwn fod wedi gweld llai o 'ddweud' gan yr awdur a mwy o 'deimlo' gan y cymeriadau. Ymgais dda.

Stori Fer ar gyfer pobl ifanc yn eu harddegau hyd at 2,000 o eiriau: Perthyn

....

PERTHYN

Trodd Mared fwlyn y drws eto. Gwthiodd. Roedd y drws yn bendant ar glo. Prysurodd rownd y gornel at y drws ffrynt. Pwysodd y gloch gan ddal ei bys ar y botwm yn hir. Curodd yn drwm, a'i phanig yn rhoi nerth ychwanegol i'w dwrn.

Er mawr ryddhad, agorwyd y ffenest uwch ei phen. Camodd yn ôl i weld Nain yn ymestyn ei phen allan.

'O! Ti sydd yna.' Doedd dim croeso yn y llais.

'Roist ti fraw i mi – curo fel yna,' meddai Nain yn biwis.

'Sorri Nain,' meddai Mared gan roi ei braich am ysgwydd ei nain. 'Ond ges i fraw cael y drws cefn ar glo. Ro'n i ofn ...'

'Pah! Ti'n gweld bwganod ym mhob man. Wyddost ti ddim pwy sydd o gwmpas dyddia' yma.'

'Ro'n i wedi canu'r gloch ddwywaith.'

'Mwya' ffŵl chdi. Dydy'r gloch ddim wedi gweithio ers tri mis o leia'. Pe taet ti wedi bod yma, mi fasat ti'n gwybod!'

'Mae petha' wedi bod yn anodd ...'

'Be wyddost ti am anodd? Ti'n ifanc. Mae gen ti Harri ...'

'Dyna'r peth! Does gen i ddim mo Harri ...'

Daeth yma i geisio cael cysur, ond cerydd gawsai. Teimlai'n euog ac anghysurus. Dechreuodd ddifaru ei bod wedi teithio'r holl ffordd o Gaerefrog i Gae Pistyll.

Gwrthodai Nain yn bendant gael ffôn yn y tŷ. Tarfu ar ei phreifatrwydd, meddai hi. Er i Mared grefu arni, a chynnig sgwrs wythnosol neu amlach

– gwrthod wnâi. Wedi iddi golli Sarah, mam Mared, mynnai y byddai'n iawn ar ei phen ei hun. Deuai Mared i weld ei nain yn fisol ac ysgrifennai ddwywaith yr wythnos. Yn raddol lleihaodd ei hymweliadau a'r llythyron. Dyma hi rŵan, chwe mis o leiaf ers iddi fod yma, ac wedi dod am ei bod hi angen Nain, yn hytrach na'i bod yn malio am Nain.

'Gwna baned, nei di?' Gorchymyn oedd hyn.

Roedd Mared yn falch o gael rhywbeth pendant i'w wneud. Doedd hi erioed wedi gweld Nain mor flin a chroes ei thymer. Fel arfer, pan elai rhywun i'w gweld, y peth cyntaf fyddai'n ei wneud fyddai rhoi'r tegell i ferwi ac estyn cwpanau. Mynnai na châi neb 'groeso' oni bai eu bod wedi cael o leiaf baned o de a thamaid o deisen.

'Lle mae'r tun cacen, Nain?'

''S'na'm cacen yma.'

'Ga i wneud brechdan i chi?'

'Paned, ddeudes i.'

'Dyma ni, paned boeth. Eli i'r galon.'

Rhoddodd Mared y gwpan ar y bwrdd bach yn ymyl cadair Nain. Gwyliodd hi'n codi'r gwpan gyda llaw grynedig. Collodd dipyn o'r te ar lin Nain a rhuthrodd Mared i'w sychu.

'Ddaru chi ddim llosgi, naddo?'

'Be 'di o bwys?'

'Dydw i ddim isio i chi losgi, nag ydw?'

'Llosgi wna i ryw ddiwrnod. Llosgi'n ulw gorn a dim ar ôl ond lludw llwyd.'

'Peidiwch â siarad fel 'na. Be sy'n bod? Dydych chi ddim fel chi'ch hun o gwbl.'

'Arnyn nhw mae'r bai.'

'Nhw? Pwy ydyn *nhw*?'

'Nhw sy'n deud na cha i ddim aros yma.'

'Ond chi piau'r tŷ. Fedar neb eich hel chi o 'ma.'

'Trïa di ddeud hynna wrthyn nhw. Byth ers pan ddes i adra o'r 'sbyty ...'

'Be? Ydach chi wedi bod yn yr ysbyty? Wyddwn i ddim. Ddeudoch chi ddim byd wrtha i.'

'Pam ddylwn i ddeud?'

'Chi ydy'r unig deulu sy gen i. Ddylech chi adael i mi wybod.'

'Dim ond am bythefnos fues i. Maen nhw'n dod yma o hyd ers hynny. Busnesu! Deud be dw i i fod i'w wneud a be dw i ddim i'w wneud. Busnesu.'

'Pam na fasech yn deud wrtha i? Mi faswn i wedi dod yma atoch chi.'

'Pyh!'

Teimlai Mared euogrwydd yn ei thagu. Wyddai hi ddim am fynd i'r ysbyty, na bod y 'Nhw' yn gofalu amdani.

'Mae gen ti dy fywyd dy hun. Waeth i ti heb na wastio dy amser efo hen wraig sy ar y *scrap heap*. Mynd i *Home* fydd raid i mi ryw ddiwrnod. Yr hen syrthio gwirion 'ma ydy'r drwg.'

Moelodd clustiau Mared. Roedd Nain wedi troi'n hen wraig unig, fregus, a chwerw. Mor hunanol fu hi'n mwynhau bywyd moethus gyda Harri nes iddo fo flino arni a throi at rywun ieuengach cefnog a allai gynnal ei fywyd bras. Oni bai bod ei bywyd yn chwilfriw fyddai hi ddim wedi dod yma heddiw. Gwridodd wrth feddwl pa mor ddifeddwl ac anystyriol y bu. Nain fu'n cynnal y cartref. Hi fyddai adref pan ddeuai Mared o'r ysgol. Nain fynychai gyngherddau'r ysgol. Nain a'i dysgodd am fisglwyf ac a eglurodd iddi ryfeddodau bywyd. Nain hefyd bwysleisiodd wrthi bwysigrwydd atal cenhedlu: 'Dydw i ddim isio i ti fod yn fam sengl. Paid â thrystio'r un bachgen. Dydyn nhw ddim gwerth yr un ddimai goch – 'run ohonyn nhw.'

Rhywun yn y cefndir oedd ei mam. Ers pan oedd hi'n ifanc iawn, amsugnodd Mared ymwybyddiaeth o ryw anghydfod rhwng ei mam a'i nain. Fel y daeth i ddeall mwy am y byd a'i bethau, sylweddolodd bod ei mam wedi dwyn gwarth ar y teulu. Ond ni choleddai Nain unrhyw chwerwder at Mared. Roedd hi'n hollol ddieuog o unrhyw gamwri. Llifeiriodd ei gofal a'i chariad at y ferch fach, a chan fwy na dim ond anwybyddu bodolaeth ei merch, llwyddodd Nain i gadw ei theulu yn uned barchus. Bron nad oedd Nain yn beio ei merch am iddi gael damwain angheuol wrth yrru i'w gwaith ar fore rhewllyd.

'Beth am y syrthio yma?'

'Dim ond pendro. Roedd wedi digwydd unwaith neu ddwy o'r blaen ac ro'n i'n iawn. Ond mi ddigwyddodd ar y stryd, yn do! Doedd yna ddim stopio arnyn nhw. Ysbyty. Ambiwlans. Gola' glas. Seiren. Byth ers hynny maen nhw yma fel pla morgrug.'

'Pryd ddigwyddodd hyn?'

'Pryd ddigwyddodd be?'

'Pryd ddaethoch chi adre o'r ysbyty?'

'Ddoe am wn i. Neu ddydd Sul. Mae pob diwrnod fel ei gilydd.'

'Newydd ddod adre ydych chi, felly?'

'Na, dw i adre ers dros flwyddyn.'

Doedd pethau ddim yn dda o gwbl. Roedd 'yr hen syrthio gwirion' yn egluro rhywfaint pam oedd hi wedi newid o fod yn Nain gariadus ofalus i fod yn hen wraig sur a chwerw.

'Ylwch, Nain,' meddai'n benderfynol a di-droi'n-ôl. 'Dw i am ddod yma atoch chi. Fydd dim raid i chi fynd i Gartref. Dw i'n rhoi'r gora' i 'ngwaith yn York. Mae gan Harri rywun arall, dydy o ddim isio fi.'

'Harri?' Mi fydd o yma gyda hyn. Mae'n dod bob dydd tua'r pump 'ma. Dw'n i ddim lle faswn i oni bai am Harri. Fo ddaeth o hyd i mi. Wrthi'n rhoi dillad ar y lein o'n i.'

'Beth petawn i'n gwneud pryd bach o fwyd i chi? Be fasech chi'n licio? Beth am wy wedi'i sgramblo? Efo syfi. Mae 'na syfi'n tyfu o hyd dw i'n siŵr, yn does?'

'Harri fedar ddeud hynna wrthot ti. Fo sy'n gofalu am yr ardd.'

Garddio oedd y peth olaf fyddai Harri'n ei wneud. Byddai garddio'n maeddu ei ddwylo gwyn meddal.

'Fydda i ddim dau funud,' meddai. 'Y Border Bach' alwai Nain y gornel lle tyfai'r perlysiau. Fe allai ddechrau garddio eto, meddyliodd, gan agor y drws cefn i'r ardd. Mi fydd yn dipyn o her, dw i'n siŵr.

Er mawr syndod iddi, roedd yr ardd yn daclus a chymen. Tyfai llysiau'n rhesi perffaith, pys a ffa dringo wedi eu rhwymo'n daclus. Tatws yn dechrau dangos eu blodau gwynion swil a dail rhedynog moron yn rhes brydferth a syth. Beth ddwedodd Nain? Harri allai ddweud am yr ardd. Felly roedd yna Harri go iawn ym myd Nain. Rhywun oedd yn trin yr ardd, yn picied i mewn yn ddyddiol 'tua'r pump 'ma'. Teimlai euogrwydd angerddol am bellhau oddi wrth Nain. Wyddai hi ddim byd am Harri, am y syrthio, na'r ysbyty. Dylai fod wedi cadw cysylltiad agosach. Petai gan Nain ffôn ... Dylai hi fod wedi trefnu i osod ffôn i Nain, er gwaethaf ei phrotestiadau.

Pwy oedd yr Harri yma? Roedd Nain wedi pwysleisio wrthi na ddylai byth drystio'r un bachgen. A dyma hi yn anwybyddu ei chyngor ei hun. Bosib mai dihiryn clyfar a chyfrwys oedd Harri. Gwenieithu ei ffordd at hen wraig fregus. Helpu, edrych ar ei hôl, esgus bod yn gyfeillgar a gweithio i'w thwyllo o'i mymryn eiddo. Gofalu am yr ardd, derbyn y cynnyrch ei hun i'w werthu am elw. Gofalu am y tŷ, ac yn y diwedd meddiannu'r cwbl.

Rhoddodd Mared ei chas arno. Lleidr oedd o. Roedd o wedi dwyn Nain oddi wrthi. Harri oedd popeth. Doedd hi'n ddim byd mwy na dynes ddieithr o Loegr. Rhywun wedi galw ar siawns. Rhywun oedd yn ddigon sifil i wneud paned iddi. Daeth ton o unigrwydd llethol drosti. Teimlodd y dagrau yn llosgi ei llygaid, ond roedd yn benderfynol o beidio â gadael i'w gofid gymryd drosodd. Doedd dim golwg o'r 'Border Bach'. Roedd yr Harri yma wedi dileu'r unig gyswllt pendant â dyddiau hapus diogel ei phlentyndod. Cerddodd o gylch yr ardd i chwilio am unrhyw fath o berlysiau cyn dod o hyd i lwyn o syfi mewn cornel o dan y gwrych. Roedd blodau porffor y llynedd wedi hen sychu'n llwydwyn, ond llwyddodd i gael ychydig ddail ifanc gwyrdd a oedd yn ddigon i flasu'r wyau.

Cerddodd yn araf i'r tŷ. Profiad rhyfedd oedd teimlo fel dieithryn yn yr ardd.

'Harri wedi bod,' oedd cyfarchiad Nain. 'Dw i wedi deud s'dim isio iddo fo ddŵad yma eto.'

'Ond alla i ddim edrych ar ôl yr ardd fel mae o'n ei wneud.'

'Isio'r petha' iddo fo'i hun mae o. Gwerthu nhw yn ei siop. Dod yma i gael paned. Gwneud bwyd fel mae o isio. Wedi colli ei wraig. Isio cwmni.'

'Mae o wedi bod yn help i chi.'

'Pah!'

'Ylwch Nain, fe fydd yn rhaid i mi fynd i York i nôl 'y mhetha'. Clirio'r tŷ. Be taswn i'n gofyn i Harri gadw golwg arnoch chi tra bydda i i ffwrdd?'

'Pah!'

Yn gynnar fore trannoeth daeth cnoc ysgafn ar y drws cefn. Newydd godi oedd Mared. Yn betrusgar agorodd y drws. Safai dyn canol oed yno. Edrychodd Mared arno, teimlai ei fod yn ei adnabod, ond roedd blynyddoedd o fyw yng Nghaerefrog wedi peri iddi anghofio wynebau cyfarwydd y pentrefwyr.

'Helo?' meddai heb agor y drws yn llawn.

'Helo. Harri,' meddai'r dyn i'w gyflwyno'i hun. 'Mared, yn de? Jest galw i weld sut mae'r hen wraig.'

'Iawn, diolch,' atebodd Mared yn oeraidd. 'Mae Nain yn iawn – fel mae hi. Dydy hi ddim wedi codi eto.'

'Dw i'n falch eich bod wedi dod i'w gweld. Mae'n siarad lot amdanoch chi. Roedd yn gwrthod yn lân â rhoi'ch cyfeiriad na'ch rhif ffôn i mi.'

Cynhesodd Mared at y dyn. Roedd yn edrych yn foneddigaidd ac yn daclus. Roedd yn ennyn ymddiried.

'Newydd godi ydw i. Wrthi'n gwneud coffi – gymrwch chi baned? Mae'n ddrwg gen i'ch cadw ar y stepen drws. Dewch i mewn.'

'Diolch i chi, ond mae'n rhaid i mi fynd i agor y siop. Efallai y cawn sgwrs heno? Mae'n bwysig 'mod i'n cael siarad efo chi – ar eich pen eich hun.'

'Iawn.' Roedd yn amlwg bod Harri am drafod cyflwr iechyd Nain efo hi.

Ychydig wedi pump y noson honno galwodd Harri yng Nghae Pistyll. Roedd Nain mewn hwyliau gwell na'r diwrnod cynt, ac yn amlwg wedi manteisio ar gael gofal ei hwyres drwy'r dydd a chwmni i'w diddanu.

'Gadewch i mi ddangos yr ardd i chi,' meddai Harri wedi cael paned a chacen roedd Mared wedi ei gwneud.

'Diolch i chi am beth ydach chi wedi ei wneud i Nain,' dechreuodd Mared. 'Rydach wedi bod yn garedig iawn.'

'Rhyw hanner blwyddyn sydd ers i mi ddod yma. Colli 'ngwraig, Tracy, ryw flwyddyn yn ôl. Roedd hi'n llawer iau na fi. Deugain oedd hi. Cancr.'

'Mae'n ddrwg gen i ...'

'Ron i isio talu 'nyled i'ch Nain.'

Wyddai Mared ddim bod gan Nain ddigon o arian i allu benthyca arian i neb.

'Prynu'r siop?' holodd Mared.

'Dim dyled ariannol. Saith mlynedd ar hugain yn ôl, fi ddistrywiodd ei henw da hi a'i merch. Fi ydy o, Mared.'

Yr Wylan Wen

Daeth saith ymgais i law, chwech ar y testun 'Perthyn' ac un ar y pwnc 'Cyfrinach'. Yn gyffredinol, fe fyddai o fudd i'r ymgeiswyr oll astudio ychydig ar hanfodion y stori fer. Roedd yna duedd i grwydro ychydig a cholli ffocws gan fod yn rhy uchelgeisiol o ran plot. Er hyn, fe ddangoswyd addewid gwirioneddol gan sawl un.

Sam Tan, 'Cyfrinach': Ymgais dda a syniad gwreiddiol. Tro da ar y diwedd. Mae angen datblygu hon.

Dora, 'Perthyn': Ysgrifennu aeddfed a pherthynas ddiddorol wrth wraidd y stori. Clust dda tuag at ddeialog. Mae hon bron fel pennod gyntaf nofel.

Yr Wylan Wen, 'Perthyn': Ysgrifennu treiddgar a phortread credadwy a sensitif o berthynas rhwng merch a'i mam-gu.

Arianrhod, 'Perthyn': Dyma ddarn clyfar ar bwnc tywyll iawn. Mae'r strwythur yn effeithiol iawn.

Costa, 'Perthyn': Hoffais arddull y darn hwn, mae yna rywbeth rhwydd a naturiol am y dweud. Mae'r strwythur hefyd yn effeithiol a'r portread o ardal yn fyw iawn. Efallai fy mod yn disgwyl mwy o glec ar ddiwedd y stori.

Alys, 'Perthyn': Mae'r ysgrifennu yn graff ac mae gan yr awdur ddawn i ysgrifennu deialog. Efallai ei bod ychydig yn rhy uchelgeisiol o ran plot.

Horatio, 'Perthyn': Darn emosiynol a sensitif sy'n canolbwyntio yn fwy ar gymeriad yn hytrach nag ar blot. Mae'r ysgrifennu yn eglur ac yn dreiddgar.

Rhoddaf y wobr i *Yr Wylan Wen*.

TOMOS CARADOG

Fe felltithiais Urdd Gobaith Cymru droeon pan oeddwn yn grwt ysgol am iddynt roi'r enw 'Tomos Caradog' ar ryw lygoden fach ddireidus a ymddangosai yn *Cymru'r Plant*. Chi'n gweld, Tomos Caradog oedd enw fy nhad hefyd, ac yn naturiol roedd cyd-ddigwyddiad o'r fath yn fêl ar fysedd rhai o'm cyfoedion ac yn destun llawer o dynnu coes a phoenydio. Ond os mai rhyw greadur gwamal, gwirion oedd llygoden y cylchgrawn, roedd y Tomos Caradog go iawn yn berson tra gwahanol, ac yn benteulu a lafuriodd yn galed drwy ei oes ac a berchid yn ei gymdogaeth.

'Nabyddodd e mo'i dad, Thomas Edwards, erioed, gan i hwnnw farw'n 36 oed ym mis Ionawr 1907. Fel llawer o fwynwyr Ceredigion roedd e a'i wraig, Mary Jane, wedi symud i Nant-y-moel, a chafodd waith yno fel glöwr. A diau mai llwch y mwynfeydd a'r pyllau glo a arweiniodd at y niwmonia a'r darfodedigaeth y cyfeirir atynt ar ei dystysgrif marwolaeth, ac a'i lladdodd. Bu farw yn ystod y cyfnod rhwng cenhedlu fy nhad a'i enedigaeth. Dychwelodd y weddw ifanc feichiog i'w bro enedigol ym Mhont-rhyd-y-groes, ynghyd â brawd fy nhad, Evan Richard, a oedd yn bump oed.

Symud yn ôl i dŷ teras bychan wnaethon nhw, 1 Wesley Terrace, a enwyd ar ôl y capel Wesle urddasol a safai nesaf at y rhes dai. A Weslewr fuodd fy nhad gydol ei oes, a phan fagodd ef a fy mam bedwar o blant yn y tŷ bychan, i'r un capel y byddem ninnau'n mynd.

O ran cael gwaith yn lleol, doedd pethe wedi gwella fawr ddim yn yr ardal yn ystod cyfnod ieuenctid fy nhad. Roedd Evan Richard wedi cychwyn busnes cludiant yn y pentref, a bu Nhad yn gweithio tipyn iddo fe fel gyrrwr lorïau. Cofiaf ef yn sôn am un gorchwyl anodd iawn a ddaeth i'w ran pan dorrodd yr Ail Ryfel Byd allan, a hynny oedd gorfod mynd â'i lorri i gynorthwyo teuluoedd Mynydd Epynt pan orfodwyd hwy i symud o'r mynydd yn 1940. Roedd ei deulu ef ei hunan wedi'i wreiddio'n ddwfn mewn cymdogaeth amaethyddol debyg, a theimlodd ing trigolion Epynt i'r byw.

Gyrru lorri a labro oedd ei waith bob dydd, felly, gyda chyfnodau o segurdod achlysurol pan nad oedd gwaith ar gael. Treuliais lawer awr ddifyr yn ei gwmni yng nghab rhyw lorri neu'i gilydd, yn cario cerrig a rwbel o hen weithfeydd mwyn plwm Cwmystwyth, neu'n mynd lan i Riwabon i gyrchu llwyth o friciau o'r gweithfeydd briciau a oedd yno. Tipyn o antur oedd y teithiau i Riwabon, gan fod yn rhaid gadael y tŷ yn oriau mân y bore er mwyn bod yno'n gynnar ar gyfer llwytho. Erbyn dadlwytho yn iard yr adeiladwyr yn Aberystwyth, byddai'n hwyr y nos arnom yn cyrraedd adref fel rheol, a hwyl yr antur wedi pylu cryn dipyn erbyn hynny.

Weithiau byddai'n cludo llwythi o gerrig o chwareli lleol, ac yn achlysurol byddai'n defnyddio ffrwydron i chwalu'r graig. Daeth yn dipyn o arbenigwr ar ddefnyddio'r ffrwydron, a chofiaf yn dda, a minnau'n grwtyn ifanc iawn, fynd gydag ef i osod ffrwydron dan wal hen argae a oedd yn cronni dŵr afon Ystwyth. Roedd yr argae ar dir plas Hafod Uchtryd, a byddai'n darparu dŵr ar gyfer y felin lifio gerllaw, pan oedd plas yr Hafod yn ei fri. Mae wal yr argae'n dal yno hyd heddiw, ac mae'r twll yn ei gwaelod i'w weld yn glir. Yn nes ymlaen cafodd dasg a barodd ofid mawr iddo, sef defnyddio'i ffrwydron i chwalu'r hen blas hynafol gerllaw. Gwyddai hanes y plas yn dda ac roedd ganddo lawer o storïau am y lle. Sawl tro y clywais ef yn melltithio'r ffaith fod y penderfyniad wedi'i wneud i ddymchwel y lle.

Er na chafodd fanteision addysg uwchradd na phrifysgol, roedd e'n ŵr diwylliedig iawn. Ymddiddorai mewn hanes, gwleidyddiaeth, llenyddiaeth a materion y dydd, a darllenai'n helaeth. Tystiai mai'r gŵr a'i symbylodd i'w addysgu ei hunan oedd athro go arbennig a ddaeth i ysgol Ysbyty Ystwyth pan oedd fy nhad yn ddisgybl yno. Cyfeirid ato fel 'Jones Pat', gan mai brodor o'r Wladfa oedd e. Ei enw iawn oedd Dafydd Rhys Jones, ac roedd ei dad yn un o'r fintai gyntaf a aeth allan i Batagonia. Roedd yn athro ysbrydoledig, a daniai ddychymyg ei ddisgyblion, ac a Gymreigiodd yr ysgol mewn cyfnod pan oedd yr addysg a roddid yn ysgolion Ceredigion bron yn gyfan gwbl Seisnig. Gyda'r nos cynhaliai ddosbarthiadau allanol, a byddai Nhad yn eu mynychu'n rheolaidd. Mae ysgrif yn fy meddiant a ysgrifennodd fy nhad, ac mae'n dweud ei fod yn diolch i Jones Pat 'am roddi rhyw ysbrydoliaeth ynof i ddysgu ac i werthfawrogi diwylliant, ac i hoffi'r pethau gorau a mwyaf chwaethus mewn llenyddiaeth a cherddoriaeth'.

Bu fy nhad yn gynghorydd sir am nifer o flynyddoedd, ac mae'n siŵr fod hynny'n gyfrifol i raddau helaeth am ei allu i fedru siarad yn gyhoeddus. Gofynnid iddo byth a beunydd i gadeirio rhyw gyfarfod neu'i gilydd, neu i gynnig pleidlais o ddiolchgarwch, a byddai'n gwneud hynny â graen. Ond profiad digon chwithig i fachgen yn ei arddegau oedd gweld ei dad yn codi dro ar ôl tro i siarad yn gyhoeddus.

Roedd y tŷ bychan yn Wesley Terrace, gyda'i ddwy ystafell wely gyfyng, yn gwbl anaddas ar gyfer teulu o chwech, ac roeddem fel penwaig mewn halen. Ond daeth gwaredigaeth! Roedd y tyddyn lle magwyd fy mam-gu yn gartref i hen ewythr, ac i fodryb i mi a oedd yn brifathrawes yr ysgol leol. Roedd y tyddyn wedi mynd yn dipyn o faich arnynt, a chafodd fy nhad gynnig i fynd i fyw yno gyda'n teulu. A dyna fyd newydd yn agor ni. Byw allan yn y wlad, a Nhad yn troi'n dyddynnwr. Ei dasg gyntaf oedd gwella ansawdd rhai o'r tai allan, gan droi hen stabl yn feudy cyffyrddus. Yna rhaid oedd addasu holl beiriannau'r tyddyn ar gyfer y Ffyrgi bach a brynodd gan ei frawd. Felly, trawsblannwyd Hafodgau o oes y ceffyl i oes y tractor.

Ond bywoliaeth go fain oedd i'w chael ar dyddyn mynyddig o ddeugain erw, a rhaid oedd i Nhad chwilio am waith amgenach. Yna daeth gwaredigaeth unwaith eto pan glywyd fod gwaith ar fin dechrau ar gronfa ddŵr anferth Nant y Moch, ger Ponterwyd. Roedd fy nhad yn un o'r rhai cyntaf a aeth drosodd at y cwmni i chwilio am waith, ac fe'i cafodd. Am y tro cyntaf yn ei hanes roedd e'n ennill cyflog teilwng a chyson, a bu'n gweithio ar y cynllun trydan am flynyddoedd, nes i'r gwaith gael ei gwblhau. Ond roedd y gwaith yn galed a'r oriau'n hir, a byddai'n cyrraedd gartref yn aml wedi llwyr ymlâdd. Byddai gofyn iddynt weithio 'shifft ddwbwl' ambell dro, ac er bod yr arian yn dderbyniol iawn, roedd y blinder yn llethol. Roedd yn rhaid i ninnau'r plant a fy mam chwarae'n rhan, a ni oedd yn bennaf gyfrifol am gyflawni'r gwahanol dasgau o gwmpas y tyddyn.

Ar ôl byw ar y tyddyn am ryw ddeng mlynedd, daeth tro ar fyd unwaith eto, a symudodd y teulu i Bontrhydfendigaid, ryw bum milltir i ffwrdd. Byw yn hen gartref fy mam, a oedd yn digwydd bod â siop yn gysylltiedig ag ef. Felly trodd Tomos Caradog yn siopwr. Tra roedd fy mam yn gweini tu ôl i'r cownter, teithiai ef o gwmpas y fro mewn fan fach werdd yn gwerthu nwyddau o'r siop. Ond doedd dim rhyw lewyrch mawr ar bethau, a dw i ddim yn meddwl fod fy nhad na fy mam yn siopwyr wrth reddf. Penderfynwyd cau'r siop, ond fe ddalion ni i fyw yn y tŷ.

Erbyn hyn roedd e'n nesáu at oedran ymddeol, ond daeth un swydd arall i'w ran cyn iddo roi'r gorau iddi, ac roedd honno'n swydd wrth ei fodd, sef gweithio fel gofalwr ym mynwent ac abaty Ystrad Fflur. Gyda'i ddiddordeb byw mewn hanes lleol, roedd gweithio mewn lle mor dangnefeddus yn falm i'r enaid. Cyfle i sgwrsio a thrafod gyda phob math o ymwelwyr, a'r rheini'n dod o bedwar ban byd. Gallu eu goleuo am hanes yr abaty a'r tywysogion a gladdwyd yno, a dangos iddynt yr ywen hynafol ger y fan yr honnir i Dafydd ap Gwilym gael ei gladdu 'ger mur Ystrad Fflur a'i phlas'.

Cafodd fy nhad bleser mawr yn ystod ei flynyddoedd olaf, yn cwmnïa â nifer o'i gyfeillion ym Mhontrhydfendigaid. Byddai wrth ei fodd yn treulio orig yn ei gornel ym mar y Llew Du, ac yn ogystal â'r cwrw, byddai'r atgofion a'r chwedlau'n llifo. A phan ddaeth diwedd y daith, cafodd ei ddymuniad, a'i roi i orffwys gyda nifer o'i hen gyfeillion yn naear Ystrad Fflur. Roedd wedi ysgrifennu i lawr yr hyn y dymunai ei weld ar ei garreg fedd, ac wrth gwrs parchwyd ei ddymuniad. A'r geiriau hynny, mi gredaf, yw'r ffordd orau i gloi ysgrif i ddathlu bywyd Tomos Caradog, sef 'Gŵr a garodd y fro a'i magodd.'

Loge Las

BEIRNIADAETH MEIC STEPHENS

Cefais fy siomi ar yr ochr orau wrth ddarllen y 19 ysgrif a ddaeth i law eleni. Yr oedd y safon yn arbennig o uchel a'r Gymraeg, gyda dim ond ambell lithriad, yn gywir ac yn rhugl. Roedd y sillafu'n iawn, cystrawen y brawddegau'n addas, a'r atalnodi a'r paragraffu'n ofalus. O ganlyniad, mae'r rhan fwyaf ohonynt yn haeddu gweld print ac yn werth eu darllen. Fe'u trafodir yn y drefn y daethant i law oddi wrth y swyddfa.

Gofer, 'Elizabeth, fy merch': Ysgrif ddirdynnol am ferch fach sy'n dioddef o *fibular hemimelia*, cyflwr prin ar y naw sy'n golygu llawdriniaeth i dorri'r coesau. Eto i gyd, hanes plentyn siriol a mam ddewr iawn sydd yma, un a fynnodd edrych ar ei baban fel hyn: 'Nid plentyn anabl welais, nid plentyn gyda rhywbeth ar goll, ond fy mhlentyn i, fy merch fach, sy'n berffaith heb fod yn gyflawn ... Chwerthin ar fywyd, dyna wyt ti'n gwneud, ac yn dysgu fi i wneud yr un fath.'

Madame Le Pip, 'Syr Terry Wogan': Mae'n amlwg nad oedd yr awdur yn adnabod Wogan: wedi rhaffu nifer o anecdotau am y Gwyddel y mae hi/ fe yma. 'Storom berffaith o bersonoliaeth' ydoedd, efallai; ond gormodiaith yw'r gred sydd gan rai o'i gyfeillion fod 'rhywbeth yn lled-ddwyfol yn ei gylch, neu o leiaf bod Wogan yn adlewyrchu rhai o rinweddau gorau Duw ar y ddaear'.

Orffiws, 'Gruffudd Parry': Portread byr o athro gwych yn Ysgol Botwnnog a geir yma, er bod Gruff Parry yn llawer mwy na hynny. Ei lais a gofir gan ei gyn-ddisgyblion, a'i hiwmor, yn bennaf, gan y rhai a glywai ei faledi a'i sgriptiau treiddgar ar gyfer radio, yn enwedig y rhai am y Co Bach, Yr Hen Fodan, a Wil Bach, cymeriadau o hen dref Caernarfon. Dyma erthygl sy'n dwyn i gof ŵr arbennig iawn.

Moelfre, 'Ysgrif i ddathlu bywyd unrhyw berson': Disgrifiad hoffus o fam-gu, 'gwraig ddi-sôn-amdani', o Aber-arth, a oedd yn 'berson cynefin â threialon bywyd'. Hanes digon cyffredin am fam-gu a adwaenom i gyd.

Byron, 'Sheikh Sa'id Hassan Ismail (1930-2011)': Dameg am natur ffydd sydd yn dweud y nesaf peth i ddim am y Sheikh. Buaswn wedi hoffi darllen rhagor am sylfaenydd Canolfan Fwslemaidd De Cymru.

Caravaggio, 'Nelson Mandela': Anodd cyfleu mawredd, a chymhlethdod, cymeriad arwr fel Mandela mewn erthygl fer, ac nid yw'r ymgais hon wedi llwyddo.

Ar drywydd, 'Elizabeth Luard': Dyma bortread o Saesnes sydd wedi byw yng Ngheredigion ers ugain mlynedd a rhagor. Cogyddes o fri yw hon, sydd wedi ysgrifennu nifer o lyfrau megis *European Peasant Cooking* a welir yng nghegin sawl teulu ffasiynol. Manylion am ei bywyd lliwgar a gyflwynir yma, mewn arddull afaelgar.

Mêl, 'Gwerful Mechain': Mae'r ysgrif hon yn ceisio ateb y cwestiwn 'Pwy yw'r ffeminydd gyntaf yng Nghymru?' Gwyddom am Gwerful, awdures nifer o ganeuon maswedd nad oedd yn fodlon byw yn ôl disgwyliadau'r bymthegfed ganrif yn ardal Llanfechain, tua deng milltir o Groesoswallt. Merch o statws cymdeithasol uchel, yr oedd hi'n barod i siarad heb flewyn ar ei thafod am gasineb tuag at ferched, godineb a thor-priodas, tra'n dathlu llawenydd cyfathrach rywiol. Ysgrifennodd un cywydd enwog i herio dynion, yn enwedig y beirdd, i gydnabod rhywioldeb merched fel pobol o gig a gwaed. Cewch ddarllen rhagor am y ferch drawiadol, annibynnol hon yn y llyfr a gyhoeddwyd o dan olygyddiaeth Dr Nerys Ann Howells yn 2001. Ond dyma grynhoad eithaf cytbwys gan un sy'n deall arwyddocâd bywyd a gwaith Gwerful Mechain i'r dim.

Sam, 'Morwen': Erthygl am y ddiweddar Morwen Pugh, sefydlydd Côr Meibion Talgarth ac arian byw o arweinydd am bedair a deugain o flynyddoedd nes iddi orfod ildio'r awenau yn 2012. Menyw dansherus, yn ôl pob sôn, ac un o hoelion wyth bywyd cerddorol ei milltir sgwâr.

Loge Las, 'Tomos Caradog': Na, nid y llygoden fach ddireidus a ymddangosai yn *Cymru'r Plant* ers talwm, ond tad yr ymgeisydd, gyrrwr lorri a labrwr, a gŵr diwylliedig iawn a ddarllenai'n helaeth ym meysydd hanes, gwleidyddiaeth, llenyddiaeth a materion y dydd. Wedi oes o lafur caled, gan gynnwys sbel o weithio ar gronfa ddŵr Nant y Moch ger Ponterwyd, cafodd swydd fel gofalwr mynwent ac abaty Ystrad Fflur. Roedd y gwaith yno wrth ei fodd: gyda'i ddiddordeb byw mewn hanes lleol, manteisiai ar bob cyfle i sgwrsio gydag ymwelwyr a'u goleuo am hanes yr enwogion a gladdwyd yno, a dangos iddynt yr ywen hynafol uwchben y fan lle claddwyd, meddan nhw, y bardd Dafydd ap Gwilym. Ar ei garreg fedd, yn ôl ei ddymuniad ei hun, torrwyd y geiriau: 'Gŵr a garodd y fro a'i magodd.' Erthygl ddiymhongar sydd wedi rhoi pleser mawr i mi.

Madog, 'Bywyd Paula': Ysgrif â sglein arni yw hon, am hen ddynes a drigai mewn llefydd a chyfnod sydd yn ddieithr i'r rhan fwyaf ohonom ni'r Cymry, sef Mittel Europa yn nhridegau'r ganrif ddiwethaf. Pobl broffesiynol, addysgedig, ddiwylliedig oedd ei theulu a ddioddefodd yn enbyd ar ôl i Hitler ddod i rym yn 1933. Eto i gyd, dyma bortread o hen fenyw urddasol sy'n treulio ei blynyddoedd olaf yn edrych dros y llyn yn y Swistir lle mae hi'n byw mewn cartref i bobl sy'n dioddef o ddryswch meddwl. Mae'r cwbl wedi ei ysgrifennu gan rywun (awdures brofiadol mae'n amlwg) sydd yn gwybod yn gymwys beth yw hanfodion y Gymraeg.

B.M.S., 'Li T'i-mo-tai': Dyma dipyn o hanes y Cymro Timothy Richard o Ffald-y-brenin yn yr hen sir Gaerfyrddin, a aeth i Tsieina yn genhadwr yn 1869. Erbyn hyn mae ei enw wedi mynd yn angof, ond yr oedd Timothy Richard yn un o arloeswyr yr ymgyrch i godi Tsieina i'w lle priodol yn y byd cyfoes.

Erw-Wen, 'Dan Jones': Prif gamp y Dan Jones hwn, hyd y gwelaf i, oedd glanio ar 'Draeth Sword' yn Normandi ym mis Mehefin 1944 heb wlychu ei draed. Ac rwy'n pendroni o hyd am arwyddocâd y paragraff cyntaf sy'n sôn am bentref Merthyr Mawr, gan taw un o Gwm Dulais oedd Dan Jones; a phaham nodi y ganwyd ef yn yr un flwyddyn â Harold Wilson a Marlene Dietrich, ni wn.

T.C.E., 'Ivor Jones – Bachan o'r Bynea': Hyfrydwch gweld eleni shwt gymaint o gystadleuwyr sy'n hanu o dde Cymru, ac yn enwedig o'r ardaloedd diwydiannol. Un o'r rhain yw'r cystadleuydd hwn sy'n cofio Ivor Jones, y chwaraewr rygbi a fu'n aelod o dîm Llanelli dros gyfnod o ddwy flynedd ar bymtheg: gwisgodd y crys ysgarlad 522 o weithiau gan sgorio cyfanswm o 1,349 o bwyntiau. Credir gan rai ei fod ymysg y pymtheg gorau erioed yn hanes rygbi ein gwlad.

Jac-y-Jwmpwr, 'Arwr Aintree': Erthygl am deulu Anthony o Landyfaelog yn sir Gaerfyrddin a ddaeth i amlygrwydd fel bridwyr ceffylau hela a cheffylau ffos a pherth. Roedd un o'r meibion, Jack Anthony, ymhlith pencampwyr cwrs Aintree yn ystod y ganrif ddiwethaf, ac yr oedd yn adnabyddus fel enillydd y Grand National ar dri achlysur rhwng 1911 a 1920. Trist deall nad oes gair i gofio'r teulu yng nghwrs Ffos Las, nid nepell o'i hen gartref.

Carn Gowil, 'Y bosn Billy Lang – un o'r Drindod': Un o gymeriadau lliwgar Abergwaun oedd Billy Lang. Ni wyddys llawer amdano, ond 'Gŵr boneddigaidd, prin ei eiriau, ond gweddus ei ymadrodd, bychan o gorff a thrwsiadus ei olwg oedd Billy. Ni pherthynai iddo unrhyw swae na swache.' Ef, gyda dau aelod arall o Blaid Cymru, oedd wedi derbyn y cyfrifoldeb o ddosbarthu ei thaflenni, ac fe wnâi hyn byth a beunydd gydag awch. Ar ben hynny fe wnaeth y tri lwyddo i ddwyn perswâd ar siopau a swyddfeydd y dref i arddel arwyddion Cymraeg. 'Ni chyfansoddwyd yr un englyn i'w gofio. Prin oedd ei gydnabod yn ei arwyl. Ni ddaethpwyd o hyd i'r un perthynas gwaed na charennydd. Ond i'r sawl a'i cofia llercian yn hir wna ei ysbryd o amgylch Sgwâr Abergwaun.' Teyrnged effeithiol dros ben.

Aderyn y Nos, 'Y Ffotonewyddiadurwr': Teyrnged i'r ffotograffydd adnabyddus Philip Jones Griffiths o Ruddlan a geir yma. Fe'i cofir am ei luniau o bobl Fietnam a'r milwyr Americanaidd a ormesai eu gwlad, a'r erchyllterau a ddigwyddai yno. Y delweddau brawychus yn ei lyfr *Vietnam Inc.* a agorodd lygaid y byd i'r hyn a oedd yn digwydd yn y rhyfel; hawdd credu iddynt fod yn gyfrwng i ddirwyn y lladdfa i'w ben. Mae'r erthygl hon yn agor ac yn cloi trwy gyfeirio at y siop fferins a gadwai mam Philip Jones Griffiths yn Rhuddlan, lle roedd yn helpu wrth y cownter: twtsh bach hyfryd.

Pererin y Canoldir, 'Y Cymro ar lwyfan y byd': Erthygl sydd yma am Evan James Williams (1903-45) o Lanybydder, ffisegydd o fri a addysgwyd yn Llandysul. Braidd yn anhrefnus yw'r erthygl ac mae'r gwrthrych yn haeddu gwell triniaeth na hyn, dybiwn i.

Gil, 'John Owens 1790-1846': Gwrthrych yr erthygl hon yw dyn o dras Gymreig a ddefnyddiodd ei arian i sefydlu coleg ym Manceinion, sef Coleg Owens, sydd erbyn hyn yn rhan o Brifysgol y ddinas. 'Prin iawn yw'r wybodaeth sydd ar gael am John Owens,' meddai'r awdur, ac ni chyflwyna'r erthygl air yn rhagor. Boed hynny fel y bo, ond rhaid gofyn beth oedd pwynt ysgrifennu'r erthygl hon. Gobeithio y bydd *Gil* yn dewis pwnc mwy addawol y tro nesaf – a buddsoddi mewn prosesydd geiriau.

Saith erthygl sydd wedi aros yn fy nghof ers i mi eu darllen am y tro cyntaf rai wythnosau'n ôl, sef eiddo *Gofer*, *Orffiws*, *Mêl*, *Loge Las*, *Madog*, *Carn Gowil* ac *Aderyn y Nos*. Wedi meddwl yn ddwys am bob un, penderfynais taw *Loge Las* piau hi.

Colofn newyddiadurol yn trafod pwnc llosg heb fod dros 1,000 o eiriau

ANGHOFIO A CHOFIO, COFIO AC ANGHOFIO ...

Mae anghofio yn boen bywyd, ac mae colli cof yn ddolur enaid; mae cofio ac anghofio yn allweddol bwysig i bobl.

Mae'r ymennydd dynol yn rhyfeddol gymhleth; perthyn iddo'r gallu anhygoel i brosesu a chadw pentwr o wybodaeth, ond mae anghofio'n anhepgor i'w lwyddiant. Buasai'r ymennydd yn chwythu ei blwc yn reit sydyn pe bai'n gorfod cofio pob peth!

Er yn anhepgor i'n hiechyd ymenyddol, nid hoff gennym anghofio, a buom yn brysur, ers dechrau'r dechrau, yn ceisio sicrhau bod rhyw bethau'n cael eu cadw'n ddiogel yn y cof; ond o'r dechrau, roedd anghofio yn llawer mwy cyffredin na chofio. Anghofio'n arferol, cofio'n eithriadol!

Yn y dechreuadau cynnar, roedd y cof yn gyfyngedig i'r unigolyn. Yr unig ffordd i gadw rhyw bethau ar gof a chadw oedd trosglwyddo'r pethau hynny o berson i berson. Er mor bwysig a buddiol eich gwybodaeth, anodd iawn oedd rhannu'r wybodaeth honno'n effeithiol dros bellter ffordd ac amser. O'r herwydd, roedd anghofio yn llawer mwy cyffredin na chofio. Anghofio'n arferol, cofio'n eithriadol!

Mae rhannu yn allweddol bwysig yn y broses o gofio, a gyda datblygiad iaith, daeth rhannu gallu a dawn, defnyddio gwybodaeth a rhyddhau grym dychymyg yn haws o lawer. Ond, nid digon iaith i gynnal cof, ac o'r herwydd roedd anghofio yn parhau i fod yn llawer mwy cyffredin na chofio. Anghofio'n arferol, cofio'n eithriadol!

Dechreuwyd peintio lluniau i gadw'r hyn y dylid ei gofio'n ddiogel, a bu lluniau, am ganrifoedd, yn fodd i gynnal a chadw'r cof; ond oherwydd natur llun, roedd anghofio o hyd yn llawer mwy cyffredin na chofio. Gellid defnyddio llun i gadw'r cof am un digwyddiad mewn stori, ond mae llun yn methu cadw'r stori i gyd. Ni all llun gyfleu syniadau a damcaniaethau cymhleth; ac eiddo'r arbenigwyr, a'r sawl a fedrai dalu am eu harbenigedd, oedd y llun, ac felly ... erys anghofio'n arferol a chofio'n eithriadol!

Datblygwyd ysgrifen, a maes o law, llyfrau. Dyma ddatblygiad rhyfeddol yn ein hymdrech i gofio. Gyda datblygiad ysgrifennu daeth modd i gadw ein profiad, gallu a gwybodaeth – yn ddiogel a chywir – ar femrwn. Ond eiddo'r ychydig dethol fu'r gallu i ysgrifennu a pherchenogi'r hyn a ysgrifennwyd am ganrifoedd lawer eto. Roedd y gwaith o gofnodi ar bapur yn anferth ac araf. Amcangyfrifir bod cwmni o ysgrifellau mewn mynachlog yn Lloegr yn yr unfed ganrif ar ddeg wedi cynhyrchu chwe deg chwech o lyfrau mewn ... dwy flynedd ar hugain o lafur di-dor! Ar ddechrau'r bymthegfed ganrif, roedd llyfrgell Prifysgol Caergrawnt yn cynnwys 122 o lyfrau! Yn 1450, daeth newid byd: daeth gwasg argraffu Gutenberg. Daeth llyfrau'n bethau llawer llawer mwy cyffredin, llaciwyd gafael y dethol rai ar wybodaeth, ond yn sgil pris uchel llyfrau, ac anllythrennedd lled gyffredin, roedd anghofio yn llawer mwy cyffredin na chofio o hyd. Ie, anghofio'n arferol, cofio'n eithriadol!

Gyda'r papur newyddion beunyddiol, daeth modd i bobl gael gwybod beth oedd yn digwydd yn eu cymuned a'u byd. Roedd gwybodaeth ar gael i fwy a mwy o bobl, ond mae'r newyddion beunyddiol yn troi'n hen dros nos! Roedd y pwyslais ar heddiw; rhyw edrych ar bethau fesul diwrnod mae'r papur newyddion. Mae'r pwyslais ar ddeall, nid cofio, ac o'r herwydd parhaodd anghofio'n arferol, a chofio'n eithriadol.

Maes o law, daeth ffotograffiaeth, recordiau a ffilm. A ydych yn cofio eich camera cyntaf tybed? Er, yn ddigon o ryfeddod ar y pryd, gwyddom erbyn heddiw mai gwaith digon anodd a chymharol ddrud oedd prosesu'r lluniau hyn, ac o'r herwydd roedd gofyn i bobl bwyllo wrth gymryd llun, rhag gwastraffu un o'r 36 llun a berthynai i'r ffilm arferol! Arhoswyd am yr amser iawn i wasgu'r botwm, gosodwyd pobl mewn trefn, a gofynnwyd iddynt wenu'n ddel er mwyn argraffu'r lluniau a'u gosod yn dwt mewn albwm trwm a thrwchus. Mawr fu'r newid! Gall cof bach y camera digidol gadw miloedd o luniau, ond yn y cyfnod analog hwnnw y'n ganed ni iddo, gwaith anos o lawer oedd cadw atgofion a chynnal y cof, a do, parhaodd anghofio'n arferol, a chofio'n eithriadol hyd nes yn gymharol ddiweddar.

At hyn dw i'n dod! O'r dechrau, roeddem yn anghofio llawer mwy o bethau nag roeddem yn gallu eu cofio. Roedd maint ein byd, natur ein cymdeithas â'n gilydd yn sicrhau bod anghofio'n arferol, a chofio'n eithriadol. Gyda datblygiad technoleg ddigidol a rhwydweithiau rhyngwladol mae'r sefyllfa wedi newid yn llwyr. Erbyn hyn, mae cofio'n arferol, ac anghofio'n eithriadol. Yn 2007, cyfaddefodd Google fod pob un cais o eiddo ei ddefnyddwyr, a phob un canlyniad y cliciwyd arno wedi ei gofnodi'n gymen gan y cwmni. Cystal cyfaddef, felly, fod Google yn cofio trwch o bethau amdanom, am ein bywyd, ac am ein ffordd o fyw, sydd wedi hen fynd yn angof gennym! Mae Google yn gwybod mwy amdanom ni nag y medrwn gofio amdanom ein hunain! Mae polisïau Google wedi newid bellach, ond erys hyn fel esiampl o beryglon enbyd y cofio dwfn sydd mor nodweddiadol o'r oes ddigidol hon.

Mae goblygiadau'r cofio dwfn hwn yn bwysig i bawb, ond yn eithriadol bwysig i bobl ffydd. Wrth wraidd ein ffydd mae maddeuant Duw; hanfod maddeuant Duw yw ei barodrwydd i 'anghofio' ein pechod – i osod ein pechod o'r neilltu: "'Yn awr, ynteu, ymresymwn â'n gilydd," medd yr ARGLWYDD. "Pe bai eich pechodau fel ysgarlad, fe fyddant cyn wynned â'r eira; pe baent cyn goched â phorffor, fe ânt fel gwlân'" (Eseia 1:18). Heb y gosod hwn o'r neilltu – yr anghofio hwn – mae maddeuant yn amhosibl. Rydym yn palmantu'r ffordd i ddyfodol heb y gallu i anghofio, ac felly heb fedru gosod ein pechodau o'r neilltu, ac o'r herwydd heb y gallu i faddau'n iawn a llawn.

Bellach, mae'r hyn oll a wnawn ar gof a chadw digidol, ac mae hynny, wrth gwrs, yn newid y ffordd yr ydym yn ymwneud â'n gilydd. Yr ydym yn cofio ac anghofio fel cymunedau; mae ein hanallu i anghofio yn yr oes ddigidol hon yn golygu nad oes gwir gyfle i'r sawl a droseddodd yn erbyn y gymuned i symud ymlaen ac ailddechrau wedi iddo ateb am ei drosedd. Mae ein doe a'n hechdoe fel tatŵ ar fraich ein byw. Ni ellir dianc rhagddo.

Nid wyf am eiliad yn annog agwedd Canute, debyg – nid oes troi llawn technoleg yn ôl! Ond fe ddylem, yn union oherwydd hynny, sylweddoli fod anghofio troseddau a chamgymeriadau, a phob cyfle i ailddechrau ac ailgydio a ddaw yn sgil yr anghofio hwnnw, yn mynd yn anos o hyd. Heb ein bod ni a'n tebyg yn mynd i'r afael â hyn, bydd ein plant, a phlant ein plant, yn byw â'u doe a'u heddiw yn gymysg gawl!

Noodle

BEIRNIADAETH BETSAN POWYS

Fe ddaeth wyth colofn i'r gystadleuaeth ac wrth chwilio am 'bwnc llosg', fe aeth yr wyth i dir cwbl wahanol. Peth braf tu hwnt oedd hynny, a brafiach fyth oedd bod y pynciau'n ddiddorol, yn ogystal ag yn amrywiol.

O gerydd cyhoeddus yr Ombwdsmon i Gyngor Cynwyd, gorffennol a dyfodol Castell Aberteifi a rôl pêl-droed 'yn ein rhyddhau o bwerau hegemonaidd Prydeindod', roedd yr iaith, diwylliant a thegwch yn themâu cryf mewn tri chynnig. Wn i ddim a gyhoeddwyd colofnau'r *Hen Rebel*, *Cadell* a *Carneddau* ond fe allwn ddychmygu'r darllenwyr nid yn unig yn cyrraedd y gair olaf un ond yn porthi yr un pryd! Gwendid y ddwy gyntaf oedd iddynt fethu synnu neu ddweud rhywbeth a oedd yn gwneud i ddyn weld y byd fymryn yn wahanol. 'Dw i'n flin! Mae hyn yn gwbwl annheg – yn dydy?' oedd byrdwn y colofnau hyn. Ac ydy, mae'n debyg ei fod yn annheg, ond efallai nad yw cytuno yn ddigon i serio colofn yn y cof.

Roedd esgyrn sychion dadleuon *Carneddau* – bod rygbi fel camp wedi methu rhoi llwyfan byd-eang i Gymru a 'methu ysgogi gwladgarwch parhaol o fewn y wlad' – yn glir ac yn gryf. Fe all pêl-droed lwyddo lle methodd rygbi yw ei gasgliad – ond eto, does dim digon o gnawd ar yr esgyrn i greu colofn sydd yn mynnu sylw.

Dadlau bod rhoi terfyn llym ar faint y gall gyrwyr ei yfed wedi niweidio tafarndai cefn gwlad y mae *Mêl*, a thrwy hynny, wedi niweidio cymunedau – a bywydau pensiynwyr yn benodol. Y 'trwy hynny' yw'r gwendid ac fe gollais i drywydd y ddadl ambell dro.

Colofn fer sydd gan *Sushi*, a thra bod ei bwnc yn sicr yn un llosg – y feirniadaeth ysgubol, ddiog o Islam fel 'crefydd fach bigog; crefydd a sawr casineb yn drwm arni' – mae yma orddyfynnu o'r Ysgrythur, yn hytrach na llunio colofn gyhyrog.

Ein hawl, neu ddiffyg hawl, i ddewis amser a dull ein marwolaeth yw pwnc *Pioden*. Mae'n pilio'r dadleuon fesul un oddi ar y cwestiwn craidd – ai 'hanfod ein hurddas' yw cael y fath hawl ai peidio – ond mae'n brin o roi brathiad go iawn i'r cwestiwn hwnnw.

'Faint yw gwerth bywyd plentyn?' yw cwestiwn *Ceiniog goch*. Dyma golofnydd gwybodus ac fe ges i flas ar golofn a oedd yn gwau ffeithiau moel a dadleuon o blaid ac yn erbyn rhoi brechlyn llid yr ymennydd 'B' i blant dros flwydd oed. Roedd peth camdreiglo yn y gwaith ac weithiau roedd yna ormod o ffeithiau a dim digon o ddadansoddi. Ond nid dyna pam nad yw'n cael y wobr: colofn *Noodle* sy'n gyfrifol am hynny.

Nid yw'r golofn honno, 'Anghofio a chofio, cofio ac anghofio ...' ddim heb ei bai ond, am ryw reswm, fe arhosodd yn y cof, yn eironig ddigon efallai, gan mai ein hanallu ni i anghofio'r un dim, diolch i dechnoleg fodern, yw'r pwnc llosg. Hel meddyliau y mae'r awdur ynglŷn â'r ffordd yr aeth anghofio yn amhosib bron, wrth i bopeth gael ei roi ar gof a chadw digidol yn rhywle. Dydw i ddim yn rhy hoff o'r paragraff sy'n dyfynnu o'r Ysgrythur, a dydw i chwaith ddim yn siŵr a yw ei gasgliadau yn dal dŵr bob tro. Ai gweithred o ewyllys yw anghofio mewn gwirionedd? Fe ddywedwn i hefyd bod hanner cyntaf y golofn dipyn cryfach na'r ail. Ond yn syml, fe wnaeth i mi feddwl, a gweld y byd fymryn bach yn wahanol am funud neu ddwy. Mae gwneud hynny mewn mil o eiriau yn gamp, ac felly mae *Noodle* yn llawn haeddu'r wobr.

CARREG FILLTIR

Roedd yn dymor pan welir blodau gwyllt ar eu gorau, ac yn ddiwrnod o heulwen braf a digon o awel i lesteirio gwres yr haul ac i godi ambell frig gwyn ar y don. Dyma'r diwrnod, meddwn wrthyf fy hun, i fynd i chwilio am wrthrych difyr nas gwelais ers blynyddoedd ond a oedd yn gyfarwydd iawn imi ar un adeg. Rhoddais fy esgidiau trwm yng nghefn y car ac i ffwrdd â mi. Glan môr neilltuol oedd fy nghyrchfan – tuag awr o daith yn y car.

Rhwng Tywyn ac Aberdyfi yn ne Gwynedd mae oddeutu pedair milltir o dwyni tywod yn creu ffin rhwng y môr a'r tir gwastad amaethyddol y tu ôl sy'n ymestyn hyd at y ffordd fawr sy'n dilyn yr arfordir rhwng y ddau le. Mae'n debyg mai gwastatir digon gwlyb oedd hwn cyn i rwydwaith o ffosydd gael eu hagor i'w sychu. Mae'r milltiroedd o ffosydd ynghyd â sawl ffrwd sy'n tarddu yn y bryniau bach uwchben y ffordd i gyd yn arllwys yn y pen draw i'r afon sy'n llifo tua'r môr o Gwm Maethlon – un o sawl cwm ar draws y wlad a gafodd ei ailfedyddio'n 'Happy Valley' gan bobl ddŵad!

Mae amaethyddiaeth a'r ffosydd cysylltiedig wedi newid natur y tir hwn dros y canrifoedd. Newidiwyd natur y tyfiant hefyd ynghyd â'r creaduriaid a'r trychfilod fyrdd a oedd yn dibynnu ar hwnnw a'r gwlybaniaeth. Er hynny, ni fu newid yn y twyni eu hunain sy'n cadw at hen batrwm natur pa le bynnag y mae tywod yn cael ei chwythu o gyfeiriad y môr. Mae proffil twyni tywod yn graddol newid wrth edrych ar eu traws o'r môr i gyfeiriad tir sych, a'r gwynt sydd yn rhannol gyfrifol am y newid. Twyni bychain yw'r rhai ar ben ucha'r traeth a'r rheini wedi eu cychwyn gan dywod yn hel o gwmpas y rhesi gwymon marw a adawyd gan y môr ar ben llanw. Beth sy'n hynod yn natblygiad y twyni yw eu bod, dros gyfnod hir, yn symud yn ôl tua'r tir dan ddylanwad y gwynt, megis lluwch o eira, ac yn tyfu fel yr ânt yn eu holau a hawdd oedd gweld hyn wrth imi gerdded ar hyd y rhai talaf. Ond y tu ôl i'r rhai tal yma gwelwn y tir tywodlyd yn gwastatáu a'r llystyfiant yn newid. Roedd y gweiryn moresg yn drwchus ar y twyni ond ar y tir gwastad yma roedd yn amlwg bod gwahanol fathau o laswellt, llysiau a blodau wedi ei ddisodli. Tir gweddol sych yw hwn ond roedd ambell bant llaith yma ac acw hefyd lle'r oedd mwy o dyfiant ac ambell flodyn gwahanol.

Gafaelais yn ddifeddwl mewn tusw o foresg a cheisio'i dynnu o'i wraidd. Methiant oedd fy ymdrech – roedd y gwraidd yn rhy ddwfn. Ei wreiddiau hir, hir sy'n gymorth i sefydlogi'r tywod a phan chwyth y gwynt ragor o dywod o'r traeth bydd y gwreiddyn yn tyfu i godi'r dail yn uwch rhag iddynt gael eu mygu gan y tywod newydd. Dyma enghraifft berffaith o blanhigyn wedi ei addasu ar gyfer ei amgylchedd!

Ond nid y moresg oedd yr hyn a'm tynnodd i dwyni Tywyn y diwrnod hwnnw ond carreg arbennig iawn. Cofiwn o'm hymweliadau cynt ei bod ymysg y twyni sawl canllath i gyfeiriad Aberdyfi o'r promenâd yn Nhywyn. Sylweddolais fy mod, heb yn wybod, wedi dewis diwrnod pan oedd y distyll ar ei eithaf. Roedd yn ddiwrnod llanw mawr, a diwrnod diddorol yw hwnnw gan y gall ambell beth annisgwyl ddod i'r golwg ym mhen isa'r traeth!

Yn wir, wrth edrych draw at fin y dŵr gwelwn fonion neu wreiddiau hen goed sydd i'w gweld ar draethau Bae Ceredigion o bryd i'w gilydd, yn enwedig yma yn Nhywyn a ger Ynys Las ar draws y Ddyfi. Doedd y gweddillion hyn ddim yn ddieithr imi ond nid ar ddistyll pob llanw mawr y dônt i'r golwg o'u cuddfan dan y tywod ac roedd yn deimlad gwefreiddiol – chwedlonol hyd yn oed – oherwydd eu bod yn dwyn i gof hen chwedlau Cantre'r Gwaelod. Mae'r coed yn brawf bod rhyw fath o Gantre'r Gwaelod wedi ei foddi o dan y dŵr!

Ond nid y bonion oedd yr unig nodwedd a welais, ac roedd y nesaf yn rhywbeth hollol ddieithr imi er fy holl ymweliadau â'r traeth hwn. Draw ymhell gwelwn ardal eang o ddüwch tuag at waelod y traeth megis creigiau gwastad a amlygwyd gan y stormydd anghyffredin a gawsom yn ystod yr wythnosau cynt. Ond nid creigiau, meddwn, oherwydd roedd patrymau perffaith sgwâr a phetryal ynddynt a'm dychymyg yn cynnig fy mod yn canfod, am y tro cyntaf erioed, seiliau hen adeiladau Cantre'r Gwaelod! Ond wedi cyrraedd atynt, gwelais nad cerrig na chraig oedd y deunydd ond rhywbeth lled feddal y medrwn ei grafu efo gewin neu wadn fy esgid. Siom! Roedd hyn, a'i liw, yn awgrymu mai gweddillion mawnog oedd yma, a'r mawn wedi ei gywasgu a'i galedu dan y tywod a'i gadw rhag pydru gan heli'r môr dros, o bosib, gannoedd o flynyddoedd. Ond beth oedd y tyllau mawr sgwâr a oedd ynddo drwyddo draw? Roedd ochrau'r rhain yn amlwg yn waith rhywun a oedd wedi eu torri ag arf miniog – arfau codi mawn bid siwr. Ond a dorrwyd y mawn cyn i'r fawnog foddi dan y dŵr, ynteu a fu dynion prysur yn ei dorri ar lanw isel mewn cyfnod diweddarach? Mae'n debyg na chaf ateb ond gwn yn sicr mai gwaith dyn oedd y sgwariau. Da bod gen i gamera!

Roedd y bonion coed wedi eu cerfio gan y dŵr a'r cerflunydd hwn wedi llwyddo i arddangos graen y pren yn batrymau tlws a thonnog, a phob blwyddyn o dyfiant i'w weld yn glir. Sefais ar un o'r bonion ac edrych allan i'r pellter – mae hyn yn rhyw dueddiad naturiol ynom ar lan y môr fel y mae edrych i lawr ar ddŵr yr afon yn byrlymu heibio wrth bwyso dros ganllaw pont. Ond fel y torrai'r tonnau o'm blaen gwelais beth arall nas gwelais erioed o'r blaen sef pysgod braf – haig fawr ohonynt – i'w gweld trwy flaen y don werdd yn y foment cyn iddi dorri'n ewyn gwyn. Credaf yn siwr mai hyrddiaid oeddynt, pysgod nad oes gobaith i'w dal ar fachyn o unrhyw fath!

Rhaid oedd mynd yn ôl i ganol y twyni i chwilio am y garreg lechfaen. Bûm wrthi am y nesaf peth i awr yn chwilio. Doedd dim golwg ohoni yn unlle. Mae sawl eglurhad yn bosib a'r mwyaf tebygol yw nad oeddwn yn y lle iawn! Ond roedd cryn waith amddiffynnol wedi ei wneud gan yr awdurdodau am bellter o Dywyn i gyfeiriad Aberdyfi ac yn lle'r twyni adeiladwyd clawdd caled efo gorchudd o feini mawrion ar yr ochr a wynebai'r môr. Os canfuwyd y garreg yn ystod y gwaith hwn gobeithio ei bod wedi ei chadw. Clywais ddweud mai carreg filltir oedd hi ond mae arni arysgrifiad diweddarach yn dweud iddi gael ei symud yn ôl gryn bellter o gyrraedd y môr (nodir y flwyddyn a'r union bellter) fel yr oedd grym hwnnw yn gwthio'r tir yn ei ôl. Felly, ai ffordd wedi ei boddi dan y môr – hen ffordd a oedd hwyrach yn cysylltu Tywyn ac Aberdyfi drwy'r coed – a welwn ar waelod y traeth? Ynteu ai hon oedd y ffordd i Gantre'r Gwaelod?!

Ansefydlog iawn yw'r traethau 'meddal' hyn, y traethau tywodlyd heb na chraig na charreg i wrthwynebu grym y don. Ond mae colli tir i'r môr mewn un man yn aml yn golygu ennill mewn man arall. Os bu erydu yn ne Meirionnydd, bu cynnydd yng ngogledd y sir lle y dywedir fod y môr, sawl canrif yn ôl, yn torri ar y creigiau o dan gastell Harlech. Erbyn heddiw mae'r traeth gryn bellter i ffwrdd oddi wrth y dref honno.

Ymlaen â mi am Aberdyfi ond nid cyn gweld pen ambell gragen yn brigo drwy'r tywod ym mhen isaf y traeth. Arwydd yw hyn, fel arfer, o gyllell fôr a phen ei chragen yn y golwg. Gall y gyllell fôr fod o leiaf chwe modfedd o hyd a bydd yn gorwedd yn fertigol yn y tywod gan ei hangori ei hun gyda 'throed' cyhyrog sydd yn dod allan o waelod y gragen. Mae cregyn marw'r gyllell i'w gweld yn eithaf cyffredin ym mhen ucha'r traeth wedi eu cario yno gan y tonnau. Ond mae angen gofal mawr i ddal rhai byw. Megis y twrch daear yn y pridd, mae'r gragen yn medru 'clywed' cerddediad dyn ar y traeth yn barod iawn ac os digwydd hyn bydd y 'droed' yn tynnu'r holl gragen i lawr o'r golwg yn y tywod. Os mai yn araf bach y mae dal iâr, yn arafach fyth y mae dal cyllell fôr! Y gyfrinach yw cerdded yn araf, araf ac ysgafn tuag ati a phan fyddwch o fewn hyd braich, cythru'n sydyn amdani a'i thynnu allan cyn iddi gael siawns i ymateb. Llwyddais i godi un ohonynt o'r tywod a threuliais ddau funud wedyn yn ei gwylio'n tyllu ei ffordd yn ôl i ddiogelwch y tywod. Maent yn dda i'w bwyta, gyda llaw!

Peth arall bwytadwy a welais sawl canllath ymhellach ymlaen oedd y llyrlys. Planhigyn y morfa yw hwn fel rheol ond mae o i'w weld ar y traeth weithiau allan o gyrraedd y dŵr mewn ambell lecyn graeanog, llaith. Felly y gwelais i hwn heb ddim arall yn tyfu o'i gwmpas o gwbl. Yn ddiweddar, mae wedi ymddangos (dan yr enw *samphire*) ar fwydlen sawl tŷ bwyta y bûm ynddo ac yn cael ei gyflwyno fel arfer efo pysgodyn. Planhigyn blodeuol yw, hyd at chwe modfedd o hyd ond nid yw ddim byd tebyg i blanhigyn deiliog yr ardd. Mae ei ganghennau gwyrdd, tenau yn f'atgoffa o res syth o selsig ynghlwm wrth ei gilydd! Mae ei gynnwys yn eitha meddal ac yn hawdd i'w wasgu. Y tro cyntaf imi ei gael ar fy mhlât, digon petrus oeddwn i'w fwyta ond wedi cychwyn, roedd yn eitha derbyniol! Mae braidd yn hallt – yn naturiol o gofio mai ger y môr y mae ei gartref. Hen enw arall arno yw chwyn hallt, sy'n rhagori i mi dros yr enw llyrlys. Mae'r 'hallt' yn yr enw yn awgrymu bod pobl wedi ei flasu ac wedi bod yn ei fwyta dros y blynyddoedd.

Ar yr olwg gyntaf, tipyn o anialwch difywyd yw'r traeth tywodlyd o'i gymharu â thraeth creigiog. Er hynny, mae llawer o fywyd ynddo'n gudd dan yr wyneb megis y gyllell fôr a llawer math o gregyn eraill a llyngyr. Ond ymlaen yr euthum i heb durio mwy dan yr wyneb heblaw am roi ambell gic i'r gwymon marw ar hyd y draethlin i gael gweld chwain y môr yn tasgu i bob cyfeiriad! Aeth y tywod yn feddal ac anodd ei dramwy fel y nesawn at Aberdyfi ac am y filltir olaf dilynais lwybr a oedd yn cydredeg â'r twyni rhyngddynt a'r maes golff. Ar yr ochr fewnol hon roedd lliw pinc y glustog Fair yn amlwg, y planhigyn a roddwyd ar bishyn tair amlochrog yr 'hen bres' oherwydd arwyddocâd ei enw Saesneg, *thrift*. Ond y golffwyr a dynnodd fy sylw ar y rhan hon o'r daith a chofio'r amser pan roddais i brawf ar y gamp. Anobeithiol oedd fy ymgais, yn fwy na thebyg oherwydd am nad oedd digon o amynedd gen i. Ond dysgais un peth. Dysgais pa mor frith yw cyrsiau golff o fywyd gwyllt, a hawdd deall pam. Mae darnau yn cael eu cadw'n wyllt yn fwriadol i wneud pethau'n anodd i'r golffwyr, mae'n debyg! Mae'r llecynnau hyn yn rhoi lloches i lawer o blanhigion a chreaduriaid. Hefyd, gan nad oes gan y cyhoedd fynediad yn gyffredinol, na neb arall yn trin y tir, caiff natur fwy o lonydd.

Cyrhaeddais draeth Aberdyfi ac euthum draw at y cei i gael gweld y gloch a grogwyd o dan lawr pren y lanfa. Roedd y lanfa'n wyn o gregyn llong ond nid y gloch gan ei bod allan o gyrraedd y dŵr. Rhoddwyd y gloch yno i ganu fel y daw'r llanw i mewn. Mae'r tafod, sy'n hongian lawer yn is na'r gloch ac yn cael ei ysgwyd gan symudiadau'r llanw a'r tonnau, yn sicrhau bod yn Aberdyfi gloch o hyd sydd 'yn canu dan y dŵr'.

ap Seithyn

BEIRNIADAETH RHYS MWYN

Daeth chwe ymgais i law. Roedd tuedd yn rhai o'r ysgrifau i orgymhlethu pethau a theimlais fod angen cadw mewn cof mai erthygl ar gyfer *Y Naturiaethwr* oedd dan sylw.

Blaenpant, 'Iaith': Ysgrif ddigon diddorol yn sôn am fyd y gwenyn, sydd yn sicr yn amserol a pherthnasol. Teimlais, fodd bynnag, nad oedd y dudalen gyntaf yn gwneud fawr mwy nag oedi cyn cyrraedd y pwynt a bod gormod o chwarae efo geiriau. Os yw'r awdur am gyhoeddi mewn cylchgrawn rhaid bod yn llawer mwy cryno ac eglur.

Arthur, sydd hefo gwydrau ei sbectol newydd yn llawn gloywder, 'Eirth ar Stampiau Post': Fe allai hon fod yn erthygl dda iawn oni bai am ddau beth a oedd yn fy mhoeni, sef y diffyg cysylltiad rhwng eirth a Chymru (o ystyried y bwriad i gyhoeddi yn *Y Naturiaethwr*) a thrafodaeth yr awdur ynglŷn â chymryd rhan yn y gystadleuaeth (sy'n ddiangen mewn cyhoeddiad o'r fath).

Bwgan Brain delaf Cymru, fi, am wn i, a neb arall, sy'n deud hynny, 'Brensiach y Brain!': Ymdrech deg a thestun diddorol wrth gyfeirio at frain ond roedd tuedd yma i fod yn hirwyntog gyda'r perygl o golli'r darllenydd cyn diwedd yr erthygl. Byddai gwaith golygu ar yr ysgrif wedi bod o gymorth mawr yma.

Trewen, 'Y Gog ar y Groes ...': Teimlais fod hon yn ysgrif addas ar gyfer *Y Naturiaethwr* gan gyfuno heneb (carreg groes Nanhyfer) a byd natur (y gog). Gwendid mwyaf yr ysgrif, fodd bynnag, oedd diffyg sylwedd ac er mor ddiddorol oedd y gwaith, roedd angen diweddglo ychydig mwy pendant.

Loge Las, 'Adnabod Byd Natur': Roedd yr awdur yn amlwg wedi ystyried ym mhle y byddai erthygl o'r fath yn cael ei chyhoeddi ac ar y cyfan roedd hon yn ymgais foddhaol. Efallai fod yr awdur wedi pwysleisio ychydig gormod ar ailddarganfod byd natur ar ôl symud i'r dref gan droi'r ysgrif bron yn hunangofiant yn hytrach nag yn erthygl fwy penodol am yr hyn sydd i'w weld yn sir Frycheiniog. Fodd bynnag, mwynheais ei darllen.

ap Seithyn, 'Carreg Filltir': Dyma'r awdur a oedd yn amlwg wedi deall gofynion cylchgrawn, yn enwedig un ar gyfer cerddwyr a naturiaethwyr fel Cymdeithas Edward Llwyd. Drwy ganolbwyntio ar hanes y traeth rhwng Tywyn ac Aberdyfi cafwyd ysgrif a oedd yn ysbrydoli'r darllenydd i fynd am dro a manylodd *ap Seithyn* ar yr union bethau a fyddai o ddiddordeb i'r darllenydd yn yr ardal.

Rhoddaf y wobr i *ap Seithyn*.

Sgript gomedi ar gyfer radio heb fod yn hwy na 10 munud o hyd

Y GRONFA LEOL

Cymeriadau: Richard Williams, tua 55 oed; Julie Davies, tua 45 oed; Glenda, tua 18 oed; Sylwebydd y ras, tua 40 oed; Siencyn, tua 45 oed; Sebedeus, tua 90 oed; Wmffre, tua 60 oed; Shân Cothi.

Golygfa 1
Lleoliad: Cegin Richard Williams

Shân Cothi: (*Ar y radio, mewn llais brwdfrydig*) Nawr 'te, ma'r dishgwl bron ar ben, dim ond pythefnos sydd i fynd tan Eisteddfod Genedlaethol Llanrug a'r Fro, dwy fil ac unde ...

(*Richard yn diffodd y radio*)

Richard: (*Yn flin*) Taw'r hulpan! Dw i'n gwybod mai dim ond pythefnos sy'na tan y blydi Steddfod! Pam fi? Pam fi gafodd ei ddewis i fod yn gadeirydd y pwyllgor gwaith? Ma' pob dim 'di troi'n draed moch – shambyls go iawn! Roedd y codi arian yn mynd yn *champion*, ond rŵan, wel, dw i heb gael ceiniog ers tua mis. Dim ond tri chwarter y swm sgen i.

(*Ffôn yn canu*)

Richard: (*Mewn syndod, ac ychydig yn ofnus*) O na! Dim ond un person sy'n ddigon cas i ffonio am hanner awr wedi deg ar fore dydd Llun. Julie Davies.

Julie: (*Sgrech flin*) Lle mae o?!

Richard: (*Yn trio bod yn garedig*) O helo Julie, ti'n iawn? Gest di benwythnos da?

Julie: (*Yn gas*) Paid â thrio cael allan o hyn y twmffat, rŵan lle mae o?

Richard: Sorri Julie, sgena i'm clem am be ti'n sôn, lle mae be?

Julie: (*Ar fin gweiddi*) Y pres ynde! Lle ar y blincin ddaear mae'r pres?

Richard: (*Yn ofnus*) Does 'na'm angen gweiddi Julie, mi fydd y siec yn dy law di fory, ar llw 'nghi sy' 'di marw.

Julie: (*Yn ddistaw*) Wel, os ti 'di gwneud cawl o bethau, 'na i dy hongian di oddi ar dŵr ucha'r pafiliwn!! Dw i isio fo ar fy nesg fory!

(*Julie'n rhoi'r ffôn i lawr*)

Richard: (*Mewn syndod*) Dw i mewn lot fawr o drwbwl. Er, wedi meddwl – sgen y pafiliwn newydd ddim tyrau, Julie fach ...

Golygfa 2
Lleoliad: Siop leol Llanrug

(*Richard yn edrych drwy'r rac papurau*)

Richard: Hmmm. *Radio Times, Top Gear* ta'r *Daily Post*? Ew, a i am y *Racing Times*.

(*Richard yn cerdded at y cownter*)

Glenda: (*Mewn ffordd chwareus*) O haia bêbs, ti'n iawn heddiw?

Richard: Dw i 'di cael dyddia gwell, a paid â 'ngalw i'n hynna.

Glenda: Sorri, ond alla i'm helpu o, ti jest rhy gorjys, bêb.

Richard: (*Yn benwan*) Diolch, ond stopia. Dim ond y *Racing Times* heddiw, plîs.

(*Glenda'n sganio'r papur*)

Glenda: (*Yn chwareus*) One fifty plîs, secsi.

Richard: (*Chwerthin distaw*)

(*Richard yn gadael y siop. Cloch a drws yn cau*)

Golygfa 3
Lleoliad: Ystafell fyw Richard

(*Sŵn papur yn cael ei agor*)

Richard: Saunders Lewis, pedwar i un. T. Rowland Hughes, naw i un. Geraint Jarman, dau gant i un. Dw i'm yn synnu'i fod o'n erchyll. Rambo, pymtheg i un. Ew, dw i'n hoffi ffilmiau Rambo, 'na i roi pres ar hwn. Ond faint? Dw i angen cymaint o bres â phosib. Ti'n gw'bod be, stwffia fo, 'na i roi pres y Steddfod i gyd arno fo! Os dw i'n ennill, fydda i'n cael bron i ugain gwaith faint dw i 'i angen. Hwn ydy'r cynllun perffaith! Geith y Julie Davies wirion 'na 'i phres hi i gyd, a ga inna' riteirio o'r twll ysgol 'na.

(*Richard yn troi'r teledu ymlaen*)

Richard: Reit ta, pa liw ydy'r hen Rambo 'ma. Gwyrdd a Choch. Iawn, dw i angen cofio Gwyrdd a Choch.

Sylwebydd: Ac mae'r ras ar fin dechrau efo'r ceffylau byd enwog yma ar y llinell gychwyn. Rŵan ta, mae'r gwn am saethu mewn tri ... dau ... un ... (*Sŵn gwn yn cael ei saethu*) A dyma ni'n mynd. Mae Gruff Rhys ar y blaen, ond mae Euros Childs yn agosáu. Ew, dyna gyflym ydy Aneurin Bevan, ond sbïwch ar David Lloyd George, mae o'n cael ras dda. Ac mae Rambo'n mynd amdani!

Richard: O ty'd Rambo bach, ty'd 'ngwas i. Ew ti'n gneud yn dda. Ty'd, TY'D! Ma'r naid gynta'n dod. Neidia'n uchal rŵan mêt. Ty'd fy mabi gwyn i ... uwch, uwch. (*Saib*) Ma'r blydi ceffyl 'di disgyn!

(*Siencyn yn cerdded i mewn*)

Siencyn: (*Yn ddiamynedd*) Iawn, mêt?

Richard: (*Wedi'i ddychryn*) Raslas bach a mawr, Siencyn, nes di bron iawn â rhoi hartan i mi!

Siencyn: (*Wedi blino*) Pam wyt ti'n gweiddi?

Richard: (*Bloedd*) Dw i 'di colli'r pres!

Siencyn:	(*Ddim yn poeni llawer*) E? Pa bres?
Richard:	Pa bres wyt ti'n feddwl? Pres y Steddfod ynde! Pres y blydi Brifwyl. Nes i roi'r pres ar geffyl ac ma'r sglyfath 'di syrthio!
Siencyn:	(*Dal ddim yn poeni*) Wel, os ti isio pres, dw i 'di cuddio peth yn y toilet.
Richard:	(*Mewn syndod, ac yn wawdlyd*) Dyna sy' 'di blocio'r blincin peth ers wythnosa? Clyfar ti.
Siencyn:	(*Wedi'i blesio*) Ai, dw i'n gwbo'!
	(*Richard yn rhedeg i fyny'r grisiau. Sŵn porslen yn chwalu. Richard yn mynd yn ôl i lawr y grisiau*)
Richard:	(*Yn flin*) Dydy o'm hannar digon i dalu am y Steddfod!
Siencyn:	(*Yn amlwg ddim yn poeni llawer, a'i geg yn llawn bwyd*) So? Dim 'y mhroblem i ydy o.
Richard:	(*Yn cwestiynu*) Lle gest ti'r pres 'na yn y lle cynta?
Siencyn:	(*O ddifri*) Wel ... Pan o'n i yn y Maffia, nes i a Jim Parc Nest fynd ar gwch i Rwsia a dwyn ffôn Putin. (*Yn siarad fel petai hyn yn digwydd bob dydd*). Dw i 'di gwario rhan fwya'r arian, dyna i gyd sy' ar ôl.
Richard:	(*Yn chwerthin*) Ew, faint **nest** ti yfed neithiwr?
Siencyn:	Wmbo. Ti'n gw'bod be, dw i'n mynd i 'ngwely.
	(*Siencyn yn gadael yr ystafell*)

Golygfa 4
Lleoliad: Eglwys St Mihangel, Llanrug

Richard:	Be ydw i 'di neud? Alla i'm credu mod i 'di bod mor wirion! O leia' os a i i'r eglwys ga i faddeuant.
	(*Sŵn brain yn sgrechian. Cloch yr eglwys yn canu*)

Richard: (*Yn uchel*) Helo. Helo, oes 'na rywun yma? Sebedeus? 'Dach chi yma?

Sebedeus: (*Wedi'i ddychryn*) Beth ar wyneb y ddaear oedd hynna? Pwy sy 'na? Bydda'n ofalus, dw i'n *black belt* mewn *karate*!

Richard: Richard, Richard Williams o'r pentra. Alla i siarad efo chi am funud?

Sebedeus: (*Yn flin*) Na chei wir! Dw i ar frys, mae 'na barti gwisg ffansi yn neuadd y pentra, a mae rhywun arall yn mynd fel Moses, felly, dw i angen ffeindio gwisg Ioan Fedyddiwr erbyn heno! Finna'n meddwl y byddwn i'n iawn fel Moses ar ôl llanast y llynedd ...

Richard: (*Jôc*) Yn bersonol, os swn i'n chi, byswn i'n mynd fel Rhys Mwyn, dach chi'n edrych digon tebyg.

Sebedeus: (*Wedi ffieiddio*) Rhys Mwyn?! Ew, sgen y bobol ifanc 'ma ddim tast. Dim tast o gwbwl! Dw i'n mynd yn ôl i'r festri am funud, a phan dw i'n dod nôl, mi fyddi di wedi mynd. Dallt?

            (*Sebedeus yn cerdded o'r eglwys*)

Richard: (*Yn edrych tuag at yr allor*) Ŵŵŵŵ, yli pethau neis sy'n fan'na. Fyddai neb yn sylwi os basa' ychydig o ganwyllbrennau ac arian y casgliad yn diflannu.

            (*Richard yn cerdded tuag at yr allor. Sŵn metel yn taro'n erbyn ei gilydd. Richard yn rhedeg allan. Sŵn cloch yr eglwys*)

Golygfa 5
Lleoliad: Siop Gold Today – Money Tomorrow

            (*Drws yn agor. Cloch fach yn canu*)

Richard: (*Allan o wynt*) Ty'd, dw i ar frys!

Wmffre: 'Gold Twdê, Myni Twmoryw' yma i helpu. (*Yn ddiamynedd*) 'Sdim isio gweiddi, ffor pîts sêc. Wmffre dw i, sut alla i helpu?

Richard: Wel, Wmffre, dw i wedi dod ag ychydig o 'nwyddau sanctaidd' i'w gwerthu, os dach chi'n dallt be sgen i.

Wmffre: (*Bloedd*) BE?!

Richard: (*Yn benwan a blin*) Dw i wedi dod â stwff i'w werthu.

Wmffre: Ga i weld nhw ta? (*Yn sibrwd*) Ew, pobol dyddie yma ynde.

(*Richard yn rhoi bag i Wmffre*)

Wmffre: (*Mewn syndod*) Dydy'r rhein ddim yn werth dim byd, haearn wedi'u peintio'n aur ydy'r rhein!

Richard: (*Bloedd anferthol*) IESU GOGOS!!

Wmffre: (*Yn gysurus*) Cŵl hed, stedda lawr, a chyma *Jaffa Cake!* Gena i ffrind ynde, sy'n ffarmwr. Bysa fo'n cymryd rhein am unrhyw bris ti'i angen. Di o'm yn glyfar iawn, un llygad sy' ganddo fo! Ond lot o bres – ac mae o'n hoff iawn o betha' fel hyn ...

Richard: (*Yn cwestiynu*) Hyd yn oed £320,000?

Wmffre: (*Yn gysurus*) Falla wir.

Golygfa 6
Lleoliad: Swyddfa'r Eisteddfod Genedlaethol

Julie: (*Yn hynod o glên*) Dewch i mewn i'r swyddfa rŵan, Richard, dan ni angen sgwrs fach. Steddwch. Mi o'n i 'd i mynd i boeni, Richard bach, doeddwn i ddim yn meddwl ein bod ni am ei gwneud hi. Mi oedd £320,000 yn dipyn o darged, doedd, ond dach chi 'di llwyddo'n rhyfeddol. A phwy fydda wedi dychmygu, y byddech chi yn cael hyd i 'nwyddau sanctaidd', trysor hyd yn oed, mewn sach o dan y Babell Lên? Rhyfeddol! A'r trysor yma werth £30,000, yn codi cyfanswm y gronfa i £350,000. Ardderchog wir. (*Chwerthin bach merchetaidd*). A dan ni'n deall ein gilydd o'r diwedd.

Richard: Yndan, Julie fach, yndan wir. Pethau gwerthfawr ydi 'nwyddau sanctaidd'. (*Wrtho'i hun*) Lot mwy gwerthfawr na dach chi'n feddwl, Julie fach. Pwy fyddai wedi meddwl y byddwn i wedi cael £350,000 am sach yn llawn sbwriel gan ffarmwr efo un llygad!

Julie: Reit, Richard, ymlaen â ni rŵan, i Steddfod lwyddiannus arall. Dewch, dewch, mae angen i ni fod yn y Pafiliwn 'na ymhen deng munud wir. Cerwch chi o 'mlaen i. Mae gen i un peth ar ôl i'w wneud ...

(*Richard yn codi ac yn cerdded i ffwrdd dan ganu. Ei lais yn mynd yn bellach a phellach. Julie yn codi'r ffôn ac yn pwyso rhifau*)

Julie: (*Yn hanner sibrwd*) Helo, Inspector? Ia, fi sy'ma. Yndi. Mi fydd o yn y Pafiliwn ymhen rhyw ddau funud rwan. *All yours*, cyw!

Y Cadeirydd

BEIRNIADAETH TUDUR OWEN

Daeth pum ymgais i law, yn amrywio o ran testunau, gwreiddioldeb a doniolwch.

Abel, 'Yn y Dechreuad ...': Ceir ymgais ar ddychan yn y darn hwn gyda'r sefyllfa a'r byd yn cael eu cyfleu yn gryno ac yn gelfydd o fewn y tair llinell agoriadol. Gan fod gennym eisoes ddarlun o'r olygfa Feiblaidd dan sylw yn ein dychymyg, mae'r driniaeth absŵrd ac amharchus o'r sefyllfa yn un effeithiol ac yn dal sylw yn syth. Collwyd cyfle i ddefnyddio'r momentwm cychwynnol i greu comedi a dychan effeithiol gan fod y cymeriadau a'r doniolwch arfaethedig wedi colli eu ffordd ymhell cyn y diwedd (gresyn na fyddai hynny wedi bod yn fetaffor bwriadol o fewn y darn).

Ap N. Dicks, 'Iechyd Da?': Dr Krapps a'i glaf, Robat, yw'r ddau gymeriad sy'n cyflwyno cyfres o 'jôcs syrjeri' yn y darn hwn. Mae'r grefft o greu delweddau a byd gweledol ar y radio yn un anodd ond does dim pwrpas disgrifio'r olygfa mewn llinell o gyfarwyddyd ar y sgript. Mae'r ddeialog yn effeithiol iawn gyda'r curiadau doniol yn dod yn gyflym drwy gydol y darn. Mae'r defnydd o ddryswch ieithyddol yn gweithio'n dda ar adegau ond mae angen osgoi dibynnu ar jôcs cyfarwydd i lenwi'r bylchau. Mae angen adeiladu haenau ychwanegol i gynnal y byd dychmygol yn ogystal â pherthynas y doctor â'i glaf, ac i gynnig cyfle i greu comedi wreiddiol a blaengar.

Twdlw, 'Plentyndod': Cyfres o jôcs wedi eu plethu yn fonolog a geir yn y darn hwn. Mae rhai llinellau yn fwy cyfarwydd nag eraill, ond pob un ohonynt yn sicr o godi gwên hiraethus. Gyda chynulleidfa fyw a pherfformiad cryf mae'n bur debyg y byddai'r darn hwn yn taro deuddeg, ond ar gyfer y radio mae'n rhaid dyfeisio haenau ac elfennau ychwanegol, er enghraifft llwybr stori a chymeriadau, i ddal sylw.

Bwni, 'Pysgodyn mawr, pysgodyn bach': Mae *Bwni* wedi llwyddo i greu byd gweladwy a diddorol yn gynnar yn y darn. Cedwir at nifer o rinweddau a rheolau comedi sefyllfa ddibynadwy drwy ein cyflwyno i gymeriadau a phlot syml yn gryno ac effeithiol. Er bod sylfaen dda wedi ei chreu ar gyfer hiwmor, mae'r curiadau doniol angenrheidiol yn brin ac yn denau.

Y Cadeirydd, 'Y Gronfa Leol ...': Comedi sefyllfa yw hon sy'n glynu at draddodiadau a fformiwlâu y *genre* yn effeithiol iawn. Cawn ein cyflwyno i gymeriadau lliwgar a digri sy'n tanio llinellau doniol am yn ail, wrth i'r ddeialog greu darlun o'r sefyllfa, adrodd y stori a chodi chwerthin yn ddeheuig iawn. Mae dawn ysgrifennu comedi gan *Y Cadeirydd* gyda synnwyr amseru da, dealltwriaeth o bwysigrwydd *punchlines*, a'r modd i adeiladu haenau o fewn y darn sy'n cynnig llawer mwy na chyfres o jôcs. Mae yma ddarn derbyniol o gomedi a man cychwyn ar gyfer pennod radio gyfan sydd â photensial i greu chwerthin.

Rhoddaf y wobr i *Y Cadeirydd*.

Traethawd yn cofnodi enwau lleoedd cysylltiedig ag afon neu ran o afon, gan nodi eu lleoliad (gyda chyfeirnod grid), ffynhonnell yr wybodaeth, a thrafod eu hystyron neu eu harwyddocâd

BEIRNIADAETH MARY WILIAM

Mae'r gystadleuaeth hon yn amserol iawn: clywsom gryn dipyn dros y misoedd diwethaf am y bygythiad i enwau lleoedd cysefin Cymru, a'u disodli gan enwau newydd diystyr Saesneg fel yr erchyll Nameless Cwm am Cwm Cneifion yn Eryri, a'r ymgais ddiweddar i droi enw Plas Glynllifon yn Wynnborn Mansion.

Testun y gystadleuaeth hon yw enwau sy'n gysylltiedig ag afonydd. Gallech feddwl bod afonydd yn nodweddion naturiol rhy fawr i fod dan fygythiad, ond nid felly – troes Gwy yn Wye, Dyfrdwy yn Dee a Hafren yn Severn, ac nid yw'r enw Avon (a geir fwy nag unwaith yn Lloegr) ond yn disgrifio'r nodwedd, nid cofnodi'r enw Cymraeg gwreiddiol. Ac mae i afonydd nodweddion nas cofnodwyd erioed mewn dogfennau nac ar fapiau, nodweddion megis pyllau a llynnoedd, nentydd a rhaeadrau, rhydau a phontydd, a hawdd iawn i enwau'r rhain fynd ar goll neu gael eu disodli (meddyliwch am gamddehongliad George Borrow o Rhaeadr Ewynnol a arweiniodd at yr enw Swallow Falls).

Ond er na fu enwau lleoedd Cymraeg erioed dan fwy o fygythiad, ar yr un pryd ni fu erioed yn haws eu cofnodi nac ymchwilio i'w hystyron. Cyhoeddwyd sawl cyfrol ar enwau lleoedd yn gymharol ddiweddar, megis llyfrau Glenda Carr a geiriadur godidog Hywel Wyn Owen a Richard Morgan, bob un yn dilyn gwaith arloesol R.J. Thomas (*Enwau Afonydd a Nentydd Cymru*, 1938), Melville Richards, Gwynedd Pierce a Bedwyr Lewis Jones. Mae'r Gymdeithas Enwau Lleoedd yn ffynnu, mae holl fapiau degwm Cymru yn cael eu rhoi ar wefan Cynefin, mae ffyrdd rhwydd o archwilio mapiau cynnar yr Ordnans ar y We, a bu cyfresi teledu difyr yn dilyn enwau caeau. Mae digon o ffynonellau a chanllawiau ar gael, felly. Ond sut lwyddiant gafodd y saith cystadleuydd?

Neli B., 'Yr elfen dwrgi/ dyfrgi mewn enwau lleoedd yng Nghymru a'r Gororau': Dyma astudiaeth o Gymru gyfan (ac un man yn Lloegr) ar batrwm rhai Cledwyn Fychan o'r blaidd a Duncan Brown o'r bele.

Ysgogwyd *Neli B.* i ddewis y testun oherwydd ei chysylltiad teuluol â thyddyn Penlanddwrgi, Llanllawddog, sy'n furddun erbyn hyn. Dysgwn fod y dwrgi yn anifail tiriogaethol, gyda'r diriogaeth honno yn amrywio o filltir i bum milltir ar hugain yn ôl y cyflenwad o fwyd sydd ar gael. Rhestr yn ôl yr wyddor o'r holl fannau hynny sy'n cynnwys yr elfen 'dwrgi/ dyfrgi' yn eu henw yw'r testun, wedi'u casglu o ffynonellau cyhoeddedig ac archifol megis llawysgrifau yng ngofal y Llyfrgell Genedlaethol a hen fapiau Ordnans; mae dyrnaid o'r enwau yn fathiadau cyfoes. Gan gynnwys bron i hanner can enw, mae ugain ohonynt yn sir Gaerfyrddin neu yn glòs at ei ffiniau, ond mae'r elfen 'dwrgi/ dyfrgi' i'w chael ledled y wlad. Cydnabyddir ffynonellau pob enw, ac fe geir mynegai yn ôl siroedd ac afonydd hefyd. Dyma destun glân ac ysgolheigaidd sy'n haeddu ei gyhoeddi fel y mae.

Rhif Cyfeirnod 655619, sef ar lafar 'Pen yr Ala Wen', ond ar fap 'Pen yr Ole Wen': Dyma gystadleuydd sydd wedi gwirioni ar ei ardal, Dyffryn Ogwen (neu 'Ogwan' fel y byddai ef neu hi yn mynnu), ac mae hynny'n cael ei adlewyrchu yn ieithwedd yr ysgrif. 'Endid hanesyddol-fyw' yw'r afon iddo, ond ymdriniaeth fanwl o sylwadau haneswyr a chofnodwyr yr afon a'i dyffryn a gawn ganddo yn bennaf. Mae cofnodi a thrafod enwau lleoedd sy'n gysylltiedig â'r afon yn eilbeth i'w ddiddordeb yng ngwaith yr haneswyr, teithwyr, llenorion ac arlunwyr a roes sylw i'r ardal dros y blynyddoedd: mae wedi elwa ar y ffaith i gynifer ohonynt ymweld ag Eryri, ac yn crynhoi eu gwaith. Mae ôl darllen eang yma yn ogystal â defnydd eang o luniau a mapiau hanesyddol perthnasol, ond nid oes tystiolaeth o ymchwil archifol gwreiddiol yn ymwneud ag enwau lleoedd; ac ysywaeth, ni cheir unrhyw ymgais i gofnodi nac esbonio'r mân enwau hynny sy'n sicr i'w cael o hyd ar lafar am nodweddion yr afon ei hunan.

Llygad y dŵr: Yr enwau sydd â chysylltiad ag afon Lledr ym mhlwyf Dolwyddelan a'r ardaloedd cyffiniol yw testun yr ymgeisydd hwn. Mae arddull y traethawd yn ymlaciol, ond mae'n fwy o lyfr taith na dim byd arall: ymysg y nifer o ffeithiau a fyddai o ddiddordeb mawr i ddarllenwyr lleol mae sôn am hynafiaid y darlledwr Gyles Brandreth a'r drasiedi pan foddodd dwy ferch fach y teulu mewn llyn yn yr afon yn 1900. Mae'r awdur yn cofnodi cryn nifer o enwau ond nid yw'n ceisio esbonio llawer ohonynt. Elwodd ar ei gasgliad o hen gardiau post, gan iddo ddefnyddio tua dwsin ohonynt i gyd-fynd â'i destun, ac yn ogystal â ffynonellau printiedig ac archifol, mae hefyd yn dyfynnu cwpl o breswylwyr glannau'r afon – ond gresyn na wnaeth fwy o hyn.

Maes y Gïach, 'Afon Rhyd Eilian, Ynys Môn': Cangen o afon Braint sydd yn ei thro yn rhedeg i'r Fenai yw afon Rhyd Eilian, medd y cystadleuydd hwn wrthym. Ond er byrred yr afon, mae'r awdur wedi medru creu stori sy'n difyrru ac argyhoeddi. Mae sawl enw yn nyffryn yr afon yn awgrymu natur gynhenid y tir, megis Dyfnia (sy'n golygu pantiau yn y tir), Siglan (yn tarddu o Corsiglan) a Creigiar (yn golygu tir newydd). Mae eraill fel Cae yr Ewig, Pwll y Gath, Bryn Barcut a Maes y Gïach ei hun yn cofnodi'r bywyd gwyllt a drigai yma cyn i'r gors gael ei sychu a'r tir ei amgáu. Dechreuwyd y broses honno, fe ymddengys, yn anghyfreithlon yn oes y Tuduriaid gydag enwau'r ffermydd yn dyddio o tua 1600. Mae'r cystadleuydd hefyd yn tynnu ein sylw at y ffaith y gall afon fod ag enw neu enwau 'answyddogol' yn ogystal ag un swyddogol. Dyma berl o astudiaeth, gan ddefnyddio ystod eang o ffynonellau i gynnig dadansoddiad manwl a threiddgar ynghyd â defnyddio datblygiad enwau lleoedd i ail-greu hanes.

Dyfrin, 'Enwau Afon Saint': Enwau afon Saint (ffurf ffug-hynafol yw 'Seiont', mae'n debyg) a gofnodir yma, ac fe wneir hynny yn rhyfeddol o drylwyr: anodd dychymygu na chollwyd nac afon, nant, pwll, llyn na phont ar hyd taith yr afon i'r Fenai. Mae *Dyfrin* hyd yn oed yn dyfalu lleoliad rhai enwau sydd bellach wedi colli eu cysylltiad â'r afon. Gwelodd amcan y gystadleuaeth i'r dim: 'Mae cofnodion ysgrifenedig ar gael yn enwi rhai o'r nodweddion sy'n gysylltiedig â'r afon, ond enwau llafar yn unig yw llawer, a heb ymdrech i'w cofnodi ânt hwythau hefyd, mewn amser, i ddifancoll.' Cyflwynwyd yr astudiaeth mewn modd na welais i mewn cystadleuaeth Eisteddfodol o'r blaen, sef ar ffurf hollol barod i fynd i'r wasg, wedi ei gosod yn ddestlus gyda lluniau pwrpasol ochr yn ochr â'r testun. Gwnaed defnydd helaeth o ffynonellau a cheir mynegeion llawn. Unig wendid y gwaith yw fod yr awdur yn gryf iawn ar gofnodi ond ychydig yn llai felly ar geisio esbonio tarddiad yr holl enwau. Byddai hon yn astudiaeth orchestol pe byddai wedi gwneud hynny.

Gwas-yr-Ynys, 'Dyffryn Afan – dilyn cwrs yr Afon Afan o'r môr i bentref Pont-rhyd-y-fen': Taith ar gefn beic o geg afon Afan i bentref Pont-rhyd-y-fen sydd gan y cystadleuydd hwn, a thaith ddigon difyr yw hi hefyd yng nghwmni brodor sydd wedi ei drwytho yn hanes yr ardal: cawn ddysgu llawer am ddatblygiad diwydiant a phrif adeiladau a nifer o enwogion a chymeriadau eraill yr ardal. Mae deunydd sawl colofn ddifyr iawn i bapur bro yma. Ond, yn anffodus, ychydig iawn o sylw a roes yr awdur i ddilyn gofynion y gystadleuaeth: prin sôn am yr afon y mae, nid yw'n cofnodi unrhyw enwau sy'n gysylltiedig â hi heb sôn am geisio eu hesbonio, ac ni ddefnyddiodd yr un cyfeirnod grid.

Penaman, 'Taith Afon Aman': Traethawd byr ar daith yr Aman Fawr a'r Aman Fach o'r Mynydd Du i'w huniad ag afon Llwchwr ger Rhydaman a gawn gan y cystadleuydd hwn. Cawn glywed mai 'Y Gwter Fawr' oedd yr hen enw ar Frynaman a rennir gan yr afon, ac felly'n gyfrifol am y ffaith y ceir Brynaman Uchaf yn yr hen sir Gaerfyrddin a Brynaman Isaf ym Morgannwg. Ond oni bai am hyn ac ymgais i esbonio ystyr Garnant, ni cheir sôn o gwbl am enwau'n gysylltiedig â'r afon. Ffynonellau print yn unig sy'n cael eu dyfynnu ganddo.

Cefais gryn drafferth i benderfynu ar enillydd; ond gan deimlo bod cofnodi enwau yn bwysicach ar y funud na'u dehongli, a chan bwyso ar *Maes y Gïach* a *Neli B*. i gyhoeddi eu gwaith ar unwaith mewn cylchgronau academaidd addas, dyfarnaf y wobr i *Dyfrin*.

Nodyn gan y Golygydd
Ymddiheurwn i'r awdur nad oedd modd cyhoeddi'r traethawd buddugol yn y gyfrol oherwydd maint y gwaith a'r ffaith ei fod yn cynnwys nifer o luniau a mapiau lliw-llawn.

Darn o ryddiaith heb fod dros 2,000 o eiriau: Ffoi

FFOI

Curai'r glaw ar dalcen Edward wrth iddo godi coler ei gôt a phrysuro'i gamau i gyfeiriad yr Hen Goleg. Teimlai'r gwynt yn gwthio denim ei jîns yn erbyn ei goesau, a chlywai'r dail a'r papurach yn siffrwd ar y palmant ar hyd ymyl wal allanol y Coleg. Gwthiodd y drws trwm yn agored a chlywai'r dŵr yn diferu oddi ar waelod ei gôt wrth iddo sefyll yn neuadd oer yr academyddion.

Yng nghoridor y muriau cerrig gallai glywed y gwynt o gyfeiriad y môr yn pwyo yn erbyn y ffenestri uchel gan beri i'r fframiau ysgwyd a rhuglo.

Dringodd y grisiau cerrig at ddrws y Llyfrgell Athroniaeth, ac anadlodd ei ryddhad wrth sylwi bod y llyfrgell yn awr yn wag. Dyna fantais fwyaf y llyfrgell hon: anaml y gwelid neb ynddi.

Eisteddodd Edward yn ei gadair arferol wrth y bwrdd pren hir ym mhen pellaf yr ystafell ddarllen ger set o lyfrau John Stuart Mill. Gosododd ei fag dogfennau ar y llawr ac agor y caead lledr. Agorodd hefyd y llyfr y bu'n ei ddarllen ar ei ymweliad diwethaf â'r fangre hon.

Wrth iddo droi'r dalennau, gan groesi ei goesau a phwyso'n ôl yn ei gadair, llithrodd ei feddyliau i synfyfyrio am y ddarlith ddiweddaraf a draddododd Dr Maureen Kerry. Roedd yr ystafell ddarlithio'n llawn o fyfyrwyr, eu llyfrau nodiadau o'u blaen, eu llygaid yn llawn chwilfrydedd neu drymder bore wedi'r ddawns. Safodd Dr Kerry o'u blaen ac edrych arnynt.

'Heddiw,' meddai mewn llais soniarus, 'byddwn yn rhoi sylw i syniadau Leo Tolstoi am gelfyddyd.' Oedodd fymryn. 'Am yr hyn yw celfyddyd. I ddechrau, byddaf yn sôn, yn fras, am ei brif syniadau. Yn ail, byddaf yn olrhain y cyswllt rhwng y syniadau hynny a'r hyn yr oedd Tolstoi'n ceisio'i gyflawni yn ei brif weithiau creadigol. Yna, cyn gorffen, byddaf yn amlinellu ymateb gwahanol feddylwyr ...' Oedodd eto. ' ... i'w syniadau.'

Ei hwyneb yn welw a'i gwddf yn hir wrth iddi droi at y bwrdd du, daliai'r sialc fel petai'n sigarét rhwng ei bys a'i bawd wrth iddi nodi pennawd cyntaf ei darlith o dan ymyl uchaf y bwrdd du.

'Cefndir Tolstoi' oedd y pennawd. Trodd Dr Kerry i edrych eto ar ei chynulleidfa. 'Roedd yn gyfoethog,' meddai, 'o dras aristocrataidd, ac yn gartrefol yn y cylchoedd bonheddig. Ac wrth gwrs roedd yn enw cyfarwydd i lenorion Rwsia ers ei ddisgrifiadau o'r hyn a welodd yn Sebastopol yn ystod Rhyfel y Crimea.'

Erbyn hyn roedd rhai o'r myfyrwyr lleiaf effro'n dechrau anesmwytho wrth iddyn nhw edrych ymlaen at eu cwpanaid o goffi yn Y Caban. Nid felly'r fintai effro, yn fechgyn a genethod, a oedd yn dechrau cael eu denu unwaith eto gan gyfaredd y ddarlithwraig. Fe sylwon nhw ar oslef ei llais a thro ei gwddf wrth iddi oedi fymryn cyn cyrraedd diwedd brawddeg. Fe sylwon nhw hefyd ar amlinell ei chorff wrth iddi droi at y bwrdd du. Yna, fel pe baen nhw'n ei gweld am y tro cyntaf, fe sylwon nhw ar broffil ei hwyneb wrth iddi wynebu'r ffenest a'r môr. 'Tybed beth a welai yno?' meddyliodd Edward.

'Mae hi'n anhapus,' meddyliodd wedyn. 'Er ei bod hi mewn swydd ddiddorol sy'n talu'n dda ac yn rhoi digon o gyfle iddi ddarllen a sgrifennu, mae ei hwyneb hi'n ddarlun o dristwch.'

'Roedd Tolstoi,' meddai'r ddarlithwraig, 'yn feirniadol o allu'r wladwriaeth i fynd i ryfel a mynnu bod dynion ifanc yn colli'u bywydau ar sail penderfyniadau gwleidyddol simsan a byrbwyll.'

Roedd y bachgen a eisteddai o flaen Edward wedi rhoi ei bin sgrifennu yn llabed ei siaced ledr. Dalen wag oedd o'i flaen a chanolbwyntiai'n llwyr ar ffrog laes Dr Kerry a oedd yn glynu'n agos at amlinell ei bronnau a'i chluniau. Wrth iddi symud y sialc ar y bwrdd du, ceisiai Edward ddyfalu sut un oedd hi yn ei chartref.

Ymhen tri chwarter awr daeth y ddarlith i ben. Rhoddodd Dr Kerry ddalen werdd, a oedd yn cynnwys rhestr ddarllen, yn fwndel taclus ar ddesg fawr ger y drws; yna – gan droi ei phen a gwenu'n ddefodol – cerddodd allan o'r ddarlithfa. Cododd y myfyrwyr o'u seddau a dechrau cerdded yn un rheng allan o'r ystafell. Ond aros yn ei sedd wnaeth Edward. Yn synfyfyrio. Er i'r ddarlith ddod i ben, ni allai beidio â meddwl am Dr Kerry.

Yn allanol roedd ganddi fanteision amlwg: meddwl clir a chorff fel cerflun mewn breuddwyd yn un o ganeuon Leonard Cohen. Ond yr hyn a gofiai Edward yn anad dim oedd ei llygaid cyflym a'u pyllau o dristwch wrth iddi edrych allan drwy ffenest uchel yr Hen Goleg gan syllu ar y gorwel, syllu i'r fath raddau nes iddi, am eiliad neu ddwy, golli ei lle yn ei nodiadau nes bod ei llais yn baglu a hithau'n gorfod ymddiheuro cyn iddi ailafael yn rhediad ei meddwl.

Yn y Llyfrgell Athroniaeth sylweddolodd Edward yn sydyn fod cryn amser wedi mynd heibio heb iddo ddarllen gair o'r truth ar bwnc rhyddid o'i flaen. Digwyddai hynny o bryd i'w gilydd yn y llyfrgell hon. Dim ond iddo ddechrau meddwl am bwnc a oedd o wir ddiddordeb iddo, byddai ei feddwl yn dechrau hedfan yn anrhagweladwy fel hediad ystlum. Y tro hwn, gan fod ei feddwl wedi hedfan yn ôl i'r ddarlithfa lle roedd Dr Kerry wedi traethu am syniadau Tolstoi, gallai ei ddychmygu'i hun yn eistedd yn yr union gadair, ar yr union awr, fel petai'r cyfan yn digwydd y foment honno, yn y presennol.

Wrthi'n pendroni oedd Edward pan glywodd ddrws yn agor ym mhen pellaf y llyfrgell. Cerddodd ffurf dal mewn clogyn llaes at y ddesg agosaf, ac yna at un o'r ffenestri uchel a edrychai dros y stryd islaw.

Teimlai Edward fod 'na rywbeth yn gyfarwydd yng ngherddediad y ffurf mewn clogyn, ac wrth i'r clogyn gael ei dynnu mewn un symudiad a'i daenu dros gefn cadair, sylweddolodd mai Maureen Kerry oedd yno. Safai'n llonydd heb roi unrhyw arwydd ei bod wedi gweld Edward yn eistedd ym mhen pellaf yr ystafell. Sylwai ef ei bod hi'n sefyll yn agos at y ffenest, ei chefn at lyfrau Plato a'i edmygwyr, a'i phen yn gogwyddo fymryn fel petai hi'n craffu i weld rhywun a adwaenai yn nhywyllwch y stryd islaw, rhywun a safai yno, efallai, ar y palmant gwlyb gan edrych i fyny tuag ati hi.

Astudiodd Edward y darlun o'i flaen: y wraig luniaidd, athronyddol hon rhyngddo ef a'r ffenest, ei hwyneb gwelw yn syllu tua'r nos, a bysedd y nos yn sgrifennu ar y gwydr tywyll hieroglyffau'r glaw. Pwy neu beth oedd hi'n disgwyl ei weld? A pham nad oedd hi, erbyn hyn, wedi synhwyro bod rhywun arall heblaw hi yn cadw cwmni i gerrig coffa cewri dysg? Fel petai ef, Edward, yn anweledig roedd Dr Kerry yn edrych allan i'r nos fel petai'r cyfan a oedd yn y llyfrgell, yr holl gyfrolau unigol yn eu cloriau lledr a'u siacedi llwch amrywiol, yn amherthnasol iddi hi erbyn hyn.

Ymhen hir a hwyr, symudodd y ddarlithwraig at y gadair, codi ei chlogyn a'i wisgo a cherdded allan o'r llyfrgell. Cododd Edward i fynd ar ei hôl, a phan agorodd y drws i'w dilyn daeth arogl ei phersawr i'w ffroenau. Curai ei galon yn gyflym. Efallai y gallai sgwrsio â hi a'i helpu.

Wrth i Dr Kerry gyrraedd pen Heol y Brenin, gwelodd Edward ei chlogyn yn chwipio o'i chwmpas wrth i'r gwynt o'r môr orchfygu ymgais seithug y Coleg Diwinyddol i'w chysgodi. Chwythwyd ei chwfl yn ôl, ac yna roedd ei gwallt yn chwifio i bob cyfeiriad, yn rhydd a di-drefn, gan orchuddio'i hwyneb.

Cyflymodd Edward ei gamau wrth iddi gamu allan o'i olwg. Pan gyrhaeddodd Rhodfa'r Môr edrychodd i gyfeiriad y pier ond doedd dim golwg ohoni yno. Dim golwg ohoni ar ochr arall y stryd. Yn sydyn, dacw hi wrth safle'r *bandstand*, yn sefyll a'i dwylo'n pwyso ar y rheilen rhyngddi hi a'r traeth islaw. Wrth iddo agosáu at y *bandstand*, anwybyddodd Edward y mân bapurach a oedd fel lleisiau dail yn sibrwd eu protest wrth i'r gwynt eu hymlid i'r corneli. Ger ymyl agoriad y *bandstand*, clepiai darn o bren yn y gwynt, a meddyliodd Edward am gynulleidfa'r haf yn clapio'i chymeradwyaeth i lafur diddanwyr y prom.

Cododd Dr Kerry ei hwyneb yn sydyn a thybiodd Edward iddo weld rhywbeth tebyg i ofn yn ei llygaid.

'Be sy'n bod?' gofynnodd, gan symud fymryn yn nes ati. Edrych heibio i'w ysgwydd chwith wnaeth hi, fel petai hi'n edrych i lygaid rhywun arall a safai y tu ôl iddo.

'Wna i mo'ch brifo chi,' meddai Edward gan synnu wrth glywed ei lais ei hun yn cystadlu â'r gwynt.

'Na,' meddai Dr Kerry, 'nid fi.'

Y tro hwn roedd Edward yn sicr iddo ganfod nid ofn ond arswyd yn ei llygaid. Yn awr roedd ei llygaid yn edrych i fyw ei lygaid ef ond ni chafodd gyfle i yngan gair. Roedd Dr Kerry wedi dechrau cerdded, yna rhedeg, allan o'r *bandstand*. Rhuthrodd Edward ar ei hôl ond roedd hi eisoes yn rhedeg nerth ei thraed tuag at y grisiau concrid agosaf. Symudai fel clwt o flaen grym y gwynt a theimlai Edward wrth iddo'i dilyn fod ei gamau ef yn cynyddu ei hofnau, yn dwysáu ei phoen.

'Na!' gwaeddodd Dr Kerry, a'i llais yn troi'n hanner sgrech.

Cyrhaeddodd Edward y rheilen haearn a nodai'r ffin rhwng y promenâd a'r môr a gwelodd Dr Kerry yn rhedeg ar draws cerrig mân y traeth hyd at linell y llanw a'r casgliad o wymon, broc môr a sbwriel. Fe'i gwelodd yn sefyll yno, yn camu mlaen a chamu'n ôl, a throi ei phen yn araf ac edrych i fyny at furiau a ffenestri uchel yr Hen Goleg a safai yno mor llonydd ag erioed, fel set ffilm arswyd, yn nannedd y gwynt uwch ymchwydd y môr.

'Na,' gwaeddodd eto, gan godi ei dwylo mewn ystum o wrthodiad llwyr.

Teimlodd Edward oerfel ar ei wegil wrth iddo sylweddoli beth oedd ar fin digwydd.

'Stopiwch!' gwaeddodd wrth i Dr Kerry droi ei phen a rhedeg at ymyl y dŵr.

Rhedodd Edward i lawr y grisiau concrid a bu ond y dim â baglu wrth i'w draed daro cerrig mân y traeth. Gorfododd ei draed a'i goesau i symud fel petai'n rhedeg ar ddiwedd ras. Wrth iddo agosáu at lan y dŵr, a sŵn y tonnau'n rhuo yn ei glustiau, gwelai fod Dr Kerry yn cerdded i mewn i'r dŵr, y tonnau'n cyrraedd hyd at ei bronnau.

'Stopiwch!' gwaeddodd Edward eto, a'i lais yn ddim o gymharu â dwndwr y tonnau.

Erbyn hyn roedd y dŵr wedi codi hyd at ên Dr Kerry ac roedd ei gwallt du yn dechrau ymledu ar wyneb y dŵr. Ag un symudiad cyflym, datododd Edward gareiau ei esgidiau a'u cicio oddi ar ei draed. Rhedodd nerth ei draed i mewn i'r dŵr a theimlo croeso dicra'r don gyntaf yn gelpan letraws ar ei foch a'i dalcen wrth iddo daro'i freichiau drwy'r ewyn i gyfeiriad y gwallt ar wyneb y dŵr. Gwyddai fod yr eiliadau tyngedfennol yn llifo, a rasiai meddyliau drwy ei ymennydd wrth iddo geisio cofio'r hyfforddiant a gafodd yn y pwll nofio pan oedd yn y chweched dosbarth. Gwahanol iawn oedd ymchwydd pwerus y tonnau o'i gwmpas i wyneb llyfn y pwll nofio. Er hynny, pan deimlodd fysedd Dr Kerry yn cau yn dynn am ei arddwrn, daeth y cyfan yn un rhuthr yn ôl i'w gof a'i gyhyrau. Rhwygodd ei arddwrn yn rhydd o'i gafael a'i wthio ei hun yn rhydd oddi wrthi. Yna nofiodd yn ôl tuag ati gan ofalu nad oedd yn cael ei ddal eto yn ei chydiad gwyllt. Anadlu'n ddwfn. Cydio ynddi â'i fraich chwith a chicio'i chorff tuag at wyneb y dŵr. Gafael ynddi fel gefail. Dim modd iddi ei ddefnyddio ef fel bwi nawr. Y cam nesaf – nofio tua'r lan a'i thynnu hi, yn ei gesail, gydag ef. Yn fuan wedyn, teimlodd y creigiau o dan ei draed.

Llais

Dylid curo cefn pwy bynnag a gynigiodd y gystadleuaeth hon i'r Eisteddfod eleni: cystadleuaeth ddifyr. Bu'r teitl penagored a'r gofyniad am ddarn rhyddiaith heb fod mewn unrhyw gyfrwng penodol yn ddrws i bob math o gynnyrch: o ysgrif i ymgom, darn dramatig i stori. Daeth naw ymgais i law a chefais bleser yn darllen, ailddarllen a thrydydd ddarllen y cynnyrch. Cafwyd amrywiaeth dymunol o ran tafodiaith, darnau creadigol a rhai mwy ffeithiol eu natur, ac o ran dehongliad a dawn dweud.

OND roedd yr iaith wallus a'r gwallau teipio niferus yn flinder enaid wrth fynd drwy'r cynnyrch. Does dim esgus dros wallau teipio, camsillafu geiriau syml a chamatalnodi, yn arbennig mewn cystadleuaeth ar lefel genedlaethol. Byddai un darlithydd prifysgol yn ystod fy nghyfnod ym Mangor yn tynnu hanner marc (o gyfanswm cychwynnol o ugain) am bob gwall gramadegol mewn traethawd. Wel, byddai'r rhan fwyaf o'r cystadleuwyr hyn wedi cyrraedd y 'dim' hwnnw yn gwbl ddiymdrech, felly: gair i gall! Defnyddiwch raglen sy'n cywiro gwallau teipio a chamgymeriadau ieithyddol ac wedyn, gofynnwch i rywun â Chymraeg graenus ddarllen dros eich gwaith.

Gair yn fyr am bob un o'r cystadleuwyr yn y drefn y derbyniwyd hwy.

Cyffur y foment: Stori yw hon sy'n portreadu drwgweithredwr, Mac, neu Macauley Davies, wrth iddo wynebu achos llys am werthu cyffuriau ar fore pan fo'r 'ffenestri duon yn diawlio gweddill y greadigaeth i gyd'. Mae hon yn stori ddarllenadwy a deallus, ac mae gan ei hawdur ddawn sicr ond teimlwn ei fod o bosib wedi bod yn or-gynnil mewn mannau, er enghraifft wrth sôn am berthynas Mac â'i fab. Gallai fod wedi datblygu Mac ymhellach trwy dwrio'n ddyfnach o dan ei groen, a rhoi mwy o fin neu *edge* i'w gymeriad. Addawol, er hynny.

Y Fo: Cafwyd isdeitl i'r ymgais hon, sef 'Gwrthod', ond doedd mo'i angen chwaith. Ymson gwraig mewn meddygfa yn aros ei thro a gawn yma. Mae gan yr awdur ddawn at ysgrifennu deialog, a llifa'r dafodiaith yn rhwydd; cawn yr argraff mai darn i'w lefaru neu ei actio yw hwn a byddai yn grêt ar gyfer ei berfformio. Dengys yr awdur gryn feistrolaeth yn y darn wrth adael y gath o'r cwd am yr hyn sy'n digwydd yn araf bach, a'r hiwmor yn twyllo rhywun i feddwl mai darn ysgafn sydd yma. Ond mae'r gomedi yn bur ddu.

Penarth: Pendronais lawer uwchben y darn heriol hwn. Mae'r sefyllfa yn un ddyfeisgar: cawn ddwy arth, mam a'i phlentyn, ar dri amser gwahanol

– Ddoe, Heddiw Ddiwethaf ac Yfory. Mae iaith yr arth fach yn llawer mwy hynafol a llenyddol nag iaith ei fam ('The Child is the father of the Man,' fel y dywedodd y bardd Wordsworth) a hola mewn dull tu hwnt i'w oed am eu sefyllfa gaethiwus. Cyflwynir ni wedyn i ddyn sydd wedi carcharu'r eirth er mwyn tynnu eu bustl i'w werthu mewn dull creulon ond sydd, yntau, yn garcharor i'w sefyllfa ac am ffoi. Dyma sgwennwr cyhyrog, galluog a thrueni nad oedd wedi golygu ei waith cyn ei gyflwyno.

Blinedig: Dyma stori ddiffuant ac amserol iawn am ffoadur, Hamid, a'i deulu yn ffoi o Syria. Mae'n bwnc poenus a'r ymdriniaeth yn sensitif. Gwaetha'r modd, mae problemau gyda'r iaith yn faen tramgwydd mawr yma – nid yw'r awdur yn gallu gwahaniaethu rhwng amser amherffaith ac amser perffaith y ferf, yn un peth. Hoffwn yn fawr ddarllen y stori eto ar ôl iddi gael ei golygu a'i chywiro. Ar hyn o bryd, nid yw'r ymgais hon o safon cystadleuaeth ar lefel genedlaethol.

Argyfwng: Ysgrif a geir gan *Argyfwng* yn ystyried ffoi yng nghyswllt gwahanol sefyllfaoedd: trasiedïau naturiol, rhyfel rhwng gwledydd a newid hinsawdd. Ceir trafodaeth ystyrlon gan ddangos empathi at bobl mewn amryfal argyfyngau. Mae'r ysgrifennu'n ddeallus, ond heb fod yn ysbrydoledig; yn wir, tuedda at y clogyrnaidd ar brydiau. Eto, nid yw'r iaith yn ddi-fefl, ac mae angen golygu'r darn ac ailedrych ar y paragraffu mewn mannau.

Loge Las: Darn yn y person cyntaf a geir yma gan wraig a mam sydd wedi dianc o sefyllfa o gam-drin domestig difrifol. Mae'n ddarn cryf, wedi ei ysgrifennu mewn tafodiaith ddeheuol raenus. Fy nheimlad i oedd y gallai'r darn hwn fod yn well nag ydyw; tuedda i fynd ar i lawr o'r saethu ymlaen wrth i'r awdur brysuro at y terfyn. Gyda phwnc mor boenus, gellid bod wedi cryfhau'r ysgrifennu – nid o reidrwydd trwy fod yn fwy dramatig, ond trwy ddewis yn ofalus pa fanylion i ganolbwyntio arnynt. Cofiwn y frawddeg ofnadwy honno o nofel Tony Bianchi, *Dwy Farwolaeth Endaf Rowlands*, pan fo'r gŵr yn dweud wrth ei wraig: 'Tyn dy lasys.'

Pistyll yr Abad: Dyma ysgrif raenus â'r isdeitl PTSD (pam mae isdeitlau yn fy ngwneud yn amheus?!) sy'n codi cwestiynau pwysig am yr hil ddynol, a'r gwahaniaeth rhwng dyn ac anifail wrth ymateb i fygythiad. Mae'r awdur yn ymresymwr difyr gan gynnig gwahanol ystyriaethau i ehangu'r ddadl. Yn yr ail ran, cawn hanes y Cymro, Robert Cadwaladr, yn Belsen, ac effaith yr erchyllterau a welodd yno arno. Teimlwn fod yr awdur wedi mynd oddi ar y trywydd braidd yn rhan olaf yr ysgrif, ond efallai fod hwn yn wyriad bwriadol.

Heulyn: Mae'r darn hwn yn darllen fel cerdd, cerdd gyhuddgar, gref emosiynol gwraig i'r gŵr sydd wedi ei gadael. Caiff yr awdur ei dynnu i'r hanes gan yr ysgrifennu pwerus a rhythmau gafaelgar y dweud. Mae'r teimladau yn agos at yr wyneb, a'r cyfan yn argyhoeddi'n ysgytiol. Dyma dalent ddiamheuol a llais bardd, yn canu mewn dywediadau fel 'mabolgampau dy galon'. Defnyddia'r awdur y llygaid fel drych i ddisgrifio prosesau meddyliol a chyflwr y galon drwy'r darn, a hynny'n gweithio yn arbennig o dda. Un nodwedd a hoffais yn arw iawn am y darn oedd ei siâp – mae'n grwn, a'r clo yn pontio'n ôl i agoriad y stori. Mae yn gymaint o drueni na fyddai *Heulyn* wedi golygu ei gwaith cyn ei gyflwyno. Mae yma gollnodau o chwith, camgymeriadau teipio ac iaith fratiog, flêr. Petai'r mynegiant mor gaboledig â'r dweud, buaswn wedi bod yn fodlon gwobrwyo'r awdur hwn.

Llais: Stori a gawn gan *Llais* a dyma'r ymgais lanaf yn y gystadleuaeth gan awdur sy'n ymfalchïo yn ei grefft a'i gyfrwng. Darlunnir y darlithydd Athroniaeth, Dr Maureen Kerry, trwy lygaid un o'i myfyrwyr, sy'n gwylio'i thristwch a'i dioddefaint meddyliol, ac yn y diwedd yn camu i'r stori mewn ffordd annisgwyl wrth i'r sylwebydd droi'n achubwr. Mae *Llais* yn awdur caboledig, ymatalgar sy'n gwybod ei ffordd wrth ddatblygu stori – yn datblygu'r llinyn storïol gyda llaw ysgafn. Cawn ein hudo i mewn wrth gael ein cyflwyno i gymeriad enigmatig y ddarlithwraig trwy lygad Edward. Lleolir y stori yn Aberystwyth a cheir yma ymdeimlad sicr o le: yr Hen Goleg, y llyfrgell, y prom, y pier. Wele stori sy'n dal wrth ei hailddarllen, gan ryddhau mwy o'i chryfderau ar bob darlleniad. Nid gwobrwyo addewid yw rhoi'r wobr i *Llais*, ond cydnabod camp a chyflawnder.

Cystadleuaeth i rai sydd wedi byw yn y Wladfa ar hyd eu hoes ac yn dal i fyw yn yr Ariannin (yn gyfyngedig i rai sydd wedi dysgu Cymraeg fel ail iaith)

'Dathlu can mlynedd a hanner yn y Wladfa' ar ffurf traethawd, cyfres o negeseuon e-bost neu flog (heb fod yn llai na 1,500 o eiriau)

CANMLWYDDIANT A HANNER

Mae blwyddyn dathliadau'r Canmlwyddiant a Hanner wedi bod yn flwyddyn hanesyddol yn ein hanes ac yn hanes y Wladfa Gymreig ym Mhatagonia ac ar ôl cymaint o sôn amdano, mae'n anodd credu bod y flwyddyn drosodd yn barod. Yn bersonol, dw i'n meddwl bod y cysylltiadau rhwng y ddwy wlad wedi cryfhau mwy ar ôl y dathliad mawr ac mae mwy a mwy o ddiddordeb tuag at ddarganfod a sylweddoli pwysigrwydd y Cymry cyntaf a ddaeth i boblogi'r lle yn y flwyddyn 1865, a hynny ar y ddwy ochr hefyd.

Dechreuodd y flwyddyn gyda phresenoldeb gwahanol griwiau o ymwelwyr a gwleidyddion o Gymru. Ymwelodd Carwyn Jones, Prif Weinidog Cymru, â'r Wladfa adeg Gŵyl y Glaniad, ynghyd ag awdurdodau llywodraeth yr Ariannin ym Muenos Aires, gan roi statws i ddangos pwysigrwydd y dathliadau i'r ddwy wlad. Trueni fod Cristina Kirchner, cyn-Arlywydd y Wlad, wedi methu dod i'r achlysur, gan ei bod yn sâl ar y diwrnod hwnnw yn ôl y sôn. Wedyn, roedd presenoldeb y BBC, S4C a Radio Cymru, a benderfynodd anfon pobl fel Huw Edwards, Rhodri Llywelyn, Craig Duggan, Steffan Messenger, Marc Edwards, Emyr Penlan, yn ogystal â'r gantores Elin Fflur a gynhaliodd ddau gyngerdd, un yn y Dyffryn a'r llall yn yr Andes. Rhaid dweud hefyd bod arian y cyngerdd yn y Gaiman wedi mynd at Ysgol Gerdd y dref, a rhywbeth tebyg ddigwyddodd yn yr Andes. Mae'n debyg bod y rhaglenni hyn wedi cael tipyn o sylw draw. Clywsom ni hefyd fod S4C yn dangos hen raglenni am y Wladfa a ffilmiwyd yn y saithdegau a chynt. Roedd Radio Cymru yn darlledu'n fyw ar ddiwrnod Gŵyl y Glaniad a gwnaeth BBC Wales a S4C rywbeth tebyg ar eu rhaglenni nhw. Cawsom Eisteddfodau llawn hwyl yn y Wladfa ac er eu bod yn gallu bod yn dda fel rheol, y tro yma roedd yno ryw ysbryd gwahanol, rhyw hwb arbennig a rhyw falchder o ddisgynyddion y Cymry cyntaf na welais o'r blaen. Oes, mae 'na falchder, ac mae 'na fwy o barch tuag at yr iaith yma yn ein plith.

Tua adeg seremoni Gorsedd y Beirdd ac Eisteddfod y Wladfa ar ddiwedd mis Hydref a dechrau Tachwedd, roedd y lle fel ffair yma a braf iawn oedd gweld cymaint o ffrindiau o'r hen wlad o gwmpas y lle. Wrth sôn am yr Eisteddfod, rhaid dweud fod Eisteddfod y Wladfa wedi cael lle newydd eleni, sef lle o'r enw *predio ferial*, a oedd yn arfer bod yn sied wlân flynyddoedd yn ôl ond sydd bellach yn edrych fel rhyw fath o awditoriwm gyda digon o le ar gyfer pawb.

Ar ben hynny roedd presenoldeb Côr Ieuenctid Cymru wedi bod yn anhygoel a braf oedd gweld a chlywed pobl ifanc yn canu mor dda ac mor broffesiynol. Ond hwyrach bod ymweliad â'r Wladfa gan Gerddorfa'r BBC gyda'r delynores enwog, Catrin Finch, yn eu plith wedi bod yn brofiad bythgofiadwy i bawb ac wedi coroni'r cwbl gyda'u perfformiadau yn Nhrelew (yn y *predio ferial*) a'r Gaiman (campfa leol).

Gwnaeth aelodau'r gerddorfa waith cymdeithasol hefyd a chefais y fraint o'u gweld yn hyfforddi'r plant bach a'r bobl ifanc o wahanol ysgolion y Wladfa i ganu eu gwahanol offerynnau. Ar ben hynny, gwnaethant chwarae yr offerynnau i'r plant bach anabl a chynnal cyngerdd bach i'r henoed mewn cartrefi yn Nhrelew. Pleser oedd gweld gwladfawyr gyda'r Gymraeg yn iaith gyntaf iddynt yn gwrando ac weithiau yn ymuno mewn rhai tonau Cymreig adnabyddus. Pwysig, hefyd, oedd ymweliad yr Arglwydd Dafydd Wigley a'i briod, y delynores Elinor Bennet, sydd bellach wedi codi cronfa tuag at brynu pedair telyn ar gyfer yr ysgolion cerdd a Chymraeg y Wladfa, chwarae teg iddi hi. Mae'r telynau yn cael eu defnyddio yn ysgolion cerdd a Chymraeg y Wladfa nawr ar ôl tipyn o waith i ni eu cael o'r swyddfa dollau ym Muenos Aires. Cynhaliodd gyngerdd hefyd tuag at godi arian ar gyfer Ysgol Gerdd y Gaiman. Diolch iddi.

Fel canlyniad i ymweliad yr holl bwysigyddion a ddaeth o Gymru yn ystod y flwyddyn 2015, rydan ni'n wir obeithio fod Cynllun yr Iaith Gymraeg ym Mhatagonia a'r dosbarthiadau Cymraeg yn mynd i barhau am flynyddoedd lawer. Mae gwaith yr athrawon presennol a'r gwaith y mae'r rhai sy wedi bod yn y gorffennol yn andros o bwysig i'n cymuned ac mae pob un sydd wedi bod o Gymru wedi gwneud gwaith arbennig ac rydan ni yn teimlo nad ydym yn ddigon cryf i sefyll ar ein pen ein hunain. O leiaf, ddim eto.

Bu gwaith Pwyllgor Dathlu'r Canmlwyddiant a Hanner lleol hefyd yn andros o bwysig, gan ei fod wedi trefnu pob digwyddiad ar hyd y flwyddyn.

Gwnaeth Cymdeithas Dewi Sant Trelew waith aruthrol gan wneud lle ar gyfer gweithgareddau a chyfarfodydd yn ei adeilad yng nghanol y ddinas. Fel canlyniad i waith Cymdeithas Dewi Sant gwireddwyd y syniad o ailosod arwyddion Cymraeg a enwyd gan y Cymry gwreiddiol ar lefydd ar hyd y paith rhwng y Dyffryn a'r Andes, megis Dôl y Plu, Dyffryn y Merthyron, Hafn y Glo, Rhyd yr Indiaid, Bocs Gin Mawr a Bach. Yna, wrth edrych tua Môr Iwerydd cewch weld Twr Joseff a bryniau Mery rhwng Porth Madryn a Threlew. Diolch hefyd i lywodraeth talaith Chubut am osod yr arwyddion yma.

Rhaid peidio anghofio hefyd y bu nifer o bobl y Wladfa draw yn Lerpwl ar 25 Mai i ddathlu ymadawiad y Mimosa. Cafwyd seremoni arbennig yno yn ôl y sôn. Ymhlith yr ymwelwyr, aeth y pedwarawd Hogia'r Wilber o'r Gaiman, i gynnal tri chyngerdd: un yn y Bala, un arall yn Aberystwyth a'r llall yng Nghaerdydd ac mae'n debyg eu bod nhw wedi gwneud perfformiadau da iawn yn canu caneuon traddodiadol Cymreig a Sbaeneg. Ond hwyrach mai darlithoedd Ms Luned Roberts de González mewn gwahanol lefydd draw oedd y peth hynotaf a diddorol i'r Cymry gan ei bod hi yn un o ddisgynyddion Michael D. Jones a Lewis Jones, ac mae hi'n ddynes ddeallus dros ben ac yn gallu darlithio mewn Cymraeg, Saesneg a Sbaeneg.

Yn ystod y flwyddyn 2015 balch oeddem o gael dathlu hefyd fod cyn-Ysgol Feithrin y Gaiman wedi cael statws swyddogol nawr a chydnabyddiaeth gan Adran Addysg talaith Chubut. Ar ben hynny mae'r ysgol wedi cael adeilad gwych gan *Municipalidad de Gaiman* ar gyfer yr holl blant. Mae'r ysgol yma yn derbyn babanod a phlant bach hyd at 7 oed, plant oedran cynradd felly. Mae'n dda erbyn hyn fod Ysgol Gymraeg arall yn y Dyffryn, ac mae'n rhaid cofio fod Ysgol yr Hendre, Trelew yn cynnig addysg Gymraeg i blant ers deng mlynedd erbyn hyn. Braf iawn oedd cael newyddion cyffrous yn ddiweddar sef fod Ysgol Gymraeg arall wedi agor yn y Wladfa ond y tro yma i fyny yn yr Andes, drws nesa i Gapel Bethel, Trevelin. Felly, mae'r sefyllfa o ran yr iaith yn edrych yn addawol.

Tra mod i'n sôn am yr Andes, gwnaethant lawer iawn o weithgareddau tuag at ddathliadau'r Canmlwyddiant a Hanner: dathlu canmlwydd oed Capel Bethel, Trevelin yn mis Ionawr, y bedwaredd flwyddyn o 'Patagonia Celtica' ym mis Mawrth, dathlu y *plebiscito* neu refferendwm ysgol ar 18 Ebrill a'r Eisteddfod ym mis Mai. Mae Cymdeithas Dewi Sant Comodoro Rivadavia hefyd yn dathlu ar ddiwrnodd pen-blwydd dinas yr olew ym mis Chwefror, yn ogystal â threfnu te traddodiadol adeg Gŵyl y Glaniad ar gyfer cannoedd o bobl yn eu lle hyfryd ar gyrion y ddinas.

Ta beth, blwyddyn bwysig iawn, ond yn bwysicach na dim i mi oedd cwrdd a siarad gyda chyfeillion hen a newydd gan gofio fod breuddwyd yr hen Wladfawyr cyntaf yn dal i fodoli rywsut ac mae'r hen iaith yn dal i fyw, 'er gwaetha pawb a phopeth'.

Pentre Sydyn

BEIRNIADAETH WALTER ARIEL BROOKS

Mae'n fraint cael bod yn feirniad y gystadleuaeth unigryw hon. Cyfaddefaf na theimlais fy mod yn gymwys i ymgymryd â'r dasg anrhydeddus hon pan gefais y cynnig i feirniadu gwaith fy nghydwladwyr – a minnau'n ddysgwr fy hun – a gobeithiaf y bydd yr ymgeiswyr yn gallu gwerthfawrogi fy awgrymiadau fel cyngor sydd yn hanu o rywun sydd wedi bod drwy'r broses hir o geisio meistroli iaith sydd mor agos at ein calonnau Patagonaidd.

Eleni, dwy ymgais yn unig a ddaeth i law, a mawr obeithiaf y bydd mwy o aelodau'r garfan Batagonaidd sydd wedi dysgu'r Gymraeg yn rhoi cynnig arni y flwyddyn nesaf.

Pentre Sydyn, 'Canmlwyddiant a Hanner': Ysgrif ar ffurf traethawd a geir yma gan *Pentre Sydyn*, yn adlewyrchu pwysigrwydd y 'flwyddyn o ddathlu' a gafwyd yn ystod 2015. Mae'r ymgeisydd yn rhestru a disgrifio rhai o uchafbwyntiau'r dathlu, gan ganolbwyntio ar y digwyddiadau yn yr Ariannin ond heb anghofio cyfeirio at yr hyn a ddigwyddodd yng Nghymru a Lerpwl. Mae'r iaith yn raenus ar y cyfan, o ystyried bod y cystadleuwyr yn bobl sydd wedi dysgu'r Gymraeg ac sydd yn byw yn yr Ariannin, heb gyfle i hogi eu sgiliau ieithyddol yn yr un modd â'r dysgwyr yng Nghymru. Mae'n braf gweld dylanwad rhai tiwtoriaid o Gymru ar y math o iaith y mae'r ymgeisydd yn ei defnyddio wrth draethu, yn ogystal â blas Cymraeg y dysgwyr o Batagonia. Fel gair o gyngor, byddwn yn annog *Pentre Sydyn* i gystadlu'n gyson yn yr eisteddfodau yn Chubut ac yn yr Eisteddfod Genedlaethol hefyd, er mwyn magu hyder a datblygu ei sgiliau. Un pwynt hollbwysig i gadw mewn golwg: cofiwch fod prawfddarllen yn hanfodol cyn cyflwyno gwaith ysgrifenedig! Gwelir gwallau mân y gellir eu hosgoi'n hawdd gyda phrawfddarllen gofalus ac adolygu'r treigladau. Daliwch ati!

Beca, 'Canmlwyddiant a Hanner y Wladfa Gymreig': Adroddiad cynhwysfawr yn hytrach na thraethawd a geir gan *Beca* yma. Mentraf ddarogan y bydd y cyfraniad hwn yn werthfawr i haneswyr y dyfodol a fydd eisiau dysgu am y gweithgareddau lu a gymerodd ran yn ystod y flwyddyn hollbwysig hon, a gobeithaf y bydd modd cadw cofnod o'r ymgais werthfawr hon yn rhywle. Roedd yn bleser pur i mi ddarllen am weithgarwch y Patagonwyr wrth baratoi ar gyfer 2015 a gweld bod cynifer o brosiectau amrwyiol eu natur wedi bod yn rhan o galendr y dathliadau. Llawer o ddiolch i *Beca* am fy arwain drwy'r wledd ddiwylliannol hon. Ond efallai mai prif wendid y gwaith a gyflwynwyd yw safon yr iaith, er y byddai prawfddarllen gofalus wedi datrys llawer o broblemau. Pan restrir enwau'r cymdeithasau a gymerodd ran yn y dathliadau, er enghraifft, gwelir camsillafu cyson o'r gair 'cymdeithas' ('cymdiethas'; 'cymdiehtas'). Yn ogystal, gwelir gwallau gramadegol sylfaenol megis cyfuno brawddeg bwyslais a di-bwyslais a chymysgu amser y berfau ('Mae Máximo Pérez Catán oedd maer Trelew') ac enghreifftiau o'r hyn a elwir gan ddiwtoriaid Cymraeg yn 'syndrom *Pobl y Cwm*', sef camddefnyddio'r genidol ('o dan y llaw'r brodorion'), diffyg treiglo a chamsillafu. Ond gallaf gydymdeimlo'n llwyr â *Beca*. Nid yw unrhyw iaith yn hawdd i'w meistroli, ac nid yw'r Gymraeg yn eithriad. Fel gair o gyngor, cofiwch yr hen ddywediad: 'I fyny bo'r nod.' Mae yna le i wella'ch sgiliau ieithyddol drwy ddarllen yn y Gymraeg ac adolygu rheolau gramadegol. A pheidiwch ag anghofio nad yw o leiaf 80% o boblogaeth Cymru'n gallu traethu fel rydych chi wedi ei wneud. Byddwch yn falch o'r hyn rydych wedi'i gyflawni wrth gymryd rhan yn y gystadleuaeth hon.

Dyfarnaf y wobr o £200 i *Pentre Sydyn*.

Adran
Drama

Y Fedal Ddrama er cof am Urien Wiliam

Cyfansoddi drama lwyfan heb unrhyw gyfyngiad o ran hyd. Gwobrwyir y ddrama sydd yn dangos yr addewid mwyaf ac sydd â photensial i'w datblygu ymhellach o gael cydweithio gyda chwmni proffesiynol

....

BEIRNIADAETH ALED JONES WILLIAMS, CATRIN JONES HUGHES A FFION HAF

Daeth 12 ymgais i law ac mae hyn yn galonogol. Roedd hi'n bleser clywed lleisiau newydd ym myd y theatr yng Nghymru a braf oedd profi gweledigaeth amrywiol y deuddeg. Mae hi wastad yn ddifyr clywed beth yw syniadau ein hysgrifenwyr am y byd ac yn arbennig, yn y gystadleuaeth hon, wrth i ambell thema a phwnc gael eu gwyntyllu mewn ffyrdd mor amrywiol gan gystadleuwyr gwahanol. Er bod y tri ohonom fel beirniaid yn dod o gefndiroedd gwahanol o fewn byd y theatr, pleser yw cael nodi ein bod yn gytûn o ran yr hyn roeddem yn chwilio amdano, sef llinyn storïol difyr, cymeriadau crwn, a deialogi da. Pleser yw gallu dweud bod y safon ar y cyfan yn uchel gydag o leiaf dair o'r dramâu yn medru cael eu hystyried ar gyfer cipio'r Fedal. Braf oedd cael ystod eang o ddramâu ar amrywiaeth o themâu ac wedi'u lleoli mewn amrywiaeth o sefyllfaoedd. Yn ddifyr iawn, roedd nifer o'r dramâu eleni yn defnyddio cyfrwng y theatr ei hun fel trosiad. Ar y llaw arall, roedd dylanwad teledu yn gryf iawn ar ambell sgript a fyddai'n peri anawsterau llwyfannu. Er hyn, mae hi wastad yn braf gweld dramodwyr yn herio confensiwn y theatr a dylid parhau i herio'r cyfrwng yn y dyfodol. Er nad oes cyfyngiad o ran hyd y dramâu ar gyfer y gystadleuaeth hon, teimlwn bod rhai yn fyr iawn a bod ôl brys ar ambell un. Fe'u rhennir yn dri dosbarth.

Dosbarth 3

Clymau, 'Dal Ein Gafael': Sefyllfa ddomestig a geir yma gyda'r sgwrs deuluol naturiol yn trafod pob math o bynciau gan gynnwys gwleidyddiaeth a chrefydd. Ar brydiau mae rhythmau da yn y deialogi ond mae'n deledaidd ei arddull. Ymdeimlir â chydymdeimlad yr awdur tuag at ei gymeriadau ond mae angen i'r plot symud yn ei flaen. Byddai'r ddrama hon yn addas ar gyfer cwmni lleol.

Talu Bills, 'Beichiogi': Dyma ddrama, fel nifer o rai eraill yn y gystadleuaeth, sy'n defnyddio cyfrwng y theatr ei hun: yma defnyddir y gynulleidfa yn benodol. Hunllef a phleser cyffuriau yw ei thema ond mae tuedd i'r arddull fod yn bregethwrol. Ceir ambell gyffyrddiad da iawn ond mae angen treiddio'n ddyfnach i siwrnai'r cymeriad er mwyn sicrhau bod y plot yn symud yn ei flaen. Llwythwyd y testun gyda chyfarwyddiadau llwyfan a cheir monolog hir i gloi; rheitiach fyddai ceisio cyfleu hyn oll mewn deialog.

Ribena Poeth, 'Crafu Tatws': Ceir pytiau o sgyrsiau naturiol yma, er enghraifft wrth i hogiau drafod merched, ond mae'r ddeialog yn rhy arwynebol. Mae angen treiddio'n ddyfnach wrth greu cymeriadau a sicrhau bod y plot yn symud yn ei flaen. Cafwyd diwedd melodramatig anghredadwy.

Cennin, 'Tu Ôl i'r Drws': Ceir yma stori dda wedi'i seilio yn y bedwaredd ganrif ar bymtheg ond mae angen ei saernïo'n well. Fel y mae, byddai'n fwy addas ar gyfer teledu neu ffilm.

Dosbarth 2

Solo, 'Man Gwyn – Fan Hyn': Dyma ddrama ddifyr sy'n cwestiynu perthynas pobl â'i gilydd a'u dyletswyddau tuag at yr unigolyn a chymdeithas. Ceir yma dinc o Connor McPherson gydag ysgrifennu celfydd. Mae gan *Solo* glust dda ar gyfer deialog. Er yr her o bortreadu gwraig naw deg oed, mae'r cymeriad yn gafael yn y darllenydd. Yn anffodus, datgelwyd y dirgelwch a daeth y diwedd yn rhy gyflym a thaclus. Y tric mewn drama fel hon yw cadw'r amwysedd. Rydym yn ffyddiog bod gan *Solo* y ddawn i fedru gwneud hynny. Mae ganddo ddealltwriaeth theatrig gadarn.

Sbot, 'Jenga': Drama am freuder sydd yma, wedi'i lleoli mewn ystafell aros. Symudwn yn ôl a blaen drwy gyfres o atgofion a'r cyfan wedi ei fframio rhwng dwy gêm o *jenga*. Byddai llwyfannu hon gyda darnau enfawr o *jenga* yn heriol ond yn dra effeithiol. Mae'r ysgrifennu ar brydiau yn delynegol ac yn brydferth. Pytiau o ddeialog a gawn – tebyg i'r darnau *jenga* eu hunain – wrth i'r cymeriad hanner cofio, methu cofio a cham gofio. Credwn bod ysgrifennu sgript yn dod yn rhwydd i *Sbot*. Dyma awdur wrth reddf sy'n medru canfod delwedd a'i chynnal.

Gwyneth, 'Top Coch': Pum tudalen o sgript yn unig a gyflwynwyd gan *Gwyneth* ond llwyddodd i greu argraff fawr arnom. Monolog sydd yma yn ei hanfod, monolog gan rywun sy'n wirioneddol ddeall hanfod y cyfrwng. Mae'r dechrau'n wych a cheir syniadau difyr iawn gyda'r digrif a'r dwys ar yn ail. Er mor fyr yw hi, mae yma ddyfnder emosiwn. Dylid parhau i ddatblygu'r gwaith hwn drwy weithio ar y llinyn storïol a chadw'r momentwm; ceir y teimlad bod y gwaith hwn wedi ei ruthro. Dyma drueni oherwydd mae gan *Gwyneth* ddawn. Dyma lais cyffrous.

Sylwebydd, 'Uffern': Dyma waith byr sy'n ymdrin ag effaith technoleg fodern ar ein bywydau bob dydd. Mae teitl y ddrama a'r ffugenw, *Sylwebydd*, yn disgrifio'r cynnwys i'r dim. Ceir yma ddeialogi rhythmig. Mae'r awdur yn deall yr hyn sydd ei angen i greu theatr dda ond mae angen mwy o waith ar 'Uffern'.

Rent O'Cil, 'Y Pry yn y Pren': Mewn cell y lleolir y ddrama hon ac mae'n llwyfaniad diddorol ac yn ddelwedd theatrig gref. Ceir carcharor a thri ymwelydd ac er bod potensial difyr i'r sefyllfaoedd a thinc o waith Kafka i'r gwaith, braidd yn siomedig oedd y diweddglo. Mae angen sicrhau bod diwedd haeddiannol i'r gwaith ar ôl i gynulleidfa brofi siwrnai'r ddrama. Credwn mai drafft cyntaf sydd yma ond mae'n werth gweithio arni hi.

Dosbarth 1

Thomas Jerome Newton, 'Estron': Ar sawl ystyr, drama am ddrama sydd yma. Mae'r ddrama'n llythrennol yn dod i fodolaeth o flaen ein llygaid a'r llwyfan yn fan y creu. Mae'r cyfan yn teimlo fel ffantasi. Cawn ein hanesmwytho. Chwelir y ffiniau rhwng llwyfan a set, rhwng actor a chymeriad, rhwng y sgript ar y llwyfan a'r sgript sy'n cael ei hysgrifennu o'n blaenau ar y cyfrifiadur. Defnyddir Skype fel y mae Beckett yn defnyddio'r tâp yn *Krapp's Last Tape*. Mae yma ffresni beiddgar gan ysgrifennwr arbrofol, hyderus, nad yw'n ofni torri'r 'rheolau'. Mae'n rhannol o ddifrif, rhannol tafod yn y boch, chwareus, prydferth, ond drwy'r cyfan yn llawn dychymyg. Dyma rywun sy'n gwybod sut i ddefnyddio'r gwagle theatrig a hefyd ei ddadstrwythuro. Gallwn weld ei photensial cyffrous o'i llwyfannu. Mewn ambell le mae'r stori yn symud yn ei blaen yn rhy gyflym ond mae modd gweithio ar hyn.

Llwydlanc, 'I ble'r ei di f'anwylyd?': Yn y ddrama hon ceir ysgrifennu gorau'r gystadleuaeth. Rydych chi'n clywed y lleisiau a'r ysgrifennu'n peri gweld. Hyfryd oedd cael lleoliad gwahanol i'r arfer; fe'i lleolir ym Mharis ac yn gefnlen i'r cyfan mae digwyddiadau 1968 yn y ddinas honno. Ceir awgrym cryf o ddelfrydau chwyldro'n chwalu mewn dial. Mae Claudette yn gwau yn y sgript sy'n gyfeiriad pendant at y *Tricoteuse* yn ystod y Chwyldro Ffrengig ond mae'r ysgrifennu'n gynnil iawn. Awgrymu y mathau hyn o gysylltiadau a wneir; efallai bod yr awgrym yn rhy gynnil ar brydiau, o bosib. Dyma sgript sy'n troi'r personol yn wleidyddol. Mae hi'n darlunio paranoia gwleidyddol – y 'gelynion' honedig a real sy'n ein bygwth, dybiwn ni – yn hynod o effeithiol. Mae *Llwydlanc* yn medru creu tensiwn ac yr ydych yn ysu i wybod mwy. Cyfres o fonologau difyr sydd yma. Mae'r ysgrifennu'n sonataidd ond, o bosib, fel y mae, mae'n sefyll yn dwtiach o fewn *genre*'r stori fer nag yw o fewn drama. Wedi dweud hyn, gwnaeth *Llwydlanc* argraff fawr arnom.

Deryn, 'Yfa di dy goffi ...': Dyma ddrama sy'n arddangos dawn ysgrifennu a dirnadaeth ddigamsyniol o theatr gyda sawl cyfeiriad at arddull cynyrchiadau a chwmnïau eraill. Mae yma egni ifanc iawn yn yr ysgrifennu cyfoes wrth ymdrin â phynciau cryf fel cancr a *sexting*. Cafwyd dechrau pwerus gyda'r gwaith *ensemble*. Byddai hyn yn hoelio sylw cynulleidfa. Yn wir, yn y ddrama hon y mae rhai o linellau gorau'r gystadleuaeth, er enghraifft 'Ma' digon yn digwydd ym mywyde pobol erill yndoes e'?' Mae'r syniadau'n gryf yma ond mae angen disgyblaeth bellach i sicrhau bod proses meddwl y cymeriad yn gwbl glir ac ymatal rhag cyrraedd momentwm yn rhy gynnar.

Ar y cyfan, felly, roedd hon yn gystadleuaeth dda ac roedd y tri ohonom wedi mwynhau darllen pob un o'r ymdrechion. Y dramâu a oedd yn symud y stori yn ei blaen oedd yn denu ein sylw pennaf bob tro a'r rheini oedd â rhywbeth go iawn i'w ddweud. Mae pob un o'r deuddeg cystadleuydd mewn man gwahanol ar eu siwrnai fel ysgrifenwyr. Mae'n allweddol bod pob un yn parhau i ddatblygu eu crefft. Diolch iddynt am gystadlu gan obeithio y bydd hyn yn sbardun i gystadlu eto ac i sbarduno eraill i gystadlu. Dechrau pob taith yw ysgrifennu drama: nid yw'n orffenedig nes mynd drwy'r broses o drafod ac ymarfer gydag actorion a chyfarwyddwyr.

Mae potensial yn 'Man Gwyn – Fan Hyn' a 'Jenga' ac er mor fyr yw 'Top Coch' mae rhywbeth ynddi sy'n gafael. Am ei hegni ifanc mae 'Yfa di dy goffi ... ' yn codi uwchben y rhain ond ymhell ar y blaen mae 'Estron' ac 'I ble'r ei di f'anwylyd?' Byddai'r tri ohonom yn dra bodlon rhoi'r Fedal Ddrama i'r naill neu'r llall ond o drwch blewyn mae egni a beiddgarwch a digywilydd-dra theatrig 'Estron' yn cario'r dydd. Fodd bynnag, mae 'I ble'r ei di f'anwylyd?' yn brathu sodlau 'Estron' ac awgrymwn y dylai cwmni theatr edrych arni hithau.

Mae hi'n bleser gennym ni'n tri ddatgan, yn hollol gytûn, felly, y rhoddir y Fedal Ddrama eleni i *Thomas Jerome Newton* am ei ddrama 'Estron'.

Cyfansoddi drama (cystadleuaeth arbennig i rai dan 25 oed). Ni ddylai'r ddrama fod yn hwy na 40 munud o hyd a dylai fod yn addas i'w pherfformio gyda dim mwy na phedwar cymeriad. Gwobrwyir y ddrama sydd yn dangos yr addewid mwyaf ac sydd â photensial i'w datblygu ymhellach o gael cydweithio gyda chwmni proffesiynol dan nawdd Cymdeithas Cymru ar gyfer y Celfyddydau Perfformio (WAPA)

....

BEIRNIADAETH CATRIN JONES HUGHES

Dim ond tair drama a ddaeth i law ac er y nifer siomedig, cefais bleser o'u darllen. Rwyf yn mawr obeithio y bydd y tri chystadleuydd hyn yn parhau i fireinio'u crefft drwy wylio cynyrchiadau theatrig o safon a darllen amrywiaeth o ddramâu yn ogystal â pharhau i ysgrifennu. Mae gan y tri ddawn dweud stori a chreu lluniau.

Heulwen: Nid oes teitl i'r gwaith. Dau gymeriad sydd yn y ddrama hon ond bod angen tri actor gan fod Mei a Meirion yn ddau hanner o'r un cymeriad sy'n dioddef o'r salwch creulon *motor neurone*. Mae'r cysyniad hwn o rannu cymeriad yn un diddorol ond rhaid sicrhau cysondeb yn y dweud, er enghraifft mae Meirion yn troi o siarad yn y person cyntaf i'r trydydd person erbyn yr ail dudalen. Ar y llaw arall, ceir llinellau cryf a chignoeth o onest fel 'Fo 'di'r cig. Fi 'di'r enaid' sy'n pwysleisio effaith creulon y salwch o golli iaith a hunaniaeth: 'Dim chdi wyt ti ... salwch wyt ti.' Mae'r defnydd o risiau yn ein hatgoffa o *Y Tŵr*, Gwenlyn Parry ac o'r herwydd gellir rhagweld y diwedd. Tair golygfa sydd yma a'r drydedd yw'r wannaf. Mae ôl brys arni; gydag ychydig mwy o gynildeb byddai hon yn ddrama dda iawn. Byddai'n werth ailedrych ar ei hadeiladwaith gan gadw mwy o ddirgelwch yn y digwydd.

Llygad y Dydd, 'Bocsys': Portread o ddyn ifanc yn twrio drwy eiddo ei ddiweddar fam sydd yma, pan ddaw cymydog newydd i darfu arno. Mae dylanwad theatr yr absŵrd yn drwm yma a cheir adleisiau o waith Gwenlyn Parry ac Aled Jones Williams: er enghraifft, mae dyfodiad cymeriad Delyth yn ein hatgoffa o hyfdra'r Ymwelydd yn *Y Ffin*, a llwydda i greu darluniau cryf megis y gôt goch a'r holl focsys yn llenwi'r llwyfan. Rwy'n amau bod yr awdur wedi cystadlu gyda hon y llynedd gyda thrydydd cymeriad ynddi. Stori garu oedd hi bryd hynny ac roedd Delyth yn ffrind i Hari yn hytrach na bod yn gymydog dieithr. Byddai hynny, felly, yn esbonio'i hyfdra a'r defnydd o'r 'ti' yn syth. Mae gan yr awdur ddawn dweud a llygad am lwyfaniad diddorol ond wrth i'r stori fynd rhagddi mae gormod o wybodaeth yn y dweud yn hytrach na gadael i'r gynulleidfa ddyfalu. Yn sicr mae angen mwy o gynildeb yn y trobwynt wrth i Hari weld Delyth fel ei fam, ond dyma ddrama ddifyr sy'n werth mynd i'r afael â hi eto.

Pan, 'Ymwelydd': Ymdriniaeth graff o alar a geir yn y ddrama hon a'r modd y mae galar yn gallu cymylu atgofion a gwyro'r gwir. Lleolir y digwydd mewn ystafell wely sydd â ffenest fawr sy'n caniatáu i'r ymwelydd ddod drwyddi. Yr ymwelydd yw Peter a fu farw ddeng mlynedd ynghynt mewn damwain – Peter sy'n fythol ifanc yn atgofion Alys, megis Peter Pan – ac yn syth bin gwelwn y gyffelybiaeth i'r hen stori blant honno. Pwysleisir yr ochr blentynnaidd wrth i'r cymeriadau fynd ati i greu darluniau mewn sialc yn ystod y ddrama. Mae'r motif o'r lleuad yn rhedeg drwy'r ddrama. A yw Alys yn lloerig? Ynteu ai hiraeth affwysol sy'n peri iddi weld y rhith hwn? Ar adegau mae angen mwy o adeiladwaith at uchafbwyntiau, er enghraifft pan fydd Peter yn taflu cadair yn ei gynddaredd. Nid wyf yn gwbl sicr bod angen y rhegfeydd ychwaith. Mae gan *Pan* ddawn dweud a cheir ymadroddion difyr yn y ddrama, er enghraifft 'cariad tyfu'n hen' a llinellau da sy'n rhannu gwirioneddau mawr megis y rhain am atgofion: 'Ond mae'r atgof wastad yn felysach na'r digwyddiad ei hun … Mae fel petai amser yn ei drochi mewn menyn, wedyn ei daenu efo siwgr eisin.' Nid yw 'Ymwelydd' yn orffenedig ond dyma'r ddrama a lwyddodd i ddeffro'r emosiwn mwyaf ynof fi.

Rhoddaf y wobr i *Pan*.

Trosi un o'r canlynol i'r Gymraeg: *The Search for Odysseus,* Charles Way; *Le Pere Florian,* Zeller; *The Dumb Waiter,* Harold Pinter. Bydd y sgriptiau sy'n cael eu cymeradwyo gan y beirniad yn cael eu gyrru at CBAC a WAPA

BEIRNIADAETH GARETH MILES

Dyma gystadleuaeth ragorol a ddenodd chwe chystadleuydd ac a esgorodd ar dair sgript y gellid eu llwyfannu gan gwmnïau safonol ac, yn wir, y *dylid* eu llwyfannu rhag blaen.

Her anosaf y gystadleuaeth oedd trosi un o gampweithiau Harold Pinter, *The Dumb Waiter* a phenderfynodd pedwar ymgeisydd roi cynnig arni. Mae gofyn cael clust fain iawn, meistrolaeth ar dafodiaith garidým ac adnabyddiaeth o gyd-destun cymdeithasol y ddrama i efelychu yn Gymraeg ieithwedd dau lofrudd proffesiynol o ddwyrain Llundain a chyfleu presenoldeb anweledig yr isfyd sinistr a bygythiol sy'n llechu o dan yr ystrydebau, y malu awyr, y diflastod a'r seibiau.

Cymysgedd o wahanol dafodieithoedd a Chymraeg y cyfryngau a gafwyd gan *Modernista* ('Y Gweinydd Mud'), *Bando* ('Y Wêtar Mud') a *Caenog* ('Disgwyl yr Alwad'), ond llwyddodd *Sicario* ('Hari a Bari, Cowbois Rhyl') i roi cig a gwaed ar esgyrn y ddau ddihiryn eponymaidd. Fodd bynnag, er mwyn eu gwneud hwy a'r sefyllfa yn gredadwy, gorfu iddo newid cymaint ar y gwaith gwreiddiol nes cyfaddef ar flaenddalen ei sgript mai 'addasiad' ac nid cyfieithiad ydyw. Ni allwn, felly, ystyried ei wobrwyo. Gobeithiaf, serch hynny, y gwelir ac y clywir Hari a Bari ar lwyfan cyn bo hir.

Heracles, 'Chwilio am Odesiws': Cyfaddasiad o gerdd epig Homer, 'Yr Odyseia' yw drama Charles Way a droswyd i Gymraeg croyw a thelynegol gan *Heracles.* 'Cyflwyniad delfrydol i bobl ifainc i chwedlau a mythau Gwlad Groeg' yw disgrifiad dilys cyhoeddwyr y ddrama wreiddiol. Mae hi hefyd yn meddu'r nodweddion theatrig hanfodol o ran crefft a strwythur. Byddai gweld perfformiad o 'Chwilio am Odesiws' ar lwyfan yn rhoi pleser a boddhad i gynulleidfaoedd o bob oedran.

Eirlys, 'Y Tad': Er mai gŵr ifanc yw Florian Zeller mae eisoes yn ddramodydd ac yn llenor o fri yn Ffrainc. Enillodd sawl gwobr bwysig a pherfformir ei ddramâu yn theatrau enwocaf y wlad. Troswyd ei waith i nifer o ieithoedd gan gynnwys y Gymraeg yn awr, diolch i *Eirlys*. Pwnc amserol 'Y Tad' yw effaith *dementia* ar ddioddefydd, ei deulu a'r rhai sy'n gofalu amdano o gariad, dyletswydd, neu am gyflog. Mae'r ymdriniaeth yn ddisentiment, yn ddidostur ac ambell dro yn greulon o ddoniol. Myn y dramodydd ein bod yn edrych ar y byd drwy sbectol wyrdroëdig henaint gan rythu ar ddyfodol annioddefol. 'Ffars drasig' yw isdeitl y ddrama, trasiedi y chwaraeir ei hact olaf gan bypedau. Mae'r trosiad yn llyfn a difrycheulyd ond os llwyfennir 'Y Tad' tybiaf y byddai Cymreigio enwau'r cymeriadau yn dwysáu perthnasedd y perfformiad. Nid yw'r salwch erchyll hwn yn cydnabod ffiniau cenedlaethol.

Eirlys sy'n llwyr haeddu'r wobr am gyfraniad gwiw i'n theatr gyfoes.

Cyfansoddi dwy fonolog gyferbyniol ar gyfer pobl ifanc rhwng 15 a 25, heb fod yn hwy na phedwar munud yr un, addas i'w perfformio yn yr Eisteddfod Genedlaethol

....

MONOLOG 1: MILWR MEWN CADAIR OLWYN

(*Wrth gyfarwyddo'r darn byddai'n fanteisiol astudio rhai o dechnegau'r ymarferwr Antonin Artaud, er mwyn mynd i'r afael â'r emosiwn anifeilaidd ac eithafion chwerthin gorffwyll/ sgrechian cyntefig sy'n y darn. Dylai'r ffin rhwng chwerthin a chrio fod yn fain iawn*)

Bu Llew yn filwr. Mae'n byw'r hunllef o hyd. Mae newydd godi ganol nos. Sgrin wal: delweddau o ryfel cyfoes; bwletinau newyddion; sain rhyfel. Daw Llew i'r llwyfan mewn cadair olwyn. Mae wedi colli defnydd ei goesau'n gyfan gwbl.

Llew: (*Yn siarad â'i ferch fach*) Cer i gysgu cariad bach ... ddaw Dad lan wedyn i dwco ti mewn. Na ... na dyw Dadi ddim yn llefen ... Ie dwst, dwst yn 'yn llyged i. Ie gad gole'r landin arno, fydda i lan nawr.

(*Saib. Dan emosiwn, mae'n cosi stwmp ei goes, yn araf i ddechrau cyn mynd yn orffwyll a rhwystredig*)

Aaaaa!

(*Mae'n cnoi ei ewinedd a rhwygo gwallt ei ben. Mae'r gadair yn ei reoli*)

(*Yn gyflym. Tawel*) Wedes i ddigon, wedes i fydden i ddigon o foi i gôpo 'da hyn ... Ti'n neud e 'to, ti yn, ti'n stopo fi, ti'n sarnu mywyd ... a ti yw e. Ti, gad fi fynd achan, jyst gad fi blydi fynd. Ti wedi newid, ti'n gw'bod 'na. Ti'n o'r. Ti'n ddiarth. Ti wedi caledu.

(*Mae'n ceisio symud yr olwynion. Mae'n ceisio codi o'r gadair*)

(*Sibrwd yn uchel*) Lladd chi i gyd, gwasgu'ch penne chi mewn i'r cerrig, bwtso'ch gwa'd chi mewn i'r dwst.

(*Chwerthin dwl, tawel*)

Rwy'n gallu gwynto fe nawr. Pydredd ... gwa'd wedi ceulo. O! Huw bach ... gwa'd yn poeri ma's o'i wddwg e ... ma' mysedd i fan'na ar ben 'i wythïen e'n trial 'i hanner tagu fe ... i gadw fe'n fyw tan ddelen nhw i'n helpu i ... *he's bloody dying for God's sake ... I'm losing him*, c'mon ... plis Huw bach dal sownd am bach, ddewn ni drwyddo hyn, de'ma achan ... (*Gweiddi*) De'ma achan!

(*Syllu breuddwydiol*)

Fe wnaethon ni fe iddyn nhw wedyn. Neud e nôl iddyn nhw... Plant ... plant ... eu plant nhw ... chwalu'r cwbwl lot. Chwarae *Call of duty* gyda phobol go iawn ... neb yn gw'bod ... neb i nghosbi i ... heblaw am fan hyn ... mewn fan hyn ... ddydd a nos ... ddydd a nos. (*Ail-fyw yn ei feddwl*)

Gwastraff ... rhaid cau eu penne nhw ... eu cau nhw i gyd.

(*Saib*)

Ma'r llais yn dod ata i weithie ma's o'r teli. Paid chwerthin ... paid BLYDI chwerthin wedes i. (*Cnoi ewinedd*) Ma' fe'n gweud bod rhaid i fi reoli fy hunan a chau eu penne nhw i gyd ... pwy ddiawl yw e i feirniadu, pwy ddiawl yw e i sefyll fan'na a gofyn os odw i'n teimlo'n olreit ... 'Olreit ai ... *bloody marvellous, Doctor ... haven't been better ... Ai! Must be the weather we're having ...*'

(*Cnocio braich y stôl yn niwrotig*)

Ma' fe'n drwmo mewn yn fy mhen i ... (*Cnocio braich y gadair olwyn*) nes bo fi'n cau 'i ben e gydag un slash.

(*Mae'n trywanu*)

Reit mewn i'w gella fe. Gwaedu.

(*Trywanu*)

Hwnna i' galon e.

(*Trywanu – chwerthin llefgar, tawel. Stopio'n sydyn*)

Hen foi yn becso, ch'wel ... pawb yn becso mynte fe ... sneb yn becso'r diawl a gweud y gwir ... Jeremy Kyle ... rwtsh magasins ... selébs. 'Na gyd 'ma nhw'n becso amdano ... chi gyd 'run peth ... ffys 'da'r hen foi wedyn bod y drws yn ddigon llydan i'r hen gader 'ma a bod cawod lawr sta'r yn gweithio. O ie a'r car, ie rhaid ca'l car achan, er fydda i byth yn ddigon sobor i'w ddreifo fe. Ond sneb yn becso am tu fewn fan hyn nago's e ... ?

(*Rhwng ei ddannedd. Crescendo araf*)

Ca' dy ben jyst ca' dy ben ... wy' ddim mo'yn gwrando rhagor ... Ma' fe'n gweud wrtha i ma' fy mai i o'dd e ... ddylen ni fod wedi ei lusgo fe nôl o ffor'. Gadawes i fe ma's 'na ch'wel yn y dwst ... pryfed, ma' nhw wedi dechrau arno fe nawr. Bwydo arno fe. Sugno ei berfedd e fel Slush Puppy. Wedes i wrtho nhw i 'ngadael i 'fyd, bo fi ddim mo'yn iddyn nhw f'achub i ... o'n i'n llefen fel croten fach wedodd y Sarj ... pam ma nhw'n neud 'na? Pwy boint fy nghadw i ar ddi-hun ... '*your wife and kid*', mynte fe. Beth ddiawl ma' fe'n ddeall am rheini?

Wy' ddim mo'yn bod 'ma ... rhagor.

(*Yn ddychmygol, daw'r ferch fach sy'n methu cysgu i sefyll llwyfan chwith. Mae'n cywilyddio o'i gweld*)

Beth bach? (*Saib*) Na, paid dod draw 'ma. (*Yn ddagreuol*) Sa fan'na, Dad yn bod yn sili 'to ... (*Dan emosiwn*)

Mam? (*Saib hir. Ystyried*) Cysgu ma' 'ddi. (*Saib*) Cysgu ma' dy fam. (*Saib. Yn grynedig*) Cer i'w hysgwyd hi 'to, mae'n siwr o fod yn breuddwydio'n drwm ...

(*Mae'n edrych ar ei ddwylo yn araf. Mae'n ffieiddio wrth i'r gwir ei daro*)

Paid llefen, cariad bach ...

(*Mae'n ei ysgwyd ei hun yn ei gadair yn araf, dan ddagrau*)

MONOLOG 2

Merch tua 7 oed yn ymweld â'i mam sydd yn dioddef o gancr. Mae'n cario llun daffodil.

Mam? Mam? Odych chi'n cysgu? Fe 'wedodd y Nyrsys wrtha i i ddod mewn i'ch gweld chi. Chi wedi blino, Mam? Odych chi'n ca'l dolur? (*Saib*) Chi'n edrych yn ... well ...

(*Newid y stori*)

Odych chi'n gw'bod ffordd i chwarae *chicken* a *hero,* Mam? Fe fuon ni'n chware fe drwy'r pnawn ... Dathlu 'wedodd Miss. O'dd y bobol bwysig ... yr inspectyrs wedi mynd ar ôl cinio ac wedi gweud wrth Syr bod e'n neud yffach o gwd job a bod pob un yn haeddu ca'l pnawn rhydd ma's ar y ca'. (*Ystyried*) Falle ddaw Miss Evans Blwyddyn 4 nôl cyn hir, nawr bo nhw wedi mynd ... yr inspectyrs 'na. Pan fydda i'n fowr fydda i'n athrawes jyst fel Miss Evans, ond fydda i ddim yn llefen bob dydd a mynd i gwato yn y cwtsh am fod y bois yn 'haerllug'... fydd dim ishe darllen na maths, jyst ymarfer corff ac arlunio. Dynnes i lun i chi neithiwr, Mam. Blode mis Mowrth. 'Wedodd Gwen ma' 'na beth ych chi'n gallu galw *daffodils* os chi mo'yn ... os chi mo'yn ... stim raid ichi ... ma *daffodils* yn neud sens jyst 'run peth i fi ... *Daff ... o ... dilssssss ... Daaaafff o dils ...*

(*Sibrwd*) Mam? Pryd fyddwch chi'n dod gartre, Mam? Pryd fyddwch chi'n dod? (*Araf*) Ma' Dylan yn gweud bod chi'n mynd i fynd lan at Iesu cyn hir ... sa i mo'yn i chi fynd ... fi sydd pia' chi, Mam. Fi. Ma' Mair 'dag e. Mair a Joseff. Pam ma' ishe Mam arall arnog e, gwedwch? Gwedwch wrtho fe Mam, gwedwch wrth Iesu Grist bo chi ddim mo'yn mynd. Gwedwch bod gormod o waith cartre dach chi i fynd ar y galifant lan fan'na.

(*Saib*)

Ma' Dad 'ma. Fe ddaeth e. Ma' fe hyd yn oed wedi gwisgo ei sgidie gore ... a 'di shiafo. Mae Dyl yn dost. Byta gormod o riwbo, 'wedodd Anti Gwen. Odych chi mo'yn i fi dynnu llun arall i chi? 'Wedodd Miss bo fi'n 'arbennig'. Ma' Miss wastad yn gweud 'arbennig' ac 'ardderchog'. Odych chi'n gw'bod beth yw 'arbennig' ac 'ardderchog'? Ma' fe *easy pips* i fi. Ga'th Dyl fynd i'r cell cosb ddoe. 'Wedodd e gelwydd wrtho Miss am racso Llyfr Cyswllt Morgan twp. O'dd Dad fod mynd mewn i 'drafod'. Ond o'dd gwaith 'dag e.

Gaf fi gysgu mewn 'da chi heno, Mam? Os fydda i'n dawel bach fel llygoden. 'Weda i ddim wrth y Nyrs. Jyst gorwedd yn dawel bach heb gyffro. Mewn fan'na gyda chi fel fydden i'n neud pan o'n ni'n fach. Chi'n cofio ni'n watsho Tom and Jerry mewn 'da'n gilydd o dan blanced? Chi a Dylan a fi. Chi'n cofio, Mam? Mam? O'n i'n lico pan o'ch chi adre ... cyn i chi fynd yn ... felyn ... cyn i chi ... stopo siarad ... cyn i chi ddechre llefen bob tro fydden i'n cwmpo ma's 'da Dylan. O'ch chi wastad yn gweud bo ni wastad yn blino chi ... wastad yn cecran. Dim bai fi yw e, ife Mam? Gwedwch ma' dim fy mai i yw hyn i gyd ...

Ma' Anti Gwen yn gweud bod popeth yn mynd i fod yn olreit ... ond celwydd yw hwnna. Fi'n gw'bod 'ny'n iawn ... stim ishe ichi weud dim wrtha i ... ma' merched mowr yn deall popeth, chi'n gw'bod ... Mam? A gaf fi ddod mewn 'da chi? Fydd popeth yn iawn os gaf fi aros 'da chi ... Mam ... Mam?

Fi Fawr Faglog

BEIRNIADAETH SERA MOORE WILLIAMS

Daeth wyth ymgais i law; dyma air am bob un ohonynt.

Cyfaill, 'Disgwyl Bŷs/ Cyffur': Mae 'Disgwyl Bŷs' yn llifo'n dda, ac mae yna dro yn y gynffon a fyddai'n gartrefol iawn mewn stori fer. Mae'r pwnc yn addas iawn i'r oedran, fel ag y mae'r pwnc yn 'Cyffur' ac mae yna gyferbyniad da o safbwynt sefyllfa, ond mae'r arddull yn fy nharo yn llenyddol braidd, yn hytrach na dramataidd. Fodd bynnag, mae'r dramodydd yn dda am greu diweddglo gyda thipyn o glec ac mae'n gwneud hynny yn gelfydd a theimladwy iawn yn yr ail fonolog hefyd.

Rhugor y Fuwch, 'Gwallg-ofnau!!/ Uffar o Sioe!!': Monologau sy'n cyferbynnu'n dda o ran egni a chymeriadau. Mae 'Gwallg-ofnau!!' yn carlamu, gan restru ofnau'n rhibidirês, gyda rhythm sy'n gyrru y dweud, tra bod 'Uffar o Sioe!!' yn fwy ling-di-long ac yn llawn hwyl; fe fyddai'n gweddu i gystadleuaeth Eisteddfod Ffermwyr Ifainc yn berffaith o ran cynnwys a thraw. Mae'r ddwy fonolog yn ddigrif er bod yna ddifrifoldeb hefyd yn y gyntaf. Mae 'Gwallg-ofnau!!' yn teimlo fel bod yna ddramodydd gydag arddull ddiddorol ar waith.

Bronco, 'Monolog 1/ Monolog 2': Mae llawer iawn o botensial yn y ddwy fonolog hyn: y gyntaf yn hen ŵr yn sôn am ei fab, a'r ail yn fab yn sôn am ei dad, a'r ddwy fonolog yn peintio llun o fywyd llwm iawn. Mae'n waith perthnasol ac amserol gan rywun sy'n gwybod sut i drin geiriau. Mae yna anghysondeb rhwng y ddwy fonolog, fodd bynnag, gan ei bod yn llawer haws credu yn yr hen gymeriad nag yn y dyn ifanc. Tra bod yr hen ddyn yn gredadwy iawn, rwy'n credu fod mwy o waith i'w wneud er mwyn darganfod llais unigryw, credadwy i'r cymeriad ifanc.

Cwlebra, 'Canol Llonydd/ Y Gornel': Mae'r teitl 'Canol Llonydd' yn ein cymryd yn syth at John Gwilym Jones wrth gwrs, ac mae'n braf cael ein hatgoffa ohono ef a'i waith. Mae'r term 'canol llonydd' yn un cyfarwydd, ac yn cael ei ddefnyddio yma yn gelfydd fel teitl llawn eironi. Mae'r sgwennu yn gynnil iawn, ac mae yma ddelweddau ingol yn cael eu defnyddio, ond mae'r arddull yn tueddu tuag at y llenyddol. Mae 'Y Gornel' yn ddiddorol hefyd a Celt ymysg y cymeriadau mwyaf diddorol yn y gystadleuaeth hon.

Fi Fawr Faglog, 'Milwr mewn cadair olwyn/ Monolog 2': Cawn ein cynghori ar ddechrau 'Milwr mewn cadair olwyn' i astudio technegau Artaud er mwyn llwyfannu. Mae'n argoeli'n dda, felly, cyn dechrau darllen y ddeialog a dod i adnabod y sefyllfa a'r cymeriad, y bydd hon yn fonolog theatraidd. Dydy'r dramodydd ddim yn siomi. Mae'r milwr yn *desperate* – alla i yn fy myw â meddwl am air yn Gymraeg a fyddai'n gweddu'n well. Mae'r ail fonolog yn ein gosod yng nghwmni merch fach saith oed, ac mae'n syml, yn addfwyn, ac yn drist – ac yn gyferbyniad llwyr o safbwynt arddull. Mae dwy fam yn marw yn y monologau hyn.

Graean Gwyn, 'Monologau y Ddwy Fair': Nadolig sy'n cysylltu y ddwy fonolog hyn. Mae merch ifanc yn 'Mair 1' yn cael 'dyrchafiad' o fod yn ben-ôl mul i fod yn Mair yn Stori'r Geni, tra bod actores ganol oed yn 'Mair 2' (sydd ddim yn angel) yn chwarae rhan gwrach mewn panto, ac yn poeni mai pen-ôl mul fydd hi y flwyddyn nesaf. Mae'r stori yn 'Mair 1' yn cael ei datgelu yn gelfydd iawn, a'r disgrifiad o 'nain' yn ddoniol a ffraeth, ond does dim cymaint o lewyrch ar 'Mair 2' a dim digon o theatr yn perthyn i'r un o'r ddwy, efallai.

Max Factor, 'Monolog Janice/ Monolog Amanda': Monologau braidd yn fyr yw'r rhain, ond mae cwrdd â Janice, a'i Sylheti Murgh Masala, sy'n breuddwydio am ryddid a gyrru lorri, ac Amanda, bardd sy'n gweithio mewn dwy archfarchnad, yn eithaf diddorol, er nad oes llawer o theatr yn perthyn i'r un o'r ddwy fonolog nac ychwaith fawr o gyferbyniad rhyngddynt.

Twm Larwm, 'Monolog Sheryl/ Monolog Cheryl': Dyma ddwy gymeriad sy'n rhannu'r un enw, bron, ond un ohonynt yn seléb a'r llall yn gweithio yn Poundland ac yn dyheu am fod yn seléb. Does yr un ohonynt yn hapus. Mae'r monologau braidd yn fyr, efallai, at bwrpas sefydlu cymeriadau a sefyllfa yn iawn, ond mae yma o leiaf botensial i ddatblygu.

Rwyf wedi mwynhau darllen gwaith pob dramodydd, ond rhoddaf y wobr i *Fi Fawr Faglog.*

Cyfansoddi sgript comedi sefyllfa – y gyntaf o chwech yn ei chyfanrwydd a braslun o'r lleill yn y gyfres. Pob un i fod rhwng 25 a 30 munud o hyd

Daeth tair pennod i law; maent i gyd wedi gwneud ymgais dda i ddilyn rheolau comedi sefyllfa gan greu cymeriadau cofiadwy mewn bydysawd comig.

Cocosen Fraith, 'Ar Lan y Môr': Mae yma hyder ac awdurdod yn yr ysgrifennu. Mae'r awdur yn deall sut i gyfleu stori a chreu cymeriadau crwn trwy gyfrwng deialog gryno, ffraeth. Defnyddir golygfeydd episodig, ffilmaidd eu naws hefyd i ffurfio'r stori ac maent yn llawn llinellau bachog a syniadau comig soffistigedig. Ceir sawl cymeriad hynod ddoniol ac mae'r potensial am gyfres yn glir yma. Braf hefyd oedd gweld Cymraeg naturiol ac ystwyth.

Cawl Potsh, 'Dau Lun a Dwy Fenyw': Er bod yna ymgais deg iawn i greu galeri o gymeriadau cofiadwy a sefyllfaoedd yn llawn potensial, siomedig oedd y bennod fel cyfanwaith. Mae yna ormod o adrodd stori yn llythrennol gan y cymeriadau ac mae'r chwarae ar eiriau a'r jôcs yn hen ffasiwn. Yn aml hefyd nid ydynt yn tarddu o anian y cymeriadau, ac felly maent yn teimlo fymryn yn artiffisial. Ond mae yna ambell fflach o ddoniolwch ac mae yna ddigon o egni yn y dweud.

Waldo, 'Gwarchod': Dyma ymgais i ddweud stori trwy ddeialog yn bennaf ac ar brydiau mae yna naturioldeb a ffraethineb yn y sgwrsio. Braidd yn undonog yw'r chwarae, serch hynny, er bod y berthynas rhwng y ddau brif gymeriad yn gredadwy iawn. Mae angen mwy o elfennau dramatig yn y darn; mae modd peintio darluniau trwy chwarae ar ddychymyg y gwrandäwr ar y radio, ond ni theimlaf fod yr awdur wedi manteisio ar yr hyn a gynigir gan y cyfrwng. Mae'n teimlo fymryn yn fyr hefyd. Ond mae yna ambell linell ddoniol a stori hwyliog.

Rhoddaf y wobr i *Cocosen Fraith*.

Adran Dysgwyr

CYFANSODDI I DDYSGWYR

Cystadleuaeth y Gadair

Cerdd: Y Ffin. Lefel: Agored

Y FFIN

Cofiaf y ffin,
Wedi'i darlunio'n wallgof
Trwy'r afon, tŷ a fferm
A chanol y stryd.

Roedd y milwyr
Yn sefyll bob dydd
Yn y tŵr fel castell,
Gyda'u gynnau'n barod.

Roedd yr hofrennydd
Yn rheoli'r awyr
Fel pryfyn yn y coed
Sy'n aros am gelain.

Y ffin oedd llinell
Arluniwyd gyda gwaed,
Yn gwahanu
Un wlad fel ysgariad.

Mae'r ffin yn ysgafn nawr
Fel teimlad croen;
Ond, ym Meal Feirste* eto,
Y wal heddwch yw wal y ddadl.

Beal Feirste – Belfast

Lewsyn 1

Braf iawn oedd derbyn 27 o gerddi yn y gystadleuaeth bwysig hon, y nifer mwyaf ers sawl blwyddyn. Mae'n galondid mawr bod cynifer o bobl yn dysgu'r iaith hyd at safon llunio cerddi derbyniol a chrefftus ynddi, ac mae pob ymgeisydd yn haeddu clod am ei waith.

Testun addawol yw 'Y Ffin.' Gellir ei drafod yn llythrennol neu'n ffigurol, a chafwyd amrywiaeth diddorol o ffiniau yn y sachaid hon o gerddi.

Elfen o bwys mawr mewn cerdd yw rhythm y llinellau. Y prif wendid yng ngherddi *vers libre* y gystadleuaeth hon oedd bod llawer o'u llinellau yn darllen fel rhyddiaith. Diffyg mwyaf y cerddi mydr ac odl oedd methiant rhai beirdd i gadw rhythm cyson ar draws y llinellau.

Rhannaf y cyfansoddiadau yn ddau ddosbarth. Gobeithio y bydd hyn yn rhoi syniad bras i'r ymgeiswyr am safon eu gwaith. O fewn pob dosbarth rwy'n ymdrin â'r cerddi yn y drefn y'u darllenais.

Dosbarth 2

Y Gwyliwr: Cerdd hir mewn mydr ac odl am ffoaduriaid yn dianc o Syria ond yn methu â chael croeso yn Ewrop. Anghyson yw rhythm y llinellau, ac aneglur yw ambell linell.

Bedo: Mae *Bedo*'n gresynu am y ffiniau sy'n rhannu pobl, ond rhyddiaith yw'r gwaith hwn, ac mae gormod o restru geiriau'n unig.

Mewnfudwr: Cerdd fer â llinellau bachog, ond mae ystyr y cyfan yn rhy annelwig.

Bardd anhysbys: Gwaith meddylgar am wahanol fathau o ffiniau er bod rhai llinellau'n aneglur. Byddai'n well dewis un ffin yn unig a chreu darlun neu ddelwedd am honno.

Penderel: Cerdd ddiffuant am ffens gwersyll carcharorion rhyfel sy'n gwahanu milwr a'i gariad – ai *Tri Chynnig i Gymro*, John Elwyn Jones yw'r ysbrydoliaeth? Mae addewid yn ymdrech *Penderel*.

Gwernen: 'Y Cae Olaf' a roddir fel teitl y gwaith hwn am golli meysydd gwyrdd dan goncrid ffordd newydd. Nid oes ffin yn amlwg yma. Mae teimlad cryf gan *Gwernen*, ond rhyddiaith yw llawer o'r llinellau.

Mochyn daear: Mae'n braf derbyn ymdrech ar ffurf soned gan y bardd hwn sy'n disgrifio cyfarfod â mochyn daear yn y coed. Darlun bywiog a manwl sydd yma, ond ni welaf gysylltiad rhwng yr olygfa ac unrhyw 'ffin'.

Cadwr: Rhestru rhai o'r ffiniau a groesir mewn bywyd a wna *Cadwr*. Dweud di-fflach yw llawer o'r llinellau, ac mae yma nifer o wallau iaith. Byddai'n well cadw at un math o ffin a llunio rhyw ddarlun amdani.

Myllin: Gwneud sbort am ei ben ei hun y mae *Myllin*, yn esgus na fedr drin yr iaith am mai dysgwr o ffin Maldwyn ydyw. Rwy'n siŵr y daw'n rhugl os gall ddal ati! Mae patrwm odli diddorol yn y gwaith.

Mamgu PacO: Y ffin rhwng cyfiawnder ac anghyfiawnder yn ein cymdeithas yw pwnc *Mamgu PacO*. Mae'n defnyddio mydr ac odl, ond pregeth sydd yma, yn hytrach na barddoniaeth.

Y Delyn: Croesi'r ffin i farwolaeth y mae *Y Delyn*. Diddorol yw'r disgrifiadau, ond llinellau o ryddiaith yw'r rhain.

Y Beiciwr: Cerdd faith yw hon am helynt ffoaduriaid o dir ISIS. Defnyddir geirfa eang a chanmolir y croeso a gaiff y ffoadur yng Nghymru. Er gwaetha'r patrymau odli, rhy debyg i ryddiaith yw'r mynegiant.

A.M. Hurley: Rwy'n credu bod y gwaith *vers libre* hwn yn ymwneud â phrofiadau afiechyd, ond mae'r mynegiant yn rhy niwlog i'w ddeall yn iawn. Nid oes ffin i'w gweld yma.

Ysbryd yr Oes: 'Byw ar y ffin' a gynigir fel teitl yr ymdrech hon, sef disgrifiad difyr o lew yn ceisio lladd sebra ar lan llyn, ond y sebra'n dianc. Ceir defnydd anghywir o rai geiriau.

Penchwiban: Cerdd uchelgeisiol o ran ei ffurf, sef penillion ar siâp limrigau, llinellau unigol ac englyn (bron â bod yn gywir) i orffen! Yn anffodus, tywyll iawn yw'r rhan fwyaf ohoni, yn frith o linellau megis ' ... ac ymgadw draw'r iard celanedd'. Nid yw'r isdeitl a nodir, 'Ffin y Croesan', yn taflu fawr o oleuni ar y cynnwys.

Estron: Cerdd gymen lle ailadroddir y llinell 'Carreg ffin, yn sefyll mewn tawelwch ...' ar ddechrau pob pennill tair-llinell. Mae'r ffurf yn effeithiol, ond mae dweud bod y garreg yn 'sgrechian ... gweiddi ... siarad ...' ac yn y blaen yn gwrth-ddweud y darlun o dawelwch y mae'r bardd yn dechrau ei gyflwyno.

Fandis: Y ffin rhwng y Cymry a'r Saeson yng Ngholeg Prifysgol Bangor yn ôl yn 1965 yw testun *Fandis*. Mae gafael dda ar y Gymraeg gan y bardd a thipyn o ddawn dweud, ond rhythmau rhyddiaith sydd trwy'r gwaith.

Capten Llongau: Ymateb i waith y bardd Harri Webb wna *Capten Llongau*. Ceir teimlad yn y gwaith, ond camddefnyddir gormod o eiriau ac mae peth o'r mynegiant yn aneglur. Ailadroddir y berfenw 'seilio' drwy'r gerdd, ond yn gwbl ddiystyr mewn ymadroddion fel 'Seilio hiraeth a seilio byw gartre.'

Dosbarth 1

Lewsyn 1: Y ffin rhwng Gweriniaeth a Gogledd Iwerddon adeg y trafferthion yn ystod yr ugeinfed ganrif yw mater *Lewsyn 1*. Gall drafod geiriau'n ddeheuig a chreu awyrgylch, a cheir ganddo linellau bachog a defnydd pwrpasol o gyffelybiaethau, megis yn y pennill hwn: 'Y ffin oedd llinell/ arluniwyd gyda gwaed,/ yn gwahanu/ un wlad fel ysgariad.' Cerdd dda, yn cynnwys awgrym ar y diwedd nad yw'r gynnen ar ben rhwng cymunedau Belfast oherwydd y dadlau am y 'waliau heddwch'.

Lewsyn 2: Annerch arlunydd sy'n peintio llun o fôr-forwyn 'a'i chartref wedi mynd …' y mae *Lewsyn* yn ei ail gerdd. Mae'r mynegiant yn aeddfed, ond heb fod mor glir yn yr ail hanner. Awgrymir, rwy'n credu, na all yr arlunydd nofio bellach fel y gallai gynt, ond ei fod yn cyfleu symudiad trwy'r dŵr trwy ei ddarlun.

Cambriaidd: Cerdd sylweddol yn y *vers libre* am amaethwr yn syllu ar ei dir o fewn ffin y clawdd: 'Mae gan bob carreg ei lle.' Mae'n pryderu am ddyfodol ei dir, ond yn yr adran olaf daw ŵyr y ffermwr heibio, yn cicio ei esgidiau ' … yn union fel yr hen ddyn yn ei ddydd'. Hwn fydd yn cadw etifeddiaeth y fferm. Mae yma nifer o ymadroddion aneglur, ond ceir llinellau rhythmig a chynnwys meddylgar.

Glyn-y-Groes: Ffin y bardd hwn yw cwmpas cartref a gardd pan oedd yn blentyn. Dyma oedd ei 'deyrnas', ond a fu hefyd yn ' … rhy ddiogel, rhy glyd'. Ond wedi tyfu a mentro allan i'r byd, teimla'n ofnus a hiraethus, gan orffen: 'Collaf y gwrych.' Mae'r llinellau cwta'n effeithiol i gadw'r rhythm, ond gellid tynhau'r mynegiant trwy ddileu rhai o'r aml ansoddeiriau.

Tylluan fach: Cerdd hir yn disgrifio cyfarfod â hen wraig 'mor hen â'r mynydd' o ynys ddiarffordd a geir yma, a'r môr yn ffin i'w gorwelion. Mae'r arddull sgyrsiol yn effeithiol, ac mae'n creu darlun heintus o'r wreigan, er y dryswch daearyddol trwy ddweud bod Sarc – ei hynys hi – yn perthyn i Ynysoedd Heledd. Ond gor-ddweud sy'n gwanhau'r gwaith yw disgrifio sylw'r wraig ei bod wedi clywed enw Cymru fel rhywbeth 'ysgytiol ... fel taranfollt, syfrdanol ...'

Crwydryn: Disgrifiad llawn awyrgylch o fynwent filwrol a'i chroesau: 'Cyn belled ag y gwêl y llygad,/ rhes ar res yn saliwtian ...' Wedi'r disgrifio, dywed *Crwydryn* fod cynllunwyr y fynwent wedi 'ymdrin â'r meirw ...' i greu cofeb esthetig sy'n eu harddu, ond mae'r adran hon yn fwy rhyddieithol. Mae'r dyfyniad ystrydebol, anffodus, yn y diweddglo, 'Yn eu harch parch ...' yn amhriodol yma. A ble mae'r ffin?

Aderyn y to: Cerdd ddiffuant i ddiwedd trasig Aylan Kurdi ar draeth yn Nhwrci ac ymateb pobl Prydain i'r llif o ffoaduriaid o Syria, sef cau'r ffin iddynt. Mae'n cadw patrwm y mydr ac odl yn grefftus, er nad yw'r prif lythrennau mewn ambell linell yn gwella'r gerdd, na'r lluniau o'r We. Byddai rhyw ymadrodd Cymraeg yn well na'r *'flotsam* a'r *jetsam* ...' yn y llinell glo.

Ap Iago: Dyma brofiad cadarnhaol bardd o groesi'r ffin i Gymru i ymgartrefu yng ngwlad ei dadau. Mae'r gerdd yn symud yn sionc yn y penillion taclus, odledig, wrth i'r awdur ddarganfod 'Cymraeg a Chymreictod,/ hanes a chofio ...' Mynegiant glân a chywir.

Dance Macabre: Hanes ffrwydro'r bom atomig cyntaf yng Ngorffennaf 1945. Dyma'r eiliad, awgryma'r bardd, pryd y camodd dyn dros y ffin i oes newydd, yr Anthroposên, ' ... i fyd dan reolaeth dyn ...' Adroddir yr hanes mewn *vers libre* yn gynnil a dramatig. Gwelir lliwiau'r ffrwydrad fel ' ... symbol pwerus [*sic*] ein hen, hen bechod'. Mae'r pennill olaf ond un yn rhyddieithol a byddai'r diweddglo'n well heb enwi'r cyfnodau daearegol, ond mae hon yn gerdd ag ôl meddwl arni.

Y cerddi cryfaf yw rhai *Lewsyn 1, Cambriaidd, Tylluan fach* a *Dance Macabre*. Oherwydd ei eglurder, ei gynildeb a'i gymariaethau trawiadol dyfarnaf y Gadair i *Lewsyn 1*, enillydd teilwng iawn. Ond diolch i bob ymgeisydd arall hefyd am roi llawer o bleser i mi.

Cystadleuaeth y Tlws Rhyddiaith

Darn o ryddiaith hyd at 500 o eiriau: Pontydd. Lefel: Agored

....

PONTYDD

A fo ben bid bont!

Mae'r ddaear gron wedi'i chwalu yn yr oes oleuedig hon. Y mae fel petai'r Brenin Matholwch wedi dinistrio'r pontydd i gyd, er mwyn gwarchod ei hun rhag cawr enfawr, crac. Peiriant toredig yw cymdeithas fodern, meddant ar raglenni materion cyfoes ac mewn papurau newydd trwy'r wlad benbaladr. Erbyn hyn, mae hi'n gymdeithas lle y mae pawb, hen ac ifanc yn ddiwahân, yn ynysu, ac felly lle y maent wedi mynd yn ddifreintiedig; lle y mae crefyddau'n gwneud cleddyfau'n hytrach na sychau; a lle nad yw gwledydd yn cyfathrebu gyda'i gilydd.

Dymchwelir pob pont gymdeithasol yn y byd, ymddengys. Mewn gwirionedd, efallai nad yw'r peth o'r enw 'cymdeithas' yn bodoli yn y byd go iawn, yn ôl y ddiweddar Arglwyddes Thatcher, cyn-Brif Weinidog ac felly 'pontiwr', a ddylai fod yn gwybod. Bydd hon yn fan erchyll i blant y dyfodol yn bendant – os bydd byd ar ôl o gwbl.

Ond y mae dwy ochr i bob pont. Mae Cymru'n enwedig yn wlad sydd yn llawn o bontydd. Ar draws wyneb y tir y maent, ac yng ngwaed y werin hefyd. Mae digonedd o enghreifftiau, o Bontardawe i Bontcysyllte. Ymhellach, mae pobl Cymru wastad wedi bod yn codi pontydd trosiadol, drwy hanes y wlad.

A dechrau yn niwedd Cymru annibynnol, Llywelyn Ein Llyw Olaf oedd tywysog a phontiwr hollbwysig ymhlith teyrnasoedd y genedl. Fe'i lladdwyd ym Mrwydr Pont Irfon; ac, wrth gwrs, achosodd y digwyddiad trychinebus hwn gwymp Cymru, wrth rymuso pont filwrol, anorchfygol rhwng Lloegr a Chymru.

Pontiwr rhwng 'iaith y nefoedd' a chredinwyr yng Nghymru oedd yr Esgob William Morgan. Roedd ei gyfieithiad o'r Hen Destament yn hanfodol i'r Gymraeg. Defnyddiwyd y Beibl Cymraeg i ddysgu darllen ac ysgrifennu i bobl trwy Gymru. Ar ben hynny, mae'r iaith a ddefnyddir ym Meibl Cymraeg Morgan yn felysber, ac mae'r Beibl hwn yn cael ei garu, ei ddarllen a'i ddysgu, hyd yn oed nawr.

Fodd bynnag, pan ddigwyddodd 'Brad y Llyfrau Gleision', datganwyd (yn Saesneg) mai 'anfantais enfawr i Gymru yw'r iaith Gymraeg.' Serch hynny, adeiladwyd pont ddiwylliannol rhwng Hen Fyd eu tadau, a'r Byd Newydd, gan Gymry ym Mhatagonia. Ffynnu hyd heddiw mae'r Wladfa Gymreig yno.

Ac yn gymharol ddiweddar, Aneurin Bevan a gododd bontydd rhwng pawb sydd yn byw yn y Deyrnas Unedig, a gofal iechyd rhad ac am ddim, pan sefydlwyd y Wladwriaeth Les ar ôl yr Ail Ryfel Byd.

Felly, gyfeillion, Cymry, a chydwladwyr: rhowch glust i mi, wedi i chi ystyried yr holl dystiolaeth hon. Byddwch ben, bob un ohonoch, neu bontiwr, o leiaf: adeiladwch bontydd. Nid oes angen bod yn gawr, fel yr oedd Bendigeidfran; na gorwedd yn y môr; na bod yn 'Pontifex Maximus' ychwaith, fel yr oedd Archoffeiriad y Rhufeinwyr! Nid oes ond hyn, sef: gwnewch y pethau bychain cyn amled ag y gallwch; peidiwch ag edrych am ganiatâd! Gwrandewch ar leisiau pobl eraill; estynnwch eich dwylo i gynorthwyo ac amddiffyn, pan fydd yn ddichonadwy. Dechreuwch drawsnewid ein byd; ac os bydd unrhyw broblemau, fe groeswch y pontydd hynny pan ddewch atynt!

Sela-Dor

BEIRNIADAETH MELERI WYN JAMES

Mae'r ffaith i 27 ymgais ddod i law yn amlwg yn dangos i'r dysgwyr hyn gael eu hysbrydoli gan y testun 'Pontydd', a chafwyd cystadleuaeth frwd iawn. Fe hoffwn ddiolch iddyn nhw i gyd am arddangos eu hyder a'u gallu yn y Gymraeg trwy fentro cystadlu. Roedd pob un yn haeddu ei le a chafwyd nifer fawr o gynigion da iawn. Rwy'n edmygu eu camp a'u dyfalbarhad. Yn wir, fe fyddwn yn annog y rhai sydd yn y Dosbarth Cyntaf, a sawl un arall, i fireinio a rhannu eu gwaith, gan y byddent yn sicr yn ysbrydoliaeth i ddysgwyr eraill.

Fe rannais yr ymgeiswyr yn ddau ddosbarth.

Dosbarth 1

Sela-Dor, 'A fo ben bid bont': Darn medrus iawn a geir gan *Sela-Dor* wrth iddo gyflwyno ple gref i wella ein byd. Er iddo ddechrau ar nodyn digon digalon wrth ddisgrifio cymdeithas fodern fel 'peiriant toredig' dywed ei neges yn llawn brwdfrydedd. Mae ganddo afael sicr ar y Gymraeg, ac mae'n ceisio gwneud y gorau ohoni trwy ddefnyddio geirfa rymus i'w fynegi ei hun. Dyma ddefnydd effeithiol o'r testun mewn iaith loyw. Ceir ymwybyddiaeth o hanes a thraddodiadau Cymru a chyfeirir at Lywelyn Ein Llyw Olaf fel 'y pontiwr' cyn symud i drafod y testun yn fwy trosiadol tua'r diwedd wrth awgrymu sut y gallwn ni i gyd 'adeiladu pontydd' i drawsnewid ein byd.

Ffawydden, 'Pontydd': Fe hoffais y darn hwn yn fawr. Mae'r awdur wedi ymdrin â'r pwnc mewn ffordd ddychmygus, gan ei gyflwyno'i 'hun' mewn tair ffordd: fel dwy fath o bont go iawn ac fel pont seicolegol. Mae naws agos-atoch hyfryd i'r darn, ac mae gan yr awdur y gallu i ddefnyddio iaith i greu disgrifiadau byw. Dyma ymgais glyfar iawn, gyda'r diweddglo yn rhoi ias fach, ond roedd angen tamaid bach mwy o ofal gyda'r iaith. Agos iawn at y brig.

Arosfa, 'Pontydd': Ces fy ysbrydoli gan ddisgrifiad yr ymgeisydd hwn o sut yr aeth ati i ddysgu Cymraeg ar ôl ymddeol; mae'n amlwg oddi wrth y darn hwn iddo wneud hynny yn ardderchog. Gan ysgrifennu o'r galon, fe ddisgrifir y daith mewn ffordd onest gan gydnabod yr anawsterau. Fe fyddwn yn ei annog i gyhoeddi'r gwaith er mwyn ysbrydoli dysgwyr eraill.

Breuddwyd yfory, 'Pontydd': Braf gweld defnydd dychmygus o'r testun wrth i *Breuddwyd yfory* gyflwyno dyddiadur sy'n dangos sut mae pontydd yn rhan bwysig o'i pherthynas gyda'i hŵyr sy'n byw yng nghanolbarth Lloegr, a hithau'n byw yng ngorllewin Cymru. Llwydda i gyfleu afiaith Mam-gu a Wil yn effeithiol, gan ddefnyddio deialog ac ymadroddion i greu naws hyfryd wrth ddarlunio'r berthynas gynnes hon.

Bedwen, 'Y Pontydd': Rhaid i ni i gyd wynebu sialensau yn ein bywydau yw neges *Bedwen*, un a ddysgwyd o ddameg y 'Tri Bwch Gafr'. Mae'n mynd â ni ar daith amrywiol gan ddisgrifio sut y mae pontydd dros y byd wedi ei ysbrydoli mewn gwahanol ffyrdd. Mae'n gorffen trwy geisio ein hysbrydoli trwy ailadrodd neges Bendigeidfran, 'A fo ben bid bont'. Mewn byd peryglus mae angen i arweinwyr fod yn fodlon ceisio adeiladu pontydd rhwng cenhedloedd. Mae'r lliw ieithyddol a ddefnyddir yn dangos hyder a gallu.

Ysbryd yr Oes, 'Pontydd tuag at heddwch': Llygad-dyst yn ysgrifennu am ei brofiadau o fod mewn gwersyll-garchar rhyngwladol i rai a syrthiodd i ddwylo'r gelyn yn Jafa yn 1942. Roedd profiadau Henk Klein dan ddwylo ei garcharwyr Siapaneaidd yn ei gwneud hi'n anodd iddo faddau, ond llwyddodd i wneud hynny pan gafodd deulu o Siapan yn gymdogion. Mae'r ddameg mewn dau ddarn, yn wahanol a ffres ac yn esiampl o feddwl yn wahanol am bwnc. Llwydda i ddisgrifio digwyddiadau erchyll y rhyfel a chreu naws hollol wahanol i'r cymodi yn yr oes fodern.

Sidan glas, 'Pontydd': Mentrodd yr ymgeisydd hwn i dir gwahanol trwy adrodd stori am ferch sy'n mynd ar daith i chwilio am Feistr ei thad, dyn o'r enw Ling Hua a fydd yn helpu'r ferch i ddial. Hoffwn ychydig mwy o liw a gofal wrth ddefnyddio'r Gymraeg mewn ambell le. Ond mae yma ymgais dda i greu naws mewn stori am fyd gwahanol a hoffais y diweddglo awgrymog.

Tylluan fach, 'Pontydd': Hanes un a fentrodd groesi'r bont o'i gartref i lwyddo mewn byd yr oedd yn ei garu – byd athroniaeth. Mae'n defnyddio ymadroddion a chymariaethau da i liwio'r darn a thrwy wneud hynny, yn amlygu ei feistrolaeth ar y Gymraeg.

Dosbarth 2

Ni osodwyd y canlynol mewn trefn arbennig.

Cenhinen Bedr, 'Pontydd': Dyma deithiwr sydd wedi profi pontydd amrywiol, gan gynnwys y daith dros y bont wrth ddysgu Cymraeg a hynny ar ôl syrthio mewn cariad â Chymru. Ymgais dda iawn sy'n defnyddio ansoddeiriau amrywiol a disgrifiadau i gyfleu'r dweud yn effeithiol. Mae angen ailddarllen gofalus a thrueni ei fod yn gorffen ychydig yn ffwr-bwt.

Heulwen, 'Pontydd': Er gwaetha'r ffugenw, mae *Heulwen* yn ein hatgoffa bod pontydd yn gallu bod yn llefydd tywyll wrth adrodd hanes trasig Pont y Siartwyr yn y Coed-duon a Phont Llundain dros afon Tawys. Mae'n ein hatgoffa hefyd bod 'arfer' a dal ati yn arwain at lwyddiant a bod hynny'n gyngor da wrth ddysgu iaith. Mae ambell frawddeg anghyflawn, a byddai'r darn yn elwa ar well ymdrech i glymu gwahanol elfennau ynghyd. Ond rwy'n siŵr y byddai ei gyngor ar sut i lwyddo o help i eraill.

Rhosyn Gwyn, 'Dyfroedd Dan Fwâu': Ymgais ddychmygus sydd gan *Rhosyn Gwyn* sy'n ymateb yn uniongyrchol i farddoniaeth a darnau o'r Beibl. Mae yma allu creadigol amlwg ac mae'r hanesion benywaidd sy'n cael eu goleuo yn ddifyr ac yn haeddu cael eu datblygu ymhellach.

Enfys, 'Pontydd': Mae gan *Enfys* Gymraeg glân ar y cyfan, sy'n ei helpu i adrodd hanes rhai pontydd enwog, ac mae'n amlwg i'r ymgeisydd ymchwilio i sicrhau ei nod o greu erthygl ddifyr. Fe ellid datblygu'r diweddglo, sydd yn cyfeirio'n sydyn at ystyr trosiadol y testun wrth drafod croesi'r bont fel dysgwr. Ar hyn o bryd, mae'n gorffen ar nodyn isel y gellid ymhelaethu arno.

Pili-Pala, 'Pontydd': Erthygl liwgar gyda lluniau a gafwyd gan *Pili-Pala* sy'n annog ymwelwyr i ddod i Gymru i weld ein pontydd diddorol. Gwaith diddorol iawn sy'n dangos ymwybyddiaeth o eirfa a gallu i ysgrifennu'n glir. O'i ailddarllen yn ofalus, ac o greu gwell diweddglo, byddai'n ddeunydd diddorol ar gyfer papur bro.

Roger ap Gwynfryn, 'Pontydd Cymru': Mae *Roger ap Gwynfryn* hefyd yn defnyddio lluniau a thestun i adrodd hanes rhai o bontydd enwocaf Cymru. Ceir sawl ffaith ddifyr fel hanes y gondola sy'n cludo teithwyr sydd ddim am fentro cerdded ar hyd Pont Gludo Casnewydd. Mae yna dipyn o sylw i ddyddiadau a rhifau eraill, ac efallai y byddai'n fwy difyr byth o gynnig gwell amrywiaeth o wybodaeth.

Â chalon ddryw, 'Pontydd': Difyr yw'r hanes personol a geir gan *Â chalon ddryw* ac mae ei hanes am fethu'r troad i Gwmbrân oddi ar yr M4 a gorfod talu'r doll er mwyn dychwelyd i Gymru yn codi gwên. A ydyw 'dros y bont', gofynna. Wel, mae ganddo lais ffraeth ac mae wedi ysgrifennu darn difyr i fod yn falch ohono, ac y gellid ei ddatblygu.

Penrhiwlas, 'Pontydd': Mae *Penrhiwlas* yn olrhain hanes pontydd: o'n pontydd cynharaf i adeiladu Pont Hafren yn 1996. Gofynna hefyd i ni gofio am bontydd ysbrydol ac am daith Iesu Grist 'dros y bont' i'r nefoedd. Mae lle i ddatblygu'r erthygl ymhellach ac i wella ar rai o'r mân frychau.

Cot Goch: Darn personol a geir gan *Cot Goch* sy'n dweud hanes rhai pontydd sy'n bwysig iddyn nhw ac mae hynny'n gyffyrddiad da. Fe ellid gwella'r erthygl trwy droi'r brawddegau unigol yn baragraffau, ailddarllen yn ofalus a chynnig diweddglo i gloi'r cyfan ynghyd.

Seren Haf, 'Pontydd': Darn diddorol iawn a gafwyd gan *Seren Haf* sy'n trafod sut mae enwau lleoedd yn gwasanaethu fel man cyswllt rhwng y gorffennol a'r presennol. Adroddir sawl dameg adnabyddus cyn mynd ymlaen i drafod taith yr awdur wrth ddysgu Cymraeg. Hyfryd oedd darllen am frwdfrydedd yr awdur. O'i gyhoeddi, rwy'n siŵr y byddai'r cyngor yn ddefnyddiol i ddysgwyr eraill.

Enfys Edwards, 'Pontydd': Mae *Enfys Edwards* yn adrodd hanes sawl pont wahanol fesul paragraff, pontydd y mae wedi cerdded ar eu hyd yn sgil ei diddordeb mewn cerdded. Fel erthygl, fe fyddai'n gweithio'n well petai yna fwy o ymgais i glymu'r cyfan at ei gilydd a datblygu'r diweddglo. Ac o gofio ei phrofiadau, byddai ychwanegu ambell stori bersonol a rhai ymadroddion yn ychwanegu lliw.

Coedmor, 'Pontydd': Hanes rhai o bontydd enwocaf Cymru a geir gan *Coedmor*. Cymerwyd gofal mawr wrth ysgrifennu'r darn hwn ac mae'r lluniau'n ychwanegu lliw. Dyma un o'r darnau ffeithiol gorau am hanes pontydd ac mae pennill Harri Webb yn ychwanegiad ffraeth. Hoffwn weld diweddglo'n cael ei ychwanegu i glymu'r darn ynghyd.

Y Wiwer Goch, 'Pontydd': Hanes dwy bont a geir gan *Y Wiwer Goch* – un hen ym Mhontarfynach a Phont Hafren yn un fodern. Adroddir y ffeithiau mewn ffordd ddifyr iawn, gan gyfuno hanes a chwedl. Gwaith graenus ond hoffwn weld amgenach diweddglo i bontio'r ddau ddarn ynghyd.

Penchwiban, 'Hanner-Ffordd': Ymdrechodd *Penchwiban* i adrodd dameg y 'Tri Bwch Gafr', gan ddefnyddio deialog a lliw i fywiogi'r dweud. Byddai'n elwa o ofal wrth ddefnyddio rhai geiriau ac o wella ambell wall bach.

Merch y Cymoedd, 'Pontydd': Mae *Merch y Cymoedd* yn ein hannog i feddwl am y gwahanol ffyrdd y gellid dehongli'r pwnc ac mae wedi creu darn diddorol trwy wneud hynny. Mae'n ddifyr a darllenadwy, ond fel rhai o'r darnau eraill, mae angen creu diweddglo cryfach. Fe hoffwn hefyd wybod mwy am yr elfennau personol y cyfeirir atynt.

Cadwr, 'Pontydd': Mae *Cadwr* hefyd yn archwilio gwahanol ystyron y pwnc o dan sylw, ac nid yw'n ofni dweud ei farn wrth iddo amau a yw wedi llwyddo i ddod yn 'Gymro go iawn' er ei holl ymdrechion. Dyma ddarn ffraeth sy'n arddangos gallu a hyder. Fe hoffwn weld hepgor y gerdd hir a datblygu'r rhyddiaith o gofio gofynion y gystadleuaeth, ond gobeithio y bydd deall iddo gael cystal hwyl arni yn hwb pellach i'w hyder.

Lydia: Darn dychmygus sy'n siarad â ni o'r dyfodol agos ac o wlad ble mae tanwydd ffosil wedi diflannu, dyfodol yr awgrymir iddo ddod i fodolaeth yn sgil gadael yr Undeb Ewropeaidd. Mae yma allu i greu llais ffres ac agos-atoch sy'n tynnu'r darllenydd i'r dweud. Efallai bod lle i gynilo mewn ambell le, a chwynnu ambell ebychnod, ond ymgais dda iawn.

Renata Kendall: Ymgais ddifyr i drafod y pwnc trwy archwilio'r ffordd y mae pontydd yn rhan annatod o'n ffordd o feddwl, gan fod sawl cân enwog wedi ei chyfansoddi amdanynt, a sawl dywediad cyfarwydd yn cyfeirio atynt. Mae yna rai gwallau ieithyddol sydd angen eu gwella, ond cafwyd erthygl ddifyr iawn.

Merch o Lwynonn, 'Pontydd yng Nghymru': Mae *Merch o Lwynonn* hefyd yn adrodd hanes rhai o bontydd enwocaf Cymru. Mewn erthygl fer, efallai y byddai'n elwa o ganolbwyntio ar lai o bontydd er mwyn gallu dweud mwy am hanes pob un. Ymgais deg a diddorol. Mae angen ailddarllen y gwaith a chynnwys diweddglo i'r cyfan.

Ces fodd i fyw gan yr amrywiaeth a'r gwaith graenus. Mae pob un yn haeddu cael ei longyfarch. Fe ellid fod wedi gwobrwyo unrhyw un yn y Dosbarth Cyntaf petai pob un wedi darllen eu gwaith yn ofalus cyn cystadlu, ond roedd y gofal a ddangosodd yr enillydd yn rhagori ar y gweddill. Mae camp pob un yn rhyfeddol a gobeithio y bydd y ffaith iddynt lwyddo cystal yn un o gystadlaethau'r Eisteddfod Genedlaethol yn golygu y byddant yn teimlo bod y cyfan werth yr ymdrech galed. Gan fenthyg geiriau Bendigeidfran, 'a fo ben' yn y gystadleuaeth hon yw *Sela-Dor*. Dyma ysgrifennwr hyderus ei Gymraeg a chanddo rywbeth i'w ddweud a'r hyder i'w ddweud yn dda.

Sgwrs rhwng dau berson ar drên. Tua 100 o eiriau.

Lefel: Mynediad

SGWRS RHWNG DAU

Sgwrs ar drên yn 1942, rywle yn Ewrop

I: Ble ydyn ni, Mam?

S: Yn Ages. Dere yma, plîs.

I: Pam? Dw i'n gweld mwg a llawer o ddynion.

S: Dere yma! Nawr.

I: Mam, ble mae Dad? Dw i ddim yn gallu gweld e.

S: Mae e yma, yn rhywle. Does dim rhaid i ti boeni.

I: Wyt ti'n crio, Mam?

S: Na. Mae hi'n wyntog ac mae hi'n oer. Dere yma nawr, dw i eisiau cwtsh.

I: Mae pawb yn llefain a gweiddi. Dw i'n poeni. Dw i eisiau fy nhad.

S: Paid poeni. Dw i yma. Wyt ti eisiau dod yma? Paid edrych ar hwnna.

I: Pam, Mam?

S: Edrych yma a gwrando ar y gerddoriaeth. Dw i'n caru ti, Isaac.

Dim Ffugenw

Mae'n braf cofnodi bod 12 ymgeisydd eleni. Rhoddwyd ystyriaeth i gywirdeb ieithyddol a mynegiant clir ynghyd â'r gallu i gadw diddordeb y darllenydd.

Yr Ysguthan ar Grwydr: Ymgais deg a oedd yn dangos gafael dda ar batrymau'r iaith. Roedd yr iaith drwyddi draw yn gywir.

Enid Joy: Roedd gan yr ymgeisydd gystrawen lafar naturiol ond nid oedd yn uchelgeisiol o ran cynnwys.

Blodyn Tatws: Llwyddodd yr ymgeisydd i gyfleu syniad eitha da gan ysgrifennu sgwrs dderbyniol er bod rhai gwallau iaith.

Joanna: Mae'r sgwrs hon yn arwain at ddiweddglo llwyddiannus iawn. Roedd ambell ferf yn wallus ond mae'r darn yn dderbyniol.

Aman chwe deg tri: Mae gwaith yr ymgeisydd hwn yn dangos cywirdeb o ran iaith ond gallai fod wedi arwain y sgwrs at ddiweddglo mwy diddorol.

Billy 3 afon: Ymgais deg er bod ambell wall. Mae'r ymgeisydd wedi llwyddo i ysgrifennu sgwrs naturiol iawn.

Suzibibee: Mae'r awdur wedi llwyddo i gyflwyno sgwrs effeithiol lle mae'r cymeriadau'n gyndyn i siarad ar y dechrau, ac yna maen nhw'n cael eu denu i siarad. Mae diwedd y sgwrs yn ddiddorol.

Llifon Afal: Mae gan yr awdur afael ar iaith sgyrsiol sy'n ei alluogi i greu sgwrs naturiol. Mae'r darn yn uchelgeisiol ac yn effeithiol iawn.

Colin Roberts: Mae gwaith yr ymgeisydd hwn yn naturiol ac yn ieithyddol gywir. Mae llinell olaf y sgwrs yn ddoniol ac yn effeithiol.

Islander: Mae'r awdur wedi llwyddo i esbonio sefyllfa yn ddawnus yn y sgwrs hon. Er bod yna wallau iaith, mae'r sgwrs yn werth ei darllen.

Dim Ffugenw: Mae gan yr awdur syniad gwreiddiol a darodd ddeuddeg ar y darlleniad cyntaf. Mae'n llwyddo i ddisgrifio digwyddiadau a theimladau'r cymeriadau er bod yr iaith yn syml iawn.

Gryc Pysgod: Llwydda'r ymgeisydd i ysgrifennu sgwrs ddoniol a chreu sefyllfa sy'n hawdd ei deall. Mae'r hiwmor yn amlwg yn y darn hwn.

Rhoddaf y wobr i *Dim Ffugenw*.

Darn o ryddiaith: Y Gwyliau Gorau Erioed. Tua 150 o eiriau.

Lefel: Sylfaen

Y GWYLIAU GORAU ERIOED

Istanbul

Edrycha, Nerys, dyma Ayasofya. Mae hi'n las ac aur tu fewn, fel awyr yn yr haf, hyfryd! Ond fyddi di ddim yn clywed galwad *muezzin* erbyn hyn.

Pam? O, amgueddfa yw hi bellach, fel Palas Topkapı, ble oedd y Sultan yn arfer byw. Mae hwnna yn brydferth hefyd, ond dw i'n tosturio wrth y merched druan, ei wragedd. Am fywyd! Fel carchar am oes!

Ond, Nerys, y farchnad! O! mae'n fendigedig. Lliw, golau, orenau, carpedi! Dynion gyda chypyrddau ar eu cefnau (wir)! Bechgyn bach gyda hambyrddau o de (deg ceiniog y gwydryn), ac ymhobman gwenau: '*Ingresi? You buy? Very cheap!*'

Dyma Bont Galata ble mae'r hen ddynion yn chwarae gwyddbwyll a smygu'r *nargileh*. Smygais i'r *nargileh* hefyd, fel y siani flewog yn *Alice*. Roedd yn ofnadwy! Byth eto!

O, dyma Ynys Büyük. Mae'n braf 'ma – dim cerbydau. Dim ond asynnod at gario bron popeth – tywod, sment – popeth, ac eithrio cypyrddau (ha! ha!). Ond, Nerys, dylet ti weld y tacsis yng nghanol y dre! *Dolmuş* yw eu henw. O! oes rhaid i ti fynd? Nerys ...?

Maggie o Efrog

BEIRNIADAETH ANN JONES

Daeth 15 ymgais i law a rhaid diolch i'r ymgeiswyr am rannu eu profiadau diddorol. Nid tasg hawdd yw ysgrifennu am y gwyliau gorau erioed mewn tua 150 o eiriau. Llwyddodd yr holl ymgeiswyr i gynnig blas o'u gwyliau a chynnal diddordeb y darllenydd. Teithiodd yr awduron i leoliadau mor amrywiol â'r Dwyrain Pell, Affrica ac Ewrop, tra arhosodd eraill yn nes at adref. Roeddwn yn edrych ymlaen at ddarllen darnau creadigol a fyddai'n cynnig ymateb personol i'r hyn a welwyd ac a brofwyd ar eu gwyliau, yn hytrach na disgrifiad o'r daith ei hun. Llwyddodd y goreuon i gyflwyno hud a lledrith eu gwyliau yn effeithiol. Roeddwn i hefyd yn edrych am gywirdeb iaith ac ar y cyfan roedd safon yr iaith yn weddol gywir.

Dosbarth 3

Barney: Disgrifiad o wyliau yn yr Eidal a gawn gan yr awdur. Mae'n amlwg ei bod wrth ei bodd gyda'r gwyliau ac mae'n sôn yr hoffai symud i fyw i Puglia. Hoffwn i fod wedi darllen mwy am y bobl, y dinasoedd a'r bwyd. Ychydig o wallau yn unig.

Cath ddu: Hanes gwyliau saffari ym mharciau cenedlaethol Kenya sydd gan yr awdur hwn. Hoffwn i fod wedi clywed mwy am brofiadau a theimladau'r awdur wrth weld yr anifeiliaid gwyllt yn hytrach na'r rhestr o anifeiliaid a lleoedd a welwyd ar y daith. Ambell wall yn unig.

Defaid hapus: Cawn ddisgrifiad o wyliau tipyn yn nes at adref gan yr awdur hwn, sef gwyliau yn teithio o gwmpas safleoedd hynafol yn sir Benfro. Er bod amryw o wallau ieithyddol yn britho'r darn mae'n amlwg i'r awdur gael tipyn o hwyl wrth symud o un safle hynafol i'r llall yn hytrach na'r gwyliau traeth arferol.

Dim ffugenw: Taith i'r Dwyrain Pell yw testun y darn hwn. Cawn ein tywys trwy Siapan, Tsieina a Hong Kong, yn frysiog ar adegau gan fod cymaint i'w ddweud am bob lleoliad. Efallai y byddai wedi bod yn well manylu ar brofiadau a gafodd mewn un wlad yn unig: yn aml mae llai yn creu mwy o argraff ar y darllenydd. Ychydig o wallau yn unig.

Lillie Billie: Mae'n amlwg i'r awdur fwynhau ei gwyliau yn Llandudno a'r teithiau o gwmpas Eryri, Caer a Lerpwl. Cawn ychydig o gefndir hanes Gelert, y ci, wrth iddi ddisgrifio'r ymweliad â Beddgelert. Yn anffodus roedd nifer y gwallau yn ei gwneud hi'n anodd deall y testun ar adegau.

M.O. Rudge: Roeddwn i'n poeni am yr awdur yn y darn hwn wrth iddo/ iddi ysgrifennu, 'dim ond un ddamwain ges i'. Ar ddiwedd y darn mae'n datgelu taw taith feicio o Gaergybi i Gaerdydd oedd hon. Hoffwn i fod wedi clywed mwy am antur y daith ar ddechrau'r darn. Er hynny, mae llawer o fanylion diddorol drwy'r darn a dim ond nifer o fân wallau yn unig a geir.

Sarah C: Llwydda'r awdur i ddisgrifio gwyliau gyda'r teulu yng ngogledd Cymru, gan sôn am atyniadau ardal Beddgelert a'r teithiau o gwmpas Eryri a Llŷn yn glir a diddorol. Mae'n amlwg fod y teulu wedi mwynhau'r gwyliau yn fawr iawn. Ceir mân wallau yn unig a defnyddia ychydig o enwau lleoedd yn Saesneg.

Dosbarth 2

Eliffant: Cawn ddisgrifiadau diddorol o uchafbwyntiau taith ar hyd Ffrynt Gorllewinol y Rhyfel Byd Cyntaf o Wlad Belg bron i'r Swistir. Ond nid ydym yn cael digon am ymateb personol yr awdur i'r hyn a welodd ac a brofodd yn ystod y daith fythgofiadwy hon, er enghraifft wrth ymweld â'r ffosydd. Ambell wall yn unig.

Hannah Roderick: Yn y darn hwn cawn ddisgrifiadau clir o olygfeydd trawiadol a thywydd cyfnewidiol Gwlad yr Iâ. Defnyddia'r awdur ambell gymhariaeth ddiddorol sy'n llwyddo i gynnig blas o olygfeydd anhygoel yr ynys i ni. Ond teimlaf nad oes digon o ymateb personol gan yr awdur i'r profiadau a gafodd yno. Ceir mân wallau iaith a theipio yn y darn.

Layla: Taith ar hyd Seland Newydd a gawn gan yr awdur o Invercargill yn Ynys y De i Napier yn Ynys y Gogledd. Llwydda i gyfleu naws a harddwch y wlad, yr anifeiliaid a'i phobl yn effeithiol. Ond yn anffodus mae'r darn hwn bron ddwywaith hyd y darnau eraill a cheir nifer o wallau ynddo.

Penderel: Disgrifiad o argraffiadau o daith i Rwsia a'r hwyl a gafwyd yn ystod un noson arbennig a gawn gan yr awdur. Llwydda i gyfleu'r naws ynghyd â chanlyniadau noson flasu chwe gwahanol fath o fodca yn dda. Defnyddia'r awdur ychydig o idiomau cyfarwydd yn effeithiol. Ceir ambell wall yn y testun.

Y Berllan: Mae'r awdur hwn yn cynnig bargen i ni, tri darn gwahanol ar yr un thema. O ran tegwch i'r awdur trafodaf y darnau fesul un:

Darn 1: Cawn ddisgrifiad personol da o brofiad plentyn ysgol yn ysgrifennu am ei thaith undydd i draeth yng Nghymru yn ei llyfr ysgrifennu ac ymateb yr athrawes i'r darn. Llwydda'r darn hwn i'n perswadio nad oes angen teithio ymhell i gael gwyliau cofiadwy.

Darn 2: Darbwylla'r awdur y darllenydd bod ymddeol yn wyliau parhaol yn y darn hwn. Noda'r holl bethau y mae'n eu gwneud a'r pleser a gaiff.

Darn 3: Atgof o ymweliad hudolus gyda'i chariad i gartref ei nain ym Milton Keynes yn syth ar ôl gadael coleg a geir yn y darn hwn. Pentref bach gwledig oedd y lle yr adeg honno. Ond wrth iddi ddychwelyd yno ychydig flynyddoedd yn ddiweddarach cawn ddarlun tra gwahanol gan fod ei bywyd hithau a'r pentref wedi newid yn fawr.

Mae'r darnau uchod yn creu darluniau personol, trawiadol a chyferbyniol o wyliau ac oni bai ei bod yn disgrifio tri math gwahanol o wyliau byddai'r cystadleuydd hwn yn y Dosbarth Cyntaf. Ceir ambell wall yn y testun.

Dosbarth 1

Celyn Haf: British Rail, Clwb Gwyliau a streiciau rheilffordd ... ac yn syth rydyn ni nôl yn saithdegau'r ganrif ddiwethaf. Mae hwn yn syniad anarferol a diddorol. Cawn helynt gwyliau plentyndod yr awdur a'i theulu wrth deithio i'r Eidal, gyda disgrifiad gwych o'r antur o orfod newid trên oherwydd streic a cholli eu tywysydd mewn gorsaf yn yr Eidal. Ambell wall yn unig.

Jim: Taith hynod ddiddorol i Rajasthan sydd gan yr awdur hwn. Yn anffodus mae'n defnyddio bron i hanner y darn yn disgrifio'r daith i India. Cawn ddisgrifiadau da o brysurdeb y dinasoedd ond gellid bod wedi sôn mwy am yr hyn a welodd ac a brofodd ar y daith, er enghraifft wrth ymweld â'r Taj Mahal a'r profiad o fynd ar gefn eliffant. Ambell wall yn unig.

Maggie o Efrog: Llwydda'r awdur i'n tywys o gwmpas holl brysurdeb a chyfaredd Istanbul. Cawn ddisgrifiadau trawiadol o Ayasofya a Phalas Topkapı, bywiogrwydd y farchnad ynghyd â'r holl weithgareddau a welir ar Bont Galata ac Ynys Büyük. Mae'r awdur hefyd yn cynnig ambell sylw treiddgar am yr hyn a welodd. Llwyddodd i gyflwyno hud y ddinas trwy gynnig darlun gwych o fywyd a chymeriad y trigolion ynghyd â dirgelwch am gymeriad o'r enw Nerys. Mae'r darn hwn, fel pob darn o ysgrifennu teithio da, yn codi chwilfrydedd y darllenydd i ymweld ag Istanbul. Ambell wall yn unig.

Rhoddaf y wobr i *Maggie o Efrog*.

Llythyr at eich cyngor lleol yn mynegi barn am ailgylchu.

Tua 200 o eiriau. Lefel: Canolradd

6 Stryt Las,
Wrecsam
16 Ionawr 2016

Annwyl Mr Jones,

Ysgrifennaf atoch chi ynglŷn â pholisi ailgylchu Cyngor Wrecsam. Yn gyffredinol, dw i'n meddwl bod hi'n bwysig i ni arbed, ailddefnyddio ac ailgylchu cymaint â phosibl. Felly, dw i'n cytuno â'r system 'Ailgylchu efo Michael/ *Recycle with Michael*' a hoffwn eich llongyfarch chi ar gynyddu eich cyfradd ailgylchu o 3% yn 2001 i 54.7% erbyn 2014.

Beth bynnag, yn fy marn i, mi allech chi wneud mwy er mwyn cyrraedd targed ailgylchu 70% o wastraff erbyn 2025, y targed sy wedi ei osod gan yr Undeb Ewropeaidd.

Mae casgliad wythnosol y bocs gwyrdd (poteli plastig, gwydr, a thuniau) yn dda iawn ond mi ddylen ni allu rhoi pob math o blastig, yn cynnwys cartonau iogwrt a lapio plastig yn y bocs yma. Mi fasai hyn yn arbed llawer mwy o wastraff o'r safleoedd tirlenwi.

Serch hynny, rhaid i mi ddweud mod i ddim yn hapus iawn am gasgliad y bin gwyrdd (ar gyfer gwastraff bwyd ac o'r ardd) bob pythefnos. Dydy o ddim digon aml i'r gwastraff bwyd. Does gynnon ni ddim cadi bwyd sy'n cael ei gasglu bob wythnos yng Nghoed-poeth (fel rhai pentrefi yn yr ardal) a mae bwyd sy'n pydru yn arogli'n ofnadwy ac yn denu pryfaid. Dw i'n credu bod hyn yn afiach. Hefyd, mi ddylai fod system gwell na'r bag plastig glas i bapurau a chardfwrdd achos, pan mae hi'n wyntog ar ddiwrnod y casgliad, chwythir papurau ym mhobman.

Yn olaf, mae'n ddefnyddiol i allu mynd â'n sbwriel i ganolfannau ailgylchu gwastraff cartrefi lle mae'r staff yn helpu, ond does gan bawb ddim car.

Yn gywir,

G. Evans

Catrin Penygelli

Daeth wyth ymgais i law.

Porth Tywyn: Mae'r ymgeisydd yn dadlau yn dda ac yn mynegi barn am ailgylchu ond mae llawer o gamgymeriadau gramadegol yn y darn. Doedd dim dyddiad na chyfeiriad ar ddechrau'r darn.

Yr hen ddyn: Mae'r darn yn disgrifio ymweliad â chanolfan yn hytrach na mynegi barn. Disgrifiad da ond bron ddim dadlau am ailgylchu yma. Mae ychydig o gamgymeriadau gramadegol. Dydy'r ymgeisydd ddim wedi ysgrifennu 'Yr eiddoch yn gywir' ar y diwedd.

Nia: Mae'r darn yn mynegi barn am ailgylchu ond mae'r gwaith yn fyr iawn, tua 110 o eiriau. Mae *Nia* yn dadlau yn eithaf da. Does dim dyddiad na chyfeiriad ar ddechrau'r darn.

Popeth yn Iawn: Mae llawer o gamgymeriadau gramadegol a chamsillafu yn y darn. Does dim cyfeiriad ar ddechrau'r darn. Mae *Popeth yn Iawn* yn mynegi barn am ailgylchu ac yn awgrymu gweithgareddau i gynorthwyo plant i ddeall pwysigrwydd ailgylchu. Darn diddorol.

Cnocell y Coed: Mae *Cnocell y Coed* yn mynegi barn am ailgylchu ac yn gwneud ychydig o bwyntiau da. Mae tipyn bach o hiwmor yn y darn hefyd. Mae ychydig o gamgymeriadau yn y darn, does dim dyddiad ar ddechrau'r darn a dylai'r ymgeisydd fod wedi rhoi prif lythrennau ar 's' a 'm' yn 'Syr' a 'Madam'. Wrth ysgrifennu mae angen defnyddio 'eisiau' nid 'isio'.

blodyn bach: Mae *blodyn bach* yn mynegi barn am ailgylchu ac yn egluro pam ei bod hi wedi newid ei meddwl am y pwnc ond mae mwy o wybodaeth am ymweliad â chanolfan na rhesymau dros ailgylchu. Does dim dyddiad ar y llythyr ac mae ychydig o gamgymeriadau gramadegol.

Simon Herring: Mae'r darn yn mynegi barn am ailgylchu ac yn dadlau yn dda. Does dim dyddiad ar ddechrau'r llythyr. Ddylai *Simon Herring* ddim bod wedi defnyddio 'Cofion cynnes' ar y diwedd oherwydd bod y llythyr yn un ffurfiol. Wrth ysgrifennu mae angen defnyddio 'eisiau' nid 'isio'. Serch hynny, mae hwn yn ddarn da a dydy'r ymgeisydd ddim wedi gwneud llawer o gamgymeriadau gramadegol. Ar y cyfan mae'r defnydd o dreigladau yn gywir.

Catrin Penygelli: Mae'r darn yn mynegi barn am ailgylchu ac yn trafod yn dda. Prin yw'r camgymeriadau gramadegol yn y darn a phrin yw'r camdreiglo. Mae hi'n defnyddio amrywiaeth o gystrawennau.

Rhoddaf y wobr i *Catrin Penygelli*.

Adolygiad o unrhyw lyfr neu ffilm. Tua 300 o eiriau.

Lefel: Agored

....

Adolygiad o *Dan Ewyn y Don*, John Alwyn Griffiths

Mae'r llyfr hwn yn siawns i gwrdd â Ditectif Sarjant Jeff Evans unwaith eto. Dyma'r drydedd stori amdano fe, plismon sy'n dilyn ei drwyn yn gyntaf, heb ofid am y rheolau, er mwyn iddo fe ddatrys troseddau yn y dre Glan Morfa. Peidiwch â phoeni os nad ydych chi wedi darllen y storïau cynt, *Dan yr Wyneb* a *Dan Ddylanwad*, ond rwy'n siŵr byddan nhw ar eich rhestr ddarllen yn fuan.

Beth sy'n digwydd yn y stori hon? Mae Jeff wedi dod nôl i Lan Morfa ar ôl gweithio yn y pencadlys am sbel. Mae ei wraig, Jean, newydd farw ar ôl salwch hir ond does dim amser i Jeff alaru achos darganfyddir corff merch ifanc yn ardal Glan Morfa. Pwy ydy hi a phwy laddodd hi? Ar ôl ymchwiliadau, maen nhw'n gwybod ei bod hi'n butain o Lerpwl. Mae Jeff yn benderfynol o ffeindio ei lladdwr a beth ydy'r cysylltiad rhwng ei llofruddiaeth a'r ddwy lofruddiaeth eraill. Mae pethau'n arwain i Blas y Fedwen, plasty moethus sy'n perthyn i ddyn o'r Dwyrain Canol. Beth sy'n digwydd yno?

Mae Jeff yn cydweithio gyda heddwas o Lerpwl, Meira, ac mae'r berthynas rhyngddyn nhw yn rhan bwysig o'r llyfr. Mae eu stori serch yn rhedeg ochr yn ochr â'r stori dditectif sy'n gyffrous ac yn annisgwyl. Doeddwn i ddim yn dyfalu beth oedd yn digwydd nesa.

Mae'r awdur yn ysgrifennu deialog sy'n naturiol gyda chymeriadau gwir, yn enwedig Jeff a Meira, ac mae'r pryder yn datblygu trwy'r llyfr. Os ydych chi'n hoffi storïau ditectif gyda throeon annisgwyl, byddwch chi'n mwynhau'r llyfr hwn yn fawr iawn.

Dim Ffugenw

Daeth 13 ymgais i law; trafodwyd un ffilm, un gyfres deledu ac 11 llyfr.

Meilir, 'Brooklyn': Dyma adolygiad o ffilm arobryn ddiweddar. Mae *Meilir* yn rhoi cefndir yr awdur ac yn disgrifio cynnwys y ffilm Wyddelig hon yn drwyadl, gan ganolbwyntio ar ei hoff olygfa ynghyd â rhoi sylw arbennig i'r brif actores a enwebwyd ar gyfer Oscar. Aiff ymlaen wedyn i nodi rhinweddau'r ffilm gan gyfiawnhau ei hoffter ohoni. Mae wedi mwynhau'r ffilm ac mae'n llwyddo i gyfleu hynny.

Roger ap Gwynfryn, 'Y Gwyll': Mae'r adolygiad hwn yn ymwneud â'r gyfres deledu boblogaidd a llwyddiannus a ddangoswyd ar S4C, BBC2 Cymru, BBC4 a sawl sianel dramor. Mae'n manylu'n effeithiol ar natur y storïau, y lleoliadau yn Aberystwyth a'r cylch, ac yn canmol yr actorion, yn arbennig eu gallu i berfformio mewn dwy iaith. Mae'r adolygydd yn cyfleu ei frwdfrydedd yn dda.

Y Tyst, 'Cestyll yn y Cymylau' gan Mihangel Morgan: Ar ôl rhoi tipyn o gefndir yr awdur a'i weithiau eraill, cawn gip ar gynnwys y nofel a'i harddull anghyffredin. Yna daw crynodeb o arwyddocâd y llyfr yn ein cyfnod ni. Fel pob adolygydd da nid yw *Y Tyst* yn datgelu gormod ac mae elfen o ddirgelwch yn y diwedd, digon i ysgogi darllenydd yr adolygiad i ddarllen y nofel drosto'i hun.

Achan o Brynmill, 'Yr Angenfilod a'r Beirniad Llenyddol' gan J.R.R. Tolkien: Mae nodyn ar waelod yr adolygiad hwn yn datgelu bod yr adolygydd wedi darllen cyfrol Saesneg Tolkien yn yr iaith wreiddiol ac at ei gilydd yr hyn a geir yma yw crynodeb o brif bwyntiau'r llyfr. Mae wyth troednodyn yn dilyn yr adolygiad sydd, yn ei hanfod, yn draethawd academaidd digon diddorol.

Lili Dlos, 'Y Bwthyn' gan Caryl Lewis: Mae *Lili Dlos* yn rhoi amlinelliad o'r nofel, gan ddangos sut mae'r prif gymeriadau yn ymateb i'w gilydd a sut mae cywair y nofel yn newid o dro i dro. Mae hefyd yn cyfeirio at y themâu pwysicaf yn y nofel. Ar ôl mwynhau darllen y nofel, dysgodd yr adolygydd ragor amdani trwy glywed yr awdur yn trafod ei gwaith a llwydda i drosglwyddo ei phleser i ni.

Cadwr, 'Wythnos yng Nghymru Fydd' gan Islwyn Ffowc Elis: Mae'r adolygydd yn dechrau trwy osod y nofel enwog hon yn ei chyd-destun fel nofel ffug-wyddonol gan nodi ei natur arloesol. Disgrifir yn fanwl y gwahaniaethau rhwng y ddau ddyfodol a ddarlunnir yma, gan honni bod y nofel yn adlewyrchu polisïau Plaid Cymru yn y 1950au a'i bod hi, i raddau, yn propaganda dros y blaid honno.

The Yorkshire Rose, 'Tra'd yn Tir' gan Stan Jones: Yn y llyfr ffeithiol hwn cawn gip ar fywyd gwledig yn y gorffennol gyda'r adolygydd, sydd ei hun yn dod o gefndir tebyg, yn cyfleu ei fwynhad o'r disgrifiadau o ffermio cyn dyfodiad y cynorthwyon mecanyddol ac o fywyd y plant mewn rhan brydferth o sir Benfro. Mae'r bennod am yr ysgol a'r gemau poblogaidd yn dwyn atgofion hapus i'r adolygydd.

Tylluan fach, 'Just a Few More Words' gan Roger Kite: Roedd yr adolygydd wrth ei fodd gyda'r gyfrol hon sy'n trafod gwahanol agweddau ar ddigrifwch, trwy gyfrwng hanesion, sgyrsiau ac ymdrechion i ddadansoddi hiwmor. Mae'n tynnu sylw at ddiwyg y llyfr ac yn canmol y defnydd o wahanol feintiau o deip a'r ffordd y gosodir y storïau ar y dudalen. Cawn ein gwahodd i fwynhau llyfr anghyffredin.

Angharad Lewis, 'Hunangofiant Zonia Bowen': Ar y cyfan, yr hyn a wneir yma yw disgrifio cynnwys y llyfr, heb fynegi barn amdano. Mae'n amlwg mai'r agwedd ar fywyd Zonia Bowen sydd yn denu edmygedd yr adolygydd yw'r frwydr i sefydlu Merched y Wawr ac ymddiswyddiad Zonia Bowen o'r mudiad yn ddiweddarach ar ôl iddi 'gyhoeddi ei hochr' yn yr 'anghydfod'.

Pennard, 'O! tyn y gorchudd' gan Angharad Price: Mae'r adolygydd yn defnyddio'r term 'hunangofiant dychmygol' i ddisgrifio'r nofel hon ond yn gofyn tua diwedd yr adolygiad 'ai ffuglen neu ffaith' yw'r llyfr. Mae'n canmol cryfder y portreadau o aelodau'r teulu sy'n ganolog i'r llyfr ac yn dweud bod dawn ddisgrifiadol yr awdur yn gwneud y wlad o'u cwmpas yn gymeriad hefyd.

Brochwel, 'O! tyn y gorchudd' gan Angharad Price: Ym marn yr adolygydd hwn mae'r nofel hon yn berffaith, yn afaelgar, yn deimladwy ac yn hardd. Stori wir sydd yma, meddai, ond gydag elfennau dychmygol ac mae'n canmol y disgrifiadau o'r bywyd beunyddiol yng nghefn gwlad. Yn ddiddorol iawn, mae'n cloi'r adolygiad trwy ddweud bod y nofel yn un anodd i ddysgwr ei darllen.

Dim Ffugenw, 'Dan Ewyn y Don' gan John Alwyn Griffiths: Dyma adolygiad sy'n llawn brwdfrydedd. Dywed yr adolygydd mai dyma'r drydedd stori am y Ditectif Sarjant Jeff Evans ac er nad oes rhaid i chi fod wedi darllen y ddwy nofel gyntaf, byddwch chi'n mynnu eu cael ar ôl darllen hon! Mae yma stori ddirgelwch a stori serch, deialog naturiol a chymeriadau credadwy. Cyffrous yn wir.

Blodyn Tatws, 'Inc' gan Manon Steffan Ros: Doedd yr adolygydd ddim yn edrych ymlaen at ddarllen y nofel fer hon gan ei fod yn casáu tatŵs. Cafodd ei siomi ar yr ochr orau. Cafodd y stori yn un ddiddorol ac emosiynol ac ynddi gymeriadau sy'n cael eu disgrifio'n fanwl. Mae hiwmor ynddi a thristwch. A gorau oll, dyw'r stori ddim yn hir ac mae'r eirfa'n hawdd.

Profiad calonogol oedd darllen cynifer o adolygiadau difyr a diddorol. Hoffwn ddiolch i bawb a'u llongyfarch. Rhoddaf y wobr i *Dim Ffugenw*.

Gwaith grŵp neu unigol

Casgliad o ddeunydd i ddenu ymwelwyr i'ch ardal mewn unrhyw ffurf. Lefel: Agored

....

BEIRNIADAETH IFOR AP GLYN

Dyma gystadleuaeth a brofodd yn boblogaidd y llynedd gyda phump wedi cynnig arni a rhai o'r ymgeiswyr wedi manteisio ar y rhyddid i gynnwys gwaith sain yn ogystal â gair a llun yn eu cyflwyniadau.

Beth aeth o'i le eleni, tybed? Siomedig oedd yr ymateb i'r gystadleuaeth, gydag un ymgeisydd yn unig wedi mentro, *Blodau Mai*.

Blodau Mai, 'O bob lliw a llun': Cyflwyniad i ardal Borth-y-gest a gafwyd, mewn llai na 200 o eiriau, gydag wyth o luniau. Roeddwn i'n disgwyl mwy o swmp na hynny! Mae *Blodau Mai* wedi cyflwyno'r gwaith at sylw athro cyn ei anfon i'r gystadleuaeth, gan y gallwn weld ticiau coch ac ambell gywiriad, drwy'r *tippex* a oedd i fod i'w cuddio. Nid oes dim o'i le yn hynny ond trueni na fyddai *Blodau Mai* wedi cymryd mwy o sylw o awgrymiadau'r athro, yn lle chwalu'r rheini hefyd, heb gywiro'r testun.

Roedd rhai o'r lluniau'n ddigon safonol, er braidd yn fach. Rwy'n siwr y gall *Blodau Mai* gynhyrchu testun cywirach a mwy cynhwysfawr y tro nesaf er mwyn cyd-fynd â hwy. Ond, yn anffodus, nid yw'r gwaith hwn yn deilwng o'r wobr.

Atal y wobr.

Adran Dysgwyr

PARATOI DEUNYDD AR GYFER DYSGWYR

Agored i ddysgwyr a siaradwyr Cymraeg
Gwaith grŵp neu unigol

Paratoi pecyn o ddeunyddiau ar gyfer rhieni i ddysgu Cymraeg gyda'u plant. I'w gyflwyno i'r Endid

BEIRNIADAETH ANGHARAD DEVONALD

Daeth dwy ymgais i law. Mae ôl gwaith meddwl, cynllunio a chreu mawr ar waith y ddau, a rhaid canmol yr ymgeiswyr am safon uchel y gwaith.

Berea: Cyfuniad o gêm fwrdd antur a gêm iaith i annog plant a rhieni fel ei gilydd i ddefnyddio ac ymarfer eu Cymraeg. Gêm ddeniadol a lliwgar, a oedd hefyd yn cynnig cyfle i ddatblygu'r gêm drwy greu rhanbarthau eraill i'w hychwanegu at y bwrdd. Roedd dyluniad lliwgar a deniadol y bwrdd yn apelio a'r dyluniad ei hun yn cynnig amrywiaeth eang o anturiaethau. Roedd y cyfarwyddiadau yn eglur ac yn syml i'w dilyn ac roedd ychwanegu'r eirfa a'r patrymau defnyddiol at y pecyn yn ystyrlon ac yn ateb gofynion y brîff i'r dim.

Sali Mali: Gêm sillafu llawn hwyl gyda thimau yn cystadlu yn erbyn ei gilydd ac yn erbyn y cloc i sillafu geiriau Cymraeg a chasglu pwyntiau. Unwaith eto dyluniad lliwgar a deniadol, a gellir gwneud defnydd o'r gêm yn y cartref ac mewn dosbarthiadau i blant ac oedolion. Roedd yr ymgeiswyr wedi ystyried sut i ddatblygu'r gêm ymhellach, ac roedd y cyfarwyddiadau yn eglur, er bod mân wallau sillafu yma ac acw. Efallai y gellid ychwanegu cardiau to bach at y pecyn er mwyn sicrhau cywirdeb sillafu, ac o bosib sicrhau bod timau yn cadw at un lliw yn ystod y gêm gyda'r bwrdd yn adlewyrchu hynny.

Rhoddaf y wobr i *Berea*.

Adran Cerddoriaeth

Tlws y Cerddor

Pedair cân i gyfeiliant piano i lais isel. Geiriau Cymraeg gan fardd cyfoes

....

BEIRNIADAETH JEFFREY HOWARD AC OSIAN LLŶR ROWLANDS

Hoffai'r ddau ohonom ddiolch i'r Eisteddfod Genedlaethol am ein gwahodd i feirniadu cystadleuaeth Tlws y Cerddor yn Eisteddfod Sir Fynwy a'r Cyffiniau 2016.

Y dasg a wynebai'r cyfansoddwyr eleni oedd cyfansoddi pedair cân i gyfeiliant piano i lais isel. Teimlai'r ddau ohonom, felly, yn gartrefol iawn yn y *genre* hwn. Daeth chwe ymgais i law gydag amrywiol arddulliau ac amrywiol safon a phob cyfansoddwr yn llwyddo i gyflwyno syniadau diddorol gan arddangos dawn greadigol.

Roedd gan y cyfansoddwyr rwydd hynt i ddewis eu geiriau eu hunain ar gyfer eu gwaith, a chafwyd amrywiaeth o ddewisiadau: rhai yn dewis gwaith gan un bardd, eraill yn cyflwyno gwaith amrywiol feirdd, a chafwyd un gwaith lle mai'r cyfansoddwr oedd awdur y geiriau yn ogystal â'r gerddoriaeth.

Hoffwn ddweud gair byr am bob un o'r cystadleuwyr (heb fod mewn unrhyw drefn benodol).

Gosodwyd pedwar ymgeisydd yn yr Ail Ddosbarth.

Un o fy mrodur [*sic*] *i*: Cyflwynwyd pedair cerdd: 'Calon' (Linda Griffiths); 'Y Barcut Coch' (Dafydd Wyn Jones); 'Maldwyn (dal dy dir)'(Dafydd Wyn Jones); a 'Dafydd Wyn yn 90 oed' (Hedd Bleddyn).

Pedair cân i faswr a gawsom yma a theimlem fod gan bob un o'r caneuon le i ddatblygu ymhellach. Roedd yna dinc sioe gerdd i'r caneuon gydag alawon canadwy iawn, ond teimlem fod y gwahaniaeth yn yr arddull rhwng pob cân yn gwneud y cyfanwaith ychydig yn wan a hoffem fod wedi gweld mwy o strwythur i'r gwaith.

Roedd lle i ddatblygu'r cyfeiliant yn y gân gyntaf a allai ychwanegu at rym gwladgarol y geiriau, ac roedd rhai gwallau yn yr ysgrifennu rhythmig, er enghraifft gellir rhoi tripled yn hytrach na dau gwafer a dot a chwafer (bar 7). Efallai y collwyd cyfle i gyfleu gosgeiddrwydd y barcut coch yn yr ail gân, er y llwyddwyd i gyfleu'r frwydr rhwng dyn a natur. Y drydedd gân oedd y gryfaf yn ein barn ni, ble clodforir sir Drefaldwyn ond efallai y gellid ailedrych ar y linc rhwng y ddwy adran yn y gân hon, ac efallai ailedrych ar y diweddglo eto. Braidd yn bytiog oedd y bedwaredd gân sy'n canmol bywyd Dafydd Wyn ar achlysur ei ben-blwydd.

Y Cadno Coch, 'Murmuron'(Menna Elfyn): Yn ei nodiadau, mae'r cyfansoddwr yn cynnig y sylwadau a ganlyn: 'yn gerddorol, y llinell leisiol yn fwriadol syml, heb addurniadau, fel bod yr harddwch barddonol tawel o'r iaith Gymraeg yn disgleirio'.

Ymgais minimalistig a geir yma i fariton, ond roedd diffyg strwythur i'r cyfanwaith a nifer o wallau megis brawddegau hir iawn i'r cantor, rhai newidiadau amser cymhleth i'w deall, er enghraifft bar 2/4 + 1/8 yn hytrach na 5/8 a fyddai'n llawer cliriach i'w ddeall. Teimlem fod y gwaith hwn dan ddylanwad rhaglen gyfansoddi gyfrifiadurol. Ond, cyflwynwyd syniadau diddorol, er braidd yn bytiog, a theimlem fod lle yma i ddatblygu ymhellach ar y syniadau a gyflwynir.

Le Quattro Stagioni, 'Tymhorau'r Galon': Dyma gyfansoddwr a oedd hefyd yn gyfrifol am gyfansoddi'r geiriau a rhaid llongyfarch y cyfansoddwr am hyn. Teimlem fod yma gyfansoddwr â photensial mawr a chyflwynwyd nifer o syniadau diddorol i'r bas-bariton ond efallai bod lle i'w ddatblygu ymhellach.

Roedd y gân gyntaf, 'Gwanwyn', yn llwyddiannus iawn gyda'r hapusrwydd ar ôl gaeaf anodd a'r ŵyn yn prancio a'r blodau'n blaguro, er efallai bod y cyfeiliant ychydig yn hirwyntog ar adegau a gellid osgoi dyblu rhan y llais yn llaw dde'r cyfeiliant. Llwyddwyd i ddarlunio ystyr y geiriau yn llwyddiannus yn yr ail gân, 'Haf', ac mae'r manylder yn rhan y cyfeiliant i'w ganmol yn fawr: mae'n amlwg bod y cyfansoddwr hwn yn deall holl dechnegau'r piano. Teimlem fod y drydedd gân, 'Hydref', ychydig yn wan a bod yma le yn sicr i'w ddatblygu. Er y cyflewyd unigrwydd yr hydref, efallai bod y cyfansoddwr angen ymestyn ei syniadau ymhellach yma. Hoffem y modd yr oedd yn cyfleu sŵn y tywydd yn y gân olaf, 'Gaeaf', a hoffem y modd yr adeiladwyd tuag at uchafbwynt y diweddglo. Er y cyflwynwyd nifer o syniadau a themâu diddorol yn y cyfanwaith hwn, roeddent ychydig yn bytiog, ond dyma waith gyda llawer o addewid.

Yn ein barn ni, roedd tri chyfansoddwr mewn dosbarth uwch a dau yn sicr yn rhagori gan gyflwyno gwaith llawer mwy creadigol na gweddill y cystadleuwyr.

Aberwennol, 'Y Tymhorau': Dyma gylch o ganeuon i alto/ contralto (ar awgrym Wikipedia am ystod y llais yn ôl y cyfansoddwr yn ei nodiadau) y gellir eu perfformio fel cyfanwaith di-dor, neu fel pedair cân unigol. Cyflwynir geiriau y Prifardd Mererid Hopwood, 'Y Tymhorau', mewn pedwar symudiad. Mae'r cyfeiliant yn ddiddorol iawn ac yn amlwg mae'r cyfansoddwr yn gwybod yn iawn sut i ysgrifennu ar gyfer yr offeryn hwn. Efallai bod modd symlach o gyflwyno'r ysgrifennu ar adegau. Ceir cyfarwyddiadau manwl iawn gan y cyfansoddwr i'r perfformwyr a rhaid canmol hyn yn fawr.

Llwyddir i gyfleu'r ddrama a'r cyffro yn llwyddiannus iawn yn y gân gyntaf, 'Gwanwyn', gyda defnydd effeithiol ac amrywiol o rythmau.

Ceir brawddegau hir iawn yn yr ail gân, 'Haf', sydd efallai yn gofyn gormod gan y cantor yn anffodus oherwydd y marc *tempo*, a fyddai yn torri ar lif naturiol y frawddeg gerddorol; trueni mawr am hyn.

Roedd y drydedd gân, 'Hydref', yn llwyddiannus iawn a'r ddawns ar ffurf walts yn rhoi'r rhyddid i'r perfformwyr (yng ngeiriau'r cyfansoddwr) 'fwynhau patrwm y ddawns' a chyfleu neges y geiriau fod bywyd yn parhau drwy'r hydref.

Ceir diweddglo llwyddiannus iawn i'r gwaith gyda'r gân olaf, 'Gaeaf', a thema ailadroddus y 'clic, clic, clic' yn effeithiol iawn. Ceir ysgrifennu dramatig drwy'r gân.

Sarian, 'Gwanwyn, Haf, Hydref, Gaeaf': Yn gyntaf rhaid canmol y cyfansoddwr hwn am gyflwyno gwaith yn ysgrifenedig. Cyflwynir y gwaith yn daclus iawn ac yn amlwg mae'r cyfansoddwr hwn yn gwybod yn union beth y mae am ei gyflawni drwy'r cyfanwaith. Pedair cân i alto/ contralto a geir yma, unwaith eto ar eiriau y Prifardd Mererid Hopwood, 'Y Tymhorau'. Mae'r briodas rhwng y geiriau a'r gerddoriaeth i'w chanmol yn fawr. Ceir rhan piano diddorol a chlyfar, a'r sylw craffus i bob manylyn yn ardderchog.

Mae'r gân gyntaf yn llawn drama a'r ysgrifennu rhythmig yn llwyddiannus wrth gyfleu cyffro fod y gwanwyn wedi cyrraedd.

Mae hyfrydwch yr haf yn llifo yn rhwydd iawn yn hanner cyntaf yr ail gân, a'r gwahaniaeth yn yr ail hanner lle y cyfleir trachwant pobl yn effeithiol iawn a defnydd syml ond effeithiol o acenion (*marcato*); weithiau mae ambell farc syml fel hyn yn gallu bod yn llawer mwy effeithiol na gorgymhlethu rhythmau neu newid amseriad bob yn ail far.

Dawns yr hydref a gawn yn y drydedd gân, ac mae'r gân olaf yn llawn drama, a hoffem yn fawr y modd yr oedd yr elfennau rhythmig yn newid rhwng rhan y piano a'r llais. Mae yma ysgrifennu clyfar ac aeddfed iawn: dyma gyfanwaith llawn dychymyg sydd yn llawn haeddu perfformiad cyhoeddus.

Deryn y Felys Gainc, 'Eos un noson': Pedair cerdd gan Llŷr Gwyn Lewis o'r gyfrol *Storm ar Wyneb yr Haul* i fariton-bas a gyflwynir yma a dyma gopi o safon broffesiynol sydd yn barod i'w gyhoeddi. Yn glyfar iawn, mae'r pedair cân wedi eu cysylltu i greu cadwyn o ganeuon a dyma eto gyfansoddwr aeddfed iawn sydd yn gwybod yn union beth y mae am i'r perfformwyr ei gyflwyno i'r gynulleidfa.

Mae'r pedwar symudiad wedi eu gosod mewn arddulliau moddol gwahanol, er enghraifft y gân gyntaf yn G Dorian, y drydedd gân yn G Lydian – a'r cyfan am resymau penodol, nid dim ond i geisio creu argraff ar y beirniaid! Ceir disgrifiad manwl i esbonio hyn ar ddechrau pob symudiad, yn ogystal â chyfeirio at y motiff ar gyfer y symudiad penodol, er enghraifft cainc yr eos yn y gân gyntaf, 'Eos un noson', sianti fôr yn yr ail gân, 'Rhagolygon y llongau', ac efelychu ceinciau'r eos yn y gân olaf, 'Philomela'. Mae'r cyfarwyddyd hwn yn dangos yn glir i ni y meddwl sydd wrth wraidd y cyfansoddiad cyffrous hwn.

Mae'r gân gyntaf a thema cainc yr eos yn canu tra'n ailymweld â chariad yn effeithiol iawn. Mae'r cyfeiliant yn hynod o fanwl a phob manylyn yn ei le. Ceir defnydd effeithiol iawn o ddynameg sy'n adeiladu at yr uchafbwynt yn soffistigedig iawn cyn tynnu'n ôl ar ddiwedd y gân.

Sianti fôr a geir yn yr ail symudiad, a harmonïau jazzaidd yn rhan y piano tra'n gwrando ar ragolygon y tywydd ar y radio. Mwynhaon ni'r symudiad hwn yn fawr iawn er efallai bod gorddefnydd o acenion ar adegau yn rhan y llais.

Mae'r drydedd gân, 'Mynd am dro', yn sôn am gariadon yn mynd am dro ac yn cyfeirio at gymeriad Olwen o'r Mabinogi, a cheir elfen o *plainsong* effeithiol iawn i'r llais yn y symudiad hwn gyda'r ailadrodd yn llwyddo i ymestyn y daith yn glyfar iawn.

Mae'r gân olaf yn dod â ni yn ôl at yr eos drwy Philomela, cymeriad chwedlonol Groegaidd di-lais, a dyma ysgrifennu llawn dychymyg yn agor yn hiraethus â thristwch cyn i ni glywed galwad yr eos sy'n cloi'r cyfanwaith.

Ceir cyfeiliant diddorol iawn, a'r cyfarwyddiadau manwl i'r cyfeilydd yn glir iawn. Ceir strwythur cadarn i bob symudiad ac mae gofyn i'r cyfeilydd a'r cantor gydweithio i gyflwyno perfformiad llwyddiannus o'r gwaith hwn. Mae'n amlwg fod y cyfansoddwr hwn nid yn unig yn feistr ar y piano ond hefyd yn deall yn iawn sut i gyfansoddi ar gyfer y llais ac wedi meddwl yn fanwl am y cyfanwaith gyda defnydd effeithiol o themâu cryf a strwythur cadarn. Dyma bedair cân sydd yn creu cyfanwaith sy'n arddangos iaith gerddorol y cyfansoddwr ei hun.

Mae hi'n agos iawn rhwng *Sarian* a *Deryn y Felys Gainc*, ond mae'r ddau ohonom yn hollol gytûn fod *Deryn y Felys Gainc* yn llawn haeddu Tlws y Cerddor eleni.

Emyn-dôn i eiriau Tecwyn Owen

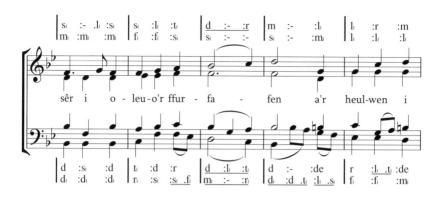

sêr i o - leu-o'r ffur-fa - fen a'r heul-wen i

lon - ni fy nydd;___ bu bron im ang - ho-fio dweud,

"Di - olch" am ffrind-iau i gyn - nal fy ffydd.

Y Dyffryn

Bu bron im anghofio dweud, "Diolch!"
    am wanwyn ac awel mor braf,
am lygad y dydd ar y dolydd,
    a'r lliwiau ar iâr fach yr haf,
am sêr i oleuo'r ffurfafen
    a'r heulwen i lonni fy nydd;
bu bron im anghofio dweud, "Diolch!"
    am ffrindiau i gynnal fy ffydd.

Bu bron im anghofio dweud, "Diolch!"
    mewn gaeaf a'i hen wyntoedd croes,
am gysgod mewn stormydd mor erwin
    a lloches yng nghysgod y Groes;
a phan fo'r ddynoliaeth yn drysu
    mewn rhyfel, casineb a brad,
fe ganaf a diolchaf bryd hynny
    fod Iesu yn Dduw ac yn Dad.

Bu bron im anghofio dweud, "Diolch!"
    am gartref a theulu mor driw,
am gwmni i rannu pryderon
    pan deimlaf y baich ar y rhiw;
a diolch a wnaf i'r Creawdwr,
    am iddo yng nghanol ei drefn,
fy nghynnwys - a minnau mor egwan;
    diolchaf drachefn a thrachefn.

Tecwyn Owen

Denodd y gystadleuaeth hon 24 tôn eleni – nifer cymharol isel. Anwastad oedd y safon ar y cyfan, gyda diffyg ymwybyddiaeth o egwyddorion cynghanedd gerddorol yn broblem gyffredin.

Yn ogystal ag ysbrydoliaeth wrth ymateb i eiriau emyn, mae angen crefft ar yr un sy'n creu. Anogaf bob cystadleuydd i fynd ati i astudio a dadansoddi emyn-donau pedwar llais y meistri, a pha le gwell i ddechrau na chyda Johann Sebastian Bach? Buddsoddwch yng nghyfrol y *Chorales* (golygwyd gan Albert Riemenschneider), a sylwch ar sut mae'r rhannau lleisiol yn symud, y berthynas rhwng pob llais, a sut mae trin cord yr ail wrthdro *(second inversion)* yn gelfydd.

Teimlaf fod y tonau yn rhannu'n dri dosbarth.

Dosbarth 3
Yn y dosbarth hwn rydw i'n gosod *Alfie, Cerrig Gleision, Dyfan Soddwr, Gwynfael* a *Wiwer*. Dyma gyfansoddwyr lleiaf profiadol y gystadleuaeth. Mae angen iddynt ddatblygu eu gallu i harmoneiddio'n effeithiol, a hefyd ymdrechu i ysgrifennu rhannau idiomatig i bob llais. A ydych chi, fel y cyfansoddwr, yn medru canu pob rhan yn ddidrafferth? Os na, ewch yn ôl i ailweithio'r rhan yna.

Dosbarth 2
Jac y Do: Nid diffyg dychymyg yw'r broblem yn y gwaith hwn, ond yn hytrach ddiffyg datblygiad a thyfiant cerddorol naturiol. Mae cyffyrddiadau lliwgar yn ymddangos yma a thraw, ond nid yw'r trawsgyweirio sydyn ar ddechrau ail hanner y dôn yn gweithio i mi. Byddai'n syniad diwygio'r diweddglo i sicrhau rhannau cyfforddus i bob llais.

Nantmadog: Mae i'r gosodiad unsain a phiano hwn dinc gwerinol, sydd ar adegau'n agosáu at fyd sain Cerdd Dant. Byddai'r darn yn siwtio plant ysgolion cynradd i'r dim, gyda'i alaw syml a chofiadwy. Syniad da fyddai trawsnodi'r dôn i lawr i F fwyaf i hwyluso'r perfformio.

Alan: Dewisodd y cyfansoddwr hwn arddull wahanol iawn i weddill y cystadleuwyr. Mae dylanwad cerddoriaeth *music hall* neu *vaudeville* yn drwm ar y dôn chwareus hon. Er ei bod hi'n alaw gofiadwy, ni theimlaf ei bod hi'n gweddu i'r geiriau, nac ychwaith yn addas ar gyfer canu cynulleidfaol, gyda rhannau mewnol lletchwith ar adegau (barrau 10-11 yn y pennill). Mae angen llithrennau yma ac acw; nid yw bwriad y cyfansoddwr bob amser yn gwbl glir (barrau 4, 8 a 12, er enghraifft).

Y Troellwr: Dyma gerddor llawn syniadau lliwgar, ond sydd ddim wedi llwyddo yn y dôn hon i greu llinellau canadwy. Mae sawl dilyniant o gordiau hardd, ond mae'r rhannau mewnol yn anodd i'w canu. Mae angen gofal wrth drin y trydydd mewn cord: cawsom broblemau ym marrau 11, 14-15 ac 18.

Penbryn: Mae'r ysgrifennu yma'n hyderus, ac ar adegau yn effeithiol. Teimlaf, fodd bynnag, fod y gosodiad yn un corawl iawn, ac yn rhy heriol i gynulleidfa gyffredin. Rydw i o blaid arbrofi, ond rydw i'n gweld barrau 3-4 i'r alto, a barrau 9-10 i'r pedwar llais, yn anodd i'w canu'n lân. Mae'r diweddglo yn hyfryd, felly byddai'n werth mireinio'r dôn hon.

Wali Thomas: Dyma dôn fywiog sy'n adlewyrchu rhythm a rhediad geiriau'r emynydd. Mae'r alaw yn datblygu'n naturiol ac yn cyrraedd ei huchafbwynt yn effeithiol. Yr her i'r cystadleuydd hwn yw codi safon yr ysgrifennu lleisiol, er mwyn creu rhannau sy'n gorwedd ac yn cydsymud yn well. Mae rhan y tenor ym mar 7 a barrau 11-13, er enghraifft, yn anodd i'w ganu.

Helen: Rhinweddau'r dôn hon yw ei naws obeithiol a chynnes, a'r ffordd y mae'n gweddu i'r geiriau. Rydw i hefyd yn hoffi'r trawsgyweiriad ym marrau 7-8. Mae yma rai gwendidau technegol: mae angen gwaith ar far 5 i drwsio'r cyfyngau cyfochrog (byddai'n syniad peidio â dechrau'r bar hwn gyda chord yr ail wrthdro), ac mae rhan y bas yn dioddef o fod yn statig ar adegau (barrau 1-2, 12-13).

Deiniol: Alaw hyfryd sy'n gweddu i eiriau'r emyn, ac sy'n datblygu'n naturiol at ei huchafbwynt. Y broblem gyda'r gosodiad hwn yw'r rhannau mewnol, sydd, ar adegau, yn anodd i'w canu: er enghraifft, mae'r tenor â rhan drafferthus rhwng barrau 10-11. Byddai'n syniad osgoi'r ailadrodd harmonig o ddiwedd bar 14 i mewn i 15.

Cofiais: Agoriad effeithiol sydd i'r dôn 'Diolchaf', cerddoriaeth sy'n atgoffa dyn o'r clasur, 'Penlan', o waith David Jenkins (1848-1915). Yn anffodus, wedi'r llinell gyntaf, mae gorddibyniaeth ar gord yr ail wrthdro yn gwanhau'r gynghanedd. Hoffais yr ymdrech i ddychwelyd i'r cyweirnod gwreiddiol yn yr ail hanner, ond mae problem gydag ail gord barrau 19 a 23, sy'n swnio fel camgymeriad.

Sabrina: Teimlaf fod yma rywun ar ddechrau'r daith greadigol. Mae rhinweddau amlwg yn perthyn i'r alaw, sy'n llifo ac yn datblygu'n naturiol o ran yr harmoni. Wedi pennill i lais (neu leisiau) unsain a phiano, mae côr SATB yn ymuno. Ac yma, yn yr ysgrifennu lleisiol, mae problemau technegol a gramadegol yn ymddangos.

Dosbarth 1

Wil Ned 1 a *Wil Ned 2*: Dau fersiwn o'r un dôn sydd yma: un i bedwar llais (SATB), a'r llall i leisiau uchel a phiano. Mae'r fersiwn cyntaf â rhannau lleisiol heriol i gynulleidfa o ran y cyfyngau a'r rhythmau, ond byddai unrhyw gôr yn medru ymdopi â'r gofynion cerddorol. Yn yr ail fersiwn, wedi'r dechrau unsain mae'r rhannau yn agor allan i bedwar llais uchel, ond anodd yw gwybod o'r sgôr pwy sydd i ganu beth. Mae hyn yn drueni mawr, achos hon oedd un o donau cryfaf a hyfrytaf y gystadleuaeth.

Gwern: Mae'n rhaid cyfaddef fy mod yn cydymdeimlo â *Gwern*. Dyma gerddor sydd yn amlwg yn deall y grefft o ysgrifennu ar gyfer lleisiau. Ond yn y dôn 'Ceirios' mae'r chwilio am harmonïau newydd a ffres wedi mynd yn drech na'r cyfansoddwr. Wedi agoriad cryf â chynghanedd swynol ym marrau 10-15, mae'r gorgymhlethu harmonig rhwng barrau 18-23 yn creu ansefydlogrwydd strwythurol. Mae'r diweddglo'n gryf, felly byddai'n werth ailfeddwl yr adran ganol.

Traed Moch: Dyma osodiad i lais (neu leisiau unsain) a phiano a fyddai'n gweithio'n dda fel unawd i blant, neu fel darn i gôr ifanc. Mae'r alaw yn hardd ac yn gweddu i'r geiriau. Byddai'n syniad cadw'r cyfeiliant i gwaferi yn y pennill olaf.

Ty'n y Ffynnon: Mae'r dôn 'Alwen' yn agor yn addawol, gyda'r alaw a'r gynghanedd yn llifo'n ystwyth. Gwendid y gwaith yw'r driniaeth o gordiau, a'r trydydd ynddyn nhw yn benodol (bar 5 yw'r man gwannaf). Mae'r gerddoriaeth yn adeiladu at uchafbwynt effeithiol, felly saernïo'r grefft o harmoneiddio i bedwar llais sydd ei angen ar yr ymgeisydd hwn.

Bryngwili: Gallai'r dôn hon fod yn un ganadwy ac effeithiol pe byddai'r cyfansoddwr yn fodlon cryfhau'r adran ganol (barrau 15-20), sy'n colli ei chyfeiriad harmonig braidd. Beth am ddatblygu siapiau agoriadol y dôn yn yr adran hon? Mae angen ychwanegu llithrennau i sicrhau cywirdeb yn y canu, a byddai'n braf trwsio'r cyfyngau cyfochrog ym marrau 3-4 a 9-10. Gyda'i diweddglo afieithus, mae'r dôn hon â'r potensial i fod yn un boblogaidd.

Orcwm: Mae'r dôn 'Bryn-y-Briallu' yn agos at y brig. Mae'r alaw yn llifo'n rhwydd, gyda thrawsgyweirio effeithiol. Ar y cyfan, mae'r rhannau mewnol yn gweithio, er y byddwn i'n ailedrych ar ddechrau llinellau 2 a 3. Y cymal olaf sy'n fy nharo i'n rhyfedd, fodd bynnag, gyda nodyn uchaf y dôn ('F' yn rhan y soprano) yn ymddangos ar ail sill y gair 'diolch'.

Ehedydd: Mae'r cyfansoddwr hwn yn un medrus, ac yn deall sut mae ysgrifennu ar gyfer lleisiau. Mae hefyd yn gwybod sut mae trin cordiau er mwyn creu cynghanedd lân a chywir. Ond, yn anffodus, yn y dôn hon rydw i'n teimlo fod yr ysbrydoliaeth ar goll – mae rhyw straen yn perthyn i'r trawsgyweirio (barrau 8 ac 16), ac mae'r alaw ei hun yn dechrau colli'i ffordd ym marrau 23-24. Anogaf *Ehedydd* i gystadlu eto yn y dyfodol; mi all ddod i'r brig gyda'r doniau sydd ganddo.

Y Dyffryn: Y gair cyntaf a ddaeth i'm meddwl wrth glywed y dôn hon oedd 'soffistigedig': hynny yw, mae'r grefft yn gadarn, ond (fel y gelfyddyd orau) yn weddol gudd. Mae undod mewnol yn perthyn i'r gwaith, ac yng ngwir ystyr *multum in parvo*, mae'n llwyddo i ddweud llawer mewn amser byr. Mae'r ddyfais o ddechrau ail hanner y dôn yn y cyweirnod gwreiddiol cyn trawsgyweirio a chynyddu'r tensiwn ym marrau 20-27 yn gelfydd, ac yn adlewyrchu rhediad geiriau Tecwyn Owen i'r dim.

Nid yw'r *Rhestr Testunau* wedi gofyn yn benodol am emyn-dôn 'pedwar llais (SATB)' ers sawl blwyddyn, ac mi roedd hi'n braf derbyn tonau unsain o'r traddodiad cyfoes eleni. Ond yn Eisteddfod Genedlaethol Sir Fynwy a'r Cyffiniau, *Y Dyffryn* sy'n dod i'r brig, gydag emyn-dôn gynulleidfaol ardderchog, tôn yn y traddodiad Cymreig ac un a fydd yn ychwanegiad rhagorol at ein Caniadaeth.

Cyfansoddiad ar gyfer *ensemble jazz* neu *blues*

BEIRNIADAETH GERAINT CYNAN

Derbyniwyd tri chyfansoddiad. Amrywiol iawn oedd safon y cynnyrch a chefais rywfaint o siom na ddenodd y teitl penagored ragor o ymgeiswyr.

Taid Setho, 'Jazz Episode '16' : Gwaetha'r modd, arwynebol a naïf oedd yr idiom ysgrifennu, heb fawr o gynllun a phrin yr arddangoswyd unrhyw ddealltwriaeth o elfennau mwyaf sylfaenol *jazz* neu *blues*. Mae angen mwy o arbrofi a gwrando ar wahanol enghreifftiau o'r meysydd eang hyn, wedyn drafftio ac ailddrafftio drachefn.

Y gwcw, 'Arabella i sacsoffon alto a phiano': Idiom braf a gafael ddiogel ar alaw, harmoni a rhythm, er efallai'n geidwadol, heb yr awydd i fentro'n ormodol i diroedd *jazz/ blues*. Ymgais foddhaol ar y cyfan, ond ymddengys fwy fel darn unawdol a chyfeiliant na darn i *ensemble*. Byddai arbrofi â rhagor o offerynnau'n fuddiol a cheisiwch wthio ffiniau rhythm a harmoni.

Pen Gwyn, 'Pam Lai?': Darn a argyhoeddodd o'r cychwyn a diolch amdano. Cyflwynwyd gwaith graenus, a oedd yn dyst i grefft cyfansoddwr sy'n gyfarwydd iawn ac sy'n hyddysg ym myd *jazz*. Hoffais y dylanwadau *bebop* ac roedd amrywiaeth a her yn gwaedu drwy'r alawon, y rhythm, yr harmoni a gwead y darn. Roedd y sgorio'n gelfydd iawn ac roedd cynnwys recordiad ar ffurf cryno ddisg yn ychwanegu at gryfder y cais. Heb os, gallwn ymhelaethu ar niferus gryfderau'r darn hwn ond nid yw gwagle'n caniatáu. Fodd bynnag, diolch am eich gwaith a pharhewch i arbrofi.

Yn ddi-os, gwobrwyir *Pen Gwyn* â chlod mawr haeddiannol.

Darn ar gyfer *ensemble* taro (3-6 offeryn)

BEIRNIADAETH DEWI ELLIS JONES

Yn anffodus, dim ond un ymgais a ddaeth i law y tro hwn, sef eiddo *Shanti*. Cyflwynwyd 'Dwy Siant i dri offerynnwr taro', sy'n ddarn heriol a diddorol, mewn dau symudiad gwrthgyferbyniol.

Ysgrifennwyd y symudiad cyntaf ar gyfer cyfuniad amrywiol o offerynnau sy'n cynnwys symbalau, tam-tam, bongos, congas, pedwar drwm o draw gwahanol, a phedwar *timpani* o draw amhenodol. Cyflwynwyd y sgôr mewn nodiant llaw. Er bod yr ysgrifen yn daclus iawn, ceir ambell broblem mewn eglurder yn rhai o'r rhannau, a dylid cyflwyno gwaith o'r math ar raglen nodiant, fel y byddech yn ei ddisgwyl petaech yn prynu copi o'r gerddoriaeth.

Ceir yma symudiad cyntaf cyffrous a rhythmig sy'n gwneud defnydd llawn o'r offerynnau a thechnegau arbennig. Gwneir defnydd da o ddynameg a lliw drwy'r symudiad. Cwestiynaf nodi traw penodol ar gyfer y drymiau a'r *timpani* pan nad yw'r cyfansoddwr yn dymuno hyn. Mae hyn yn ei wneud yn anodd i'w ddarllen. Dylid defnyddio gwacter yr erwydd ar gyfer pob drwm/ *timpano*. Hefyd dylai rhan y tom-toms fod mewn *drum clef.* Mae'n amlwg fod gan y cyfansoddwr ddealltwriaeth glir o dechnegau posibl ar bob offeryn.

Yn yr ail symudiad ceir darn effeithiol ar gyfer tri marimba. Eto, mae *Shanti* yn dangos dealltwriaeth glir o'r offerynnau. Gwneir defnydd da o fynediadau i adeiladu cordiau diddorol a gwead. Yma, eto, ceir rhai problemau gydag eglurder y nodiant (megis barrau 38-44). Byddai'n llawer cliriach i'w ddarllen petai *Shanti* wedi defnyddio'r erwydd top ar gyfer y nodiant ym mhob rhan marimba, yn hytrach na rhannu'r nodau rhwng dau erwydd. Mae'n amlwg i'r perfformiwr pa law i'w defnyddio mewn ffigur tebyg. Fodd bynnag, gwelir defnydd cywir o ddau erwydd mewn mannau eraill (er enghraifft, bar 34) ble mae hyn o help i'r chwaraewr.

Rhoddaf y wobr i *Shanti*.

Darn i ddeuawd offerynnol

BEIRNIADAETH WYN PEARSON

Cafwyd wyth ymgeisydd yn y gystadleuaeth. Roedd y cyflwyniadau o safon amrywiol gydag un enillydd clir. Y brif broblem y deuthum ar ei thraws gyda nifer o'r darnau oedd fod y cystadleuwyr wedi cwympo i'r fagl o gyfansoddi unawd gyda chyfeiliant yn hytrach na 'deuawd offerynnol' wironeddol. Byddwn yn argymell yn daer i gyfansoddwyr, yn enwedig wrth ymgeisio mewn cystadleuaeth, i fod yn hollol glir gyda'u cyfarwyddiadau. Er nad yw'n ofynnol, canmolaf y cystadleuwyr a aeth ati i ddarparu recordiad o'u gwaith.

Dancing Dolphin, 'Aeolus': Deuawd i ddwy delyn. Darn syml o ran harmoni ac alaw sydd, yn fy marn i, â'i gwreiddiau mewn cerddoriaeth werin. Gwna'r cyfansoddwr ddefnydd da o amseriad y bar a dynameg. Roedd y pontio i 6/8 yn arbennig o effeithiol, yn fy marn i. Serch hynny, teimlais yr angen i'r gerddoriaeth fod yn fwy anturus gyda'r harmoni, ac yn donyddol byddai newid cywair wedi bod o fudd: yn wir, nid yw'r darn yn cynnwys un nodyn hapnod. Efallai bod hyn oherwydd y cyfyngiadau offerynnol a oedd ar gael i'r cyfansoddwr.

Faust, 'Preliwd i sacsoffon alto a bariton': Mae'r cyfansoddiad yn agor gyda thema gref, sy'n defnyddio trawsgyweirio ac sy'n datblygu o'r dechreuad. Mae'r darn yn arddangos cydadweithio diddorol rhwng yr offerynnau ac mae'n gryf o ran dynameg. Mae'r cyflwyno rhythmau croes yn dra effeithiol. Teimlaf fod peth o'r brawddegu ar adegau ychydig yn anghyfforddus, ond mae gan y cyfansoddwr reolaeth gliriach dros ffurf y darn, ac ar y cyfan dyma ymdrech dda.

Madog, 'Swildod yr Awel': Darn i obo a phiano, lle mae'r cyfansoddwr wedi ysgrifennu alaw hardd i'r obo. Mae'r darn yn bleser harmonïol i'r glust, yn cynnwys trawsgyweiriadau effeithiol, ac yn gyflawn o ran dynameg. Teimlaf fod y cyfansoddwr yn gartrefol iawn gyda chyfeiliant piano, oherwydd yma fe geir sgorio crefftus ar gyfer y piano. Serch hynny, mae'r darn wedi'i ysgrifennu ar gyfer unawdydd obo gyda chyfeiliant piano, ac mae'n rhoi'r argraff o drefniant o gân, yn hytrach na deuawd offerynnol.

Ianto, 'Myfyrdod': Darn i glarinet a phiano. Mae'r darn yn agor gydag alaw swynol, sy'n adlewyrchu'r teitl. Ceir arddangosiad clir o grefft a sgil y cyfansoddwr o fewn y cyfansoddi i'r clarinet a'r piano ill dau, a chyfeiriaf yn arbennig at addurniadau'r alaw. Fel gyda rhai o'r cystadleuwyr eraill, mae'r darn hwn yn teimlo fwy fel unawd gyda chyfeiliant, er mai gyda'r piano y mae'r brif thema tuag at ddiwedd y darn gyda'r clarinet yn cymryd y gyfalaw. Mae gan y darn hwn nodweddion cryf: mae'n dyner ar brydiau, ac eto'n ddramatig a thechnegol heriol ar adegau eraill. Byddwn yn hoffi'n fawr cael clywed perfformiad.

Wil, 'Â Môr o'i Amgylch': Mae'r darn hwn yn 'ddeuawd offerynnol' ym mhob ffordd, wedi'i ysgrifennu ar gyfer ffidil a bas dwbwl, sy'n gyfuniad na welwn yn aml. Mae gan y darn themâu cryf a ffurf dda, ac mae'r ysgrifennu gwrthbwyntiol yn wych ar adegau. Dengys y cyfansoddwr sgil ysgrifennu ar gyfer offerynnau llinynnol, a defnyddir nifer o ddyfeisiau a welir mewn cerddoriaeth linynnol hanesyddol. Serch hynny, byddwn wedi hoffi ychydig mwy o feddwl ymlaen yn donyddol ac yn harmonïol, ac, ar y cyfan, mae yna ymdeimlad *pastiche* i'r darn.

Zorba, 'Xylanthikos': Darn egnïol ac ergydiol i ffliwt a phiano yw hwn, gyda'i arddull a'i flas, fel yr awgryma'r teitl, yn deillio o gerddoriaeth Groeg. Mae'r cyffyrddiadau moddaidd, yr awgrymiadau o ddeugyweiriaeth a harmoni anweithredol yn effeithiol iawn yn y darn hwn ar brydiau. Hoffais yn arbennig y chwarae rhythmig rhwng y ffliwt a'r piano, a rhwng y ddwy law yn rhan y piano. Mae gan y darn syniadaeth gerddorol gref a siâp da, ond eto, darn unawdol gyda chyfeiliant piano a gafwyd gan y cyfansoddwr hwn.

Taid Setho, 'Dadl rhwng Jane a Chadwaladr': Deuawd i glarinet a soddgrwth yw hwn, wedi'i gyfansoddi gan ddefnyddio'r dechneg rhesyddiaeth 12 tôn. Am ran helaetha'r darn, roedd yn amlwg i mi fod y cyfansoddwr wedi aros o fewn rheolau cyfansoddi yr hyn a elwir yn 'gerddoriaeth rhes', ac roedd y dadansoddi yn syml. Serch hynny, mae yna rai anghysondebau mewn dewisiadau o nodau, ac rwy'n annog *Taid Setho* i wirio ei sgôr am wallau posibl (bar 28 yn rhan y clarinet, er enghraifft). Ar ôl dweud hynny, gyda cherddoriaeth 'fodern', mae gan y cyfansoddwr rwydd hynt, ac nid wyf wedi gadael i hyn ddylanwadu ar fy meirniadaeth. Mae hon yn ddeuawd effeithiol gyda llawer o wrthgyferbynnu dynamig.

Y ddau hen lanc: Mae'r cyfansoddwr wedi rhoi i ni ddeuawd ar gyfer dwy ffliwt, sy'n llawn dychymyg, yn seiliedig ar olygfa o'r opera 'Hansel a Gretel'. Mae'n ddarn sy'n ysgogi'r meddwl ac yn hudolus. Fel mewn unrhyw ddarn o gerddoriaeth flaengar, lle mae'r offerynnau'n cael eu chwarae mewn modd anghonfensiynol ar adegau, mae'n hollbwysig cynnwys nodiadau perfformio. Mae hyn yn bendant yma. Cawn hefyd ddisgrifiad o olygfa gan y cyfansoddwr i'r perfformwyr gael dychmygu: paragraff a allai fod o fudd fel nodyn cefndirol mewn rhaglen i'r gwrandawr. Yr unig feirniadaeth sydd gennyf yw nad yw'r darn wedi cael teitl, sy'n gamgymeriad elfennol. Serch hynny, mae'r darn mor effeithiol, disgrifiadol ac wedi'i adeiladu'n gelfydd, fel bod yn rhaid i mi wobrwyo *Y ddau hen lanc.*

Darn ar gyfer côr ieuenctid SATB – a fyddai'n addas ar gyfer cystadleuaeth gorawl dan 25 oed. Geiriau Cymraeg gan fardd cyfoes

BEIRNIADAETH JEFFREY HOWARD

Daeth chwe ymgais i law.

Hafren, 'Golau yn Nyfnder y Nos': Gosodiad hyfryd o'r gerdd brydferth gan Les Barker. Mae'r gerddoriaeth yn crynhoi ysbryd y farddoniaeth yn dda mewn arddull gerddorol fodern a hamddenol. Weithiau, byddwn wedi hoffi gweld llai o wead pedair rhan 'clonciog' (fel ym mhennill 2 yn gyfan). Ar adegau nid oedd nodyn llais y bas yn y rhan gorawl yn cyweddu gyda'r llinell fas yn rhan y piano (nid yw hyn yn broblem os yw'r rhan lleisiol yn uwch ond yn dipyn o chwyrnad pan fo'n isel, er enghraifft barrau 58-61). Ceisiwch ymwared â'r defnydd o linellau bar dwbl ynghanol bar (bar 53 a 58) – mae'r marciau *tempo* yn ddigonol yma – rhowch y llinell bar dwbl ar ddiwedd y bar. Ceir defnydd effeithiol o'r piano drwy gydol y darn ond ceisiwch gynnal yr ymdeimlad rhythmig cyffredinol yn fwy gan ei fod yn marw ar adegau. Yn sicr dyma ddarn a allai gael ei ddewis gan gôr ieuenctid a byddai ychwanegu drymiau a gitâr fas yn mireinio'r cynhyrchiad terfynol.

Lleu, 'Blodeuwedd': Ymgais dda i liwio geiriau gyda pharch at ysbryd a chymeriad Blodeuwedd. Teimlais fod y gerddoriaeth yn rhagweladwy iawn, gydag ailadrodd aml ac yn swnio fel rhywbeth arall drwyddi draw. Byddwch yn ofalus gydag ieithwedd harmonig ffals yn enwedig wrth drafod y llon a'r lleddf yn agos at ei gilydd (barrau 29-31, er enghraifft) ac yna symud i'r cywair lleddf (bar 13) nad yw'n rhoi llawer o opsiynau i chi wedi hynny; roedd y dilyniad harmonig i mi o farrau 18-21 braidd yn 'straenllyd' o ran steil oherwydd bod angen i chi fod wedi rhoi diweddeb llywydd i'r corws ym mar 21. Teimlais fod rhoi cynifer o nodau F a G uchaf i'r soprano yn ormodol ac yn eithaf uchel i fynd yn ôl atynt o hyd. Teimlais y gallech fod wedi archwilio technegau ysgrifennu corawl eraill yn hytrach na phedair rhan SATB trwm drwy'r gân; er hynny, roedd yr ychwanegiad o'r desgant tenor yn ddiddorol. Serch hynny, mae'r adeiladwaith gyfan o'r gân ac ysbryd y cyfansoddiad yn gryf a byddwn yn eich annog i ymchwilio ymhellach i'r ieithwedd harmonig cyn ei gosod yn derfynol mewn cyfansoddiadau yn y dyfodol.

Barti Ddu, 'Poseidon – Duw y Môr': Roeddwn, yn y lle cyntaf, yn edmygu'r gwaith hwn gan i chi gyfansoddi mewn arddull nad yw'n arferol i SATB a phiano. Mae eich cryno ddisg wedi'i chreu yn grefftus ac mae'n rhaid i mi ganmol eich bod wedi canu'r pedair rhan! Serch hynny, ofnaf fod llawer o'ch cyfansoddiad mewn seinfyd a fyddai angen cyfeiliant trac cefndirol, neu gerddorfa resymol o faint i'r cyfansoddiad weithio. Wedi dweud hynny, os dyna beth fyddai ei angen, yna dyna ni – ond fe allai hyn atal rhai corau rhag ystyried ei berfformio. Mae'r gerddoriaeth yn ffilmig iawn ac er i chi ailadrodd y dilyniant cordiau o fewn yr adrannau amrywiol, nid oedd hyn yn ymddangos yn rhy ailadroddus gan i chi lwyddo i ddarganfod ffyrdd o gadw fy niddordeb drwyddi draw. Yn lleisiol, rydych wedi dynesu at y darn hwn o fan nad yw'n glasurol ac roedd gen i ddiddordeb gweld beth yr oeddech am ei wneud gyda hyn fel yr âi'r darn yn ei flaen. Golyga hyn nad oedd rhai o'ch harmonïau yn dilyn y confensiwn arferol o'r pumedau a'r trydyddau a'r nodau arweiniol – ond nid yw hyn yn bwysig yn fy marn i wrth gyfansoddi yn yr arddull hon. Roedd eich ychwanegiad o'r cord C llonnod lleiaf ym mar 93 yn glyfar fel ag yr oedd y newid yn yr acen ar y gair 'Poseidon' ym mar 98 (roeddwn ychydig yn bryderus gyda'r ffaith i chi roi sill agoriadol y gair ar guriad cynta'r bar drwy'r gân ac yn teimlo rhyddhad wrth ei glywed fel hyn ym mar 98). Da iawn chi: dylech fod yn cyfansoddi traciau sain ar gyfer dramâu teledu hanesyddol!

Deio Bach, 'Si hei lwli 'mabi': Dyma osodiad o un o fy hoff alawon gwerin Cymreig – er mai tasg y gystadleuaeth hon yw 'cyfansoddiad' ac nid 'gosodiad'. Rydych wedi didoli y côr i bedair rhan yn braf a heb ildio i adael i'r pedair rhan ganu yr un peth drwyddi draw mewn cordiau bloc. Diolch am gyfansoddi ar gyfer offerynnau eraill yn y darn yn ogystal. Beth sydd rhaid bod yn ofalus ohono yw pa mor brysur yw'r holl beth. Ambell dro, mae rhan y soddgrwth a rhan y bas yn y côr yn brwydro yn erbyn ei gilydd yn eithaf isel ac mae hyn yn creu sain 'chwyrniog' nad yw'n berthnasol i bwnc y darn. Wrth wrando ar y cryno ddisg teimlais beth rhyddhad wrth ddiweddu ar y cord olaf oherwydd ei fod yn lân ac yn gytbwys o ran balans yn y côr a rhannau'r soddgrwth. Pan fo gormod yn mynd ymlaen, fe gollir yr eglurder a chyda chân syml fel hon, symlrwydd yw'r peth hanfodol; mae hyn yn wir am yr harmonïau hefyd oherwydd weithiau defnyddiwyd rhai cordiau a oedd yn ychwanegu gormod o densiwn yn hytrach na chael ymdeimlad o hwiangerdd. Serch hynny, roedd hon yn ymgais dda o gyfansoddi ar gyfer côr SATB. Gallech ystyried gwneud y darn yn *a cappella* i leihau prysurdeb yr holl beth.

Sam, 'Suai'r gwynt yn gysglyd': Diolch am ddewis testun Nadoligaidd i osod ar gyfer côr SATB a phiano. Rhaid i ni fod yn ofalus i beidio â chyfansoddi un sill i bob un nodyn drwy'r holl gân gan fod hynny'n gwneud popeth yn donnog o arw a gall clust y gwrandawr ddiflasu'n gyflym. Rhaid i chi hefyd fod yn ofalus wrth ysgrifennu nodau dewisol ar gyfer adrannau amrywiol y côr i'w canu: er enghraifft, ym mar 7 rydych wedi gostwng y baswyr lawr ar 'Sêr i gyd' ac wedi dyblu'r alaw ddau wythfed yn is na'r sopranos. Mae hyn yn creu sain amhersain ac mae'r ysgrifennu isel i'r baswyr yn dod yn aml yn y darn (barrau 39-42 yn enwedig, ni fydd yn swnio'n braf). Mae ambell le hefyd ble nad yw'r harmoni yn rhan y côr a rhan y piano yn cyd-fynd. Yn y broses o ddysgu, fe fydd y côr yn ceisio dilyn y piano ac yn synnu pam eu bod yn anghywir. Da iawn am ymgeisio ar hwn a fy nghyngor ynglŷn â'ch prosiect SATB nesaf fyddai i symleiddio pethau ac os ydych yn ysgrifennu harmoni llinell fas, yna sicrhewch ei fod yn cytuno gyda rhan y piano ac nad yw'r alaw wedi'i hysgrifennu'n rhy isel.

Hafan, 'Yma mae 'nghalon, yma mae 'nghân': Roedd yn syniad da i rannu'r côr yn chwe rhan ac yna rannu'r adrannau ymhellach i greu deialog rhwng y lleisiau benywaidd a gwrywaidd, yn arbennig felly wrth ddisgrifio'r gwynt a'r symud cyffredinol o fewn y geiriau. Mae rhai materion i ymrafael â nhw gyda'r dilyniant harmonig yn y darn ac mae rhai o'r patrymau cordiol yn teimlo'n ormodol oherwydd eich bod yn dymuno dod ag adran i derfyn ar gord penodol: mae rhai o'r rhain yn eithaf sydyn a swta (bar 45) ac mae rhai ohonynt yn gwanhau y gerddoriaeth (barrau 41 a 42). Teimlaf y gellid cael mwy o ddiddordeb yn y curiad rhythmig yn gyffredinol yn y darn ac mae dewis 6/8 fel amseriad yn gallu peri cryn drafferth gan mai dim ond un math o batrwm 'dym-di-dym' y gellir ei greu wrth ysgrifennu yn yr arddull hon. Nid yw rhai o'r cordiau yn rhan y côr a'r piano yn cyd-fynd ac mae yma ymdeimlad efallai eich bod wedi cyfansoddi pob bar neu linell wrth i chi ddod atynt, yn hytrach nag edrych ar y darn yn ei gyfanrwydd neu'r paragraffau telynegol a cherddorol. Serch hyn, gallaf weld yr hyn yr ydych yn ymgeisio i ymgyrraedd ato ac rwy'n annog dynesu mewn modd mwy melodaidd a harmonïol at gyfansoddiad fel hyn.

Rhoddaf y wobr i *Barti Ddu*.

Cystadleuaeth i ddisgyblion 16 ac o dan 19 oed (gwaith unigol, nid cywaith)

Casgliad o ddarnau mewn unrhyw gyfrwng na chymer fwy nag wyth munud

....

BEIRNIADAETH HEULWEN DAVIES

Daeth pum ymgais i law gyda'r pump yn cyflwyno dau gyfansoddiad cyferbyniol yr un, pedwar ohonynt ar sgôr a chryno ddisg ac un ar sgôr yn unig. Maent i gyd yn gyfansoddiadau mewn arddulliau amrywiol a chefais fwynhad mawr yn eu hastudio.

Nel, 'Cerdd Dant': Gosodiad deulais o'r 'Tymhorau' gan Dewi Jones ar y gainc 'Llannefydd'. Roedd yma ymgais deg i greu cyfalawon synhwyrol a oedd yn cyfleu ystyr y geiriau a'r gwrthgyferbyniad rhwng y gwahanol dymhorau yn effeithiol. Roedd hefyd gyfarwyddiadau dynameg i gynorthwyo'r perfformiwr. Fodd bynnag, teimlwn fod cyfalawon y ddau bennill cyntaf braidd yn debyg ac yn uchel iawn o ran cwmpawd. Gellid bod wedi cael peth mwy o amrywiaeth – er enghraifft, dod i lawr ar y geiriau 'friallu dan fy nhroed'. Hoffais yr unsain ar ddechrau'r trydydd pennill ac roedd diwedd y pennill hwn yn hynod o effeithiol, 'Trwy garped dail yn goch fel gwaed'.

'Rondo yn D leiaf' i ffidil a phiano oedd ail gyfansoddiad *Nel*. Mae'r syniad agoriadol yn syml ac effeithiol, yn rhoi digon o gyfle i'w ddatblygu. Ceir yma amrywiaeth gwead a chafwyd trawsgyweiriad llwyddiannus yn Adran B. Hoffais ail Adran A yn fawr ond teimlwn y gallai rhan y ffidil fod wedi bod yn fwy mentrus yn Adran C a'r diweddglo. Collwyd cyfle i ddatblygu yma ond serch hynny, cafwyd cyfansoddiad addawol iawn.

Eflyn Haf, 'Dechrau Newydd': Darn SATB i gyfeiliant piano, trwmped, trombôn, sacsoffon, llinynnau, drymiau a gitâr fas. Cyfansoddiad penigamp sydd yn llawn cyffro a bwrlwm. Ceir yma ymdriniaeth ardderchog wrth osod geiriau a cheir ysgrifennu idiomatig ar gyfer yr offerynnau. Mae gan yr ymgeisydd hwn reolaeth ardderchog ar iaith harmonig bwrpasol a gwelir defnydd effeithiol iawn o ddyfeisiadau cyfansoddi cymhleth a thechnegau offerynnol. Darn ysgogol, dychmygus a roddodd fwynhad arbennig i mi wrth wrando arno.

Pedwarawd llinynnol mewn arddull Baróc a gafwyd yn ail gyfansoddiad *Eflyn Haf*, 'Ail Symudiad Pedwarawd y Gwyntoedd'. Yma, eto, mae'r ymgeisydd yn arddangos harmonïau cadarn pwrpasol a dyfeisiadau megis dilyniannau ac efelychiant rhwng yr offerynnau. Ceir amrywiaeth o ran gwead a datblygwyd y syniadau cerddorol yn gelfydd. Hoffais y dilyniant cylch o bumedau yn fawr iawn – yn efelychu arddull Bach a Vivaldi i'r dim. Yma cafwyd dau gyfansoddiad o'r radd flaenaf.

Yr Wyddfa, 'Pedwarawd y Buarth': Pedwarawd Llinynnol a gafwyd yma lle roedd yr adeiledd yn glir a'r ysgrifennu offerynnol yn idiomatig. Cafwyd efelychiant rhwng yr offerynnau a thrawsgyweirio celfydd. Gweithiwyd i fyny i uchafbwynt effeithiol ar ddiwedd Adran A a hoffais y cywasgiad o'r syniad gwreiddiol yn Adran B. Yn yr adran hon gwelwn lu o ddilyniannau ac efelychiant gormodol i raddau. Teimlaf, wrth i'r adran fynd yn ei blaen, fod yr ymgeisydd wedi colli'r ffordd i raddau a gresyn na fyddai wedi arbrofi mwy gyda'r gwead. Mae'n siomedig hefyd nad oedd wedi datblygu rhywfaint ar y syniadau gwreiddiol wrth ailadrodd Adran A ar y diwedd.

Darn SATB i gyfeiliant piano yw ail gyfansoddiad *Yr Wyddfa*, 'I Ble?' Roedd yma ymdrech dda iawn i ysgrifennu ar gyfer lleisiau ac roedd gosodiad y geiriau yn hynod lwyddiannus. Roedd yma hefyd gyffyrddiadau hyfryd o ran harmonïau ar ambell ddiweddeb trwy ddefnyddio gohiriadau. Er bod yma lawer o efelychiant rhwng y lleisiau, nid oeddynt yn llwyddiannus bob tro. Hoffais y newid yn y cyfeiliant yn yr adran ganol yn fawr iawn ac roedd hyn, ynghyd â'r trawsgyweirio, yn gweddu i'r newid mewn naws. Yn anffodus, roedd y gwead rhwng y lleisiau fwy neu lai yr un fath drwyddi draw gyda'r dynion yn efelychu'r merched. Teimlaf i'r ymgeisydd golli cyfle o ran hyn yn yr adran ganol ac ychydig iawn o ddatblygiad a gafwyd yn yr adran olaf. Yn wir, roedd y rhannau lleisiol a'r cyfeiliant fwy neu lai yn union yr un fath â'r agoriad. Serch hyn, dyma ymgais a'm plesiodd yn fawr.

Mostyn, 'Dawns Teiran yn G leiaf i ffliwt, pedwarawd llinynnol a thelyn': Dyma ddarn hynod o swynol. Hoffais yr offeryniaeth ac roedd yr ysgrifennu idiomatig yn llwyddiannus dros ben. Roedd yr harmonïau yn gadarn a chafwyd cyffyrddiadau hyfryd trwy ddefnyddio gohiriadau, syniadau trawsacennog a chyfalawon crefftus. Clywir efelychiant rhwng yr offerynnau ac roedd y dilyniannau yn rhan y delyn ar ddiwedd Adran A yn hynod o effeithiol. Cefais fy siomi'n fawr nad oedd unrhyw ddatblygiad yn ailadroddiad Adran A: byddai peth amrywiaeth neu hyd yn oed newid o ran y sgorio wedi bod yn rhywbeth i'w groesawu. Serch hynny, dyma ddarn o safon uchel iawn.

'Yma mae 'Nghalon, Yma mae 'Nghân' oedd ail gyfansoddiad *Mostyn*, darn SSATBB i gyfeiliant piano. Roedd yma syniadau cerddorol o ran alawon a oedd yn gweddu i'r geiriau a hoffais yr amrywiaeth o ran gwead, yn enwedig yn yr ail bennill lle caiff y baswyr gario'r alaw ar eu pennau'u hunain gyda chwmni gweddill y dynion bob yn ail frawddeg. Ni chlywir y lleisiau i gyd yn cydganu tan bar 47 – braidd yn bell i mewn i'r darn, efallai. Nid wyf yn sicr chwaith a yw'r ddolen o 'w' rhwng pob pennill yn angenrheidiol. Efallai y byddai cael y dynion i ganu 'w' yn y trydydd pennill, lle mae'r geiriau gan y merched, wedi rhoi mwy o ddatblygiad i'r darn. Fodd bynnag, mân bethau yw'r rhain mewn darn a oedd yn llwyddo i adeiladu at ddiweddglo cadarn ac effeithiol.

Ceidwad y Goleudy, 'Tiwn a Hanner i Gyrn a Phedwarawd': Dyma gyfansoddiad cyntaf yr ymgeisydd hwn. Cafwyd yma adeiledd clir a chysondeb arddull. Roedd y syniadau cerddorol wedi'u datblygu yn grefftus. Gwnaethpwyd defnydd effeithiol o ddilyniannau yn cael eu hefelychu mewn gwead antiffonaidd a oedd yn rhoi amrywiaeth diddorol i'r gwead. Mewn ambell fan roeddwn yn colli alaw y cornet gan fod yr ail gornet yn chwarae nodau uwch. Hoffwn pe bai'r ymgeisydd wedi gwneud mwy o ymdrech i amrywio'r ail ddatganiad o Adran A. Byddai newid o ran sgorio ac ambell addurniad yma a thraw wedi bod yn fwy effeithiol na mynd i fyny, neu i lawr, yr wythfed mewn ambell fan. Serch hynny, dyma gyfansoddiad a oedd yn argyhoeddi ac o safon uchel iawn.

'Bach o *Jazz* ia' oedd ail gyfansoddiad *Ceidwad y Goleudy*, sef darn i sacsoffon, pedwarawd pres a drymiau. Darn ysgogol, dychmygus a diddorol dros ben mewn arddull *jazz*. Cafwyd yma ymwybyddiaeth gref o'r arddull a rheolaeth ardderchog ar yr iaith harmonig. Darn llawn egni sydd yn arddangos medrau soffistigedig ac aeddfed iawn wrth ymdrin ag offerynnau a syniadau cerddorol. Unwaith eto, dyma gyfansoddiad o'r radd flaenaf.

Oherwydd iddo gyflwyno casgliad cytbwys o ran safon, arddangos aeddfedrwydd yn ei ddealltwriaeth o'r gwahanol gyfryngau ac am y modd y datblygodd ei syniadau gwreiddiol, dyfarnaf y wobr i *Eflyn Haf*.

Cystadleuaeth Tlws Sbardun

Cân wreiddiol ac acwstig ei naws. Mae'n rhaid i'r gerddoriaeth a'r geiriau fod yn wreiddiol, a dylid cyflwyno'r gân ar gryno ddisg neu MP3. Caniateir cywaith. Ystyrir perfformio'r gân fuddugol yn yr Eisteddfod y flwyddyn ganlynol

---

BEIRNIADAETH BRYN FÔN AC EMYR HUWS JONES

Mae hon yn gystadleuaeth newydd i'r Eisteddfod ac roedd yn braf gweld fod 11 wedi mentro cystadlu. Mae'n braf hefyd cael dweud bod safon y caneuon yn uchel ar y cyfan.

Beth sydd yn gwneud cân dda? Alaw gref gofiadwy, geiriau coeth cyhyrog, ie – ond yn fwy na dim fod y cyfuniad yn cyffwrdd pobl, fod y neges yn ysgwyd rhywun ac yn ennyn ymateb emosiynol. Dyna oedd cryfder Sbardun: gallu cyfleu naratif emosiynol cymhleth mewn cân gofiadwy, syml.

Credwn mai'r hyn a ddisgwylid gennym fel beirniaid oedd dewis cân sy'n deilwng o ennill Cystadleuaeth Tlws Sbardun yn hytrach na rhoi 'beirniadaeth' fanwl ar bob cân. Wedi'r cyfan, chwaeth bersonol sy'n penderfynu a yw rhywun yn hoffi cân ai peidio, felly ni ddylai neb ddigalonni os nad ydynt wedi plesio'r beirniaid eleni; hawdd y gallai dau feirniad arall fod wedi dewis yn hollol wahanol.

Roedd y rhan fwyaf o'r caneuon yn acwstig eu naws. Yr hyn oedd yn mynd drwy feddwl y ddau ohonom wrth gloriannu oedd, 'Be fasa' Sbard yn ei feddwl?' Roedd yn bwysig ystyried pa gân fasa' fo'n ei lecio.

Mae gan bob un o'r 11 cân ei rhinweddau ond yn amlwg roedd rhai a oedd yn apelio'n fwy atom nag eraill. Trafodir pob cân yn nhrefn eu derbyn.

Hafan, 'Pen draw'r byd': Ni chafwyd copi o'r geiriau. Cân serch swynol lle mae bachgen a merch yn dyheu am ddiflannu i'w hafan ym mhen draw'r byd. Roeddem yn teimlo ein bod yn gorfod 'chwilio' am y gân, braidd, yng nghanol y cynhyrchiad mawr.

Dai Begwn, 'Llyn y Fan Fach': Mae'r gân hon yn adrodd hanes Chwedl Llyn y Fan Fach. Teimlwn fod gormod o eiriau ar adegau, efallai, a'u bod nhw'n cael eu colli, braidd, oherwydd natur yr alaw. Y gytgan ydy rhan gryfaf y gân hon.

Eos Orwig, 'Owain Lawgoch': Dyma gân ddramatig iawn sy'n ateb gofynion y gystadleuaeth i'r dim; cân werin gyfoes ond traddodiadol ei naws yn sôn am ymgyrch Owain Lawgoch i ennill annibyniaeth i Gymru. Mae hon yn gân gref ac mae'r perfformiad ar y cryno ddisg yn un cryf iawn hefyd. Teimlwn fod hon yn gân sy'n haeddu cael ei chyhoeddi.

Pluen, 'Seithfed Ne'': Cân dawel hyfryd gyda'r geiriau a'r alaw yn gweddu i'w gilydd. Fodd bynnag, nid oeddem yn teimlo fod digon o arbenigrwydd i'r gân hon i'w chodi i'r brig.

Elan 1, 'Caerfai': Cân serch syml hyfryd sy'n enwi mannau penodol yn sir Benfro, ac yn gwneud hynny'n naturiol braf. Efallai fod yr alaw braidd yn gyfarwydd o ran trawiad a chordiau.

Elan 2, 'Dal i Ganu'r Gân': Alaw dda gofiadwy, sy'n cyfuno'n dda gyda'r geiriau. Ond, unwaith eto, nid oeddem yn teimlo bod yr elfen arbennig yno a fyddai'n ei chodi'n nes at y brig.

Verlaine, 'Cwm Ieuenctid': Ceir yma delyneg syml gyda chytgan dda lle mae'r geiriau a'r alaw yn cyfuno â'i gilydd i greu cân hyfryd. Ond er mor hyfryd y gân, teimlwn efallai nad yw hi'n ddigon nodedig na gwahanol neu newydd. Mae'r alaw a threfn y cordiau yn weddol gyfarwydd.

Nel, 'Paid â throi dy gefn': Dyma gân ddiddorol, reit *jazzy* ar adegau a oedd yn tyfu ar rywun efo pob gwrandawiad. Mae'r gân yn amserol iawn o ran neges ac yn taranu yn erbyn rhan dyn yng nghyflwr y byd. Mae hon yn gân a ddylai gael ei chyhoeddi.

Rhugor y Fuwch, 'Fy ffrind': Cân werinol, dawel lle mae'r alaw a'r geiriau yn cydweddu'n hyfryd. Mae'r gytgan yn un afaelgar iawn ond efallai fod adleisiau o alawon eraill cyfarwydd yma ar adegau. Efallai fod yr alaw yn ansicr a'r geiriau yn wan mewn mannau.

Dau Dim Dau, 'Cryfach Un': Cân gref a oedd yn taro o'r gwrandawiad cyntaf ac yn aros yn y cof. Mae dyfnder ac ôl meddwl ar y geiriau. Ceir delweddau trawiadol megis 'disgwyliadau, mewn byd bach o wifrau'. Mae hi'n gorffen braidd yn wan mewn ffordd nad yw'n gweddu rhywsut â gweddill y gân, ond y mae hon hefyd yn gân y dylid ei chyhoeddi.

Llew Blew, 'Curiad y Dydd': Roedd y gân hon hefyd yn taro o'r gwrandawiad cyntaf. Mae geiriau gwych yma ac mae'r alaw yn ychwanegu atynt yn arbennig iawn. Yr ymateb cyntaf oedd meddwl, efallai, fod y gân angen *middle* 8, mynd i rywle arall yn gerddorol. Ond o wrando eto mae'r cyfansoddwr wedi bod yn ddewr ac yn gelfydd i adael i'r alaw orwedd yn ei symlrwydd: y math o beth y byddai Alun Sbardun Huws wedi ei wneud.

Roedd pedair cân yn sefyll allan ac yn apelio atom yn fwy na'r lleill o'r cychwyn cyntaf, sef eiddo *Eos Orwig, Dau Dim Dau, Llew Blew* a *Nel*. Anodd iawn, iawn fu dewis rhwng y rhain ac mae'r pedwar cyfansoddwr yn llwyr haeddu'r Tlws a'r wobr, ond yn anffodus rhaid dewis un ac enillydd Tlws Sbardun eleni, o drwch blewyn yn unig, yw *Llew Blew*.

Adran Dawns

Cyfansoddi dawns llys. Anfonir y ddawns fuddugol i Gymdeithas Genedlaethol Dawns Werin Cymru gyda'r bwriad o'i chyhoeddi

BEIRNIADAETH MORWEL PALMER

Roedd hon yn gystadleuaeth i gyfansoddi dawns llys a disgwyliwn i'r ffigurau a'r gerddoriaeth a ddefnyddiwyd yn y cyfansoddiad ystyried naws osgeiddig, ynghyd ag agwedd ffurfiol, y llys. Hefyd dylai fod cyfle i'r dawnswyr 'arwain at y delyn'.

Deuddeg cyfansoddiad a ddaeth i law; braf iawn oedd cael cynifer yn cystadlu. Roedd yna amrywiaeth o ffurfiau, unedau a dawnswyr yn y cyfansoddiadau.

Yr Abad Llon, 'Abaty Tyndyrn': Uned hir i bedwar cwpl yn defnyddio alawon 'Hela'r Sgwarnog' a 'Môn' a oedd yn hyfryd gyda'r ddawns hon. Roedd y ddawns yn llyfn a chafwyd patrwm diddorol gyda'r llinellau croesgornel. Ond mae angen i'r cyfarwyddiadau yn Rhan 2, B2 fod yn fwy eglur. Ydy Cwpl 1 yn gwneud 5 newid neu 6 newid? Sut mae Cwpl 1 yn symud i waelod yr uned?

Y Foneddiges Lettisha, 'Llwyn Hyfryd Plas': Uned hir esgynnol fesul deubar gyda Chwpl 1 yn anghywir. Mae'r ddawns yn ddelfrydol i saith, wyth, neu naw cwpl. Yr alaw oedd 'Allemande Arglwyddes Gŵyr'. Dawns a symudiadau a oedd yn gweithio'n dda ac wedi eu gosod i alaw hyfryd. Cyfarwyddiadau yn eglur. Braf fyddai gweld naw cwpl yn gwneud y ddawns.

Bedwyr, 'Castell Tregrug, Gwent': Uned hir ddeubar, gyda Chwpl 2 yn afreolaidd, ar alaw 'Ymdaith Corwen'. Pedwar cyfarwyddyd sydd i'r ddawns hon: A1 ac A2, B1 a B2. Teimlaf fod modd defnyddio geirfa well i esbonio'r ddawns, er enghraifft: 'ar ben yr uned yn gwneud ar ben ei hun' a 'troi llaw gyda'r Menyw 2 sydd uwchben'. A fyddai ffurf y ddawns hon wedi bod yn well fel uned hir driphar?

Edward Williams, 'Llancarfan-y-Fro': Uned hir fesul deubar. Dawns syml yn ailadrodd, croesi rhwng cwpl a chefn wrth gefn, hanner ffigur wyth a chefn wrth gefn. Ydy pawb yn gwneud pob cefn wrth gefn? Nid yw'r cyfarwyddiadau yn esbonio hyn. Yr alaw yn addas a'r ddawns yn llifo'n hawdd. Tybed a fyddai hon yn ddawns addas i'r twmpath?

Bernadêt, 'Baroc y Bryn': Uned hir fesul deubar ar alaw 'Bryn Gwyn'. Dawns syml, gyda'r symudiadau yn gweithio'n effeithiol. Symudiad diddorol gan y ddwy linell yn symud a stepio, ond does dim cyfarwyddyd i esbonio sawl pâr sydd yn 'Y cyplau yn gwneud cefn gefn' yn B2.

Cudyll y Gwynt, 'Pen-blwydd yr Arglwyddes': Uned hir o bum cwpl. Awgrymwyd alaw fel pibddawns neu rîl wedi'i chanu'n llyfn, er enghraifft 'Hoffed Arglwyddes Abergenni' neu 'Daw Dydd'. Cafwyd pedair rhan i'r dathlu. Y rhan gyntaf: 'Arwain y Ddawns' gyda'r patrymau: arwain ymlaen, troi'n sengl, cyfarch, ochri yn null meillionen, cyfarch a chlapio de a chwith a throi dwy law i sefydlu'r dawnswyr yn barod ar gyfer y rhan nesaf. Yr ail ran: 'Cyfarch ei gwesteion' sydd yn gweithio yn effeithiol hyd at A2 1-4 lle roedd y symudiad 'Cydio llaw dde i dde, y dynion yn tynnu eu cymheiriaid tua'r canol. Gyda dwy law wedi eu croesi, a chan godi'r dwylo dde, hanner tro i newid lle' yn aneglur a theimlwyd bod pedwar bar o gerddoriaeth yn ormod ar gyfer y symudiad. Yn y drydedd ran, 'Mwynhau'r ddawns', roedd pedwar bar ar gyfer y pleth yn teimlo'n fyr o gymharu â'r wyth bar ar gyfer y promenâd. Roedd patrymau'r rhan olaf, 'Y dathlu yn parhau', yn gweithio'n llyfn ac yn rhoi diweddglo addas i ddawns bleserus i'w gwneud a'i gwylio.

Llwynog Sir Fynwy, 'Cwrt Tretŵr': Cylch o dri chwpl yn defnyddio'r alaw 'Hyd y Frwynen' ar gyfer dawns mewn tair rhan. Yn y rhan gyntaf (A2), byddai'r cyfarwyddyd 'merch 2 a dyn 3, dyn 1 a merch 2 hanner sipsi *i'r dde*' yn gweithio'n well pe bai 'dyn 1 a merch 2 yn hanner sipsi *i'r chwith*', gan fod hyn yn gwneud y cyfarwyddyd sydd yn dilyn, 'merch 1 a dyn 1 yn pasio ysgwydd chwith, yn gorffen gyda dyn 1 yn wynebu merch 3 a merch 1 yn wynebu dyn 2' yn symudiad llai lletchwith ac yn fwy cydnaws â gweddill y ddawns. Hoffais batrymau a symudiadau'r ddawns hon ond yn lle ailadrodd pob rhan o'r ddawns gyda Chwpl 2 a 3 cyn mynd ymlaen at y rhan nesa, tybed a fyddai'n syniad ailadrodd y ddawns gyfan deirgwaith efo Rhannau 1, 2 a 3 yn dilyn yn syth ar ôl ei gilydd ac yn dechrau bob tro â chyplau gwahanol?

Rhyd Ddŵr, 'Dawns Rhos Fach': Tair uned y tu ôl i'w gilydd, yn cynnwys bachgen gyda merch bob ochr iddo. Roedd y ffigurau, sef arwain ymlaen ac yn ôl, ffigur wyth, plethu, cylchoedd, clapio, pontio, cefn wrth gefn, cyfarch ac ymgrymu yn ddeniadol ac yn addas i ddawns llys ac yn gweithio'n dda gyda'r alaw hyfryd 'Rhos Fach'. Roedd y ffigur wyth sydd yn dechrau'r tair rhan yn effeithiol iawn ac yn denu gweddill y dawnswyr i mewn i'r ddawns. Mae'r cyfarwyddiadau yn glir. Dyma gyfansoddiad a chyfanwaith gwreiddiol sydd yn cydblethu'n llyfn ac effeithiol. Roedd hon yn ddawns hyfryd i'w dawnsio a'i gwylio.

Morwyn Llanofer, 'Dawns Cloc Ben Mawr': Uned sgwâr i bedwar cwpl ar alaw 'Abergenni' neu unrhyw alaw addas. Cafwyd hanes y cysylltiad rhwng y Fenni a 'Ben Mawr', Syr Benjamin Hall, Arglwydd Llanofer. Mae 'Ben Mawr' yn nheitl y ddawns hon yn cyfeirio at y gloch fawr yn y cloc ym Mhalas San Steffan, Llundain. Roedd y symudiadau cylchog yn y ddawns hon yn adlewyrchu dannedd olwynion y cloc a'r siglo yn ôl ac ymlaen gyda thrawiad y gloch. Mae'r ddawns mewn tair rhan a dwy gytgan wahanol. Mae ffigurau'r ddawns yn syml ac yn gweithio'n dda, gyda'r alaw 'Abergenni' yn creu naws osgeiddig, oni bai am B yn y ddwy gytgan A a B, lle mae wyth bar o gerddoriaeth i arwain o gwmpas y cylch yn achosi i'r ferch sydd ar y tu allan i'w chymar, gamu allan er mwyn cyrraedd yn ôl i'w lle mewn amser, sydd heb fod yn cyd-fynd ag arddull gweddill y ddawns.

Ffigur Wyth, 'Ymweliad â Chastell Rhaglan': Doedd dim arwydd i ddweud pa fath o uned oedd ffurf y ddawns hon, er ei bod yn bosib dyfalu mai uned hir i bedwar cwpl oedd hi wrth ddilyn y cyfarwyddiadau. Hefyd ni chafwyd unrhyw alaw benodol na chyfeiriad at alaw addas, er enghraifft jig, rîl, pibddawns, nac amseriad i'r ddawns. Felly, teimlaf nad oedd modd i mi ystyried y ddawns hon heb gerddoriaeth. Roedd hyn yn siomedig, gan mai'r ddawns hon oedd â'r arddull cyflwyno gorau o bob un o'r cyfansoddiadau a ddaeth i law.

Dawnswyr Lego, 'Dawns Llys Llandaf': Uned hir pedwar cwpl ar yr alaw 'Llys y Werin'. Mae'r symudiadau/ patrymau diddorol yn cynnwys uned hir, plethu ar draws yr uned, plethu mewn cylch a chylchoedd bychain. Gan fod yr uned yn troi wyneb i waered bydd rhaid ail-wneud y ddawns gyda Chwpl 4 yn arwain fel Cwpl 1 fel bod pawb yn gorffen yn eu llefydd gwreiddiol. Yn rhan ail B2, braidd yn lletchwith oedd y symudiad i ferched 1 a 3 i fynd o'r hanner cylchoedd ar y pen i'r cylch yng nghanol yr uned. Cafwyd diagramau i egluro safle'r dawnswyr ar ôl y symudiadau ac mae'r rhain yn angenrheidiol ar gyfer dilyn y cyfarwyddiadau. Cofiwch arwyddo pen yr uned ar eich diagram fel sy'n arferol gyda darlun telyn.

Tre-wman, 'Llys Llandyfái': Uned ar gyfer tri chwpl yn defnyddio'r alawon 'Morannedd' a 'Sarn Helen'. Cafwyd hanes a lleoliad Plasty Llandyfái a'r esboniad fod ffigurau'r ddawns yn cynrychioli'r coridorau a'r ystafell ddawns yno. Hefyd wrth gael cwpl gwahanol yn arwain y ffigurau byddent yn adlewyrchu'r gwesteion yn cymysgu ac arwain sgwrs mewn gwledd. Mae pedwar ffigur yn y ddawns. 'Morannedd' yw'r alaw gyntaf ac wrth ei defnyddio yn ffigur 1 a 2 mae'r symudiadau a'r gerddoriaeth yn ymuno i greu awyrgylch urddasol. Wrth ddefnyddio'r alaw 'Sarn Helen' yn y trydydd ffigur cafwyd newid i'r *tempo* ond y symudiadau yn dal i weithio'n effeithiol. Yr alaw 'Morannedd' unwaith eto yn cloi'r ddawns wrth ailadrodd rhai symudiadau o'r ffigur cyntaf. Mae ôl cynllunio gofalus ar y ddawns hon ac mae'r symudiadau a'r patrymau, sef arwain ymlaen, llinellau'n syrthio yn ôl ac ymlaen, arwain allan, sêr, plethu, cylchoedd, pontio, cyfarch ac ymgrymu, yn creu cyfanwaith sydd yn cydweithio'n llyfn ac effeithiol. Mae'r cyfarwyddiadau yn eglur ond mae angen egluro yn fwy manwl sut i rannu'r barrau cerddoriaeth i ymateb i'r symudiadau.

Deuddeg ymgeisydd oedd yn cystadlu a braint oedd cael y cyfle i weithio drwy'r dawnsfeydd a'u dawnsio. Roedd rhinweddau ym mhob dawns a dylid ystyried eu cyhoeddi. Yn y pen draw roedd hon yn gystadleuaeth agos iawn ond am gyfanwaith celfydd sydd yn ateb gofynion y gystadleuaeth, mae'r wobr yn mynd i *Rhyd Ddŵr*.

Adran Gwyddoniaeth a Thechnoleg

Erthygl Gymraeg yn ymwneud â phwnc gwyddonol ac yn addas i gynulleidfa eang, heb fod yn hwy na 1,000 o eiriau. Croesewir y defnydd o dablau, diagramau a lluniau amrywiol. Caniateir mwy nag un awdur. Ystyrir cyhoeddi'r erthygl fuddugol mewn cydweithrediad â'r cyfnodolyn *Gwerddon*

BEIRNIADAETH MEIRION LLEWELYN

Un ymgais a dderbyniwyd.

Ceidwad y Goleudy, 'Effaith anweledig golau ar ein hiechyd': Gwaith da sydd yn egluro sut y mae goleuni amhriodol yn amharu ar batrymau dyddiol, ac mae'r erthygl yn dangos digon o addewid. Yn anffodus, nid yw'r ffigurau yn datblygu y rhesymu ac mae gan un ffigur destunau Saesneg.

Ni fyddai'r erthygl yn addas ar gyfer e-gyfnodolyn academaidd cyfrwng Cymraeg ac, o ganlyniad, nid oes teilyngdod, yn anffodus.

Gwobr Dyfeisio

Cystadleuaeth i wobrwyo syniad arloesol a chreadigol sydd er budd i'r gymdeithas. Gall fod yn syniad neu ddyfais hollol newydd neu yn ateb i broblem bresennol mewn unrhyw faes (e.e. amgylchedd, amaethyddiaeth, meddygaeth, technoleg, peirianneg). Gofynnir am geisiadau heb fod yn hwy na 1,000 o eiriau sy'n amlinellu'r syniad. Gall fod yn waith sydd wedi ei gyflawni yn barod (gellir defnyddio prosiect/ proffil Crest, EESW neu debyg, pe dymunir) neu yn gysyniad newydd. Croesewir gwaith unigolyn neu waith grŵp o unrhyw oedran

---

BEIRNIADAETH HUW HALL WILLIAMS

Daeth dwy ymgais i law.

Mab y Mynydd: Mae *Mab y Mynydd* wedi ymdrechu i gynllunio dyfais i atal olwynion rhag dod i ffwrdd ar lorïau. Mae'n amlwg fod gan yr ymgeisydd wybodaeth ddofn o'r broblem ac wedi gwneud cais am batent rhyngwladol. Mae system eisoes yn bodoli sydd yn caniatáu i yrwyr lorïau wneud arolwg gweledol o folltiau olwynion ond mae'r system a gynigir yn ddyfais i atal olwynion rhag dod i ffwrdd. Mae *Mab y Mynydd* wedi cyflwyno gwaith papur a diagramau sydd yn disgrifio'r cynllun, a'r dull i ddatrys y broblem – ond er mawr astudio, rwyf eto i ddeall natur rhai agweddau o'r ddyfais. Mae'r ymgeisydd ei hun yn cefnogi hyn drwy gofnodi: 'Nid wyf yn siŵr iawn o'r darlun yma.' Er hyn, rwyf wedi mwynhau'r sialens o geisio deall y broblem a'r datrysiad a gyflwynwyd.

Brwydrwr y brwyn: Fel mae'r ffugenw yn awgrymu, mae *Brwydrwr y brwyn* yn ceisio datrys y broblem o dir amaethyddol yn diflannu o dan frwyn llethrau'r Preseli. Fel *Mab y Mynydd*, mae'n amlwg fod gan y cynllunydd wybodaeth bersonol o'r broblem ac mae wedi mynd ati i gynllunio dyfais arloesol: mae'r cynllun yn cynnwys paneli solar, moduron cadair olwyn, olwynion beic a llafnau torri perthi. Mae'r cynllun wedi llwyddo i ddatrys nifer o broblemau ac mae'r prototeip a gyflwynwyd yn dangos yn glir sut mae'r ddyfais yn gweithio. Mae'r cynllunydd yn deall bod angen datblygu'r ddyfais ymhellach er mwyn iddi fod yn hollol realistig ond er hynny rwyf yn gwerthfawrogi'r ymdrech a'r gwaith technegol sydd wedi'i gyflwyno.

Rhoddaf i wobr i *Mab y Mynydd*.